—————— 想象，比知识更重要

幻象文库

Einstein's Mistakes

天才的人性弱点

The Human Failings of Genius

[美] 汉斯·C. 欧翰年 —— 著
潘涛 —— 译
范岱年 —— 校

新星出版社　NEW STAR PRESS

献给我最老的朋友

错误,乃是发现的入口。

——詹姆斯·乔伊斯(James Joyce),《尤利西斯》

推荐序

科学史也可以是关于"错误"的历史

通常的科学史，都是写科学家们如何取得重要科学成就的历史。但实际上，科学的探索是曲折的，科学家们在探索的过程中，自然也不会总是一帆风顺，犯下各种"错误"在所难免。但由于种种原因，专门写科学家所犯错误的科学史还是非常少见的。

其实，科学家在研究中所犯的错误，也有着很复杂的情况，有的是根本性的，这为后来科学的发展所证明是完全行不通的；也有的是因为认识的不全面而犯下局部性的错误，这自然也会为自己或他人后续的研究所纠正；更有时新的甚至重要的科学发现是"错误"所带来的，这在科学史中也时有出现，当然后续的研究工作会在承认了这些发现的前提下，纠正以前的错误，但其原初的发现仍然被承认和接受。如此等等。但无论如何，关心科学家在研究中所犯的错误，借鉴历史，对后人理解科学研究，理解科学，尽量少犯错误，都是极为重要的。

常言说，人无完人。既然科学家是人，而不是神，就会有可能，甚至一定会犯下种种错误，但这正是科学研究的常态，是我们理解科学和科学家的重要方面之一。

这本《爱因斯坦的错误：天才的人性弱点》选择科学史中最为著名的爱因斯坦为例子，围绕其最重要的几项科学贡献，讲述爱因斯坦在研究中出现的"错误"。如果仔细阅读会发现，其实这些"错误"或是贯穿在其研究的过程中，但并未影响到其发现真理和得出最重要的结论，而且为后来的研究所修正和完善，或是其中某些"错误"本身也是可分析讨论甚至有不同看法的，而不必过于苛求其从研究工作的一开始就做得事事完美无瑕。但从错误的角度对爱因斯坦科学工作做的探讨，仍是一件有意义的事，对人们更好地理解爱因斯坦作为一个科学家，而不是作为一个被神化了的科学家，有着积极的意义。

另外，读者会注意到，在本书的主要内容中，其实涉及爱因斯坦的"错误"的篇幅并不是很多，更多的内容还是围绕着"错误"的背景及前后发展，讲述了许多相关的科学史的故事甚至逸事，再加上作者生动的语言叙事，当然这也是帮助读者学习科学史很有趣的科学普及内容。

阅读此书，自然也不必毫无保留地接受作者所有的观点，例如，像作者对爱因斯坦在物理学之外的其他领域的观点的判断。其实，爱因斯坦作为典型的"知识分子"，其对科学之外的社会事务的思考和关心，也正是其作为理想科学家的榜样之处。

虽然天才也有其人性的弱点，但不管是否像作者所讲的天才的弱点是如何，爱因斯坦仍然是科学史上最伟大的科学家，这显然是毫无疑问的。

刘兵

2021 年 5 月 31 日于北京清华园荷清苑

中文版序

下一个爱因斯坦没准是中国人

爱因斯坦对中国和中国人的看法是模棱两可、犹疑多变的。第一次世界大战结束时,爱因斯坦深受"可恨的"欧洲人彼此之间的残忍所困扰,他想知道:"如果整个世界都留给中国人,他们用'劫匪'来描述所有的欧洲人,是否更为恰当。"① 1919年,当他的声望开始走高时,他认识了几个在柏林寻找他的"优秀"中国访客,他认为他们"并不像我们一样痴迷于目的性和实用性"。②

然而,当他再度与中国和中国人接触时,他的观点发生了变化。1922年,他去日本旅行,途中在香港和上海短暂停留了一段时间,他被住在那里的大批中国人惊呆了。在(无意发表的)旅行日记中,他以肤浅、短暂和天真的印象为基础,记录了他的个人意见,这些意见往往是不连贯的、不一致的。他认为,中国人能够通过勤勤恳恳、不求回报和抚育大量的孩子来取代任何其他人。他们很冷静,行为端正,

---

① 《爱因斯坦在路上——科学偶像的旅行日记》,约瑟夫·艾辛格著,杨建邺译,上海科技教育出版社,2017年,35页。脚注中引用书目,仅在首次出现时详列著(译)者、版本,其后从略。(本书页下注均为译者注,以带圈的阿拉伯数字为标记,逐页编号;原书注释一律置于正文之后,以正文适当位置右上角的阿拉伯数字为标记,逐章编号。——编者注)
② 《爱因斯坦全集》第九卷,方在庆、申文斌译,湖南科学技术出版社,2013年,341页。此为1919年12月24日写给灿格的信所言,"前天晚上我和几个优秀的中国人在一起时想到"。

作为商人应受到高度尊重。但是，在一定程度上他们头脑迟钝，精神不振。他还不加批判地接受了几位葡萄牙教师的观点，即对于华人"不能教他们逻辑思维"，而且华人"没有数学天赋"。①

带着这些偏见，爱因斯坦可能无法想象，到21世纪，中国将成为世界上最大的经济和工业强国，也是可再生能源技术的领先者，目前保持着水电、风能和光伏太阳能发电总安装量的世界纪录。此外，中国在建的核反应堆数量最多，是新型核反应堆技术研究和开发的领先者。虽然中国还不是自然科学出版物最大的生产国，但其年发表率正在上升，而美国的年发表率却在下降，因此几年后，中国将成为自然科学出版物生产的世界领先者。除了所有这些关于中国实力的统计数据外，让我印象最深的是来自奥林匹克物理竞赛的一小部分信息：美国最近派往一年一度的国际奥林匹克物理竞赛的高中生团队，主要由华裔学生组成，而几乎没有欧洲血统的学生。这岂不说明，中国人对物理学有着特殊的亲和力与才能？下一个爱因斯坦没准是中国人，而美国在物理学上的主导地位将会终结，就像以前的德国，以及更前的英国和法国对物理学的统治……风水轮流转。

1922年年初，爱因斯坦在启程前往日本之前，曾接到北京大学的邀请，北大请他作一系列的讲演。在他惯常的讨价还价得到了允诺之后，他接受了邀请。他假装遗憾地说，他不得不索要一笔比北京方面提供的每周酬金高出四倍的款项。他说："我觉得有必要这么做是因为其他国家提出的，以及美国的几所大学已经支付的酬金，都远在贵国

---

① 《爱因斯坦在路上——科学偶像的旅行日记》，35页。

之上；如果我接受贵方条件，对其他国家未免太不公平。"① 最后，他取消了此次访问，将取消访问原因归咎于北京大学方面没有再次确认。其实，取消的真正原因是，爱因斯坦听说当时北洋政府在政治和财政上有困难，他不相信他能得到所要求的那么多钱。

爱因斯坦对中国人的误判，源于他对直觉的天然依赖。在物理学中，他卓越的直觉使他找到了有关光子在光中的作用、电磁学和力学的相对论性表述以及引力与弯曲时空之间联系的深刻真理。可是，他过分高估了自己在物理学以外领域（诸如政治、经济和国际关系）的直觉能力。天才（genius）在某种程度上就是一个低能特才者（idiot savant），其才能仅限于某个专业领域。面对他所在领域内的问题，天才有一种不可思议的能力，能够渗透到问题的核心，并构建一个解决方案。但是，当在其领域之外遇到问题时，这个天才往往和我们大家一样愚钝。然而，爱因斯坦更愿意在其专业领域之外的许多问题上提供建议，如战后柏林的政治问题、德国和法国的经济问题，以及如何阻止日本侵华。爱因斯坦是一个自命不凡的人，他在物理学上很棒，可在其他领域却是一片茫然。他应该听歌德（Goethe）的话："智者知其局限。"

汉斯·C. 欧翰年

2019 年 7 月

---

① 爱因斯坦于 1922 年 5 月 3 日给魏宸组（中国驻德公使）4 月 8 日来函的回信。《爱因斯坦全集》第十三卷，方在庆、何钧主译，湖南科学技术出版社，2020 年，251 页。《爱因斯坦在中国》，胡大年著，上海科技教育出版社，2006 年，70 页。

序

本书是解剖爱因斯坦的科学错误的"法医传记"(forensic biography)。书里只偶尔离题谈到爱因斯坦个人生活中的错误,这些错误被他的某些传记充分地揭示。本书完全不涉及那些已经被误导的人在狭义和广义相对论中发现的错误。本书只是聚焦爱因斯坦在探索其理论时犯下的失误,围绕他自己创造物的某些微妙之处形成的一些错误概念。他科学工作中的这些错误,跟他个人生活中的错误相比,鲜为人知,但这些错误归根结底更为重要。正如爱因斯坦本人所言:"像我这种类型的人,一生中主要的东西,正是在于所想的是**什么**和**如何**想的,而不在于所做的或者所经受的是什么。"[①]

探索爱因斯坦错误的那几年,对我而言是激动人心和享受的时光。我希望,不是因为 Schadenfreude(大致译为"沾沾自喜",但沾沾自喜是一种行为,而 Schadenfreude 的字面意思"幸灾乐祸"是一种情感,它是一个很独特的德语词,或许只有中文中有精确的对应词)。但是,由于这些错误是爱因斯坦犯下的,所以显得更有人情味。错误偶尔把他从其伟大发现的奥林匹亚高度,下拉到我自己的水平,在此,

---

[①] 《爱因斯坦文集》(增补本)第一卷,许良英等编译,商务印书馆,2009年,16页。

我可以设想把他作为同事来交谈，在同事间友好讨论的意见交换中，我也许会冒昧地说："阿尔伯特（Albert），瞧，那确实愚蠢！"

我对关于爱因斯坦所犯错误的研究，依靠了一手材料，即他自己的著作、论文、演讲和书信（其中许多收录于《爱因斯坦全集》①）。然而，对于传记和历史背景，我主要依靠二手材料，如阿尔布雷希特·弗尔辛（Albrecht Fölsing）写的那部优秀、持平的传记。②

从德文到英文的译文，是我自己写的，因为我发现现有的译文往往不可靠。在非正式的评论和书信里，爱因斯坦往往使用有感情色彩的习语表达，不完全熟悉德语行话的人会在这些地方栽跟头（意大利人说 traduttori, tradittori③）。有两个例子，可印证这一点。爱因斯坦的名言"Raffiniert ist der Herrgott aber boshaft ist Er nicht"通常被翻译成"上帝是微妙的，但不怀恶意"，派斯（Abraham Pais）甚至用这句话作为他写的爱因斯坦传记的书名——《"上帝是微妙的……"》。作为一个说德语的人，派斯应该懂得其含义。德语词"raffiniert"具有相当负面的含义，它的正确译文是"狡猾的"或"狡黠的"，于是，上述名言其实应译为"上帝是狡猾的，但并无恶意"④。另一个有趣的例子，是爱因斯坦对居里夫人（Marie Curie）的评价，把她描述

---

① 《爱因斯坦全集》，原意为"爱因斯坦文稿计划"，德文版、英文版皆由普林斯顿大学出版社出版，目前出版至第十五卷；中文版已由湖南科学技术出版社出版到第十三卷。第一卷，赵中立译，1999 年；第二卷，范岱年译，2002 年；第三卷，戈革译，2002 年；第四卷，刘辽译，2002 年；第五卷，范岱年译，2009 年；第六卷，吴忠超译，2000 年；第七卷，邹振隆译，2009 年；第八卷（上下册），杨武能译，2009 年；第九卷，方在庆、申文斌译，2013 年；第十卷，申文斌译，2013 年；第十一卷，王文浩等译，2020 年；第十二卷，莫先华译，2020 年；第十三卷，方在庆、何钧译，2020 年。
② 中译本：《爱因斯坦传》，阿尔布雷希特·弗尔辛著，薛春志译，人民文学出版社，2011 年。
③ 意指"翻译即背叛"。
④ "我们的主很狡猾，好在他不怀歹意。"《爱因斯坦在柏林》，胡贝尔·戈纳著，李中文译，中央编译出版社，2012 年，42 页。

为Häringseele，通常被误译为"鲱鱼的灵魂"。撇开其词源学不论，Häringseele并不是指存在着像鱼一样的人，它仅仅是一个乏味的、枯燥的或冷漠的人的绰号。于是，爱因斯坦的评论"Frau Curie ist sehr intelligent, aber eine Häringseele, das heisst arm an jeglicher Art Freude und Schmerz"应译成"居里夫人非常明智，但情感乏味，也就是，喜怒哀乐不形于色"①。可怜的居里夫人，在法国因其与保罗·朗之万（Paul Langevin）的绯闻而受嘲笑，在英语世界她又被装饰为鱼。

感谢几位朋友和同事，他们读了本书的初稿，给出了有益的建议。感谢诺顿出版社的编辑安杰拉·范德利佩（Angela von der Lippe），她尽量不让我出丑。如果她没有成功，那完全是我自己的错。

---

① 《爱因斯坦全集》第五卷（503页）收有爱因斯坦1913年8月写给埃尔莎的信，此言出自此信。

爱因斯坦的错误年表

1905 年　时钟同步程序（爱因斯坦据此提出狭义相对论）中的错误

1905 年　未能考察迈克耳孙−莫雷实验

1905 年　高速粒子"横质量"中的错误

1905 年　液体黏性计算中所用数学和物理学（爱因斯坦据此推导分子的大小）中的多个错误

1905 年　热辐射与光量子之间关系中的错误

1905 年　$E=mc^2$ 第一次证明中的错误

1906—1907 年　$E=mc^2$ 第二、三、四次证明中的错误

1907 年　加速时钟同步程序中的错误

1907—1915 年　引力与加速度等效原理中的错误

1911 年　光线弯曲第一次计算中的错误

1913 年　广义相对论第一次尝试中的错误

1914 年　$E=mc^2$ 第五次证明中的错误

1915 年　爱因斯坦−德哈斯实验中的错误

1915 年　广义相对论好几次尝试中的错误

1916 年　马赫原理解释中的错误

1917 年　引入宇宙常量（"最大失策"）中的错误

1919 年　两次尝试修改广义相对论时出现的错误

1925—1955 年　尝试表述统一场论中的一错再错

1927 年　与玻尔讨论量子不确定度中的错误

1933 年　量子力学诠释（"上帝掷骰子吗？"）中的错误

1934 年　$E=mc^2$ 第六次证明中的错误

1939 年　史瓦西奇点和引力坍缩（"黑洞"）解释中的错误

1946 年　$E=mc^2$ 第七次证明中的错误

目 录

推荐序　科学史也可以是关于"错误"的历史............ i
中文版序　下一个爱因斯坦没准是中国人................ iii
序 vi
爱因斯坦的错误年表................................. ix

序　章　"我要退出这场比赛"............................ 1
第 1 章　"伯尔尼的快乐时光"........................... 7
第 2 章　"可它仍在动"................................ 39
第 3 章　"如果我看得更远……"......................... 65
第 4 章　"头脑里的风暴终于风平浪静"................... 97
第 5 章　"无生命的小小悬浮物体的运动"................. 121
第 6 章　"什么是光量子?"............................. 144
第 7 章　"这个论证很有趣,也很诱人"................... 167
第 8 章　"我头脑中突然涌出一个念头"................... 200

第 9 章 "这理论之完美真是无可比拟" 232

第 10 章 "世界是个疯人院" 274

第 11 章 "上帝掷骰子吗?" 314

第 12 章 "希望破灭的墓地" 345

回　顾 380

注　释 391

参考文献 419

序　章　"我要退出这场比赛"

1969年6月24日，星期二，阿尔伯特·爱因斯坦把唐纳德·克劳赫斯特（Donald Crowhurst）逼疯了。克劳赫斯特是参加伦敦《星期日泰晤士报》组织的环球单臂划艇比赛的选手，他的三体赛艇"廷茅斯电子"号漂浮在大西洋中部马尾藻海雅速尔群岛西南部700英里处。当时，尽管没有目击者看到他陷入疯狂，但通过他详细记录的航海日志，我们可以看到发生了什么。在那性命攸关的一天，他开始读《狭义与广义相对论浅说》。此书于1917年初版，爱因斯坦此前刚刚出名，该书大体上以不太专业的术语解释了他的理论。这本书印行了15版，被翻译成十几种语言，如今依然在销售。其实，这些书通常被束之高阁，正如时下流行的斯蒂芬·霍金（Stephen Hawking）的书，它们或许就是供知识分子附庸风雅的吧。

克劳赫斯特把这本书和其他几本书带上了帆船，以此消磨冗长无聊又风平浪静的日子。他是一个电气工程师，在数学和物理学方面的训练使他足以理解这本书。读了十几页后，他看到了一段话，仅在字面上就触动了他的思绪。爱因斯坦提出，假设有两个事件（比如，两个闪电），发生于相距甚远的点A和点B，通过观测来自这两个事件到达点A、B之间中点的光信号，检验这两个事件的同时性

(simultaneity)。爱因斯坦讨论了点 A 和点 B 发出的光信号到中点 M 的行进时间,他声称:

> 光从 A 传播到 M 与从 B 传播到 M 所需时间相同,这实际上既不是关于光的物理性质的**假定**,也不是关于光的物理性质的**假说**,而仅是为了得出同时性的定义我按照我自己的自由意志所能做出的一种**规定**。[1][①]

克劳赫斯特根本不相信这些。他知道,由于地球的运动,光相对于地球的速度在所有方向上都相同,这绝不是不证自明的,他认为爱因斯坦靠规定来假设解决这一问题是粗暴的。他在日志中写道:

> 我气愤地大声说:"你不能那样做!"我认为"那是个骗子"。然后,我看了作者的照片。此人的气质让我心绪不宁,我反反复复读那一段话,试图抓住写它的那人的思想。在我心里的数学家根本摆不平那些可恶的原理。但是,我心里的诗人最终会读出言外之意——"我**搞定**了它,我们来考察结果。"[2]

但是,克劳赫斯特试图理解这个结果,这使他进入疯狂状态。接下来 7 天,他以狂暴的速度接连写了 2.5 万字,几乎没有停顿,偶尔会有间歇,也许是小睡一会儿,或吃点东西。他像一个着魔的人,用

---

① 《狭义与广义相对论浅说》,阿尔伯特·爱因斯坦著,杨润殷译,胡刚复校,上海科学技术出版社,1964 年,19—20 页。另见《相对论:狭义与广义理论》,阿尔伯特·爱因斯坦著,涂泓、冯承天译,人民邮电出版社,2020 年,39 页。

一种胡言乱语的伪科学的字句，疯狂填满他的日志，比如：

> 我引入$\sqrt{-1}$的点子，因为它直接导致时空连续统的暗通道，一旦技术从这个通道涌现，在我们将具有接入"外物理"存在的意义上，使对物理存在的需求变得肤浅，"世界"将会终结（我相信大约是2000年，正如预言的那样）……
>
> 可是，可是——如果创造性抽象作为新实体的载体起作用，把它迄今的稳定状态留在产生此现象的创造性抽象的能力之内！我们可以用创造性抽象来孕育它！[3]

他认为，他发现了把其自由意志强加于物质世界的手段，从而解决了数学、物理学和工程的所有问题：

> 使用系统分析方法的数学家和工程师，将在不到一个小时内浏览完我的全部工作。几千年让人类不安的时间问题，最终将一举解决。

到了最后，他对时间着了魔，把每一段话都标注时、分、秒，尽管这些精确的时刻没有什么意义。他疯狂写作以至于忘记给计时表上发条，计时表停滞不动了，他根据天空中月亮的位置粗略估计地方时间并重新启动了计时表。最后，7月1日，11时17分，他写道：

11：17：00　该出发了
我不必延长这场比赛

> 那是一场精彩的比赛
> 必须在我将开始参加这场比赛时结束
> 我选择将在 11：20：40 时退出这场比赛
> 没有任何理由

克劳赫斯特在这一页末尾的句子中间停了下来。他打坏了计时表，也许在 11 时 20 分 40 秒，他走上甲板，把计时表连同自己都送入大海。被他遗弃的三体赛艇，六天后被路过的货船发现，漂浮着，航海日志仍然在他的桌上，日志的最后一页打开着。他的遗体再未被找到。

尽管爱因斯坦的书是克劳赫斯特陷入疯狂的直接原因，但他前几个月的紧张无疑是主要因素。比赛初期，克劳赫斯特意识到他的赛艇不适合跟合恩角南部恶劣的天气搏斗，他计划靠欺骗赢得比赛，于是他在南大西洋曲折前进，偏离正常航道，而在其无线电接收器中，他假装驶过了好望角，越过了太平洋，绕行合恩角。这并不诚实，但它明显表明克劳赫斯特比其他沿着这条危险道路环球行驶的竞争者要清醒得多。其他竞争者之一、法国人贝尔纳·穆瓦特西耶（Bernard Moitessier）却真实地绕合恩角航行，而且还选择绕此路线两次，奔向太平洋群岛，"那里比欧洲有更多的太阳、更多的和平"[4]，尽管输掉了比赛，但贝尔纳赢得了法兰西民族眼中的永恒荣光。

克劳赫斯特有两本日志：一本是他伪造航行的过程描述，另一本是记录他的真实航线和自己的想法。由后一本日志我们得知，骗局一直在困扰着他，他经历了好几次良心危机，有一次差一点儿在无线电接收器中承认令其内疚的秘密。在这种饱受折磨的精神状态下，他已经准备好被任何额外的精神压力摧毁——爱因斯坦的书正是那种力量。

爱因斯坦断言"相反方向的光信号行进时间相等"是自由意志的结果，这使克劳赫斯特发疯，他认为这是不可能得到允许的，是一种诓骗，尽管这倒是接近真相。这些行进时间的相等，不是由自由意志活动做出的规定，而是一种假说，此假说在实验上是可检验的，结果发现此假说是成立的，因为自然律使它成立。把这作为规定对待，爱因斯坦犯下了一个概念错误——他采纳了正确的相等，却出于错误的理由。在理论物理学中，目的并不能为手段辩护。理论物理学家不仅期望获得正确的结果，而且期望对如何实现这些结果给出一个连贯的理解。在物理学中，关于理解的部分，并不比关于做计算的部分少，学物理的新生往往不了解这一点。爱因斯坦关于相反方向的光信号速度相等的真实含义的概念，是一个大错误。

我们将要看到，他还犯下了其他许多错误。爱因斯坦是探索未知领地的先驱者，这样的先驱者很难找到通向其目标的最佳、最短路径。爱因斯坦的探索路径往往是曲折的，有许多错误的扭曲和弯路。追随爱因斯坦进入新领地的物理学家，更加坚持不懈，拥有更好的数学工具，他们建立了比爱因斯坦漫游式道路更加坚实、更加直接的道路。一个世纪的物理学研究工作揭示，爱因斯坦几乎所有的开创性工作都包含错误。有时候是小错误，因一时疏忽，有时候是理解他自己创造物的微妙的根本性失败，有时候是破坏他的论证逻辑的致命错误。

但是，考察这些错误还揭示，它们往往是富有成果的。尽管有这些错误，有时候因为这些错误，爱因斯坦却能够建立其理论。他用诸多错误作为实现其伟大发现的台阶。我们可以像阿瑟·凯斯特勒（Arthur Koestler）谈论约翰尼斯·开普勒（Johannes Kepler）那样谈论爱因斯坦。开普勒是17世纪的天文学家,通过沿着一条崎岖道路蹒跚,从错误走向错误,直至实现其目标,发现了行星运动定律:"开普勒的天才标志在于,他充满了矛盾,又利用了他制造的种种矛盾。"[5]凯斯特勒称开普勒为"梦游者"——也就是说,直觉上他知道想去哪里,打算去哪里,但完全不知道如何去那里。跟开普勒一样,爱因斯坦也是这样的梦游者。

第1章 "伯尔尼的快乐时光"

爱因斯坦在给朋友哈比希特的一封信里,总结了他在伯尔尼的生活。1905年,他在伯尔尼完成了5篇有影响的物理学论文,包括关于狭义相对论的著名论文。

阿尔伯特·爱因斯坦于1905年发表了关于狭义相对论的原创论文。他当时生活在瑞士,受雇于伯尔尼的联邦专利局,担任三级专利审查员。他新近刚刚成为瑞士公民,自豪地拥有了瑞士护照。但是,爱因斯坦并没有把关于狭义相对论的论文以及其他的重要论文寄交任意一家瑞士期刊。他懂得,要使其著作举世瞩目,必须在一家大的德国期刊上发表。于是,他的早期作品都寄交《物理学杂志》(*Annalen der Physik*,通常简称 *Annalen*,即《杂志》①),一家在德国莱比锡出版的著名物理学期刊,而莱比锡当时是欧洲图书贸易中心。

德国当时是图书、香肠、酸泡菜、煤炭、大炮、装甲板、教堂风琴、五金器具、玻璃器具、玩具、铅笔、阿司匹林、染料、香水、长筒袜、扑克牌、蜡烛和长歌剧的主要生产国。德国当时也是领世界物

---

① 这份主要因爱因斯坦而著名的期刊的中文译名,未见统一,多种多样:《物理学杂志》《物理学纪事》《物理学期刊》《物理学年鉴》《物理学年刊》《物理学年报》,等等。本书取《物理学杂志》译法。

理学研究的风气之先。如同画家涌向巴黎向法国大师们学习,物理学家涌向柏林、慕尼黑、海德堡,研究理论物理学和实验物理学的最新进展。他们都在德国最大的物理学期刊《杂志》上发表文章。《杂志》具有长长的国际订户名单,甚至有些是当时默默无闻的美国的学院和大学订户。你要是走访19世纪初成立的美国大学图书馆,很可能在地下室或附属建筑的某个地方找到成堆陈旧的《杂志》。

爱因斯坦选择了去瑞士,成为一名专利局事务员却是偶然的。他于1879年出生于德国南部斯瓦本地区的小镇乌尔姆。父母亲来自邻近城镇的犹太商人家庭,但他们首先自认为是德国人,其次才是犹太人。他们自己的名字赫尔曼(Hermann)、保利娜(Pauline)很德国、很现代,他们给孩子们的名字阿尔伯特(Albert)、玛雅(Maja)显示了他们拒斥犹太习俗。他们不信教,不参加犹太教堂的活动,喜欢开心地吃烤猪肉和香肠。父亲以不在家里搞犹太教仪式而自豪,认为那是古代迷信的遗存。父亲取消感谢祷告(birkat ha-mazon),但要求爱因斯坦背诵席勒(Schiller)或海涅(Heine)的诗。

根据一个可以追溯到中世纪的传统,乌尔姆人都是数学家。这一传统是如何开始的目前还不清楚——在世界级数学家的行列中,根本找不到乌尔姆本地人。然而,确实发现行星运动定律的著名16世纪天文学家、数学家约翰尼斯·开普勒也出生在斯瓦本,就在不远的小镇韦尔德-斯塔特,乌尔姆人也许认为开普勒的光环一直延伸到乌尔姆。

如果说乌尔姆带有一些数学迷思的氛围,那对爱因斯坦没什么好处。他一直是个相当平庸的数学家。他在普林斯顿晚年写的《自述》(他喜欢称其为"讣告")中承认,"我有几位卓越的老师……所以照理说，我应该在数学方面得到深造。……我在一定程度上忽视了数学，其原因不仅在于我对自然科学的兴趣超过对数学的兴趣，而且还在于我下述的奇特经验。我看到数学分成许多专门领域，每一个领域都能耗费我们所能有的短暂的一生。因此，我觉得自己的处境像布里丹的驴子一样，它不能决定究竟该吃哪一捆干草……"[1]① 爱因斯坦在苏黎世那几年，宁愿把任何数学难题留给别人，如他的数学家朋友马塞尔·格罗斯曼（Marcel Grossmann），以及后来在柏林和普林斯顿任职的其他几个数学助手，他们的工作就是搞定爱因斯坦觉得太麻烦的数学细节。爱因斯坦称他们为"计算马"（Rechenpferde），指的是"聪明的汉斯"，这是一匹当年造成轰动的"名马"，它似乎能够通过敲击蹄子来回答关于算术的问题。

虽然爱因斯坦没有从乌尔姆继承多少数学天赋，但他确实继承了与斯瓦本人传统上相关联的性格特征——斯瓦本农民的顽固不化和幽默感，对神秘主义的倾向，以及对他心中的任何事情都苦思冥想（grübeln）的习惯。对理论物理学家或数学家来说，这种沉思的习惯是绝对的财富。在普林斯顿的晚年岁月，当爱因斯坦遇到问题时，他经常说，"我稍微吸一口"[2]，然后会点着烟斗，陷入沉思。

在科学家看来，神秘主义似乎是一种奇怪的特质，但爱因斯坦的许多声明听起来就像是神秘者的遐想："我们能体验的最美的东西就是神秘。这是处于真正的艺术和真正的科学摇篮中的基本感情。一个不了解它、对它不再惊奇、不再赞叹的人，就像一支已熄灭的蜡

---

① 《爱因斯坦文集》（增补本）第一卷，7—8 页。

烛……"³① "每一个严肃地从事科学探索的人都深信，宇宙的规律显示出一种大大超越于人的精神……"⁴② "我想知道上帝如何创造世界。我对这个或那个现象不感兴趣，对这个或那个元素的光谱不感兴趣。我想知道他的想法。其余都是枝节"⁵③ "当我判断一个理论正确与否时，我首先问我自己，如果我是上帝，我是否会用这样的方式安排这个世界？"⁶④

对爱因斯坦来说，上帝不过是一个说话的人物。爱因斯坦谈到上帝时，他只是指宇宙受绝对、普遍和永久规律的支配；他渴望窥见上帝的心智，这只是他表达对这些规律探索的古怪方式。当然，这是所有科学家的追求。但是，爱因斯坦对这一追求的方法与众不同，因为他以神秘主义的方式做出了深刻的发现——他依靠灵感，依靠非理性的直觉洞察力，而不是依靠对观测事实和实验事实进行有条不紊的、冷静的逻辑分析。这些事实对他的思考几乎没有什么作用。相反，他更倾向于思考无形的东西：美和简单性，他在其理论中感知到的内在一致性和必然性。爱因斯坦的心态与贝多芬（Beethoven）用作他最后一个弦乐四重奏主题的话相一致："一定要这样吗？是的，一定是！"

有时，爱因斯坦不仅忽视观测事实和实验事实，甚至否认这些事实。当被问到他对反对广义相对论预言的光线弯曲的观测证据会有什么反应时，他回答说："那么我会为仁慈的上帝感到遗憾。可是这个理论无论如何是正确的。"⁷⑤ 在这种偶尔否认事实、固执依赖自己的灵感

---

① 《新爱因斯坦语录》，艾丽丝·卡拉普赖斯编，范岱年译，上海科技教育出版社，2017年，184页。
② 同上，186页。
③ 同上，179—180页。
④ 《爱因斯坦传》，阿尔布雷希特·弗尔辛著，薛春志译，人民文学出版社，2011年，492页。
⑤ 《爱因斯坦传》，208页。

和启示的情况下，爱因斯坦是一种物理学圣弗朗西斯，即水仙花的圣弗朗西斯爱因斯坦，威廉·卡洛斯·威廉斯（William Carlos Williams）在一首诗中如是称他。[8] 一些摄影师感受到爱因斯坦身上的这种神秘精神，他们在为他拍照时成功捕捉到了这种感觉。

爱因斯坦是出了名的固执。最能说明这一点的，莫过于爱因斯坦晚年在普林斯顿的数学助手恩斯特·施特劳斯（Ernst Straus）讲述的一件逸事。当时他和爱因斯坦完成了一份报告，正在寻找一枚回纹针。他们打开了很多抽屉，终于找到了，但它变形了，无法使用。他们又打开抽屉，发现一个盒子里装满了崭新的回纹针。爱因斯坦拿了一枚，开始把它改装成一个工具来矫正那枚弯曲的回纹针。施特劳斯惊讶地问他在做什么，爱因斯坦回答说："一旦我被设定在一个目标上，就很难使我偏离目标。"他也承认，这会是一段不错的逸闻。[9]

爱因斯坦把自己的固执看得很重。他说："我所拥有的只是骡子的固执；不，还不完全是这样，我也有鼻子。"[10] 施特劳斯解释说，这种固执对爱因斯坦来说非常重要，因为他认为科学家的任务是找到最重要的问题，然后坚持不懈地追求。他认为，科学上的伟大主要是性格问题，那种不妥协或不接受不完整答案的定力。

爱因斯坦从父母那里继承了犹太的知识传统，以同16世纪荷兰-犹太哲学家巴鲁克·斯宾诺莎（Baruch Spinoza）一样的方式继承了犹太智识传统，他们都有着对学识的高度尊重，对希伯来语的争论和对深奥的教条主义的嗜好。斯瓦本的方言语调柔和而悠扬，有着南部德语那过于丰富的 erl 后缀——如韦伯尔（Weiberl）、金德（Kinderl）、比尔德（Bilderl）、芬斯特尔（Fensterl）——这不仅影响了他的演讲，也影响了他给朋友和亲戚的信。爱因斯坦在晚年学英语时，

爱因斯坦的错误　天才的人性弱点

保留了此种斯瓦本语调,如果你想听到说斯瓦本语的人在试图说英语时听起来像什么,不妨听爱因斯坦的演讲录音。在萧伯纳(Shaw)的《卖花女》里,希金斯教授只听了几句话,就确定了旁观者的出生地;这位教授如果听了爱因斯坦的演讲,毫无疑问会迅速确定爱因斯坦的出生地。

爱因斯坦的母亲是一位颇有成就的钢琴演奏家,爱因斯坦从她那儿继承了对音乐的热爱和一些音乐天赋。他小时候就开始拉小提琴,终其一生都在演奏。在成为世界著名物理学家之后,他偶尔会举办公共音乐会,以利于犹太复国主义的事业。他最喜欢的作曲家是巴赫(Bach)和莫扎特(Mozart)。他的演奏激情,比演奏的艺术性更引人注目——尽管在一位职业音乐家看来,爱因斯坦的运弓就像伐木工人锯木头一样。[11]① 但是爱因斯坦不会容忍对他的演奏提出批评,当他感到自己的演奏知音寥寥无几时,偶尔会表现出一种暴躁的脾气。[12]②

爱因斯坦一家在小阿尔伯特(Albert,在家里叫 Albertle)出生不久就搬到了慕尼黑。在那里,他的父亲和叔叔创立了爱因斯坦公司,其业务是制造电动机械,特别是发电机和照明设备。当时一场电气技术革命正在欧洲掀起,老爱因斯坦预计其工厂将从这项新技术的发展中获利。一家人住在工厂旁边的一栋房子里。小阿尔伯特在慕尼黑长大,在附近的一所小学读书,然后上了几年的中学。

爱因斯坦回忆说,小时候他对指南针很感兴趣:"当我还是一个四五岁的小孩,父亲给我看一个指南针的时候,我内心经历了强烈震

---

① 《爱因斯坦传》,438 页。
② 同上。

撼。这只指南针以如此确定的方式行动,根本不符合那些在无意识的概念世界中能找到位置的事物的本性(同直接'接触'有关的作用)。我现在还记得,至少相信我还记得,这种经历给我一个深刻而持久的印象。"[13]① 12岁到16岁,他自学了基本几何和数学,包括微积分演算的原理。他还读了一套关于自然科学的丛书,这激发他成为一名物理学家。[14]②

斯瓦本人说,他们只有到四十岁("斯瓦本年纪")才获取智慧,但阿尔伯特很早就获取了智慧。他是个早熟的孩子,智力发育得很好。他是一个好学生,比班上大多数人成绩都好,但老师发现他的问题太多,如太自以为是,太无礼。阿尔伯特也并不欣赏他的老师,他说小学的老师是军士长和军士,中学的老师是副官。

作为对父母完全不信教态度的回应,青春期的阿尔伯特一度痴迷于前辈们的宗教。他热心研读经文,甚至写了一首对上帝的赞美诗给家人听,把这首赞美诗强加给家人好几个小时。但是,他很快从这种宗教愚昧中恢复过来:"……这种信仰在我12岁那年就突然中止了。由于读了通俗的科学书籍,我很快就相信,《圣经》里的故事有许多不可能是真实的……这种经验引起我对所有权威的怀疑……这种态度再也没有离开过我。"[15]③

爱因斯坦公司起初取得了一些成功,但后来它竞争不过更大、更强的公司,被迫退出了业务。尽管这在一定程度上是因为规模较大的

---

① 《爱因斯坦文集》(增补本)第一卷,4页。
② 指亚伦·伯恩斯坦写的21册《自然科学大众丛书》。
③ 《爱因斯坦文集》(增补本)第一卷,2页。

公司获得了更好的融资，但部分原因是老爱因斯坦押错了宝。19世纪末，有关远距离输电线路交流和直流输电孰优孰劣引起了激烈的争论。老爱因斯坦把赌注押在直流电上，而他儿子只要稍微计算一下就可以向他证明，在高压下交流电力的传输效率要比直流电高得多。由于这一优势，交流电逐渐取代了直流电。老爱因斯坦的公司是典型的"摇摇欲坠"的企业之一，这类企业总是伴随着资本主义向新技术的扩张而灭亡。老爱因斯坦将其工厂和家人搬到了意大利的帕维亚，在那里他预计竞争会减少。同时，他决定把阿尔伯特留在慕尼黑，这样爱因斯坦就可以在那里完成中学教育。

阿尔伯特想摆脱德国中学那种僵化的纪律。许多年后，他在《自述》中抱怨道："认为用强制和责任感就能增进观察和探索的乐趣，是一种严重的错误。我想，即使是一头健康的猛兽，当它不饿的时候，如果有可能用鞭子强迫它不断地吞食……也会使它丧失贪吃的习性的。"[16][①] 他尤其反感军事训练，他害怕服兵役，因为这是当时所有德国17岁年轻男子的义务。一位老师为此斥责他，并且说，如果阿尔伯特离开学校离开班级会更好，阿尔伯特听了老师的话，收拾好行李逃到了意大利。在那里，他说服父母让他在瑞士苏黎世附近的阿劳完成中学学业。

阿尔伯特就读的这所瑞士学校是一个进步的、无教派的学校，它甚至讲授达尔文（Darwin）的进化论，这在那个年代仍然有点新奇。（就讲授达尔文学说而言，一百多年前的瑞士中学比当今许多美国中学更开明，后者迎合了把宗教与科学混为一谈的喧嚣的基督教教派，并

---

① 《爱因斯坦文集》（增补本）第一卷，9页。

将虚幻的伪科学理论,如创世论与智能设计等灌输给学生。)多年以后,阿尔伯特亲切回忆起他的母校:"以其开明的精神和老师们的严肃认真……这所学校给我留下了难忘的印象;与在德国威权式中学里六年的教育相比……我深深意识到,以行动自由和责任为导向的教育比建立在操练、强加权威和野心基础上的教育要好得多。"[17]

但是,阿尔伯特的评价因其作为外国人在瑞士享有的特殊待遇而不客观。19世纪末,军国主义在瑞士和在德国一样猖獗。普鲁士人在1866年和1870年的战争中击败奥地利人和法国人的速度和效率给瑞士人留下了深刻印象,瑞士人对中学生的军训采用普鲁士的训练和纪律。(即使到了今天,军训仍然是强制性的,所有年轻的瑞士男性都必须在家里保留一把SIG 550突击步枪和50发子弹,以保护布谷鸟钟之类的东西。)作为一个外国人,阿尔伯特被免除了这些强制性军训,他可以在田园诗般的下午和房东的女儿调情,而他的瑞士同学们则要参加长时间的无聊军训,即普鲁士式军训,并辅之以越野行军、战斗演习和实弹射击练习。

1896年获得中学文凭后,(17岁的)阿尔伯特在苏黎世联邦工学院①(如今通常简称为ETH,即很难正确发音的德语名称Eidgenössische Technische Hochschule的缩写)注册为物理专业的学生。恰在此时,爱因斯坦公司破产,父亲无法支付阿尔伯特大学教育的费用。富有的叔叔和姑姑施以援手,支付了阿尔伯特在苏黎世求学的几年费用。姑姑可能不知道阿尔伯特不客气地称她为"恐怖姑姑"。[18]凭借每月的零

---

① 亦译苏黎世联邦工业大学。

用钱，阿尔伯特可以在工学院附近的一所房子里食宿，还能负担得起和同学们一起去苏黎世最豪华的街道巴恩霍夫街（Bahnhofstrass）的咖啡馆，在那里度过大多数下午时光。他还喜欢住在利马特河畔的豪华大咖啡馆 Metropol（现在的大咖啡馆），每周都会在那里会见最亲密的朋友和同学马塞尔·格罗斯曼。他经常和朋友们一起在苏黎世湖上航行，在以后的岁月里，帆船一直是他喜欢的消遣之一。

爱因斯坦是一个相当特立独行的学生，逃课很多，毕业时差点儿没有完成最低限度的课业，而大部分时间都花在了对物理学更高级课题的独立研究上："我经常逃学，待在家里，带着宗教般的热情学习理论物理学大师。"[19]① 对于考试，他依靠的是格罗斯曼所做的笔记。爱因斯坦的成绩平平，他经常旷课，态度高傲无礼，这些都给教授们留下了不好的印象。物理教授曾斥责他："爱因斯坦，你是个非常聪明的孩子，可以说聪明过人，但你有个大毛病：你从不听别人说什么。"[20]② 爱因斯坦回敬了这位教授，称他为韦伯先生，而不是传统的韦伯教授先生，这在当时看来是一种幼稚的不尊重行为，之前在慕尼黑的中学里也曾如此。[21]③ 这种冒犯肯定激怒了韦伯教授先生，因为他最初对爱因斯坦印象不错，甚至在爱因斯坦注册进入工学院之前就要他去听自己的课。后来有一次，爱因斯坦没有遵守规定的程序，引发了实验室设备的爆炸，弄伤了手，这一事故坐实了他那轻率的、自以为无所不知的坏名声。

在大学时代，爱因斯坦放弃了德国国籍，申请了瑞士公民身份。

---

① 《爱因斯坦传》，36 页。译文有所改动。
② 《爱因斯坦：生活和宇宙》，沃尔特·艾萨克森著，张卜天译，湖南科学技术出版社，2009 年，25 页；《恋爱中的爱因斯坦》，丹尼斯·奥弗比著，冯承天、涂泓译，上海科技教育出版社，2016 年，65 页。
③ 《爱因斯坦：生活和宇宙》，25 页。

在对其性格进行调查之后,一名警探提出了有利于爱因斯坦的报告,说他是"一个非常热心、勤奋和极受尊敬的人"[22],而且还禁欲。

如果警探再深入一点,报告可能就不那么有利了。爱因斯坦戒酒,但私生活却没有节制。他同班上唯一的女学生米列娃·玛里奇(Mileva Marié)谈起了恋爱,她是来自塞尔维亚的一位聪明的年轻女子。同阿尔伯特一样,米列娃早年就有了成为一名物理学家的雄心,她在联邦工学院注册,因为这是为数不多的几所允许女性进入物理学研究的大学之一。她因炙热的恋情而心烦意乱,考试不及格;之后的怀孕使她心神不定,她在第二次考试,也是最后一次考试中失败了。这直接导致她的物理学生涯提前结束了。爱因斯坦把她送回了她在塞尔维亚的父母家,在那里她生了一个女儿。阿尔伯特写信给米列娃,展示了他的父爱和兴趣:"我非常爱她,可是我还一点也不了解她!在你完全恢复健康之前,难道就不能给她照张相片吗?她很快就能把她的眼睛转向某个东西吧?"[23]① 但是,他从来没有去看这个心爱的女儿。不久,热恋的米列娃回到了瑞士,把女儿抛在身后,这个婴孩从历史记录上消失得无影无踪——也许她夭折了,也许她在塞尔维亚的某个角落长大,也许她的后代今天还住在那里。阿尔伯特的私生女,这个秘密被他的家人严格保守;提到那个女儿的大部分信件都被毁了,直到阿尔伯特去世后三十年,阿尔伯特和米列娃(即 Jonzerl 和 Schnoxl,他们彼此如此称呼)之间的一些剩余的信件才被出版。②

---

① 《爱因斯坦全集》第一卷,317 页。
② 详见《爱因斯坦的妻子:米列娃·爱因斯坦-玛里奇的真实故事》(*Einstei's Wife: The Real Story of Mileva Einstein-Marić*, Allen Esterson and David C. Cassidy, with Ruth Lewin Sime, MIT Press, 2019)。

1900年毕业后，爱因斯坦希望得到某个学术职位，也许是某位教授的助教。但鉴于他作为学生的不良记录，联邦工学院的教授们都没有兴趣雇用爱因斯坦。他向德国、奥地利和意大利的教授们寄了数十张明信片，表示求职意向，却无人理会。"不要多久我就会以我的投标来给从北海到意大利南端的所有物理学家增光"[24][①]，他在给米列娃的一封信中写道。那位富叔叔的经济援助随他毕业而告终，他用了悲惨的两年时间做兼职私人家庭教师，以图维持生计。

他在德国边境附近的沙夫豪森做过一段时间家教，辅导学生。后来他搬到伯尔尼，通过当物理和数学的家教，赚取了微薄而间歇性的收入。后来他的朋友格罗斯曼帮他找到了联邦专利局专利审查员的职位，才使他免于饿肚子。

爱因斯坦如释重负地找到了一份收入稳定的工作。与前几年的艰难困苦形成对比，这份工作的微薄薪水在他看来就像是财富。"我做得很好，"他在给一位朋友的信中写道，"我是一位体面的联邦职员，有着正常的薪水。此外，我骑着我的旧数学物理学木马，拉着小提琴"[25]。爱因斯坦发现，专利局对其工作要求并不太高，在正常工作日结束时，他仍然有时间和兴趣进行科学研究。在徐缓的日子里，他甚至可以在专利局的办公桌上做一些研究，每当主管进入房间，他就会把笔记藏起来。

很久以后，他思考了这份工作的优点。他认为实用的职业"对我这样的人来说是一种福气。在学术生涯中，一位年轻人受到一种强烈的驱动，要求他发表大量的科学论文——一种肤浅的诱惑……大多数

---

① 《爱因斯坦全集》第一卷，268页。

实用的职业都是这样的一种类型,一个普通的人才就能达到对他的要求……如果他有更深层次的科学兴趣,他可以在搞好专业职责的同时钻研他最喜欢的问题。他不必因为担心其努力将徒劳无功而沮丧"。[26]

与在伯尔尼结识的两位朋友康拉德·哈比希特(Conrad Habicht)和莫里斯·索洛文(Maurice Solovine)的谈话,为他的研究提供了宝贵的激励。爱因斯坦和他俩组成了一个三人讨论小组,他们称为"奥林匹亚科学院"。几年后,他回忆起奥林匹亚科学院时愉快地说:"在伯尔尼,我们建立欢乐的科学院时,肯定是一个美好的时刻,它肯定没有那些备受尊敬的科学院那么幼稚,我后来才熟知这一点。"[27]他们经常见面,阅读和讨论各种有关物理学和哲学的书籍,其中一些对爱因斯坦的相对论思想有着深刻的影响。

爱因斯坦开始在专利局工作后,与米列娃结了婚。他们先后住在伯尔尼的好几处出租公寓里,其中包括一套位于克拉姆大街49号二楼的公寓,靠近市中心,离工作地点很近。在这里,他们的第一个儿子于1904年出生,同时这里也诞生了他的好几个伟大思想,包括1905年的相对论。

爱因斯坦在《杂志》发表的第一篇论文是1901年的一篇关于毛细现象的比较无关紧要的论文,他还把这篇论文略做修改,用作他向伯尔尼大学提交的学位论文。然后他发表了几篇关于热力学的论文,其中没有一篇具有持久的重要性。今天,爱因斯坦早期的所有论文读起来都相当枯燥,如同那些年在《杂志》中发表的大多数其他论文一样。

但在1905年,也就是他的奇迹年,爱因斯坦的思想达到巅峰,引发了他疯狂的创造力的爆发。他像着魔一般工作，表现出热烈的精神活动，这常常使他陷入绝望的困惑之中，但最终他得出了敏锐的洞见。紧张的脑力劳动使他精疲力竭，当完成工作后，他瘫倒在床上两个星期。[28]

1905年3月至9月，他完成了至少五篇论文，这些论文将对物理学产生永久而深远的影响：第一篇，将光描述为光的量子流（后来称为**光子**），解释光电效应；第二篇，确定分子的大小；第三篇是布朗运动理论，及如何为原子的存在提供决定性证据；第四篇是相对论；第五篇是能量与质量的关系。第一篇，使他获得诺贝尔奖；第二篇和第三篇，让许多怀疑论者相信原子和分子是事实，而不是虚构；[29]第四篇，让爱因斯坦扮演相对论发明者的角色；第五篇，则因为公式 $E=mc^2$ 及其与核能和原子弹的著名联系而出名。

所有这些论文都发表在《杂志》第17卷和第18卷，如今这些卷已成为收藏家的藏品；单册在拍卖会上的售价超过1万美元，图书馆不得不把这些期刊锁起来并保管好钥匙。你要是看看第17卷和第18卷，就会发现它们没有包含任何其他值得注意的东西——它们中的其他作品都被遗忘了，大多数作者也被遗忘了，其中许多人当时是德国名校备受尊敬的教授博士先生，都被一位专利审查员的发明所掩盖。

但是，如果说1905年是奇迹之年，那也是错误之年。我们看到，1905年爱因斯坦在漫长而杰出的职业生涯中所犯的错误比其他任何一年都多。那一年他发表的五篇著名论文中，有四篇是有缺陷的。

从本质上说，相对论认为匀速、不加速的运动总是相对的。即一个物体处于匀速运动时，这个运动只相对另一个物体有意义。当你坐在一列静止的火车上，对这个运动的相对性有很强的直觉印象。（这类例子常常令局外人抱怨说，相对论者似乎痴迷于火车和电梯；如果你厌倦了火车，你可以用停在候机坪的飞机代替在车站等待启程的火车。）当你被一本书或一次谈话分散了注意力，你突然感觉到另一列火车正慢慢地滑过你的窗户，此刻你感到困惑：是没有注意到离开的时刻吗？是你的火车在开动，还是另一列火车在开动？即使你低头看了看地面，确定哪一列火车在动，你也只能分辨出存在着相对运动，你不过是在确定这个相对于地面的运动。

这种运动的相对性，是爱因斯坦的一个著名逸事（可能是虚构的）：他正从瑞士乘火车去巴登巴登，他问列车员："这列火车什么时候到巴登巴登站？"不管是不是真的，爱因斯坦的问题被制作为一件雕塑的标题，这件雕塑由一个载着大钟的铁道车厢组成，并在纽约的现代艺术博物馆展出。

为了精确描述位置和运动，物理学家选择一个参考点，用以测量相对于这个参考点的距离。例如，参考点可能是机场的指挥塔，相对于这个参考点，（比如说）飞机的位置可以用东西距离、南北距离和垂直距离描述。这些距离被称为**空间坐标**，因为需要三个坐标来精确定位飞机的位置，我们说空间是三维的。然而，为了描述飞机上发生的事件，如海鸥与飞机的碰撞，我们还需要指定**时间坐标**，即事件发生的时间。若知道某事件的空间坐标和时间坐标，则知道该事件发生的地点和时间——这些都是调查人员在收集有关该事件的信息时必须问的第一个也是最基本的问题。

物理学家们喜欢想象，参考点周围的空间充满了量尺点阵和时钟阵列。量尺测量任何事件的空间坐标，时钟测量时间坐标。这样一个假想的量尺点阵连同时钟阵列,统称为**参考系**。

三个空间坐标和时间坐标,统称为时空坐标。由于时空包含四个坐标,所以我们说它是四维时空。这个四维时空的概念由数学家赫尔曼·闵可夫斯基(Hermann Minkowski)提出,他是爱因斯坦在苏黎世联邦工学院的教授。在小学和中学时,爱因斯坦是一名优秀的学生,数学一直是最高分。但在联邦工学院就读时,爱因斯坦自以为是的学习态度,让他很少认真地对待闵可夫斯基的课,也翘了很多课。闵可夫斯基说他是一只"懒狗"①,几年后,当相对论发表时,他评论道:"我本来真的不相信他能做到这些。"30②

闵可夫斯基对这只"懒狗"的意外能力很惊讶,改变了他的偏见,用优雅的数学语言重新表述了爱因斯坦理论的核心;他引入了四维时空的概念,并用这个四维时空的几何表达了相对论的思想。③爱因斯坦起初反对闵可夫斯基,把相对论的几何重新表述称为"多余的博学"31④,可是他和其他物理学家很快就认识到闵可夫斯基几何方法的优点,且这些方法后来在广义相对论的发展中发挥了关键作用。

不同的参考系,相对于彼此可以有不同的运动。例如,一架飞机的参考系相对于地面的参考系可能有 900 千米每小时的速度,如果飞机遇到某种湍流,它的参考系就会上下弹跳,并可能向侧面倾斜。这种不规则的运动使它很难用这个参考系描述物理现象,因此物理学家更喜欢使用匀速运动、没有任何加速度的参考系。

匀速不加速直线运动的参考系,称为**惯性参考系**。与地面相联系

---

① 《爱因斯坦:生活和宇宙》,25 页;《恋爱中的爱因斯坦》,38 页。
② 《恋爱中的爱因斯坦》,209 页。
③ 《相对论原理》,爱因斯坦等著,赵志田、刘一贯译,科学出版社,1980 年,61—76 页。
④ 《爱因斯坦传》,173 页。

的参考系近似为惯性参考系,因此相对于地面具有均匀运动的任何参考系也是惯性参考系。(实际上,与地面相联系的参考系并不完全是惯性参考系,因为地球绕着地轴自转,也绕着太阳公转。这些圆周运动涉及运动方向的改变,这意味着此种运动不是匀速运动——它是加速运动。然而,与地球绕地轴的圆周运动和地球绕太阳的轨道运动相关联的那些加速度都很小,往往可以忽略不计,因此与地面相联系的参考系可以被看作近乎是惯性参考系。那些迷恋精确的天文学家,更喜欢与太阳相联系的参考系,这样可以更精确地实现惯性参考系。)

19世纪末,物理学家们遇到了一个关于光速的难题。这个谜题起源于大约一百年前,即1805年前后。当时人们认识到光是一种波,即其振荡的波长很短,频率很高。(直到很晚才发现光波中的振荡是电和磁扰动,即电场和磁场,物理学家喜欢这样称它们。)

19世纪的物理学家认为,光波的传播类似于声波的传播。声音的传播需要介质——它可以在空气、水、木材等介质中传播。同样,人们认为光的传播也需要介质,一种渗透我们周围环境的介质,以及所有的行星际和恒星际空间,以便允许光在任何地方传播。这种介质被称为**以太**,这个名字取自中世纪天文学家们想象的充填月球以外天体区域的物质的古代名称[有时被称为**光以太**,以区别于用于麻醉的化学化合物 $(C_2H_5)_2O$,后者即乙醚,与以太同名[①]]。以太被认为非常稀薄,故它不会阻碍行星的运动,却具有很强的弹性,其振动将产生光波的速度,即30万千米每秒。

---

① 以太、乙醚,在英文中是同一个词 ether。

人们假设以太相对于太阳处于静止状态，从而假设相对于太阳或太阳系，光速为 30 万千米每秒。由于地球以 30 千米每秒的速度绕太阳运转，19 世纪，物理学家们预计，在地球参考系中，与地球相同方向运行的光信号应该有一个减少的速度（地球正在远离这个信号，故这个信号需要更长的时间经过地球），而向相反方向运行的光信号应该有增加的速度（地球正与这个信号相向而行，故信号会被地球对冲）。人们认为光速遵循直觉上明显的速度加减规则，故相对于地球的参考系，光信号在与地球相同的方向上运行的速度应该是（300,000 − 30）千米每秒，而向相反方向运行的光信号的速度应该是（300,000 + 30）千米每秒。

这就是 19 世纪末物理学家们所面临的难题：好几个实验试图检测光速与地球速度的这种依赖性，但都没能检测出任何影响——光速似乎完全不受地球运动的影响。

其中最有创意的实验，乃是 1881 年由美国物理学家亚伯拉罕·迈克耳孙（Abraham Michelson）在柏林学术休假期间设计出来的。迈克耳孙出生在波兰，父母是犹太裔，后来移民到美国，定居在内华达。他在安纳波利斯的美国海军学院当学生时就开始了物理研究，这一职位是他凭借超人胆识获得的。当被告知任命海军学生的配额已满时，他前往华盛顿特区，走进白宫，找尤利西斯·格兰特总统帮忙。日色将尽时，格兰特同意和他谈谈，这个军校学员候选人的坚持和主动给格兰特留下了深刻的印象，于是破格给了他一个学生名额。

在安纳波利斯，迈克耳孙很快发现他对物理学比对海军更感兴趣，他设计了一种改进仪器测量光速的方法，是在一条长长的"跑道"上对光信号的往返行程进行计时,并在远端用旋转反射镜测量光速。他一生都在改进这一实验,并获得了光速为299,796千米每秒的最终结果,其不确定度为±4千米每秒(恰好命中:现代值为299,792千米每秒,这实际上就在迈克耳孙测量值4千米每秒的误差范围内)。

因在物理学学习中以高精度测量而闻名,迈克耳孙从海军请假,去柏林攻读光学研究生。那时候,德国人是光学和几乎所有的其他物理学分支的领军人物,任何有能力的美国物理学家都去德国学习。迈克耳孙在赫尔曼·冯·亥姆霍兹(Hermann von Helmholtz)的指导下研究光的干涉效应时,突然意识到,这些效应可以用于比较两个不同方向光速的极其敏感的实验。他为此设计了一种仪器,由柏林最好的一家仪器制造商制造,并在波茨坦附近的天体物理观象台地下室的一个实验室里组装起来。迈克耳孙指出,这台仪器如此超常敏感,在离观象台100米远的路面上冲压所产生的振动都会破坏它的运作。

这台仪器有两条相互垂直的臂,长度完全相等。在这两个垂直方向上,双臂作为光束的"跑道"。迈克耳孙将光束对准仪器的中心,在中心处,一面半镀银(即半透明)镜将这束光分成两等分,一束光沿着一条臂跑,另一束光沿着另一条臂跑。这些光束在双臂末端的镜子上反射回来,然后向中心跑,在那里,它们再次遇到那面半镀银镜,重新组合成一束从仪器前面射出来的光束。如果两条臂的往返速度完全相等,那么两束返回光束中的光波应该同步到达中心,它们会发生相长干涉。因此,每个光波的波峰与另一个光波的波峰重合,这就产生了一束很强的新光束。但是,如果往返速度不同,光波到达时会稍微异步,且不发生相长干涉,从而产生较弱的新光束。如果一个光波的波峰与另一个光波的波谷重合,光束会完全抵消,也许它们甚至会造成相消干涉。因此，只要速度上的微小差异，新的重组光束的强度就会发生剧烈变化。

迈克耳孙发明的这一仪器，如今被称为迈克耳孙干涉仪（Michelson interferometer），它非常出色。迈克耳孙立即意识到，它不仅可以用来敏感地比较双臂上的光速，还可以用来敏感地比较双臂的长度——如果其中一臂被稍微缩短（或者远端的镜面轻微移动），那么重组的光束就会变化，从相长干涉变为相消干涉。因此，仅仅一个光波长几分之一的长度变化都很容易被检测到。除了被用来检测光速的差异外，迈克耳孙干涉仪还被广泛用于测量微小的长度差异。由于该仪器具有非常实际的应用，迈克耳孙在1907年获得诺贝尔奖，这是诺贝尔奖第一次授予美国物理学家。

至今，迈克耳孙干涉仪仍被用于精确的长度比较。例如，路易斯安那州巴吞鲁日附近的引力波LIGO探测器就是一台迈克耳孙干涉仪，其臂由4千米长的疏散管道组成。激光束在重组之前可以来回传播好几百次。这台迈克耳孙干涉仪可以探测到的长度变化达十亿分之一米的十亿分之一，这是由来自遥远的超新星爆炸的引力波的影响而产生的长度变化。

迈克耳孙于1881年在波茨坦的实验结果，是否定的。迈克耳孙将其干涉仪的一臂平行于地球运转方向，另一臂指向垂直方向。沿平行臂的光束的往返时间应该比沿垂直臂往返的时间长，可是迈克耳孙发现，它们根本没有差别。他的仪器的灵敏度足以探测到地球相对于5千米每秒以太的速度，而实验的否定结果表明，速度（如果有的话）要小得多。当太阳系中的以太静止时，地球相对于以太的速度应该是

30千米每秒，即地球的轨道速度。因此，迈克耳孙实验的否定结果与朴素的以太理论完全矛盾。

迈克耳孙是光以太理论的坚定拥护者。为了解释他的否定结果，他对以太理论进行了修改。他认为，也许地球会把它附近的以太带动并曳引它，在这种情况下，地球也会沿着光波"曳引"，这样我们就不会看到地球运动对光速的任何影响。但是，这一解释与天文望远镜中的星光行为相冲突。天文学家曾观察到，地球围绕太阳的运动使星光以倾斜的方式进入望远镜，就像你开着敞篷车冒雨行驶时，雨点会以倾斜的方式进入你车子的驾驶舱一样；如果望远镜附近的以太被地球曳引，这种星光倾斜（即"光行差"）就不会发生。

迈克耳孙回到美国，退出海军，在克利夫兰的凯斯学院与爱德华·莫雷（Edward Morley）合作重复了干涉测量实验的更精确的版本；此后，这个实验被称为迈克耳孙 - 莫雷实验（Michelson–Morley experiment）。这个更精确的版本仍然没有探测到地球运动对光速的任何影响。但是迈克耳孙认为这是以太曳引的进一步证据，他坚信以太理论，直到他生命的尽头，甚至在相对论已被广泛接受，以太的思想被大多数物理学家所拒之后。他悲叹道："但没有介质，怎么能解释光波的传播？……如果不存在介质，又如何解释传播的恒定性这样一个……基本假定？"[32][①]

迈克耳孙 - 莫雷实验成了最受欢迎的相对论检验之一，其他实验者也重复了很多次。最精确的重复，是由德国物理学家乔治·约斯（Georg Joos）于1930年在耶拿的蔡司工厂的地窖里建立的一台迈克耳

---

① 《上帝难以捉摸：爱因斯坦的科学与生平》，亚伯拉罕·派斯著，方在庆等译，商务印书馆，2017年，144页。

孙干涉仪。那时，纳粹极权的阴影正笼罩在德国和德国科学之上，而约斯在对实验的描述中只字不提那个犹太人爱因斯坦。他为此受到指责，不过可以认为，他只是在对爱因斯坦以牙还牙：在自己的所有著作中，爱因斯坦都没有提到过迈克耳孙－莫雷实验，所以也许他是自作自受，实验者们也没有提到他。[33]

奇怪的是，爱因斯坦在 1905 年把关于相对论的工作完成了，根本没有意识到迈克耳孙－莫雷实验。历史学家们仍然在争论爱因斯坦了解多少、何时知道这个实验。爱因斯坦自己关于这个问题的陈述，则自相矛盾。在爱因斯坦去世前的几年，他在一次采访中声称，直到 1905 年之后，他才知道迈克耳孙－莫雷实验，他说："否则，我会在我的论文中提到它。"在第二次采访中，他说："这不太好说。我记不清第一次听说迈克耳孙实验是什么时候。我不觉得在我投身于相对论的 7 年中，它对我有过什么直接的影响。"他补充说，他一定在 1905 年以前就知道这个结果，因为他"已经简单地假定迈克耳孙的结果是正确的"。[34]①

对爱因斯坦来说，迈克耳孙－莫雷实验意义不大，因为他得出相对论不是通过沉思那些实验和观测事实，而是通过思考电场和磁场的理论方面，特别是苏格兰物理学家詹姆斯·克拉克·麦克斯韦（James Clerk Maxwell）在 19 世纪 60 年代表述的描述电磁场的方程式。在 20 世纪 20 年代爱因斯坦访问剑桥时，一位主人对他说："您成就卓著，但您站在牛顿的肩膀上。"爱因斯坦回答说："不，我站在麦克斯韦的肩膀上。"[35]

---

① 《上帝难以捉摸：爱因斯坦的科学与生平》，147 页。

第1章 "伯尔尼的快乐时光"

爱因斯坦于1905年发表的关于相对论的伟大论文分为四个部分,就像经典的法国(或瑞士)四道菜晚餐的组成部分:开胃菜、小菜、主菜和甜点(但没有葡萄酒——爱因斯坦不沾酒)。开胃菜提供了爱因斯坦提出建立其理论的基本原理;小菜给出了这些原理的一些直接结果;主菜是对有关运动物体的电场和磁场的各种结果进行认真的数学推导(这道菜很重);甜点包括几个让实验者高兴的小贴士。十分恰当,爱因斯坦那篇论文的标题是从主菜中导出来的,称为《论运动物体的电动力学》。

为了奠定这一理论的基础,爱因斯坦提出了两个原理:相对性原理和光速不变原理。第一个原理只是说,每个惯性参考系中的物理学定律与其他惯性参考系中的物理学定律是相同的。这意味着,除了通过比较这个参考系的运动和另一个参考系的运动外,没有办法检测参考系的运动。因此,参考系的运动总是相对运动。第二个原理指出,光速是一个绝对常量:在每一个参考系中,光速在各个方向上都相同;在每一个参考系中,光速与其他参考系中的都相同。

第一个原理与我们的日常直觉一致,就像在车站坐火车的乘客的例子所表明的那样,尽管它远远超出了日常经验,爱因斯坦认为相对性原理对所有速度都成立,不管速度有多大。牛顿认为相对性是其力学定律的结果,与牛顿相反,爱因斯坦则认为相对性原理是物理学的一条基本定律,它代表着一种基于经验的概括。因此,爱因斯坦的相对性观点又回到了伽利略的相对性,伽利略也认为相对性代表着直接的经验。现代关于相对性原理的观点,几乎与牛顿的相对性截然相反。牛顿用物理学定律推导相对性,而今天的粒子物理学家则用相对性原理作为区分可接受的定律和不可接受的定律的"筛子"。

第二个原理则非常违背日常直觉。我们期望,光速应该表现得像声速一样。我们高速追赶一个声音信号时,它相对于我们的速度会降低,如果乘坐超音速喷气机,我们可以赶上声音信号,超越它,然后把它甩在后面。同理,我们追赶一个光信号的时候,也期望它的速度应该降低,如果能达到超光速,我们会期望赶上光信号,超过它,并把它甩在后面。

爱因斯坦要求所有的物理学定律都应该服从他那两个原理,研究了如何修改物理学定律才能使它们服从。作为实现这一目标的第一步,爱因斯坦决定了在一个参考系中测量的时间坐标和空间坐标如何与以某个速度相对于第一个参考系运动的另一个参考系中测量的相应坐标相关联。这些坐标变换方程,构成了研究相对性的基本数学机制。

今天,这些变换方程被称为洛伦兹变换方程(Lorentz transformation equations),因为爱因斯坦并不知情,它们早在一年前就被著名荷兰物理学家(当时是电磁理论的权威)亨德里克·安托昂·洛伦兹(Hendrik Antoon Lorentz)发现了。但是,洛伦兹并未认识到这些变换方程中隐藏着什么宝藏;他在研究电磁场的相对性时发现它们,并没有认识到这个方程具有更广泛的含义。

爱因斯坦由变换方程能够得出几个令人惊奇的结果:运动时钟的时间延缓(time dilation),运动量尺或其他刚体的长度收缩(length contraction),同时性的相对性(在一个参考系中的同时,却不一定是在另一个参考系中的同时),速度的组合规则(这不同于直观的加减规则),质量随速度而增加,以及后来的能量与质量的关系 $E=mc^2$。他还推导了电荷和电流产生的电场和磁场如何在电荷和电流运动时增加和减小,以及电荷和电流在运动时如何改变电力和磁力。这些关于电场和磁场变换的结果给爱因斯坦的论文取了一个名字,但就像洛伦兹变换方程一样,它们实际上都是洛伦兹在一年前就得到的。

在爱因斯坦的结果中,最奇特的是时间延缓和长度收缩。爱因斯坦推断,当一个时钟相对于参考系高速运动时,它的速度比在参考系中静止的相同时钟的速度要慢。这完全违背了我们对手表和计时器的日常经验:我们可以在环游世界的高速飞机旅行中随身携带一块手表,我们回家的时候,发现该手表和留在家里的一块类似的手表相比,并没有丢失任何东西。

在这些条件下,时间延缓没有出现的原因是,在飞机速度下,时间延缓非常小。对于以典型客机的 900 千米每小时的速度环游世界,时间延缓仅为 0.3 微秒(即百万分之一秒),小到无法在手表上显示。[36] 即使是在国际空间站环游世界,28,000 千米每小时,时间延缓也很小,每次绕地球仅仅 3 微秒。如果你想要一次大的时间延缓,你需要的速度可以与光速相当,也许是光速的 90% 或 99%。在光速的 90% 时,时间延缓了 2.3 倍;在光速的 99% 时,时间延缓了 7.1 倍。对于接近光速的速度,时间延缓会变得更大,随你的喜好而变大。(你要是有电子计算器,可以通过计算时间延缓来自娱自乐;时间延缓因子等于 1 除以 $1-V^2/c^2$ 的平方根,其中 V 是时钟的速度,c 是光速 300,000 千米每秒。)

爱因斯坦认为,探测时间延缓的最佳方法是利用地球的自转。因为地球赤道上的点相对于两极上的点以 1700 千米每小时的速度移动,而在赤道上静止的时钟相对于两极上的时钟,则应该经历一个时间延

爱因斯坦的错误　　天才的人性弱点

缓。然而，爱因斯坦在这点上是错的，因为对于放置在地球表面的海平面上的时钟，自转的时间延缓总是被广义相对论产生的相反的引力时间延缓完全抵消。这是我们不应该苛求爱因斯坦的一个错误：在1905年，引力时间延缓还不为人所知——爱因斯坦在几年后才发现这个延缓。

时间延缓不仅适用于时钟，也适用于所有物理学、化学和生物学过程。一位波兰物理学家开玩笑地提出了一种相对论性冰箱：为了保存鸡的尸体，只需将其放入火箭，使其高速运动。鸡肉的化学变化将减缓（就像在普通冰柜中冷却尸体时那样），肉将保持新鲜。

对于一个相对于地球高速运动的宇航员来说，其"生物钟"的时间会延缓，且衰老速度会比她在地球上的队友慢。如果以**超过光速**的速度运动是可能的，那么时间不仅可以慢下来，而且可以倒转，所以旅行者回到她出发**之前**的起点。一首物理教授们习惯背诵的打油诗引起了人们的注意：

> 有个名叫灵光的女孩，
> 她的速度比光还快。
> 有天她相对地出门去，
> 头天晚上就能回来。[①]

然而，要使物体加速到光速那么高（或更高）的速度是不可能的——要达到光速就需要无穷的能量，而这是无法实现的。物理学家

[①]《爱因斯坦语录》（终极版），艾丽丝·卡拉普莱斯选编，李绍明译，湖南科学技术出版社，2019年，445页。

们用巨大的加速器可以使粒子以接近光速的速度运动，但它们不能达到等于（或大于）光速的速度。

时间延缓是相互的：宇航员相对于地球参考系高速运动时，宇航员的时间相对于地球时间是延缓的；相反，由于地球相对于宇航员的参考系以高速运动，地球时间相对于宇航员的时间也是延缓的。这种相互时间延缓，似乎是反直觉的：宇航员的时钟相对于地球时钟运行得慢，同时，地球时钟相对于宇航员的时钟运行得慢，这怎么可能？但是仔细的分析表明，如果我们保持时钟的运动，这不存在逻辑上的不相容（如果我们停止参考系的相对运动，那么哪些时钟是迟的，将取决于我们选择加速实现运动停止的那个参考系）。

在爱因斯坦生活的时代，没有足够精确的钟可以用来直接验证时间延缓。但是，在1960年前后，惠普公司开发出了高精度的便携式原子钟，大约相当于行李箱的大小。在原子钟中，"摆动"由分子或原子样本的振荡，而不是像祖父的钟中的摆那样的振荡控制。这些新的便携式原子钟，经常与不同地点安装在计量学实验室中的时钟进行同步性的比较。便携式原子钟在商用飞机上从一个地方运到另一个地方，由专门的信使陪同。需要为这些钟单独预留一个座位，这导致了一些有趣的事件。有一次，由于旅行社的混淆，信使向惊愕的飞机乘务员出示机票，登机牌显示的是"时钟先生"。信使很快就知道，用电子方式而不是用原子称呼时钟是合宜的，以减轻乘客和乘务员的恐惧。[37]

科学家们利用这种便携式原子钟来证实飞机运动所导致的相对论性时间延缓。在1972年进行的一次试验中，泛美航空公司、环球航空公司和美国航空公司在其定期商业航班上为"时钟先生"提供了座位，而时钟则经历长途旅行，环绕世界两次，一次向东飞行，另一次向西飞行。这架飞机的机长提供了飞行数据，于是，科学家们可以根据爱因斯坦的公式确定飞机的速度，并计算出预期的时间延缓。在旅行结束时，对时钟的读数与另一个一直留在地面（位于华盛顿的美国海军天文台）的原子钟的读数进行了比较。这次对时间延缓的验证，证实了爱因斯坦的推断——旅行结束时，旅行钟慢了一微秒分之一，与预期一致。

早在1960年之前，研究宇宙线的物理学家就完成了一项关于时间延缓的初步验证。大多数到达地球表面的宇宙线都是高速 μ 子，此种粒子与电子非常相似，但质量更大。这些 μ 子来自我们自己和其他星系更有能量的"初级"宇宙线的冲击，在高层大气中产生。高能宇宙线中的一条撞击到高层大气中的原子时，会产生大量的 μ 子，其中一些会向下行进到地球表面。

μ 子是非常不稳定的粒子，其持续时间仅为百万分之一秒，就迅速衰变成其他粒子。由于 μ 子的寿命短，所有的 μ 子在完成到达地球表面旅行之前都应该衰变，我们不应该观察到任何到达地球表面的 μ 子。但是，时间延缓却延长了 μ 子的寿命——以典型的、高速的 μ 子，在地球参考系中的时间延缓，时间延缓因子约为9，正因如此，μ 子需要存活足够长的时间才能到达地表。因此，对穿过大气层的宇宙线 μ 子的探测，提供了时间延缓的第一个观测证据。

爱因斯坦推导出的另一个奇特结果是长度收缩。任何一种高速穿过参考系的刚体——量尺、飞机、陨星、行星——的长度，都沿着运动的方向缩短。跟时间延缓一样，在日常速度下，长度收缩非常微小。

对时速以 900 千米每小时飞行的客机来说,长度收缩大约是十亿分之一厘米,小于单个原子的直径。但在高速下,长度收缩可以大得多。长度收缩因子只不过是时间延缓因子的倒数。例如,在光速的 90% 时,时间延缓因子为 2.3,长度收缩因子为 1/2.3,即 0.44。

长度收缩是由洛伦兹和爱尔兰物理学家乔治·斐兹杰惹(George FitzGerald)在爱因斯坦之前几年各自独立提出的,斐兹杰惹试图为迈克耳孙-莫雷实验的失败找到一个解释。洛伦兹和斐兹杰惹突然想到了一个聪明的想法,即迈克耳孙-莫雷实验的否定结果可以用与地球运动平行的干涉仪臂的长度收缩来解释;这将缩短光束沿那条臂往返的时间,并使其与另一臂的行进时间相等。斐兹杰惹敏锐地意识到,必须找到导致这种收缩的某种机械原因,即收缩必须由那条臂材料中的某种压缩效应所引起,他推测,材料中的内部电力的一些改变可能是罪魁祸首。[38]①

洛伦兹从理论上研究了这一猜想,发现电力确实受到恰好以导致收缩的方式运动的影响。然而,虽然洛伦兹确定了收缩的基本物理原因,但他只能对这种收缩进行初步的尝试性计算,因为迈克耳孙干涉仪中的黄铜臂等固体材料的长度无法通过牛顿力学计算而只能靠量子力学(而这还没有被发明)原子结构来计算。

这种收缩被称为斐兹杰惹–洛伦兹收缩(FitzGerald–Lorentz contraction),这在另一首五行打油诗中得到了庆祝:

有一个小伙子名叫飞箭,

---

① 《相对论原理》,1—5 页。

> 击剑动作非常敏捷。
> 他的动作如此之快,
> 斐兹杰惹收缩,
> 把他的剑杆缩成了圆盘。

若要将剑杆缩小为圆盘形状,需要几乎等于光速的速度。所需速度大致等于芝加哥附近费米实验室加速器产生的高能质子的速度——它们的速度如此之快,以至于 1 秒内光线就能在上面获得 150 米。在这样一个质子参考系里,一米长的剑杆躺在加速器旁边的地面上,会被收缩成一毫米的圆盘。

跟时间延缓一样,长度收缩也是相互的。在质子参考系中,剑杆是收缩的。但是,在剑杆参考系,或者地球参考系中,质子收缩了——而不是一个小圆球,质子是一个薄圆盘,即微型煎饼。跟相互时间延缓一样,这种相互长度收缩也是反直觉的,但它不会导致不相容。

长度收缩与爱因斯坦发现的另一个奇特效应密切相关:同步的相对性。这意味着,不同参考系中时钟的同步性是不同的。例如,虽然伯尔尼和苏黎世两座钟楼上的钟在地球参考系计算的同一时刻开始敲响,但它们开始在不同时刻按所计算的时间响,参考系在从伯尔尼到苏黎世的方向上高速运动——在这个参考系中,伯尔尼钟将会时间延迟。

同步的这个差异,意味着长度收缩。为了测量剑杆从伯尔尼到苏黎世的高速移动(且指向前方)的长度,地球上的实验人员必须确定该点和剑柄圆头在某个时刻的位置。但是,他们像地球参考系中所计算的那样，在某一时刻进行这些测量时，就会在不同的时刻做这些测量，在剑杆参考系中进行计算——圆头的测量将是迟的。这意味着，他们测量圆头的位置时，它会向前运动，更接近他们所测到的那点的位置，而且很明显，这将导致剑杆长度缩短的结果，因此，长度收缩产生于时钟同步的差异中。

1905 年，时间延缓和同步相对性都不在实验范围之内——当时的时钟尚不够精确，无法检测到这些效应。可是在其论文的最后一部分，作为"甜点"，爱因斯坦提出了一个用实验可以达到的结果。他证明，要使粒子的运动方程与相对论相符，就需要修改粒子在高速时的质量。高速粒子的质量一定比慢速粒子的质量大——我们可以称为质量膨胀（mass dilation）。

爱因斯坦发现了一个沿直线加速（就像汽车沿着直线加速）的粒子的质量膨胀公式，另一个公式是粒子沿圆圈（如汽车绕曲线环行）向心加速的质量膨胀。前者称为**纵质量**，后者称为**横质量**。在这两个公式中，纵质量总是大于横质量。例如，围绕费米实验室主加速器环运行的质子，其速度仅比光速低 150 米每秒，横质量是其正常质量的 1000 倍，纵质量是其正常质量的 3 万倍。

1905 年，可用的最快粒子是放射性物质发射的电子和在阴极射线管（大致类似于今天的电视显像管）中加速的电子。实验人员用电力和磁力测量了这些电子的偏转，甚至在爱因斯坦发表关于相对论的论文之前，他们就确信这些电子的质量随着速度的增加而增加。这些实验在爱因斯坦发表论文之后的几年里继续进行，主要是在德国和法国。

早期的实验似乎与格丁根的物理学家、后来在米兰的教授马克斯·亚伯拉罕（Max Abraham）的计算结果一致。他把电子建模成一个充满电荷的刚性球体，并利用牛顿力学和麦克斯韦方程来发现电子本身的电场如何在高速时增强其惯性或质量。其他物理学家也提出了电子的其他各种理论模型，结合长度收缩，即斐兹杰惹－洛伦兹收缩。1905年，关于质量随速度增长的可得最佳实验数据，似乎比爱因斯坦的预言更符合一些其他理论模型。

但是，爱因斯坦顽固地拒绝相信这一点。他宣称，"在我看来，他们理论的正确性很小，因为他们关于运动电子质量的基本假设不是得自更加普遍的理论体系。"[39][①] 他的固执得到了回报。不久之后，阿尔弗雷德·布赫雷尔（Alfred Bucherer）在波恩大学的实验对爱因斯坦的公式给出了很好的拟合，布赫雷尔给爱因斯坦写信说："通过精确的实验，我无疑证明了相对论原理的正确性。"[40][②] 这个振奋人心的声明有点为时过早，布赫雷尔的测量结果并不像他所认为的那样准确，但这一声明肯定有助于爱因斯坦的理论得到接受。在爱因斯坦提出其理论之后的五年内，当时杰出的德国物理学家马克斯·普朗克（Max Planck）就曾宣称："（爱因斯坦的相对性原理）给我们的物理世界观带来了一场革命，不论在深度和广度方面，只有哥白尼创建的世界体系可以与之相比。"[41][③]

[①]《爱因斯坦传》，146页。
[②]同上。
[③]同上，190—191页。《正直者的困境：作为德国科学发言人的马克斯·普朗克》，J.L.海耳布朗著，刘兵译，东方出版中心，1998年，27页。

第 2 章 "可它仍在动"

据传说,伽利略因为地球绕太阳运转立场辩护而被定罪为异端邪说后,说了这句话。

爱因斯坦以表述狭义相对论和广义相对论而闻名,但是,爱因斯坦并没有发现相对性。发现相对性的那个人是伽利略·伽利雷(Galileo Galilei),他于 1564 年出生在比萨,1633 年因坚持地球绕太阳转动,与宣称太阳绕地球运转的教会教义相矛盾,而被判信奉异端邪说。

伽利略于 1633 年 6 月 22 日被罗马宗教裁判所的一个法庭裁定有罪,并被判为异教徒。那天(此日因此事而载入史册),他穿着一件忏悔者的白色衬衫,被人从圣皮埃特罗广场附近的宗教裁判所宫殿里监狱的一头骡子背上,抬到了密涅瓦上面的圣玛丽亚感恩教堂和多明我会修道院,等待/去听裁判所对他的判决。

位于万神殿后面的密涅瓦广场上的圣玛丽亚修道院和邻近的同名教堂,都建在一座为智慧女神密涅瓦而建的古罗马寺庙的废墟上。但讽刺的是,在智慧神庙废墟上宣判一位科学家纯属巧合。修道院是审判异教徒的传统场所,因为它是多明我会人的"巢穴",教会的"猎犬"总是在寻找异端的堕落。为了上帝的更大利益,他们没收了所有他们定罪的异教徒的财富,这可能贡献了他们的热情,最肯定的是贡献了对其敕令的影响。

意大利人称多明我会人为Domini canes,即"上帝之犬",也许教团的领导人对这一称呼有一种幽默感——多明我会人的臂章以黑白相间的狗为特征,与教团成员所穿的黑白长袍一致。但是,谈到异教徒时却没有什么幽默感。不久以前,焦尔达诺·布鲁诺(Giordano Bruno),一个被解除僧职的僧侣,遍体鳞伤地被抬着去听对他的判决,就像伽利略被骡子驮去一样。他被判为死不悔改的异教徒,因为他声称所有的恒星都是太阳,有类似于地球的行星,也许还有外星居民。然后,他被重新抬上骡子,在鲜花广场(现在是古色古香的花菜市场,你可以在那里找到他的行刑地点,上面写着纪念文字)的木桩上被活活烧死。

多明我会修道院的大厅为对异教徒作出判决提供了一个合适的环境——其天花板上覆盖着一幅精美的壁画,详细展示了13世纪阿尔比根教派对异教徒的屠杀,这标志着宗教裁判所的开始。[1] 在伽利略被定罪的那天,大厅里挤满了"上帝之犬"、牧师、书记员和文士。伽利略被领进了大厅,他被要求跪在大理石地板上,面朝主持这次法庭会议的七位审讯官,所有的红衣主教都穿着血红色的长袍。

对他的宣判如下:

> 我们宣布并宣判如下:你,案犯伽利略,由于你在审判中提出的问题,并由你如前所述供认,使你自己在本神圣裁判所的审判中被强烈怀疑为异端邪说,即,相信并持有这一教义——太阳是世界的中心,不从东向西运动,地球运动而不是世界的中

心——这是错误的，违背了上帝和神圣的圣经……

在我们高兴的时候，我们将你送进本神圣裁判所的正式监狱，作为有益的忏悔，我们命令你在未来三年里，每周重复一次七篇忏悔诗篇……

因此，我们决定、宣布，并宣判、声明，授予和保留我们可以并且能够正确使用的任何其他更好的方式和形式。[2]

伽利略仍然跪在审讯官面前，然后宣读发誓悔改的陈述：

本人，已故佛罗伦萨温琴佐·伽利雷之子伽利略，现年70岁，本人在法庭上被传讯，并跪在你们面前，反对异端堕落最杰出、最尊敬的红衣主教和审判官……我发誓，我一直相信，在上帝的帮助下，在未来将相信所有的举行、布道和教导的神圣的天主教和使徒教会。

……我怀着真诚的心和真诚的信念，放弃、诅咒、厌恶上述错误和异端。我发誓，今后我将不再以口头或书面形式说或断言任何可能使人对我产生类似怀疑的事情。……求您助我，我用手触摸的上帝和他的福音。[3]

传说伽利略在宣誓结束时喃喃地说了几句"可它仍在动"。但这肯定是捏造的——"上帝之犬"的众多眼睛都在盯着他，任何异教徒如果不能令人信服地表现出真诚的悔改，就不会得到任何怜悯。他可能想过这些话，但一定是把它们藏在心里。

在智识方面，爱因斯坦是伽利略之子、艾萨克·牛顿之子、詹姆斯·克拉克·麦克斯韦之子。爱因斯坦的相对性理论（theories of relativity）建立在伽利略首先奠定的基础上——狭义相对论建立在伽利略发现运动相对性的基础上，广义相对论则建立在伽利略发现自由落体加速度相等的基础上。而且，狭义相对论和广义相对论都包含和推广了牛顿定律，也都包含了麦克斯韦方程。就像一个睿智的"父亲"，认识他所有的"儿子"；在智识上，就像一个聪明的"儿子"，认识他所有的"父亲"。

爱因斯坦承认他对牛顿和麦克斯韦的感激之情，却未完全意识到伽利略的父亲身份有多重要。他在为伽利略的名著《关于两大世界体系的对话》撰写的导言①中，指责伽利略未能提供关于相对性的一般数学证明（这不可能做到，因为当时缺乏广义力学理论）。[4] 他没有看出，伽利略从未打算给出普遍数学证明。伽利略认为相对性是一个经验的观察事实，即自然规律，而爱因斯坦在 300 年后对相对性原理（Principle of Relativity）的表述模仿伽利略将这一原理视为自然规律，而不是其他任何事物的数学推论。

用物理学的语言来说，伽利略和教会之间的争论是关于相对性的争论：伽利略认为相对性是成立的，而教会则认为它并不成立。因此，伽利略和爱因斯坦都可以说是因为相对性而闻名的。然而，"相对性"并没有出现在伽利略的词汇中——它直到 300 年后才进入物理学的语言。伽利略没有说"相对性"，而是说我们靠发生在这些参考系中的任何现象，不能区分静止参考系和运动参考系。

---

① 《爱因斯坦文集》（增补本）第一卷，786 页。

伽利略在开创性的力学研究中,发现了相对性的最初迹象。他为力学这门学科奠定了第一个坚实的基础,并开始了运动的数学研究——他表述了我们所说的运动的"几何学"。在运动研究中,他认识到运动是相对的:"可动"(他指的是任何一种运动中的物体)运动,都可以很好地描述为相对于地面或相对于其他"可动"物体(其本身乃相对于地面运动)。因此,箭的运动可以被描述为相对于地面,或相对于骑在飞马上的骑手,而在这两种描述中,基本的运动定律都完全一样。这就是相对性的本质,它使伽利略认为相对性也许可以适用于各种现象。对伽利略来说,相对性只是他研制出来的一种武器,用来抵挡对"不动的地球"上瘾的那些狂热者的攻击。他没有完全理解相对性的含义,无法猜到它在 20 世纪所产生的普遍作用,因为相对性在爱因斯坦的手中达到了完美。

伽利略家族是佛罗伦萨一个头面家族的穷苦后裔,他们喜欢把自己看作"贵族",又与贵族不太一样,但在衣服足够显眼的地方缝制了纹章,有一个小小的梯子作为其标志。伽利略出生时,一家人住在比萨,父亲靠教音乐为生。那是一个音乐时代——帕莱斯特里纳(Palestrina)、奥兰多·迪·拉索(Orlando di Lasso)、卡布里埃利(Cabrieli)、蒙特维尔第(Monteverdi)、弗雷斯科巴尔迪(Frescobaldi)和吕利(Lully)都是伽利略的同时代人。音乐和舞蹈是绅士教育的一部分,就像武器、马术和狩猎一样,有些乐器被认为是不合适的;因此,在卡斯蒂利奥内(Castiglione)的《廷臣论》——一本关于如何保持冷静和赢得女人芳心的 16 世纪手册中,有人警告绅士不要在管乐器上表演,因为这使他们的脸变形了。[5]

年轻的伽利略在机械玩具的发明和构建方面展示出了一种天赋，牛顿和爱因斯坦也开发过这一天赋。10岁时，伽利略全家搬到了佛罗伦萨，他在附近的一家修道院当了几年的新手。在那里，他表现出了许多才能，以及文学研究的技巧，这构成了他后来在书信和书籍中表现出来的清晰、优雅的写作风格的基础。伽利略倾向于修行，但他父亲认为从事医学事业会更有利可图——同现在一样，医生会挣很多钱。17岁时，伽利略被送回比萨大学，被录取为医学生。

在比萨大学，伽利略熟悉和迷恋上了数学。不顾父亲的反对，他决定成为一名数学家，但由于缺乏资金，他不得不在没有取得学位的情况下从大学退学。回到佛罗伦萨，他发明了一种流体静天平 bilancetta，用阿基米德（Archimedes）的方法测量物体密度。阿基米德是公元前3世纪的希腊自然哲学家，他因从浴缸里跳出来，一路喊着"尤里卡"（Eureka）在锡拉库扎的街道上飞奔而闻名。伽利略的天平被珠宝商和金匠广泛采用，来测试合金的密度。伽利略写了一篇关于 bilancetta 的文章和一本关于固体重心的书，这使他闻名意大利——他被称为"他那个时代的阿基米德"。名声给他带来了就业机会——伽利略被任命为比萨大学的数学讲师。在那里，他开始了对落体和抛体运动的原始、深入的研究和实验，揭露了他的前辈和同时代人所持有的错误观念。

这些错误观念大多来自亚里士多德（Aristotle），公元前3世纪的另一位希腊哲学家，亚历山大大帝（Alexander the Great）的导师。他的著作博大精深，涵盖了当时的大部分知识。他的风格最好被描述为早期的波洛尼厄斯（Polonius），而他对动物王国的误解往往能让人发笑（马的右睾丸抽搐是一种疾病的症状，它会导致马蹄脱落；但不必担心——马蹄会很快长出来）。中世纪的学者把数量和质量混为一谈，亚里士多德的著作成为所有中世纪大学的标准读物。

在科学上，亚里士多德强调对自然的直接观察，并教导理论必须遵循事实。不幸的是，他没有按照自己所讲的去做。他声称，落体的速度与其重量成正比，但他从不怀疑他伸出双手抛下一块大石头和一块小石头，这会让他看到它们同时落在地板上。自由落体具有明显的实用性，如从树上摇苹果，或把夜壶中的污秽从窗户倒到下面的街道（中世纪城镇的习惯）。但是，自由落体的定量细节与采集苹果或排放污水无关，这或许可以解释为什么没有对这些细节进行调查。

凭借精湛的表演技巧，伽利略戏剧性地演示了亚里士多德关于自由落体的错误，他将不同重量的铅球从一个很高的高度抛下。他的学生维维亚尼（Viviani）在伽利略死后不久写的一本传记中报道："这些球都以同样的速度运动，他通过在其他教授和所有学生面前从斜塔的高度反复进行的实验来证明这一点。"⁶

伽利略在其著作中提供了更多的细节："但是……做过实验的我可以向你保证，一个重达约一二百磅更重一些的炮弹不会比一个重不到半磅［1盎司］的步枪子弹超前一手掌［掌宽］落地，如果它们两个同时从200腕尺［100米］高处落下的话。"⁷① 在这里，伽利略就腕尺和磅的数量夸大其词。文艺复兴时期的意大利人喜欢建造塔来宣传他们的艺术爱好（virtú）［他们的力量，而不是美德（virtue），尽管他们往往失去了这种区别］，而比萨当时有许多塔，但没有一个比斜塔（57

---

① 《关于两门新科学的对谈》，伽利略著，戈革译，北京大学出版社，2016年，49页。

米）高。此外，当时使用的最重的炮弹重量不超过100磅。

比萨的教授们曾受亚里士多德启发，并从其论著中获益，他们不会感谢伽利略向他们脚下投掷炮弹，为他们撒了谎。伽利略有树敌的天赋——正如凯斯特勒所说，他激起了"天才加上傲慢减去谦卑在平庸中所造成的冷酷、无情的敌意"。[8] 他是一个喜欢争吵、骄傲、固执的人，容易得罪人，对其科学发现妄自尊大，总是渴望得到公众的注意。他有一种胆大包天的气质，在其私人图书馆里幸存下来的书中，我们发现了"小丑""蠢货""邪恶的土拨鼠""忘恩负义的恶棍"这些书边注释。[9] 他喜欢挑起争论，喜欢用嘲讽和尖刻的挖苦来覆盖对手。伽利略直截了当地揭露了亚里士多德的错误，使他成为比萨大学平庸教授的公敌。他们强迫他离开那所大学，不管——或者由于——他超凡的智识艺术爱好。

伽利略很快就获得了一个更好的职位，他在某种程度上更进一步，在帕多瓦大学担任数学教授，并在那里待了18年。帕多瓦当时在威尼斯统治之下，威尼斯人给了伽利略应得的荣誉，付了他丰厚的薪水。威尼斯负担得起——尽管它的实力已经开始衰落，但威尼斯仍然是意大利城邦中最富有的。

帕多瓦的岁月，是伽利略一生中最富有生产力和创造力的十几年。他对力学的研究是在这段时间内完成的，尽管直到他被判犯有异端罪后的最后几年才发表。他的演讲非常成功，欧洲各地的学者都来聆听。除了给自己的学生讲课外，他还做了公开讲座，有时能吸引几千名听众。伽利略是一个根深蒂固的平民主义者和代言人，总是渴望吸引最广泛受众的注意，为了达到这个目的，他开始用意大利语，而不是用拉丁语写书,拉丁语是他所有同事喜欢的科学出版物的语言。

伽利略在帕多瓦发明了(即重新发明)望远镜。他读到一篇报道称,一位荷兰眼镜商制造了一种装置,使远处的物体看起来更近,他很快就想出了用两个镜片来做这件事的方法。伽利略继续造了好几百个望远镜,其中一些望远镜的放大率高达 32 倍。他的一些望远镜仍然存在,还有一些在佛罗伦萨的科学博物馆展出。[10]

伽利略在完善了望远镜之后,瞄准了天空,开创了天文学上惊人发现的新时代。他接二连三地发现了月球上的山脉、太阳上的黑子、银河系云中的恒星、木星的四大卫星、金星的月相和土星的环。这些发现使伽利略誉满全欧洲。他广为人知的名声,也带来了更多的实实在在的回报。伽利略出于强烈的自我提升的本能,为了感谢托斯卡纳大公(Duke of Tuscany)、美第奇家族的科西莫二世(Cosimo Ⅱ),将木星的卫星命名为美第奇星。从长远来看,这个名字并不贴切——今天天文学家称木星的四颗最大的卫星为伽利略卫星。但从短期来看,这种奉承得到了回报——伽利略被立即任命为大公的首席哲学家和数学家,"托斯卡纳科西莫公爵的首席哲学家和数学家"。伽利略搬到佛罗伦萨,薪水很高,没有任何教职,有充裕的时间进行研究和写作……以及争吵。

伽利略正是在其佛罗伦萨时期,开始捍卫哥白尼体系。直到 16 世纪,普遍接受的宇宙模型是托勒密模型,由希腊-埃及天文学家托勒密(Ptolemy)在公元 2 世纪发明。在这个体系中,地球固定在宇宙的中心,太阳和行星围绕着地球旋转。这个体系与亚里士多德关于地球不能运转的教导是一致的。

但是在 16 世纪早期，波兰天文学家尼古拉斯·哥白尼（Nicolas Copernicus）提出了一个不同的宇宙体系，宇宙的中心是太阳，所有的行星，包括地球，都围绕太阳运行。起初，哥白尼体系被认为具有比托勒密体系简单的优点，但这种简单性被证明难以捉摸。在这两个体系中，行星本应沿着圆形轨道运动，但为了准确描述行星的运动，有必要引入大量的本轮：每颗行星都沿着一个小圆运动，而每一个这样的圆的中心又沿着一个较大的圆围绕宇宙的固定中心运动。哥白尼希望消除这些尴尬的本轮，但这证明是不可能的，他发现他的体系所要求的本轮甚至比托勒密体系中的更多。

哥白尼在其著作《天球运行论》中所描述的那个体系非常复杂，几乎没有人能读懂或理解它（科学史学家称它为无人读过的书[①]）。然而，哥白尼体系有一个关键的优势：行星在这个系统中的运动是周期性的——每当行星完成围绕太阳的一条回路，它就会按照完全相同的时间表一次又一次、永远地重复这个回路。相比之下，在托勒密体系中，每颗行星按照一个可变的时间表完成围绕地球的回路——从地球上看，行星有时更早、有时更晚完成回路，因此每一个回路都是不同的。

行星运动的日心构型和周期性，是导致伽利略同时代人德国天文学家、维也纳帝国数学家约翰尼斯·开普勒对行星轨道的新认识的两条重要线索。开普勒获得（并窃取）丹麦天文学家第谷·布拉赫（Tycho Brahe）所获得的新的、更准确的观测数据，在用这些新数据进行了长时间的计算之后，他实现了一个大幅度的简化，确定了行星

[①]《无人读过的书》，欧文·金格里奇著，王今、徐国强译，生活·读书·新知三联书店，2008 年。

沿着椭圆形轨道围绕太阳运行,而不是多个圆圈或多圆组合。他还发现了周期定律,将行星运动的周期与轨道的大小联系起来。

伽利略成为哥白尼体系的狂热和喧嚣的支持者,这使他与宗教裁判所发生冲突。宗教裁判所的任务是,调查和压制对天主教来说是不正确的思想,即"异端堕落"。作为调查员、检察官和法官的宗教裁判所的实地工作人员都是多明我会人,这一制度也为教会提供了首席神学家和数十名传教士。伽利略为哥白尼体系辩护,折磨这些"上帝之犬"。教会并未——从未——正式宣布哥白尼体系为异端。但它被认为是"鲁莽",与《圣经》经文相反,伽利略知道他是在危险的地方行走。

伽利略也知道,天主教的等级制度实际上鼓励哥白尼出版他的书,天主教会有接受各种微妙的《圣经》解释的悠久传统。枢机主教罗伯特·贝拉尔米内(Robert Bellarmine)是伽利略时代最有影响的神学家,后来被提升为圣徒,他表达了非常合理和开明的观点:"如果存在真正的证明太阳在宇宙的中心……如果太阳不是绕着地球转,而是地球绕着太阳转,我们就必须非常谨慎地解释经文中似乎是相反的段落,与其宣称一个观点是错误的,这已被证明为真,不如承认我们不理解它们。但是,至于我自己,我不会相信存在这样的证明,直到这些证明向我展示。"[11]因此,与当时和现在的《圣经》至上的基督教原教旨主义狂热者相比,**如果有真正的证明**,贝拉尔米内愿意让科学凌驾于《圣经》之上。伽利略认为,在其潮汐理论中,他对地球的运动有了真实的、决定性的证明,他认为这个他喜爱的理论是他一生的成就,由此后来他致力于撰写《关于两大世界体系的对话》,这本书导致他被捕,并被判犯有异端罪。

有一句意大利谚语说，CHI LINGUA HA, A ROMA VA（能言善辩者，去罗马）。1615年，伽利略受到人们对他发明天文望远镜的热烈欢迎，决定去罗马，相信凭借雄辩的口才，其科学论点的分量，其成就所带来的尊重，以及高层朋友的青睐，他将克服对哥白尼思想的抵制。在罗马，他大受欢迎，并获得了几位有影响力的红衣主教的青睐，他向他们提出了自己的观点。他们有礼貌地听着，不过他的论点被置若罔闻，而他基于潮汐理论的科学证明也无法令人信服。确切地说，伽利略潮汐理论的错误之处在于他那个时代的红衣主教和大多数其他人听不懂。但是，潮汐与月球有关是常识，这一定使他的理论在同时代的人眼中相当可疑。

鉴于伽利略固执己见，他被警告要"自由写作，但远离圣器安置所"。[12]托斯卡纳大使接到大公的指示，要帮助伽利略，他报告说："蒙特红衣主教和我，还有几位来自宗教法庭的红衣主教，试图说服他保持沉默，不要继续激化这个问题。如果他想秉持哥白尼的观点，他被告知，让他悄悄秉持，不要花那么大的精力与别人分享。每个人都担心，他来这里可能带有很大的偏见，他可能会以侮辱告终，而不是为自己辩护和成功。"[13]

伽利略对哥白尼思想的宣传引起了宗教法庭的注意，一些神学专家或有资格者被指示对这些思想进行审查。几天之内，他们给出了其专家意见：根据《圣经》中的十多节经文，他们宣称太阳处于宇宙的中心的命题是"愚蠢和荒谬的，哲学上和形式上的异端，因为它在许多章节中明确地与《圣经》的教义相矛盾……"[14]。宗教法庭指示枢机主教贝拉尔米内当众传讯伽利略，并宣告他的暴乱行为。因此，当着公证人和一群身着黑白长袍的"上帝之犬"的面,贝拉尔米内告诫伽利略放弃哥白尼的错误思想,而不是秉持或捍卫它们。伽利略承诺要这么做——尽管他咕哝着"那天赢了的对手无知、恶意和不虔诚"[15]。围绕哥白尼体系斗争的第一轮一举告终——多明我会人在沙地上画出了一条线,伽利略被命令不得越过,但"上帝之犬"只是被允许吠叫,而不是咬人。伽利略回到佛罗伦萨,几年来他一直保持着不同寻常的缄默。

1623年,马费奥·巴贝里尼(Maffeo Barberini)晋升为教皇,受封为乌尔班八世(Urban Ⅷ)。这位新教皇是一个令人困惑的人物,一个用文艺复兴的姿态反宗教改革的教皇,聪明、老练、多疑、骄傲和虚荣。他不是狂热者,他经常给人的印象是,他遵循的是马基雅维利(Machiavelli)的戒律,而不是《圣经》的戒律。据说,在红衣主教黎塞留(Richelieu)去世后,他评论说:"如果有上帝,黎塞留主教将有很多问题要回答;如果没有,他做得很好。"[16] 他把裙带关系带到了一个新的高度,任命其两个侄子为红衣主教,并在一定程度上丰富了巴贝里尼家族,甚至连精通腐败的罗马人也感到惊讶。他在罗马完成了许多雄心勃勃的建筑项目,如壮丽的巴贝里尼宫、巴贝里尼广场附近的特里同喷泉和圣彼得人教堂铜制祭坛。他是一位才华横溢的诗人,创作赞美诗和押韵的《圣经》诗篇——同时也有一首精巧的赞颂伽利略的诗。

巴贝里尼仍然是红衣主教,他一直是伽利略的坚定支持者,在他晋升为教皇之后,他急切邀请伽利略去罗马。伽利略的访问因病而推迟,但当他最终抵达罗马时,乌尔班对他表示了极大的欣赏,并给予他几个长期而亲切的听众,在此期间,乌尔班和伽利略一个反对哥白尼体系、一个支持哥白尼体系。对这些听众的描述我们一无所知,但从当时的资料来看,我们知道乌尔班有一种令人难以说服的爱多管闲事的性格。他喜欢自相矛盾,不断做出与向他提出的任何建议相反的决定,以至于威尼斯大使采取了诡计,故意向他呈上与自己真正意愿相反的建议。[17] 乌尔班是个喋喋不休的人,他希望能得到听众的赞赏,并带着极大的崇敬之情,尤其是那些不同意他意见的听众。

于是,我们可以很容易想象伽利略对哥白尼体系和他的潮汐理论的真切论证,受到教皇激烈的和口若悬河的辩驳,有强烈的反对意见,有时明智,有时则不然。乌尔班最后一句是他喜爱的神学诡辩:即使伽利略的理论给出了一个完整的潮汐解释,但并不意味着这是真的,因为上帝凭借其无限的力量和智慧,可能以许多令人类心智无法想象的方式产生了潮汐。因此,科学家永远不能声称知道潮汐或任何其他现象的真正机制。科学家最多只能希望"拯救这一现象",也就是说,他可以说,这一现象**似乎**是建立在某种提出的机制基础上的。但科学家必须始终把提议的机制当作虚构,当作一种不可证明的假说,因为提供物理证明是对上帝全知全能的挑战,"任何人想要把神的力量和智慧限制和约束在他自己的某些特殊幻想的圈子里,那未免太大胆了"。[18]①

伽利略认为,乌尔班的青睐给予了他公开讨论哥白尼体系的许可,于是他开始写一本书的草稿,书名为《关于潮汐的对话》。乌尔班鼓励他继续前进,但不赞成强调潮汐,并要求将书名改为《关于两大

---

① 《关于托勒密和哥白尼两大世界体系的对话》,伽利略著,周煦良等译,北京大学出版社,2006年,322页。

世界体系的对话》（以下简称《对话》）。遵循一个可以追溯到柏拉图（Plato）对话的传统，这本书写的是三个虚构人物之间的对话：萨尔维阿蒂（Salviati），哥白尼体系的追随者；辛普利邱（Simplicio），托勒密体系的拥护者；他们的主人沙格列陀（Sagredo），行使裁判的职责。萨尔维阿蒂和沙格列陀的名字来自伽利略的两位已故的朋友——前者是一位托斯卡纳绅士，后者是一位威尼斯贵族，辛普利邱则代表曾为亚里士多德写过评论的一位中世纪哲学家。

《对话》在科学史经典中占据了一个奇特的位置，不仅仅是因为它被天主教会禁了200年。还因为它是一篇杰出的说明文，其早先章节对运动的相对性有着敏锐而清晰的把握。但后面的章节，涉及哥白尼体系和所谓地球运动的证据，都充满了明显的错误。这些错误如此明显，让人难以置信的是，伽利略并没有意识到这些错误。他对地球运动的"证明"缺陷视而不见，不能用正常的无知或疏忽来解释，而只能用某种偏执错觉的异常状态来解释——他无法接受其论点毫无意义，不符合事实。他极度渴望一个地球运动的证明，在绝望中，他抓住了救命稻草。我们甚至可能不得不面对这样一种讨厌的可能性：伽利略非常清楚他的论点是错误的，然而他蓄意欺诈。如果他犯了诈骗罪，他这么做是因为深信他最终是对的。他狂热地确信地球在运动，他会不择手段地赢得这场争论——对他来说，目的证明手段是合理的。

《对话》分为四章，每一章代表几位主人公之间为期一天的讨论。开头两章详细阐述了为什么地球的平移运动和自转运动以巨大的速度进行，对其居民没有产生明显的影响。第三章讨论哥白尼体系，第四章介绍伽利略关于海洋潮汐的新理论。

开头两章充分展示了伽利略优雅的说明性写作风格,用精辟的解释、启发性的例子、生动的论战和巧妙利用讨论的形式来解决读者的任何疑惑、误解和问题。伽利略还触及许多有趣的外围问题,并给我们一些令人惊讶的洞见。例如,他开始计算物体从与月球的距离那么大的高度落到地球上所需的时间;也就是说,他假设重力会延伸到月球。[19]这一洞见通常归功于牛顿,但伽利略显然先于牛顿,尽管他没有意识到重力的强度会随着距离的增加而减小,而且他算出的下落时间(2 小时 22 分 4 秒)太短了。①

在第二章中,伽利略引入了运动相对性的基本概念。他以得自经验的例子说明了这个概念,并探讨了它对地球运动的意义。通过对日常现象的直接观察,伽利略认识到不可能检测到匀速平移运动,例如,船舶沿着直线以匀速行驶的运动,除非观察船外并检查其相对于某一地标的位移。用伽利略自己的话说:"……让船以你喜欢的速度前进,只要运动速度是均匀的而不是以这种那种方式波动。你将无法辨别前述效应中任何一种最微小的改变,无论船是运动还是静止,你也不能从它们任何一个中收集到任何改变。"[20]②

《对话》于 1632 年出版,但伽利略很可能早在 1592 年就想到了相对性,当时他在帕多瓦大学和威尼斯的阿森纳都有约会,经常往返于这些城市之间。在那些日子里,在帕多瓦和威尼斯之间旅行的首选方法是乘游船(即 burcio),沿着勃朗塔河,从帕多瓦流到威尼斯潟湖。河岸两旁都是豪华的别墅,因此这条河被称为大运河的延伸。这些别

---

① 《关于托勒密和哥白尼两大世界体系的对话》,156 页。中译本此处为"三小时二十二分零四秒"。
② 同上,178 页。译文有改动。

墅是由富有的威尼斯人在 16 至 18 世纪期间建造的避暑别墅，其中许多别墅早在伽利略时代就已存在，包括属于伽利略的威尼斯朋友乔万·弗朗切斯科·沙格列陀（Giovan Francesco Sagredo）（伽利略将其名字用在《对话》中）的沙格列陀别墅（众所周知，伽利略偶尔会住在沙格列陀别墅，原址现在是一家优雅的餐厅）。

所以，我们可以想象，伽利略在 1593 年的一个温暖的夏天，舒适地坐在游船的船舱里，漂浮在勃朗塔河平静的水中。他可能看到一些男孩在船舱里跑来跑去，跳过一捆货物，来回抛球，或者在甲板上滚动。他可能看到苍蝇在附近嗡嗡作响（可能有很多苍蝇），或者看到鱼在水桶里游来游去。他可能看到一股酒从瓶子被倒进酒杯里。他会注意到，所有这些日常现象都发生在移动的游船上，就像游船停泊在岸边时静止——游船的运动对船内物体的行为没有任何影响。

但在 1593 年，伽利略可能并不十分重视这些，而且，他要是认识到这些观察意味着运动的相对性，也没有费心把它写下来。直到 1632 年他才发表这个观点，那时他有了一个计划。他需要捍卫哥白尼体系，不受托勒密信徒的批评。其中一个批评是，如果地球以可怕的速度围绕太阳运行，那么"在地球上的野兽、人和建筑物就会从地球上抛出来"。[21]① 为了回答这一批评，伽利略宣布了他的运动相对性的新概念：他认为轨道地球类似于一艘正在行驶的船，我们尤法感觉到地球的速度正如我们不能感觉到船的速度。地球既有平移运动，也有自转运动，地球上的一切都参与了这个运动，因此，相对于地球而言，一切的表现就像地球处于静止状态："……只要我们始终看着地球上的事物，我

---

① 《关于托勒密和哥白尼两大世界体系的对话》，94 页。

们必然觉察不到地球的运动，就像是不存在一样。因为作为地球上的居民，我们也同样参与了运动。"[22]①

在运动的相对性中，伽利略找到了一种决定性的武器来赢得哥白尼体系对托勒密体系的战斗。但是，伽利略并没有完全理解这种武器的威力，没有意识到它对他的海洋潮汐理论（他的大妄想）有着致命的后果，他认为通过这种方法，可以克服对哥白尼体系的所有反对意见。

在《对话》的第四章中，伽利略提出了海洋潮汐理论，作为地球运动的最后的、决定性的证明。伽利略认为，这一理论不仅可以证明地球绕太阳的轨道平移运动，而且可以证明地球在地轴上的自转运动。他知道，涨潮和落潮是以时钟般的规律性到达海岸的。（在英语中，潮汐 tide 一词实际上来源于盎格鲁–撒克逊语中的 tid，意思是"时间"；在德语和荷兰语中，"潮汐"一词有类似的词源。）为了解释这种有规律的海流和回流，他问，由于地球的组合平移和旋转运动，洋盆的速度——比如亚得里亚洋盆——在一天的过程中如何变化。

他认为，这种组合运动类似于滚轮边缘的凹痕运动——比如，手推车车轮上的凹痕——它也同时具有平移运动和旋转运动，即沿花园路径的平移运动和围绕车轴的旋转运动。这样一个凹痕，当它到达最上面的位置时，车轮的平移运动和旋转运动都是正向的，所以它们加起来，其速度最大。凹痕到达底部时，车轮的平移运动和旋转运动是在相反的方向，故它们相互抵消，其速度最小。同理，对于在地球表

---

① 《关于托勒密和哥白尼两大世界体系的对话》，81 页。译文有改动。

面的洋盆的运动,速度在午夜最大(当平移运动和旋转运动是相同方向时),在中午最小(当平移运动和旋转运动是相反方向时)。伽利略由此得出结论,洋盆每天都在加速和减速,他认为这样的加速和减速会使水来回晃动,并在海岸上产生海流和回流。给他这个想法的,是他在威尼斯的一次访问中观察到的:威尼斯人用装有大型储罐的驳船运送饮用水,伽利略注意到,每当这种驳船突然停下来时,水箱中的水就会向前冲。

但是,这个潮汐理论是错误的:它不自洽,且与潮汐的观测事实不一致。从运动的相对性来看,他的理论中的不自洽显而易见,根据运动的相对性,地球的平移运动对海洋的行为没有任何影响。地球可以被认为是一艘在太空中漂流的船,就像一艘船在平静的河流上漂流一样,匀速平移运动对船上发生的任何事情都没有任何影响。这是伽利略的致命错误,是他长期杰出的职业生涯中最严重、最悲惨的科学错误。[23]

尽管也许可以原谅伽利略未能认识到其潮汐理论中的不自洽之处,但不能原谅他对理论与观察之间的明显冲突予以否定或掩饰。在其理论中,水每天加速一次,减速一次,也就是每天一次高潮,一次低潮,而实际上每天有两次高潮和两次低潮。但是,伽利略自欺欺人地认为,每天的第二次高潮和低潮一定有东西(什么东西?)与地中海的特殊条件有关。

他的理论也完全不能解释潮汐每天延迟的原因。在理论中,高潮应该在每天的同一时间发生;但事实上,在威尼斯,潮水每天晚到 20 至 30 分钟。[24] 伽利略在访问中肯定知道了这一延迟。威尼斯的潮汐几乎有 1 米高(有时在恶劣的天气条件下高达 1.5 米),威尼斯是一个顺应潮汐节奏的城市。伽利略时代的每一个威尼斯人都会知道，如果高潮今天中午到达，那么明天中午推后20到30分钟也会到达。但是，伽利略在《对话》中并没有在任何地方提到这种每天的滞后——他可能决定不透露这个问题，因为他想不出任何解释。伽利略写《对话》的时候，如果伽利略的威尼斯朋友沙格列陀还活着，他没准想知道伽利略在玩什么把戏。

最后，伽利略轻率地驳斥了潮汐和月相之间众所周知的相关性。潮汐"跟随月亮"——在满月和新月时，潮汐最强，在第一个四分之一和最后一个四分之一，潮汐是弱的和不稳定的。开普勒评论过潮汐和月相之间的这种相关性，并得出结论认为，月球在某种程度上导致了潮汐。由于伽利略不能反驳开普勒的事实，所以他嘲讽道："但在所有对这种奇特现象进行哲学论述的伟大人物里面，我对开普勒比对任何其他人都更加感到惊讶。尽管他思想开阔而且敏锐，尽管……他却仍然对月球支配海水，对这种神秘的属性和幼稚的说法听得进，而且加以肯定。"[25]①

伽利略于1631年完成了《对话》一书。所有的书都要受到审查，这本书是由教皇的首席神学家和两个在佛罗伦萨的宗教裁判所的多明我会审查官进行审查。审查官要求做出一些修改，如包含教皇关于上帝的全知全能的诡辩论点和人类心智的局限性的论述，伽利略在最后几页适当插入了这些观点。辛普利邱提出了这一论点，并将其归因于"从一个最杰出最有学问的人那里听到一条最踏实的学说，在此之前，

---

① 《关于托勒密和哥白尼两大世界体系的对话》，321页。

一个人必须保持沉默",²⁶① 萨尔维阿蒂这一次虔诚地同意了。在托斯卡纳大使的影响下，伽利略从所有审查人员那里获得了许可（即出版许可），匆忙开始在佛罗伦萨印刷和出版这本书。

这本书在罗马的发行引起了轩然大波。教皇大发雷霆，指责伽利略做了他不该做的事情。他还痛恨地指责伽利略背叛和绕过审查官，并指责审查人员无能和合谋。

究竟是什么引起了教皇的震怒，这在某种程度上还是个谜。历史学家猜测，伽利略的耶稣会派敌人指责伽利略捍卫哥白尼体系或持有微妙的非天主教神学或哲学思想，从而煽动教皇。但是，所有这些似乎都不足以成为乌尔班大发脾气的原因。在这本书中，萨尔维阿蒂为哥白尼体系辩护，但审查人员，他们都是训练有素的多明我会人，并没有反对这种辩护的程度。审查人员也没有发现这本书有任何其他可起诉的神学缺陷，印刷的书突出地显示了所有审查过它的三个审查人员的正式批准印戳。引起教皇震怒的似乎不是一些神学或哲学上的吹毛求疵，而是一些只有他和伽利略知道的个人问题。

乌尔班与伽利略之间几年前的讨论提供了一个关于这个谜题的线索，导致了这本书的写作。我们知道，这些讨论涉及"两个体系"。教皇无疑从这些讨论中产生了想法，他认为他赢得了这场辩论，而伽利略则认为他赢了。教皇一定是预料到伽利略的《对话》将是这些讨论的报告，它将向罗马和全世界（urbi et orbi）揭示教皇击败伽利略是多么聪明。结果是大为震惊，教皇陛下发现，《对话》声称完全相反：教皇（化名"辛普利邱"）一次又一次地被伽利略（化名"萨尔维阿蒂"）

---

① 《关于托勒密和哥白尼两大世界体系的对话》，322 页。

击败。伽利略的一位朋友在此书到罗马后不久写给他的信中,支持了这一猜想;他报告说,罗马的审查官里卡迪神父告诉他,书中的错误在于:"……最后,我们删去了两三个论点,这是我们主圣上自己发明的,他说,他用这些论点说服伽利略先生相信哥白尼理论是**错误**的。这本书落在了圣上的手中,这些论点被发现是删缺的,因此有必要纠正这种疏忽。"[27]

撇开种种猜测不说,有一件事可以肯定,那就是伽利略这本书中的某些东西深深冒犯了乌尔班。托斯卡纳大使报告说,乌尔班"……如此愤怒,以至于他把这件事当作私事"[28],当他请求乌尔班告诉伽利略对其书的反对的确切性质时,乌尔班狠狠地回答:"……他很清楚困难是什么,如果他想知道的话。因为我们和他讨论过了,他从我们身上完全了解了这些困难。"他补充说:"我利用他比他利用我更好,因为他欺骗了我。"[29]地狱没有像一个虚荣的教皇被唾弃时的愤怒,乌尔班的仇恨延续到伽利略的生命和他的坟墓之外。伽利略死后,乌尔班拒绝同意大公在佛罗伦萨圣克罗斯教堂立墓碑的愿望。即使在伽利略死后很多年,那时乌尔班是一个驼背、垂头丧气的老翁,头低到肩膀的高度,他习惯于重复一长串对伽利略的愤怒抱怨。[30]

根据乌尔班的敕令,宗教裁判所暂停了对这本书的出版,并试图没收所有副本。但是,大部分的书本在被没收之前就被卖掉了。这本书广泛流传,在整个欧洲受到好评,并很快被翻译成拉丁文和英文。伽利略被传唤到罗马,将自己置于宗教裁判所之手,因持有、辩护、教导和讨论哥白尼体系而面临审判。

在最初的审讯中,伽利略提出了很好的辩护理由,但在受到更严

第 2 章 "可它仍在动"

重指控的威胁下,伽利略终于同意了我们今天所称的辩诉交易(plea bargain)。他承认他夸大了支持哥白尼体系的理由,"……读者可能有理由认为这些论据……如此表达以致……因其说服力而强迫定罪",而且他"……求助于……设计,甚至支持错误的命题,巧妙和合理的论据……出于虚荣的野心、纯粹的无知和疏忽"。[31] 作为这一供词的交换条件,调查法官建议宽大处理,并暗示伽利略做适当的修改和补充,可能被允许改写和重新出版《对话》。

但是,乌尔班的愤怒并没有因伽利略的忏悔而平息。他希望伽利略受到镇压和羞辱,他发布了一项敕令,指示主审讯官对伽利略进行酷刑威胁,判定因为他秉持并捍卫哥白尼体系"对异端邪说的强烈怀疑",而必须公开废除自己的言论。主审讯官为这个宣判的序言设计的法律论证只不过是装饰门面。乌尔班希望伽利略被定罪并判刑,他的愿望实现了。[32]

对伽利略的判决包括禁止他的书出版,其书名被列入《禁书书目》。此举徒劳无益,因为伽利略采取了预防措施,将副本寄到荷兰,在埃尔塞维尔出版社重印,并广泛分发,但在教皇领地除外。这本书一直被保留在《禁书书目》上,直到 1835 年,教会才松口,允许重新出版这本书。

1981 年,教皇约翰·保罗二世(Pope John Paul II)成立了一个委员会重新审查伽利略事件,报纸推测这可能导致承认教会方面的司法错误,并重新审判、平反,甚至可能是对伽利略的封圣。(帕多瓦的圣伽利略?)但是,约翰·保罗很快就暴露出自己是一个极端保守主义者,在 1992 年,委员会的工作突然宣布完成,伽利略定罪的罪魁祸首被轻易地推到了低级和无名神学家的肩上。[33] 约翰·保罗含糊地承认,伽利略的法官们可能犯了一些主观错误，他发表了一个敷衍了事的道歉，将整个事件描述为"悲剧性的、相互的误解"。乌尔班八世和他的红衣主教没有受到任何误解。他们很清楚自己在做什么……伽利略亦然。

虽然约翰·保罗并没有正式和明确地废除伽利略的定罪，但人们普遍认识到，此项定罪已被默认取消。教皇本笃十六世（Pope Benedict XVI）现在控制着天主教的要职人员，没有可能在短期内在伽利略问题上做任何进一步的事情。约翰·保罗是保守派，但本笃是反动派。作为枢机主教"装甲"拉辛格（"Panzer" Ratzinger），他是宗教裁判所的长官（目前已知的对用户更为友好的"信仰学说公理会"）。他最喜欢的格言之一据说是"真理不是由多数票决定的"；这也许会成为科学家的座右铭，但从大裁判者口中说出来听起来相当不祥。

拉辛格发表了好几次演讲，他显然赞同颇有争议的哲学家保罗·费耶阿本德（Paul Feyerabend）的话："伽利略时期的教会比伽利略本人更符合理性……她对伽利略的判决是合理和公正的，只有在政治上合适的情况下，才有理由修改这一裁决。"[34] 他当上教皇后，这些话又萦绕在他心头——他被迫取消了 2008 年 1 月在罗马那所"智慧"大学的一次庆典访问，因为教职员工强烈抗议这次访问，他们抱怨那句引用的话令人反感。

伽利略事件是科学与教会关系中一个可耻的插曲。这对科学来说是可耻的，因为伽利略欺骗性地试图通过他知道或者应该知道的论据来证明地球的运动是错误的。也许他的供词是假的，也许不是；但他在供词中所用的话，十分准确地描述了他真正的罪行：他是出于虚荣的野心、纯粹的无知和疏忽而提出了错误的命题。这对教会来说是双重可耻的，因为一位心怀报复的教皇的鲁莽干预，阻止了这件事的合理解决和伽利略著作的修正版本的出版。用但丁（Dante）的话说，好几个教皇最终进入了地狱的第八圈。乌尔班八世应该加入他们的行列，因为他们颠覆了正义和科学的进程。

在密涅瓦上面圣玛丽亚感恩教堂和多明我会修道院对伽利略宣布判决后，他被重新抬上骡子，回到他在宗教裁判所宫殿里的监狱。两天后，他被托斯卡纳大使拘留，然后获准返回佛罗伦萨。他的永久监禁被减为软禁在他在阿切特里的别墅，位于佛罗伦萨南部的山丘。

在阿切特里，伽利略继续其科学工作。他继续其力学研究，用《关于两门新科学的对话》描述了他的力学实验和原理。他于1636年完成了这本重要的著作，并于次年失明。1638年，约翰·弥尔顿（John Milton）经过阿切特里时就是这样的："在那里，我发现并访问了著名的伽利略，他年事已高，是宗教裁判所的囚徒。"[35] 但即使是失明也不能阻止伽利略工作，他继续向他的门徒发号施令，让他们进一步了解力学的发展，直到他最后一次病倒。

你要是来到阿切特里，仍然可以在格罗提尼街找到伽利略的房子。前门旁边的一块大理石牌匾，将这座房子称为"伽利略别墅"，他于1642年在那里去世，享年78岁。他的晚期疾病的症状表明，他因喝了自家酒庄里的受铅污染的葡萄酒而死于慢性铅中毒。[36] 伽利略暂时被埋在佛罗伦萨圣克罗斯教堂的一个小房间里。他最喜欢的女儿苏尔·玛丽亚·切莱斯特（Suor Maria Celeste）① 被葬在他旁边，她是阿切特里圣马泰奥修道院的修女，几年前就去世了。1737年，他和女儿

---

① 《伽利略的女儿》，达娃·索贝尔著，谢延光译，上海译文出版社，2005年。

的遗骸被转移到教堂的墓地，许多意大利名人的埋葬地。在这里，经教皇克莱门特十二世（Pope Clement XII）恩准，在米开朗琪罗纪念碑对面为他竖起了一座壮丽的纪念碑。这是为了暗示伽利略和米开朗琪罗之间的精神延续——人们普遍认为，伽利略是在米开朗琪罗去世时出生的（他们实际上重叠了几天，所以如果他们有相同的灵魂，他们一定是各占一半的共享）。

他左手食指的融合骨在重新安葬的过程中被移除，现在佛罗伦萨科学博物馆的圣骨匣里可以看到。[37]由此可以得出结论，一些意大利人严重混淆了科学家和圣徒的区别，也没有意识到把伽利略刻画为一个科学殉道者只不过是一种说辞。

第 3 章 "如果我看得更远……"

> 艾萨克·牛顿在给罗伯特·胡克的一封信中承认，他在表述物理学基本定律方面的成功取决于他的伟大前辈，如伽利略和开普勒的贡献。

相对性发展的下一步工作是由艾萨克·牛顿作出的，他是有史以来最令人敬畏、最可怕的物理学家。牛顿给相对性一张全新的面孔。伽利略认为相对性是一种归纳，也就是基于观察和对直接经验的概括，而牛顿则把相对性作为对"牛顿定律"的一种数学演绎，这是他表述的力学基本定律，在接下来的两个半世纪里，它逐渐主导了物理学的发展。

牛顿对力学定律的表述，对万有引力定律的发现，这些定律对各种物理问题的广泛应用，以及他对数学的杰出贡献，都是理性时代的最伟大成就。但是，牛顿一只脚立于理性时代，另一只脚仍立在中世纪。他的中世纪复古倾向在金丹术（alchemy）作品中被揭示出来，他为此殚精竭虑。梅纳德·凯恩斯（Maynard Keynes），作为一名经济学家而成名，同时也是一位著名的牛顿学者，他称牛顿为最后一位法术师。

爱因斯坦的错误　天才的人性弱点

牛顿是个天才，是物理学或任何其他科学中所见过的最伟大的天才。他很癫狂，间歇性癫狂。就像哈姆雷特一样，他可能会说："天上刮着西北风，我才发疯；风从南方吹过来的时候，我不会把一只鹰当作了一只鹭鸶。"① 牛顿患了疯癫病（hatter's disease），这是一种特殊形式的疯狂，在17世纪经常困扰着制帽者（hatmakers）。这种疾病是由制造帽子时用汞化合物造成的慢性中毒引起的，其症状包括震颤、易怒、注意力丧失、冷漠、失眠、抑郁和记忆力丧失。牛顿没有制造帽子，但他在金丹术实验中使用汞，他甚至出于好奇喝了一些汞，并经常品尝实验中产生的汞化合物（他把汞的味道描述为"强烈、酸涩、忘恩负义"）[1]。牛顿的汞中毒，可能不是由这种鲁莽的吸食造成的——汞被消化道吸收得很差。他的中毒，可能是由吸入汞蒸气造成的。在金丹术实验中，牛顿经常在敞开的坩埚中加热汞，在这些条件下产生的汞蒸气很容易通过肺部吸收。

在写给约翰·洛克（John Locke）的一封信中，牛顿自己描述了他严重的失眠症和记忆力丧失，似乎模糊地意识到了其症状的原因："去年冬天，由于经常在我的火炉旁睡觉，我养成了一种睡眠的坏习惯，今年夏天流行的瘟热使我进一步乱了套，所以，我写信给你的时候，两个星期没有睡一个小时，五个晚上也没有眨眼。我记得我给你写过信，但是我对你的书说的话我不记得了……"[2] 此外，从其著作样本中，我们知道他还在遭受震颤的折磨。他自己把头发过早变白归因于长期接触水银。他的汞中毒最近得到了法医证据的证实：对他头发样本的分析，证实了他的头发中有高浓度的汞。[3]

---

① 《哈姆雷特》第二幕第二场。《莎士比亚戏剧精选集》，莎士比亚著，朱生豪译，江苏凤凰文艺出版社，2020年，38页。

第 3 章 "如果我看得更远……"

牛顿有两段疯狂史，一段从 1677 年开始，另一段自 1693 年开始。这两段都持续了一年多，并与其金丹术实验相吻合。同时代的荷兰物理学家克里斯蒂安·惠更斯（Christiaan Huygens）向莱布尼茨（Leibniz）报道了其中的一段："我不知道你是否知道牛顿先生所遭遇的事故，即他患了膈炎，持续了 18 个月，他的朋友们通过治疗治愈了他，并让他闭嘴。"[4]

不出所料，英国历史学家嘲笑他们最伟大的科学家是个疯子的说法传出。他们声称，牛顿的病被"外国同时代作家"[5]夸大了很多，而疯狂是"平庸之辈对有成就伟人的指责"[6]。也许如此。但不管我们是否把牛顿描述为疯了，他在那两段时间的行为肯定很怪异，即使我们考虑到英国人通常的怪癖。在给洛克的另一封信和给塞缪尔·佩皮斯（Samuel Pepys）的一封信中，牛顿写道："你的观点使我陷入困境。我被它深深感动了，以至于有人告诉我你病了，我回答说如果你死了会更好。我希望你原谅我这种无礼。"[7]"我对我卷入的这件事感到非常不安，在这个十二月里，我既没有吃过，也没有睡好觉，我以前的思想也不太一致，但现在我意识到，我必须从你的熟人身边走开，再也见不到你和我的其他朋友，如果我可以让他们安静下来的话。"[8]

牛顿最后的金丹术实验，在 1696 年从剑桥搬到伦敦之前不久进行。在那以后，他没有表现出任何疯狂，但他的心智能力一直没有完全恢复，他晚年所做的工作与他早期的成就无法比拟。他沉迷于没完没了的神学思辨，只出版了一部重要的科学著作《光学》，但这部著作是他在疯狂之前很久所做的实验的记述。

爱因斯坦的错误　　天才的人性弱点

1643年，伽利略去世不到一年，牛顿出生在林肯郡格兰瑟姆附近的伍尔索普村。伍尔索普农场拥有庄园的特权，这使其主人有权称自己为"庄园主"，在晚年，牛顿非常重视他的庄园主头衔。可他父亲在艾萨克出生前就去世了，他是一个有着中等收入的农民，没有可能拥有这样一个庄园主头衔所期望的繁衍后代。父亲和弟弟都是文盲，母亲几乎不会写作。这个小男孩表现出完全缺乏务农能力时，被送到格兰瑟姆的一所文法学校，希望他最终能成为一名教师或一名风姿绰约的绅士。起初牛顿很懒，但后来他很快升到了班上的第一位，他的一位叔叔，剑桥大学的毕业生，建议把他送到剑桥大学去。

今天，剑桥大学以科学研究和其他学术而闻名；但在牛顿的时代，剑桥大学几乎没有什么名气，远远落后于牛津。有人说，在那些日子里，剑桥教育唯一适合任何人的就是成为一名称职的牧师或一名糟糕的医生。牛顿在剑桥的三一学院注册为sizar（减费生），这一职位免除了他的学费和食宿费，代价则是要承担作为该学院有薪学生的仆人的工作。作为一名仆人，牛顿被要求做一些卑微的工作——去拿啤酒、面包和柴火、擦靴子、清空锅子等。

他在这种卑躬屈膝的职位上所遭受的屈辱使他终生伤痕累累，故对其社会地位有着深刻的自卑情结，为此他对自己的智力成就表现出了咄咄逼人的自信。神经质、强迫症、疑病症、独身、清教徒，他激烈地为其在数学和物理学发现的优先权辩护。牛顿有一种我们可以称为"侏儒怪情结"（Rumpelstiltskin complex）的东西，这是因为格林童话里那个可怜的小个子，他一生中唯一的快乐就是在篝火旁跳来跳去。"我很高兴没有人知道侏儒怪是我的名字。"跟侏儒怪一样，牛顿因知道其他人都不知道的事情而获得了疯狂的快乐。他对椭圆行星轨道的证明，特别是他对"流数"（fluxions）和"流量"（fluents）的知识，我们现在称为微积分中的导数和积分，也是如此。很容易想象他晚上在卧室里咯咯地笑着说："我很高兴没有人知道我对椭圆和流数的了解。"他从来没有透露过流数法的细节，他关于流数演算的论文在他死后才发表。

作为剑桥大学的学生，牛顿专注于自己的研究，却忽略了标准课程，结果在期末考试中表现不佳（"他失去了四便士硬币"，也就是说，按照古代习俗，他丢失了学生在考官桌上放置的小硬币，如果成绩不佳，就会被没收）。与此相似，作为苏黎世工学院的学生，爱因斯坦也忽视了标准课程，在考试中表现同样糟糕。但是，牛顿给教授们留下了深刻的印象，他的数学能力如此之强，以至于在他毕业后，数学家艾萨克·巴罗（Isaac Barrow）慷慨地把卢卡斯教授（当代的斯蒂芬·霍金也曾出任此职）的教席让给牛顿。而爱因斯坦并没有给教授们留下什么好印象，他备受冷落。

牛顿被任命为教授时只有 26 岁。他在剑桥待了 27 年，这是他科学生涯中最有成就的岁月。他以教授的身份获得了经济上的保障；此外，他母亲去世后，他继承了伍尔索普农场，这使他成了一位富裕的乡绅，故他可以称自己为"伍尔索普的艾萨克·牛顿先生"（是的，庄园的领主）。

牛顿有一种奇怪的观念：每当他发现物理学或数学上的某些新结果，它就成为他个人财产，只要他愿意，它就有权作为一个秘密来保守，而不需要公布它来确定他的优先权。如果另一位科学家后来独立发表了同样的发现，牛顿认为这是侵害和偷窃，他将义愤填膺地拒绝让这样一位科学家分享任何功劳。这个奇怪的观念与现代标准有很大的冲突：今天，发现的功劳是严格按照发表的优先级来授予的——早起的鸟儿有虫子吃。在牛顿的时代，发现的功劳标准还没有牢固确立。关于未发表的发现的说法有时会被接受，特别是如果这位科学家得到了有影响力的朋友和赞助人的大力支持——有时早起的鸟儿得到了虫子，有时吱吱作响的轮子得到了油脂。

牛顿对其发现的隐秘性，使他陷入了与其他科学家就他们知道什么、何时知道的许多愚蠢但野蛮的争论。在对科学成就的极度偏执的驱使下，他指责罗伯特·胡克（Robert Hooke）、戈特弗里德·莱布尼茨（Gottfried Leibniz）以及其他科学家和数学家窃取了他的想法。在对待这些科学家的过程中，他恶语中伤、睚眦必报。胡克是一位才华横溢的科学家，最出名的是他用显微镜进行的研究，但他是一个驼背矮人。胡克要求承认他预料到牛顿在阳光下对颜色的一些研究时，牛顿写了一封讽刺的拒绝信，其中他含蓄地揶揄胡克的小个子："如果我看得更远，那是因为我站在巨人的肩膀上。"[9]

德国数学家、哲学家莱布尼茨独立发现了微积分，与牛顿相反，他发表了自己的发现——按照现代标准，莱布尼茨对微积分有充分的功劳，而牛顿则无。但是，莱布尼茨要求皇家学会的一个委员会准备一份公正的报告来评判他在微积分发明中所占的份额，牛顿不仅把好几个亲信塞进了委员会，而且自己也写了这份报告，然后对这份报告写了一个良好的匿名评论。[①] 在私人日记中，他兴高采烈地记录了他打败了莱布尼茨，"伤透了他的心"。

---

① "牛顿玩弄手腕显然还不只是在伪造数据方面。"《背叛真理的人们》，威廉·布罗德、尼古拉斯·韦德著，朱进宁、方玉珍译，上海科技教育出版社，2004年，16页。

英国数学家为这种对待莱布尼茨的卑劣行为付出了代价——此后很长一段时间里,仇外心理和沙文主义迫使他们坚持采用牛顿对导数和积分的笨拙符号,而不是采用莱布尼茨更为清晰的符号。最终,莱布尼茨的符号赢了;它现在是微积分的标准符号,甚至在英国也是如此(牛顿符号在现代微积分中的一个残留是,时间导数有时仍然是用放在数学符号上的一个点来表示,例如,牛顿在符号上使用了这样的点,并称它为"刺"符号)。

牛顿就是那位愚昧的教授、天才和疯狂科学家的典范。他专注于一个问题时,会对周围的环境视而不见,废寝忘食。他在大学的房间里养的那只猫,因狼吞虎咽地吃下牛顿忘了吃的食物而变胖了。在剑桥流传的一种说法是,在两次求婚中,有一次他陷入了一种关于数学问题的幻想,这道数学题让他被这位年轻女士的尖叫和挣扎吵醒——他毫不费力抓住了她的小指,夯实烟斗里燃烧的烟草。他终身未婚,有时还会对女人产生恐惧感。

他不是一个好老师或演讲者;学生们发现很难理解他,很少有人听他的课。通常,甚至连一个学生都不愿意听他的演讲,他"会面壁读书",在一个空房间里讲课(不管有没有学生,没有上课的教授都会被罚款)。

1696 年,牛顿在 53 岁的时候离开了剑桥,担任了高薪的造币厂总监的职位,后来又成为造币厂的厂长。他得到了哈利法克斯伯爵(Ear of Halifax)的资助,后者是财政大臣,牛顿的朋友和崇拜者之一。但是,有一个令人愉快的丑闻与牛顿的任命有关。牛顿有一个非常漂亮的侄女,伯爵对她的敬仰至少和他对牛顿的崇拜一样,她成了伯爵的情妇。伏尔泰（Voltaire）总是对一些有趣的流言蜚语了如指掌，他评论道："我年轻时以为牛顿靠他的功绩发财……没有这回事。艾萨克·牛顿有一个非常迷人的侄女康杜伊特（Conduitt）夫人，她征服了大臣哈利法克斯。如果没有一位迷人的侄女，流数和引力都没有用了。"[10]

牛顿的任命仅仅是作为一个舒适、有利可图的闲职。但是，令哈利法克斯惊讶的是，牛顿以极大的狂热和热情投入到造币厂的工作中。当时，造币厂正在进行一项雄心勃勃的工程，要改造王国的整个铸币。新硬币发行，旧硬币回收，因为它们变得不可信，大量地流通着破旧、伪造、贬值和破损的硬币。在这项工作中，牛顿在金丹术方面的专业知识使他受益匪浅，他能够用标准的金银组成制造质量均匀的硬币。作为铸币厂厂长，他有权获得他制造的硬币的一定百分比，从中积累了相当多的财富。而且，他在造币厂的账目上也没有为了多赚几英镑的钱而做手脚。

虽然他在剑桥大学继续领取教授的薪水，但是放弃了科学和数学追求，转而致力于神学著作、关于基督复活和世界末日的数术预言，以及《圣经》年表，他计算并重新计算了《圣经》中所列的先知、国王和族长的岁数。在这个过程中，他预见了当今基督教原教旨主义者对世界年龄的滑稽计算，他们声称世界已经有1.1万岁，并试图扭曲科学，使其与《圣经》的字面解释相一致。

他还推测了科学与宗教之间的联系，并设想了一个迷人的概念，即引力是通过由耶稣基督的精神身体组成的无形以太跨越一个质点与另一个质点的距离传递的。[11]（他是否测试了在圣餐仪式摄入基督的身体，会产生引力扰动？）这些私人推测与他在科学著作中的公开态度形成了鲜明对比,在科学著作中,他避开了任何这样的粗野现象,坚持观察事实,宣称:"我不做任何假设。"

胡克去世后,牛顿当选皇家学会会长,他很高兴主持会议。他把皇家学会当作自己的封地,并利用它来促进他的朋友和支持者的事业。安妮女王(Queen Anne)册封他为爵士,他成为艾萨克·牛顿**爵士**,衣服的双臂上有一对交叉的骨头,就像在海盗旗帜的头骨和十字骨上发现的那样。册封爵士并不是因为他在科学方面的光荣成就,也不是因为他在造币厂的辛勤工作,而是为了支持他入选下议院而进行的竞选——但这并没有帮助,他被其他所有的候选人击败了。

他以典型的新暴发户方式,炫耀自己的财富,在伦敦的房子布置有排场的晚餐和装饰:深红色的马海毛床、深红色的床帘、深红色的吊带、深红色的长椅——凡是他的财产清单上有一种颜色时,清一色都是深红色。他对穷亲戚慷慨解囊,享受着牛顿宗族富有而有权势的领头人的角色。但是,他对其他请愿者乞求他的帮助却很不慷慨。作为造币厂的总监,他迫害并起诉了那些制假币者、毁币者和任何被发现持有假币的人。在此过程中,他表现出一种近乎残暴的残忍。他常常依靠告密者的可疑做法来给人定罪,他也否认了对宽恕的绝望请求,傲慢地宣称"罪犯犹如狗,永远改不了吃屎"[12]①。非常奇怪的是,这位世界上最伟大的天才,竟然把晚年的时间都花在了账簿的规定和对小罪犯的迫害上。也许他觉得,这是为了他年轻时所遭受的匮乏和伤害而与这个世界取得平衡的方式。

---

① 《牛顿传》,迈克尔·怀特著,陈可岗译,中信出版集团,2020年,358页。

牛顿于 1727 年去世，享年 84 岁。他的葬礼，如其所愿。他是第一位被授予国葬的科学家，大法官、两位公爵和三位伯爵为他护柩。伏尔泰说，英格兰像其他国家尊敬一位国王（考虑到查理一世被斩首和詹姆斯二世被驱逐，他会很好地补充说，英国人如何尊敬国王取决于风从哪里吹来）一样，尊重一位数学家。牛顿葬在威斯敏斯特教堂正厅的中心。在那里，在唱诗班的屏幕上，你可以找到一座宏伟的巴洛克纪念碑，这是他的继承人为纪念他而建立的。

不管他个人的缺点是什么，艾萨克·牛顿乃是有史以来最伟大的物理学家。1664 年至 1666 年可以算作牛顿的奇迹年，类似于爱因斯坦 1905 年的奇迹年。这些年里，他在数学，特别是微积分方面有了很大的发现，完成了对光学和白光彩色光谱的研究，他设想引力可以延伸到月球和更远的地方，他的结论是，保持行星在其轨道上的引力必须随着距离的反平方而减小。

1687 年，由于他不愿透露一切而拖延了很长时间后，他出版了名著《自然哲学的数学原理》。依其拉丁文书名（*Principia*）通常被称为《原理》，它是理性时代的一个辉煌。

在这部著作的开头，牛顿宣布了三个基本的运动定律，现在被称为牛顿定律（Newton's laws）。第一定律和第三定律的下列陈述是牛顿自己的表述，但第二定律的陈述是对牛顿有些复杂的陈述的现代重新表述。

定律一：任何物体，都保持其静止状态，或匀速直线运动状态，除非施加外力迫使其改变这种状态。①

定律二：物体的质量与加速度的乘积，等于作用在物体上的力，即 $ma=F$。

定律三：每个作用，总有一个大小相等而方向相反的反作用。②

你可能在高中或大学物理课程中学过牛顿第二定律，其形式是 $F=ma$，如果是，你是由工程师而不是真正的物理学家教的。牛顿自己说过，加速度（他所说的"运动的变化"）与力成正比，而不是力与加速度成正比。当然，这两句陈述都成立，但它们的侧重点不同。对于牛顿和大多数物理学家来说，第二定律表达了力是如何引起加速度的，即力是已知的量，加速度是未知的量。因此，物理学家更喜欢写 $ma=F$。工程师们更喜欢用相反的方式写出第二定律 $F=ma$，因为对他们来说，力往往是未知量，而加速度是已知量（例如，工程师可能想要计算汽车在已知的曲线上高速行驶时，车轮上会受到什么样的力）。

牛顿从他看似简单的运动定律中，推导出了大量重要的数学结果。在这些结果中，有开普勒定律（Kepler's laws）的巧妙证明。开普勒定律是牛顿运动定律与万有引力定律相结合的结果，根据牛顿定律，每个质点以与其质量乘积成正比、与距离的平方成反比的引力，吸引其他质点。牛顿早在1666年就发现了万有引力定律，一如前一年，瘟疫来到了剑桥，这所大学被再次关闭。牛顿回到伍尔索普，如同他后来描述的："我开始思考重力延伸到月球的轨道……因此，比较月球绕轨道运动所需的力与地球表面的重力，发现二者的答案很接近。这一切

---

① 《物理学原著选读》，威·弗·马吉编，蔡宾牟译，商务印书馆，1986年，42页。
② 同上，43页。

都是在 1665—1666 年的瘟疫期间完成的。那些日子，我正处于发明的鼎盛时期，对数学和哲学的研究也比以后任何时期都要多。"[13]①

年事已高时，牛顿告诉几个朋友和亲戚，他对重力的思考是受到花园里一棵树上掉下来的苹果的启发。牛顿那位美丽侄女的丈夫约翰·康杜伊特（John Conduitt）重述道："他在花园里沉思时，突然想到，重力的力量（把苹果从树上带到地上）并不局限于离地球一定距离，但这种力量必须比通常想象的要远得多。为什么不像他所说的月亮那么高……"[14] 伍尔索普庄园的苹果树，启发了牛顿最初发现万有引力定律，直到 1820 年，它才因腐烂而被砍倒。你现在可以在庄园前面的果园里找到最古老的树木，它是一株新的树，嫁接了原先那棵树的插条。

在重述这个故事时，康杜伊特错过了目标。牛顿给我们对引力的理解带来的新的重要贡献，并不是引力延伸到月球——伽利略已经设想延伸到月球，牛顿对伽利略的工作很熟悉——而是引力的强度与距离的平方成反比。牛顿通过研究开普勒的周期定律，发现了引力的平方反比律，并通过计算影响月球的引力来证实这一点。

发现这一定律的，并非只有牛顿一个人。胡克与当时最杰出的天文学家爱德蒙·哈雷（Edmond Halley）和著名的英国建筑师克里斯托弗·雷恩（Christopher Wren）进行了讨论，他们在牛顿发现这一定律后，但在牛顿发表这一定律之前，共同重新发现了同样的定律。对此，牛顿表现出罕见的公平，在《原理》的第一版中，同意承认他们的独

---

① 《牛顿传》，理查德·韦斯特福尔著，郭先林等译，中国对外翻译出版公司，1999 年，41 页。

立发现（在以后的版本，他回归本心，删除了所有提到胡克之处）。

牛顿迟迟没有公布他对引力平方反比律的发现，一部分原因是他的"侏儒怪情结"，另一部分是由于他对月球上引力大小的初步计算出现了错误。在第一次计算中，他使用了地球半径的最佳可用值，但这个值的误差约为15%，这就脱离了牛顿的计算，使他对平方反比律产生了怀疑。此外，牛顿还需要解决另外两个难题：他需要证明地球或月球的球体中所有质点的引力结合在一起，可以看作作用于地球或月球中心的单一引力，他还需要证明反平方力产生椭圆轨道，与开普勒定律一致。有了今天强大的数学方法，任何一个相当能干的物理本科生都可以用二十字以下证明一个球体的引力作用集中在它的中心；但是，用牛顿所拥有的那个数学方法，这是一个很难证明的事情，他在《原理》中给出的论证相当冗长。

除了给出基本运动定律的表述和开普勒行星运动定律的推导外，《原理》还包含了许多其他值得注意的结果，如推导和计算彗星轨道、地球赤道隆起、海洋潮汐、地球自转轴进动、流体运动分析等。斯蒂芬·霍金相当正确地称《原理》是物理科学中发表过的最重要的一部著作。我们可以说，今天所有的物理学家都是"此书之人"，《原理》就是那本书。

两个半世纪以来，牛顿力学统治着物理学，即使在20世纪上半叶它最终被量子力学取代的时候，它仍然控制着一个本土核心，即宏观物理和工程领域，这有点像大英帝国在帝国领地被剥夺的时候保留了对英国本土的控制。为了欣赏牛顿工作的巨大和持久的重要性，浏览一下如今的任何入门性物理教科书就足够了。通常情况下，在这样的教科书中，前两三章讨论的是伽利略做出的结果，接下来的十二章或十五章讨论的是牛顿做出的结果。

《原理》中的命题和推论的光芒和独创性，令人眼花缭乱。牛顿在力学、光学、天文学和数学方面的发现的广度和深度，使他远远高于任何其他物理学家。连爱因斯坦都比不上牛顿。如果我们用伟大发现的数量来计算净资产，一个牛顿就值几个爱因斯坦。

在《原理》的序言中，哈雷为牛顿唱了一首华丽的颂歌：

> 你们，啊！饮天神美酒的人，
> 来与我一起歌唱牛顿的名字，
> 他打开了隐藏真理的宝匣，
> 牛顿，缪斯垂青的人，阿波罗
> 居住在他纯洁的心中，他充满了神力；
> 比任何一个凡人更接近神。[①]

这一次，这种炒作是有道理的。牛顿告诉我们，天体运动可以从其定律中计算出来，适用于天体运动的定律和地球上的定律是一样的。开普勒仅仅描述了行星运动，但牛顿分析了行星运动，并展示了天体的机械是如何工作的。事实上很少有人能理解他的计算，相反，这可能增加了他的声望。

《原理》是一本晦涩难懂的书，只有在几何学方面受过良好训练的数学家可以读懂。在牛顿时代，很少有人能读到它，今天几乎没有人

---

① 《自然哲学的数学原理》，牛顿著，赵振江译，商务印书馆，2006年。

尝试读它。剑桥的学生谈到牛顿时说:"有一个人写了一本他和其他人都不懂的书。"[15]《原理》的此种难懂,并不是缺乏解释能力的结果。牛顿很有能力在他想要的时候给出清晰的解释,正如他对抛物运动和轨道运动之间关系的富有启发性的讨论所表明的那样。在这一讨论中,他想象着从一座高山上的大炮水平发射的炮弹的运动,其炮口速度越来越大。这些炮弹在撞击地面之前,会到达越来越远的距离,如果炮口速度足够大,炮弹就可以绕地球运行,回到起点,这意味着这个炮弹达到轨道运动。但是,牛顿故意尽量使他的大部分著作变得深奥难读,"以避免被数学中的小人物所咬"。[16] 爱因斯坦的广义相对论有一个很难理解的名声,但事实上爱因斯坦的著作比牛顿的《原理》容易读得多。

《原理》是一颗璀璨的钻石,不过它是一颗有瑕疵的钻石。它是不可读的,它充满了矛盾和不相容,被一些可怕的错误所困扰。这些错误中,有些是计算和演示中的完全错误,还有一些是逻辑上的空白,牛顿只是在那里猜出了他无法证明的东西。

牛顿直觉的深度,常常令人吃惊——他的许多看似狂野的猜测都恰到好处。牛顿了解地球赤道隆起背后的物理原理,而与伽利略不同,他理解月球引力如何引起潮汐。他还理解了月球和太阳在地球赤道隆起上的引力如何导致地球自转轴的方向逐渐漂移(天文学家称为二分点进动)。但是,他的数学方法不足以严格处理这些问题。他采用粗糙的近似方法,把好的物理和糟糕的数学混为一谈。他不承认这些数学上的缺陷,把粗略的猜测当作精确的计算。在有生之年,没有人质疑这些错误,因为没有人能很好理解这本书来反驳他。

仔细检查牛顿的著作后发现，《原理》中的一些错误乃是蓄意和不诚实的，试图误导他人。牛顿在《原理》中提出，理论和观察之间的精确定量一致是科学真理的最终标准。他在序言中指出："其工作精确性差的人就是有缺陷的技工，而能以完善的精确性工作的人，才是所有技工中最完美的。"[17]① 为了让读者相信他是"最完美的技工"，他以公平或不正当的方式，在理论和观察之间达成了必要的一致。牛顿伪造了一些理论计算，并对观测数据进行了明目张胆的筛选，丢弃了那些不太符合他计算结果的数据。记录牛顿最敏锐的传记作家之一理查德·韦斯特福尔（Richard Westfall），称这是"蓄意欺诈"，他将牛顿称为"胡诌因子"的大师。[18]②

牛顿造假的一个例子，就是他对声速的理论计算。他正确而敏锐地将声音识别为由空气弹性引起的振动，并认识到声波的速度必须取决于空气弹性与其密度的比值。但是，他用这个比率计算速度的值时，发现速度低了20%，为了修复理论和观察之间的这个差异，他想出了两个胡诌因子，这两个因子都是纯粹的虚构。

首先，他设想声音在空气粒子之间的空间中以有限速度传播，它以无限速度通过它所遇到的任何空气粒子的身体，因此他插入了一个校正因子，这个校正因子取决于那些粒子体实际占据的空气体积的分数。然后，他想象不是我们周围的所有空气都是"真实的空气"；相反，其中一些是"蒸汽"，它不参与声音的传播，因此，不知何故使声音传播得更快，为此，他插入了另一个校正因子。有了这两个胡诌因子，他对声速的最后理论值达到了1142英尺每秒，令人惊讶的是，

---

① 《自然哲学之数学原理》，牛顿著，王克迪译，袁江洋校，北京大学出版社，2006年，2页。
② 《背叛真理的人们》，15页。

这与他的朋友威廉·德勒姆（William Derham）最近在实验中测量到的 1142 英尺每秒的数值完全一致。[19]"这篇文章，"韦斯特福尔评论道，"是整个《原理》中最令人尴尬的一项，因为这些调整没有任何经验性的依据，而且其明显的空洞化只会在基本分析上投下不应有的怀疑。"[20]

类似的伪造，在牛顿关于二分点进动①、作用于月球上的引力大小、潮汐高度和地球赤道隆起的大小等理论计算中也发现了。[21] 在所有这些情况下，他对基本物理都有很好的**定性**理解，但是，没有足够的数学工具和／或不充分的观测数据来进行精确的**定量**分析，因此，他在计算和／或精心挑选的数据中插入了那些虚构的胡诌因子。

牛顿的这些欺诈案，有点让人想起伽利略用潮汐理论所犯的欺诈罪。但是，尽管我们可能给伽利略以怀疑的好处，并仁慈地把他的错误潮汐理论视为一个孤立的自欺欺人的例子，但这样的借口对牛顿来说是行不通的。他的欺诈行为屡屡发生，屡错屡犯，以至于不承认自欺是合理的解释。在欺诈劣行中，牛顿是个惯犯，不值得仁慈以对。此外，牛顿和《原理》第二版编辑罗杰·科茨（Roger Cotes）之间的书信中也有书面证据表明，他们共谋"修正"这些数字。科茨会向牛顿提议对观测数据进行一些欺骗性的调整，"以使边注在数字方面显得最有利"，而牛顿则会通过设计一些适合这种情况的胡诌因子来做得更好。

牛顿的欺诈行为没有得到广泛的关注，因为《原理》受到了许多人的赞赏，但很少被人所阅读，而且它对物理学发展的影响是间接的。

---

①地球自转轴相对于黄道法线的进动，天文学上叫二分点进动。

虽然今天的物理教科书中的大多数"牛顿物理学"都以牛顿的思想和结果为基础，但牛顿在其《原理》中所提出的形式却少之又少。他的著作几乎全部的内容都被其追随者重新组织和改写，从伟大的瑞士数学家伦纳德·欧拉（Leonard Euler）开始，接着是18世纪的法国学者和数学家：皮埃尔·莫培督（Pierre Maupertius）、让·勒隆·达朗贝尔（Jean Le Rond d'Alembert）、约瑟夫·路易·拉格朗日（Joseph Louis Lagrange）、皮埃尔·西蒙·德·拉普拉斯（Pierre Simon de Laplace）、阿德里安·玛丽·勒让德（Adrien Marie Legendre）。

他们都崇拜"伟大的牛顿"，却又觉得其著作需要用一点儿法国的优雅来重塑。他们继续拆卸牛顿建立的东西，只保留基础，在这些基础之上，根据莱布尼茨的微积分和各种新的辅助概念，如势、转动惯量、角动量，以及更精致的处理，最小作用原理，建立了一个新的、经过改造的力学版本。

当把牛顿的作品翻译成莱布尼茨的微积分语言时，欧拉重新表述了牛顿第二定律，这种形式在今天所有入门性的物理教科书中都能找到：质量乘以加速度等于力。[22] 然后，他又把牛顿定律的这个重新表述版本应用于刚体的旋转运动问题（如陀螺的运动或地球的自转运动）、弹性体的振动运动、流体的运动，把所有这些问题都看作类点粒子的系统来处理。这些问题都是牛顿没有解决的，因为用牛顿的几何方法对三维物体三维运动的分析介于困难和不可能之间。

《原理》包括一项关于运动相对性原理的陈述。从表面上看，牛顿关于对这一相对性原理的陈述似乎与伽利略的大同小异。这并不令人惊讶——牛顿对伽利略的著作（可能是于1661年在伦敦出版的《对话》的英文译本，也可能是拉丁文译本）很熟悉。伽利略是牛顿在《原理》中反复致谢的少数科学家之一；奇怪的是，牛顿向伽利略致谢之处却与运动的相对性原理无关。

在《原理》第一编的推论 V 中，牛顿给伽利略关于运动相对性的含糊概念一个精确的数学表述。他仔细把它限制在"平直"（直线）上的匀速运动，而不是伽利略对"不会以这种和那种方式起伏运动的"运动的不精确限制：

> 推论 V：一个给定的空间，无论它是静止，或是做匀速直线运动，它所包含的物体自身之间的运动不受影响。①

牛顿模仿伽利略，以船为例说明了这种运动的相对性："这可以由船的实验来清楚地证明，不论船是处于静止或保持匀速直线运动，其内的一切运动都同样进行。"23 ②

但是，撇开此种表面上的相似之处，牛顿对相对性的解释却截然不同——这是对伽利略相对性的彻底改造。牛顿为相对性的解释提供了新的理论基础。他没有把相对性看作一种独立的自然规律，而是看作运动定律的数学结果或推论。之所以能够做到这一点，是因为在《原理》中，他实现了运动定律完整、连贯的表述，从中可以通过数学方法推导出运动的所有性质。运动的相对性原理表达了牛顿理论中速度是相对的，而加速度是绝对的这一数学事实，即"可动物体"的加速度完全相同，无论我们是从静止船的角度，还是从另一艘匀速运动

---

① 《自然哲学之数学原理》，12 页。
② 同上。

船的角度来看。由于牛顿第二定律只涉及这个绝对加速度（而不是相对速度），所以第二定律不受船运动的影响，"其内的一切运动都同样进行"。

牛顿之后，相对性的发展经历了很长一段时间的停顿。自三个世纪以来，牛顿对相对性的解释被接受了，没有任何挑战——似乎在相对性问题上没有其他的东西可以说或不需要说了。但是，在19世纪后半叶，对电磁定律的研究和对光的波动性质的研究，导致了对牛顿物理学及其对相对性的解释的重新审视。

1760年至1860年，电磁定律被一个庞大的国际物理学家团队逐渐发现：法国人夏尔·库仑（Charles Coulomb）和安德烈-玛丽·安培（André-Marie Ampère）、丹麦人汉斯·克里斯蒂安·奥斯特（Hans Christian Oersted）、英国人迈克尔·法拉第（Michael Faraday），以及苏格兰人詹姆斯·克拉克·麦克斯韦。对电力和磁力的研究，导致物理学中引入了一个重要的新概念：场的概念。法拉第认识到，这些力是通过**电场**和**磁场**从一种电荷传递到另一种电荷的，一种现代的、改进的牛顿想法——通过无形的基督身体来传递引力。在法拉第看来，每一种电荷都位于电场网或电扰动（如果电荷在运动中，它也有共存的磁场）的中心。这张电场网向四面八方延伸，就像蜘蛛网可能从等待其猎物的蜘蛛的位置向外延伸。通过这个电场和磁场的网，电荷推动或拉动其他电荷。这种力的传递机制叫作接触作用（action-by-contact）：电荷与它在附近产生的电场接触，这些电场与电场接触得更远，如此等等。在一定距离内的电场最终与另一电荷接触，要么推它，要么拉它。场的概念在现代物理学中起着核心作用。今天，在根本层面，所有的物质都用场来描述。我们可以说，场是物质的精髓。

牛顿力学定律统治物理学已有两个世纪，而电磁定律最初被认为与牛顿定律没有任何冲突。这些定律仅仅被认为提供了计算静止或运动时作用于电荷的电力和磁力的手段。根据这些电力和磁力，可以用牛顿定律按通常的方法计算电荷的运动。但是，电磁定律与牛顿物理学的结合，导致了麻烦的出现。

1861年，麦克斯韦把所有的电磁定律组装成由四个方程式组成的一个方程组——麦克斯韦方程组（Maxwell's equations）。他发现，这些方程意味着由振荡电荷所产生的振荡电场和磁场组成的电磁波的存在。这就像当你来回摇晃一只蜘蛛的时候，它所处的蜘蛛网上的一些碎片会被折断；在微风中飘散的蜘蛛网的松散碎片，代表着一个传播的电磁波脉冲。

麦克斯韦根据其方程组计算出电磁波的传播速度应该是30万千米每秒，这和光速是一样的。由此他得出结论，光必须是这样一种电磁波，波长很短。他还推断出一定存在较长波长的电磁波，实际上，几年后，德国物理学家海因里希·赫兹（Heinrich Hertz）在用电火花进行的实验中发现了这种波。这些波后来被称为无线电波，它们对通信的实际重要性很快就被认识到了——第一批无线电发射台在无线电波被发现仅仅十年后就建成了。

麦克斯韦这个发现的麻烦在于，其方程组预测了无线电波的恒定不变速度——给出了30万千米每秒的速度，而不管参考系的速度或发射机的速度如何。这与牛顿物理学中有效的速度的直观自明的加法规则是矛盾的，这一悖谬促使人们尝试去实验探测地球运动对光速的影响，其中就有迈克耳孙-莫雷实验。如第1章所述，这些实验给出了否定的结果，即地球的运动对光速没有任何影响。这对麦克斯韦是好消息，可对牛顿是坏消息。

还有另一个麻烦：电荷运动时，它的电场也随之运动。因此，每当力的推动加速电荷时，它也必须加速该电荷的电场。麦克斯韦方程组的计算表明，必须分配一些力来加速电场，因此带电粒子表面的力不会产生牛顿定律 $ma=F$ 所规定的加速度 a，而会产生较小的加速度。另一种表达方式是，有效质量（effective mass）大于粒子质量 m，更糟糕的是，有效质量实际上随着速度的增加而增加，因为电场的"曳引"增大。

这使理论家们提出了几个关于带电粒子的有效质量如何随速度增加的建议，并且实验人员试图测量高速电子的这种质量增加。由于缺乏在今日粒子物理学中起着如此重要作用的强大的加速器，按照今天的标准，实验者所能给出的电子的最大速度并不大，从实验数据中提取定量结果很困难。但是到了1900年，很明显电子的质量确实随着速度的增加而有所增加，尽管这一增加的确切数量仍然有些含混。

相对性发展的第三步由德高望重的荷兰理论物理学家亨德里克·安托昂·洛伦兹完成，就在爱因斯坦发表自己的相对论版本前几年。像牛顿一样，洛伦兹把相对性当作已知物理学定律的结果。但与牛顿不同，洛伦兹作为相对性基础的定律不是牛顿的力学定律，而是麦克斯韦的电磁定律。洛伦兹是麦克斯韦方程组的权威，他非常有资格探索相对性与电场、磁场和带电粒子动力学之间错综复杂的关系。

洛伦兹于1853年出生于在阿纳姆，离跨越荷兰-德国边界的莱茵河不远。跟伽利略和牛顿一样,他在数学方面表现出早熟的才能。9岁的时候,当同学们努力记住乘法表时,他自学了如何用对数表来做乘法。18岁时,他成为莱顿大学的博士生。他的数学专长在数学候选考试(即入学考试)中发生的一个事件中得到了证明。这位数学教授认为洛伦兹在考试中的表现令人满意,但并不令人印象深刻,直到他发现,由于某种笔误,他给了洛伦兹一个错误的、更难得多的考卷——他通过了最后的博士考试,而不是候选考试。洛伦兹没有按照莱顿大学的常规课程学习,而是选择独立学习,在20岁时,他用一篇关于麦克斯韦方程组的论文获得了博士学位,这篇论文后来被认为是理论物理学的前沿。

洛伦兹成为麦克斯韦方程组的主要专家,尤其是在带电粒子的应用方面。洛伦兹提出了所谓物质的"电子理论",根据这一理论,物质的电、磁和光学性质是由于隐藏在原子中的小带电粒子的存在所致。这在当时被认为是一个大胆的猜想;直到几年后,才发现这种粒子存在的直接实验证据。洛伦兹通过静止或运动中微小带电粒子的分布,解释了麦克斯韦方程组中的宏观电荷和电流。他解释了电流之间的磁力由带电粒子在电流流经的导线内运动而产生,表述了"洛伦兹力"(也就是磁场施加在运动的带电粒子上的作用力)的方程。

24岁的时候,在一段短暂的高中任教之后,他被任命为莱顿大学的理论物理教席。在接下来的35年里,他一直在授课,继续他的研究。1912年,他辞去了在莱顿大学的正式职务,在哈勒姆的泰勒学院(现为泰勒博物馆)接受了一项任命,在那里他得到了一个属于自己的设备精良的实验室。虽然洛伦兹大多被称为理论物理学家,可他也喜欢做实验。然而,他继续以编外身份与莱顿大学保持联系,并继续举办他著名的"星期一讲座",直到 1928 年去世。这些讲座涉及物理学中的新学科,以其清晰性和敏锐的洞察力而闻名于世。洛伦兹会综述最新的事态发展,"然后一遍又一遍地讨论这个问题"[24],对此提出新的理解。访问莱顿大学的著名物理学家经常参加这些讲座,爱因斯坦后来就是其中之一。

伽利略和牛顿都是攻击性强、爱争吵的性格,相对于他们,洛伦兹性格温和、沉默寡言,从不与任何人争吵。爱因斯坦谈到他时说:"对我个人来说,他比我一生中所碰到的别的任何人都更重要。正如他支配着物理学以及数学的形式体系一样,他也不费力、不勉强地支配着他自己。他完全没有平常人的那种脆弱,可是这从来没有使别人感到压抑。谁都觉得他很卓越,但是谁也不觉得他盛气凌人。尽管他对人和人类事务不抱幻想,但他对每个人和每样事情都充满善意……尽管他全心全意投身科学,可是他深信我们的理解尚不能太深入地洞察事物的本质。只有在晚年,我才能够充分赏识这种半怀疑、半谦虚的态度。"[25]①

在学术生涯的头 20 年里,洛伦兹更喜欢在他自己创造的象牙塔里单独工作。他谦虚和对公众的称赞无动于衷,很少以荷兰语以外的语言发表文章(虽然他精通英语、法语和德语),因而限制了其论文的发行量。他儿子讲述的一个故事说明了洛伦兹的孤立主义倾向。莱顿当时是个小镇,很少有陌生人造访。有一天,洛伦兹被告知,镇上的人看到一个陌生人在大街上徘徊,他似乎在寻找一个人,他有一副外国教授的样子。洛伦兹叹了口气,"我希望他不会成为一个物理学家"。[26]

---

① 《爱因斯坦文集》(增补本)第一卷,777—778 页。

洛伦兹因对塞曼效应（Zeeman effect）的解释而享有盛誉。塞曼效应是原子在强磁场中发出的光波长的微小移动。这一效应在1897年由莱顿大学洛伦兹的同事塞曼（Pieter Zeeman）发现。洛伦兹提出这个实验是为了检验他的猜想，即光是由在原子内部运动的带电粒子发射的。磁场改变了这些粒子的运动，从而改变了它们发射的光的波长，其改变量取决于粒子的电荷与其质量之比。根据塞曼效应的数据，洛伦兹计算了粒子的荷质比。不久之后，英国物理学家J.J.汤姆生（J.J. Thomson）发现了在真空玻璃管放电中产生的"阴极射线"中荷质比相同的带电粒子。这些粒子被称为**电子**，塞曼效应可以被认为电子是原子组成的最早的直接证据。洛伦兹用他对塞曼效应的解释，把电子带入了物理学中——汤姆生**发现**了电子，洛伦兹**发明**了电子。[27]

因塞曼效应的发现及其解释，塞曼和洛伦兹于1902年共同获得诺贝尔奖。这是诺贝尔奖第二次颁奖。第一个奖于1901年颁给了威廉·康拉德·伦琴（Wilhelm Konrad Röntgen），因为他发现了X射线（或称伦琴射线，至今德国仍用此名）。根据阿尔弗雷德·诺贝尔（Alfred Nobel）遗赠的条款，这个奖项乃为了奖励给人类带来福祉的发现而颁发，每个人都清楚地看到X射线在医学实践中确实有很大的益处。但是，当时的任何人都不清楚塞曼效应的好处是什么，现在还不清楚——或许除了天文学外，没有人发现塞曼效应有任何有益的实际应用，因为在天文学中，塞曼效应通常被用来估算恒星、星际和星系间气体云的磁场。在1902年，甚至连这一遥远的"有益"应用都没有被设想出来，诺贝尔奖授予塞曼和洛伦兹有点牵强。但是，如果洛伦兹对塞曼效应的解释对人类没有好处，那么它对物理学是非常有益的，它当然应该得到某种大奖。

随着他声名鹊起,全世界都入侵了洛伦兹的象牙塔,并邀请他到德国、法国和美国演讲。他开始参加科学会议,他发现,有些令他惊讶的是,他喜欢与其他物理学家的接触。1911年,他被任命为第一次索尔维会议的主席,他的科学声誉和一贯的机智、礼貌使他完全够资格担任这一职责。此外,作为一个通晓德语、法语和英语的人,作为一个小国和中立国家的公民,他在政治上为所有人接受。他余生继续担任这些会议的主席,总共主持了五次索尔维会议。爱因斯坦参加了这些会议中的大多数,他对洛伦兹给予高度赞扬:"H. A. 洛伦兹以无比的机智和无以言喻的技巧主持大会……他同时使用三种语言,具有敏锐的科技思想和精巧的机智。"28 ①

索尔维会议,是由极其富有的比利时实业家欧内斯特·索尔维(Ernest Solvay)资助的。他最初是一名化学工程师,发明了一种制造苏打(碳酸氢钠)的方法,这种物质不仅对治疗消化不良很有用,而且适于广泛的工业应用。他在比利时建立了一家工厂,开始大规模生产苏打,由此发了大财。索尔维向大学慷慨捐赠,并在布鲁塞尔成立了索尔维医学和社会学研究所。他的消遣之一是涉足物理学,他认为自己发明了一个关于引力如何影响"物质和能量的构成"的理论。29 ② 这是一种古怪的理论,但索尔维相信它,而且——按照富人和强国的通常方式——他不会接受否定的答案。

索尔维向柏林大学德国著名化学家瓦尔特·能斯特(Walther Nernst)征求关于如何传播他关于引力观点的建议时,能斯特看到了

---

① 《爱因斯坦传》,202 页。
② 《爱因斯坦全集》第五卷,283 页。

一个转向物理学的好机会。他巧妙地向索尔维建议，他应该资助一次关于物理学最近发展的会议。有二十多位顶尖物理学家被邀请参加每一次会议。他们在布鲁塞尔的大都会大酒店不仅享受了豪华的住宿，收下了装满现金的信封用于消费，还享用着奢华的比利时美食（布鲁塞尔是美食家的天堂，仅次于里昂）。索尔维将在会议开始时，就其疯狂理论向世界上最好的物理学家听众发表演讲，然后，在礼貌地为索尔维鼓掌之后，物理学家们就可以自由进行他们自己的讨论和演讲。

索尔维会议一直持续到今天，每隔三年举行一次，不过它已变得不那么排他和豪华。大都会大酒店仍然在其大堂自豪地展示第一次会议的著名参与者的集体照片，一些索尔维会议（但不是全部）仍在那里举行。

洛伦兹在其最后几年里，主持了一个委员会，该委员会的任务是分析因计划将阿姆斯特丹以北的祖德兹河围起来而引起的水动力问题，并将其转化为一个淡水湖，即伊塞尔湖。他为此呕心沥血，不仅参与了理论计算，而且还监督了潮流的实际测量，检查了建设项目的初期阶段。

洛伦兹于1928年去世时，同胞们深深地哀悼他，数千人在其葬礼队伍穿过哈勒姆的路线上排成了一排。当时一些物理学巨匠代表其国家在葬礼上发言：保罗·埃伦菲斯特（Paul Ehrenfest），洛伦兹在莱顿的继任者，代表荷兰；卢瑟福勋爵（Lord Rutherford）代表英国；保罗·朗之万（Paul Langevin）代表法国；爱因斯坦代表德国。为了纪念他，人们竖起了几尊雕像，其中一尊是在他住宅附近哈勒姆的洛伦兹广场的半身像。在整个荷兰，一些街道、广场和学校都是以他的名字命名的，几乎没有一个城镇找不到洛伦兹的大名。

从 1892 年到 1904 年，洛伦兹在麦克斯韦方程组基础上，逐渐表述了一种适用于电磁现象的相对性理论。他用长度收缩来解释迈克耳孙－莫雷实验的否定结果，但比斐兹杰惹更进一步，说明了这种收缩是麦克斯韦方程组的直接结果。为此目的，洛伦兹依赖于固体微结构的一个模型：他假定，在微观层面上，固体由带正负电荷的粒子组成。由于他对塞曼效应的研究已经确定原子含有电子，故带负电粒子的存在得到了保证，但洛伦兹对于带正电粒子没有实际的证据。他的假设不过是有灵感的猜测，直到十年后，实验才揭示了以原子核形式存在的带正电粒子。由麦克斯韦方程组，洛伦兹计算了当物体相对于参考系运动时，这个固体中的正负电荷阵列会发生什么——他发现这会产生一个精确的收缩，这是解释迈克耳孙－莫雷实验结果所需要的。

此外，洛伦兹还研究了当电荷和产生这些电场的电流相对于参考系运动时会发生什么。由此，他找到了长度和时间的洛伦兹变换方程，求出了电场和磁场的变换方程。有了这些，他就能证明，所有惯性参考系中的所有电磁实验都以同样的方式进行，因此，不同惯性参考系中的观察者都无法通过这种实验来检测其参考系的运动。

洛伦兹在 1904 年完成了他的电磁学相对论，那是爱因斯坦建立自己理论的前一年，爱因斯坦的理论比洛伦兹的理论有更广泛的基础，不仅包括电和磁，还包括所有的物理学。但是，洛伦兹的理论预见了爱因斯坦理论的许多结果，除了时间延缓和光行差公式。洛伦兹先于爱因斯坦对一些结果的发现，并没有导致他们之间的任何争论——洛伦兹是温文尔雅的学者，不会卷入关于优先权的争论。洛伦兹以一种典型的平衡感和公平感承认："除了它的出发点的惊人大胆，爱因斯坦的理论比我的理论还具有另一个显著的优势。……运动系统中电磁现象的理论变得简单,这是我无法达到的。不补充说明这一点,是不公正的。"[30] 他解释说,他失败的主要原因,是没有认识到时钟同步的真正物理意义。

洛伦兹的相对论工作被法国著名数学家、物理学家昂利·庞加莱(Henri Poincaré)改进和扩展,后者是索邦大学的教授和法国科学院院长。昂利是雷蒙·庞加莱(Raymond Poincaré)的堂亲,雷蒙在第一次世界大战开始前成为法国总统,德国人非常憎恨他,认为他是战争贩子——法国人称他为好战的庞加莱,德国人称他为Poincaré-Schweinskaree(庞加莱猪片,或猪排)。在战后,德国人更恨他,因为他坚持要支付严厉和破坏性的赔偿。但是,堂兄昂利避免了仇恨,他死于1912年,也就是战争开始前两年。

昂利·庞加莱毕业于传奇的综合工科学校(École Polytechnique),该校讲授数学与工程学的独特结合。庞加莱的巨著是一部关于天体力学之数学的百科全书式论著,但置身于综合工科学校传统中的他,还致力于研究许许多多的实际问题,从采矿到经度确定,再到时区改革和角度测量改革(庞加莱提出将一个圆划分为400度,而不是360度)。

庞加莱写了几本关于科学中哲学问题的通俗书籍。其中第一本书《科学与假设》[①],就在"奥林匹亚科学院"的阅读项目中,"科学院"的一名成员回忆说,它"给我们留下了深刻的印象,它伴我们度过了无比紧张的几个星期"。[31][②] 这本书包括对时间和同步的意义的讨论,

---

[①] 《科学与假设》,昂利·庞加莱著,李醒民译,商务印书馆,2006年。
[②] 《上帝难以捉摸:爱因斯坦的科学与生平》,169页。

爱因斯坦的错误　　天才的人性弱点

对爱因斯坦关于时间在相对性中作用的思考产生了至关重要的影响。

1904年，在圣路易斯大学密苏里分校的一次演讲中，庞加莱提出了他的相对性思想，他为所有物理定律表述了"相对论原理"，领先爱因斯坦整整一年。然而，爱因斯坦似乎不知道这个演讲，他独立表述了自己的相对性原理的版本。许多年后，爱因斯坦告诉他的圣徒传记作者卡尔·西利格（Carl Seelig）：

> 毫无疑问，狭义相对论，如果我们回顾它的发展，于1905年是成熟的发现。洛伦兹已经观察到，就麦克斯韦方程的分析而言，后来以其名字命名的那些变换必不可少，庞加莱在有关方面甚至更深入钻研了一步。至于我自己，我只知道洛伦兹于1895年的重要工作……但不知道洛伦兹后来的工作，也不知道庞加莱的继续下去的研究。从这个意义上说，我在1905年的工作是独立的。[32][①]

庞加莱非常熟悉洛伦兹的工作，于1905年发表了洛伦兹讨论相对性的修订版。他纠正了洛伦兹在把电流从一个参考系变换到另一个参考系时所犯的错误，并采取了一些初步的尝试步骤，将相对性的处理推广到引力。他认识到引力效应应该以光速传播，且最早开始了关于引力波的推测。

庞加莱的这项研究，发表于爱因斯坦于1905年关于相对论的论文发表前几个星期。基于这个时点，一些人声称洛伦兹和庞加莱首先发明了相对论，爱因斯坦剽窃了他们的工作。因此，（同庞加莱一样毕业

[①]《我这一代的物理学》，马克斯·玻恩著，侯德彭、蒋贻安译，商务印书馆，2015年，252页。

第3章 "如果我看得更远……"

于综合工科学校的）朱尔·勒弗格勒（Jules Leveugle）最近指责爱因斯坦剽窃了庞加莱于1905年6月5日提交巴黎科学院的论文。然而，考虑到在印刷和运送庞加莱论文方面的延误，爱因斯坦几乎不可能在6月底之前及时准备一份抄袭本，当时他把自己的论文寄给了《物理学杂志》。[33]

从洛伦兹1904年的论文中剽窃倒是可能的，因为爱因斯坦可能获得了那篇论文。但是，那篇论文的文内论证不支持爱因斯坦剽窃：洛伦兹和爱因斯坦采用了完全不同的方法，而且，他们的论文还包含了不一致的技术错误。洛伦兹在计算电流的变换时犯了一个错误（爱因斯坦没有模仿），爱因斯坦在计算相对论性横质量时犯了一个错误（他要是模仿洛伦兹的话，就不会这么做）。这些错误的一致性将是剽窃的有力证据；不一致并不是任何东西的有力证据，但它使爱因斯坦在排除怀疑他剽窃方面处于有利地位。

最近，勒弗格勒提出了一个愚蠢的阴谋论，根据这个理论，由柏林的马克斯·普朗克（Max Planck）和格丁根的数学家大卫·希尔伯特（David Hilbert）领导的一群德国物理学家，企图通过实施一种不道德的欺诈，来推翻对庞加莱的信任。据推测，这些德国犯罪分子获得了庞加莱的论文，剽窃了他的论文，撰写了爱因斯坦1905年的论文，然后在他同意下以他的名义发表了这篇论文，以掩盖他们的恶行。据说，他们选择爱因斯坦作为其前卫，是因为普朗克注意到他倾向于窃取他人的思想。在没有任何实际证据证明这一阴谋的情况下，我们可以同样假设爱因斯坦的那篇论文是由"聪明的汉斯"（那匹马）写的。

多年来，狭义相对论被称为洛伦兹和爱因斯坦的理论——这是在第一次世界大战结束之前的物理学文献中通常提到的理论。但是，后来爱因斯坦的名声因其广义相对论所产生的"闪电战"而猛增，洛伦兹的名字则从人们的视野中消失了，除了与洛伦兹变换的联系以外。

虽然洛伦兹和爱因斯坦发现的方程和结果一样，但他们给出的解释却完全不同。洛伦兹至死都一直相信以太。他明白，他和爱因斯坦关于长度收缩和坐标、电场和磁场的变换方程的结果表明，以太不能被任何直接的机械或电磁实验探测到，但他坚持19世纪的观点，即光波必须是某种东西中的波——它们必须是"以太"的振荡。洛伦兹固执己见地认为，以太的参考系确立了绝对静止的标准——他需要以太作为精神支柱。爱因斯坦则完全放弃了以太。

洛伦兹在其一生中一直远离爱因斯坦的相对性理论。他从未反对爱因斯坦的理论，甚至称赞爱因斯坦的"胆识"，但他从未致力于爱因斯坦的理论。洛伦兹未致力于此，使爱因斯坦感到痛苦。爱因斯坦钦佩洛伦兹，并把他尊崇为父亲的形象，渴望得到他的认可。爱因斯坦说："有四个人奠定了物理学的基础，在这个基础之上，我才能构造我的理论，他们是伽利略、牛顿、麦克斯韦和洛伦兹。"[34]① 爱因斯坦在莱顿好几次拜访洛伦兹，他总是非常喜欢这些访问，甚至考虑接受莱顿的职位，就在洛伦兹附近。但是，他们之间的默会与分歧依然存在。

---

① 《新爱因斯坦语录》，210页。

第4章 "头脑里的风暴终于风平浪静"

爱因斯坦在给儿子的一封信中描述了促成他发明狭义相对论的突发灵感。

多年来,爱因斯坦一直在思考相对性,思考光速之谜。在苏黎世工学院的大学生时代,他和米列娃谈到了这个难题,在给她的一封信中,他热情洋溢地写道:"当我们俩共同把相对运动方面的工作胜利结束的时候,我会多么幸福和骄傲啊!"[1] 这句话,有时被误解为表明米列娃参与了相对论的表述。不过这只是表明一种情感上的伙伴关系,而不是科学伙伴关系。米列娃自己写给亲戚的信总是提到"阿尔伯特的理论",她从来没有声称对这些理论做出过任何贡献,甚至在后来几年的苦涩离婚之后也是如此。[2] 到1905年,米列娃对物理学失去了所有的兴趣;她成了爱因斯坦的妻子和厨师,成了他孩子的母亲(子女,厨房,没有教堂),但不是他的合作者。

爱因斯坦经常与朋友和"奥林匹亚科学院"的成员讨论光速之谜,他们一起阅读了一些探索相对性的书籍和论文,特别是洛伦兹和庞加

---

[1] 《爱因斯坦全集》第一卷,265页。
[2] 《爱因斯坦传》,沃尔特·艾萨克森著,张卜天译,湖南科学技术出版社,2014年,123页。

莱的著作。然而，在奇迹年之前，他未能在这个问题上取得进展，沮丧的是，他的长期沉思没有取得什么决定性的结果。他在《自述》中告诉我们："我努力得越久，就愈加绝望，也就愈加确信，只有发现一个普遍的形式原理，才能使我们得到可靠的结果。……经过十年沉思以后，我从一个悖论中得到了这样一个［恒定光速的］原理，这个悖论我在16岁时就已经无意中想到了：如果我以速度c（真空中的光速）追随一条光线运动，那么我就应该把这样的光束看作……停滞不前的电磁场。可是，无论是依据经验，还是按照麦克斯韦方程，看来都不会有这样的事情。"3①

终于，在伯尔尼一个美丽的春日，1905年5月中旬，爱因斯坦突然想到，解决光速之谜的方法隐藏在用来测量时间的程序中。他又一次和朋友米歇尔·贝索（Michele Besso），也是一位在专利局工作的工程师，讨论了这个难题。他被灵感所震撼，后来他回忆道："头脑里的风暴终于风平浪静，"4②"突然，我找到了解决问题的钥匙。"5③ 第二天早上，他再次见到贝索时异常兴奋，没有用平常的瑞士德语"Grüezi"（你好）问候贝索，而是脱口而出："谢谢，我现在完全解决了这个问题。"他解释说："是从分析时间概念上找到答案的。时间并不是绝对的，时间和信号速度之间存在着密不可分的关系。"6④ 他指着伯尔尼的一座钟楼，然后指向邻近的墨里镇远处的钟楼，向这位朋友说明他对不同地点处时钟同步的重要想法。

---

① 《爱因斯坦文集》（增补本）第一卷，26页。译文有改动。
② 《爱因斯坦全传》，丹尼斯·布莱恩著，杨建邺、李香莲译，高等教育出版社，2008年，95页。
③ 《爱因斯坦传》，110页。
④ 同上。

第 4 章 "头脑里的风暴终于风平浪静"

爱因斯坦发现同步在光速之谜中起着至关重要的作用，这不是偶然的。对时钟同步（clock synchronization）的痴迷，席卷了整个欧洲。这在一定程度上是出于非常实际的考虑，即安排电报信息的传送和安排火车的发车、到达时间。电报线路和铁路把整个欧洲连接成一个巨大的时钟，其中电报和火车在不同的地方运作必须同步，以便信息、乘客和货物的顺利流动。

可是，对时钟同步的此种痴迷超出了实际的考虑——有时是商业机会主义，有时是一种时尚。时钟同步技术已进入商业发展阶段，无论公众是否需要同步设备，设备制造商都渴望出售。在巴黎，一家公司销售用地下管道输送的压缩空气脉冲操作的同步设备；另一家公司出售用电线传输电脉冲的同步设备。当富裕的巴黎人在家中安装这样的同步设备，将他们的时钟连接到一个中央站时，他们对这种小机具引发的魅力做出了反应，而不是对精确同步的任何真正需求。对于家庭中的普通用途，一个摆钟足以使时间保持在每周不超过一分钟的时间内，而且可以通过聆听附近教堂的钟声来检查同步情况（教堂时钟和其他公共时钟由与巴黎天文台连接的电线来调节）。

当时的瑞士人，比其他任何人都更痴迷于同步。瑞士所有主要城市最近都在火车站、邮局、钟楼、教堂尖塔等时钟之间安装了电线，以确保所有这些时钟保持精确同步。在伯尔尼，二十多个坐落在公共场所的时钟都是以这种方式连接起来的——包括风景如画的钟楼，一座有天文钟的钟楼，到处都是跳着舞的熊，而不是布谷鸟，布谷鸟每小时都会出现在游客面前，与全市其他时钟精确同步。这座钟楼矗立在克拉姆大街的起点，爱因斯坦在那里有公寓。靠在窗边，他就能看到钟楼上的大刻度盘。

爱因斯坦的错误　　天才的人性弱点

　　这些公共时钟同步装置，与瑞士制造钟表的悠久传统是一致的。瑞士以制造昂贵而准确的钟表而闻名于世。在制表界，只有几个名家不是瑞士人，这位愤世嫉俗的人说，瑞士人对文明的唯一贡献就是布谷鸟钟，这句话背后或许有一丝妒忌之情。如果你制造了世界上最好的手表，就不能容忍城市街道上的陈列时钟不同步。

　　在专利局，爱因斯坦是电技术专家，他审查了用于运行全市同步时钟网络的电磁设备的专利申请：发送时间信号的设备、重置远程时钟的设备，甚至是用无线电信号操作的设备。爱因斯坦在专利局工作的众多时日，脑海里一定有同步问题，难怪他想到了与光速之谜有关的同步问题。毫无疑问，爱因斯坦也受到了他对相对性（尤其是庞加莱的多部著作）解读的影响。

　　灵感迸发之后，爱因斯坦在几个星期内狂热地完成了关于相对论的论文，并在 6 月底把它寄给了《物理学杂志》。这篇论文有写得匆忙的迹象。整个事情都有一种令人窒息的兴奋和不连贯的感觉。例如，在论文的前部，爱因斯坦承诺计算杆的长度收缩，但是他从来没有兑现这个承诺，相反，他计算了球体的长度收缩。他笨手笨脚的数学处理导致洛伦兹变换需要 4 页以上的杂乱计算才能实现当今任何一名有能力的物理大学生在不到一页的篇幅内所能做的事情。爱因斯坦急于得到结果，也没有费心去寻找一个清晰、优雅的论证。就像他后来说的："我严谨地遵照杰出的理论物理学家玻耳兹曼（L. Boltzmann）的格言，形式是否优美的问题应该留给裁缝和鞋匠去考虑。"[7][①]

[①]《狭义与广义相对论浅说》，43 页。

第 4 章 "头脑里的风暴终于风平浪静"

在这篇论文的第一部分,他长篇大论地讨论了关于时钟同步的观点,以及光速之谜的含义。他指出,为了测量光速,我们必须让光信号在参考系中从一个地方跑到另一个地方,跨越一个已知的距离,并通过采取时钟在起点和终点的读数之差确定"飞行时间"。同步在这方面起着至关重要的作用,因为用于测量飞行时间的两个时钟必须同步,否则它们之间读数之差就毫无意义。

在此捎带讲一个故事:我们如何才能实现两个在不同位置的时钟**精确**同步,并非立竿见影。对于位于同一位置的两个钟,同步只意味着将双手放在相同的位置。("先生们,对一对你们的手表!")但是对于两个相隔许多米或许多千米的时钟,我们需要发明一些同步程序,它们必须比伯尔尼市所用的电信号同步程序更加精确。这些程序没有考虑到电信号的运行时间,因此也没有给出**精确**同步。

爱因斯坦提出,通过在多个时钟之间来回发送光信号来实现不同位置处时钟的精确同步。例如,假设一个时钟在伯尔尼,一个时钟在卢塞恩东方 60 千米。那么,爱因斯坦的建议是,在 12∶00 发出一个光信号,从伯尔尼到卢塞恩的直线上(因为瑞士那些古怪的山,充满音乐的声音,所以很难做到……但没关系),然后马上把它弹回伯尔尼。伯尔尼钟将告诉我们,光信号在 12∶00 加 0.000,4 秒返回,也就是说,光信号需要 0.000,4 秒才能往返。显然,它必须花了 0.000,2 秒才能到达卢塞恩,如果卢塞恩钟与伯尔尼钟同步,那么当光信号到达时,卢塞恩钟必须显示出 12∶00 加 0.000,2 秒。如果没有,则它的同步是错误的,那个时钟必须提前或延迟到偏离 0.000,2 秒的量。

物理学家如今称此为爱因斯坦同步程序(Einstein synchronization procedure),这常被描述为他的一个独创、睿智的想法。爱因斯坦没有给我们任何提示,这说明是他自己发明了这个同步程序,或是他从其他地方复制了它。他的论文既缺脚注,又缺参考文献。在整篇论文中,没有任何迹象表明其他人在爱因斯坦之前曾考虑过同步方法,而一个不知情的读者可能会有这样的印象,即爱因斯坦无中生有地创造了其同步程序。更重要的是,没有任何迹象表明,在爱因斯坦之前,曾有其他人考虑过相对性——洛伦兹和庞加莱的重要贡献都没有提到。今天,没有感谢其他科学家做出的早期工作是不可接受的;如果爱因斯坦把论文提交给现代期刊,它就会被退回,要求他提供适当的参考文献。《杂志》在参考文献方面的政策有些松懈,它允许爱因斯坦用轻率的方式忽视其前辈在相对性中的贡献。

历史学家彼得·加里森(Peter Galison)对爱因斯坦的著作进行了敏锐的批评,他指出,由于没有脚注,没有参考文献,爱因斯坦早期的论文看起来更像是专利申请书,而不是科学著作。[8]爱因斯坦很有可能从他桌子上的专利申请书中汲取了文体灵感。据说,爱因斯坦说过:"创造力的秘诀,在于知道如何隐藏你的来源。"[9]这听起来像是剽窃者的信条,不过这可能只是爱因斯坦对专利申请人风格的现实评估。专利乃是发明人的投资,商业考虑优先于智力诚实——专利申请人需要说服审查员他的发明完全是原创的,申请人永远不会透露其发明的任何部分从其他来源被采纳或改编。爱因斯坦对专利申请书进行了两年的审查,却忽略了参考文献,他只是在模仿申请人的风格。也许可以解释爱因斯坦的风格,但不能因此原谅他。爱因斯坦也为《杂志》评论了几年的科学著作,他应该知道科学家的道德标准应该超过商业企业家的道德标准。这种缺憾也伴随着他1905年"奇迹年"出版的其他出版物。几年后,爱因斯坦才开始给其论文添加一些参考文献——

第4章 "头脑里的风暴终于风平浪静"

他放弃了专利审查员的思维方式，拥有了科学家的思维方式。

事实上，爱因斯坦对时钟同步的处理绝不是原创的。庞加莱就讨论过不同地点时钟同步的意义问题，爱因斯坦和"奥林匹亚科学院"的朋友们都很熟悉他的著作。庞加莱还讨论了时钟同步的那个"爱因斯坦"程序。此外，自电报早期以来，它就被测量员和天文学家广泛使用了许多年。在19世纪40年代第一条长距离电报线铺设后不久，人们就认识到，通过沿电报线来回发送电报信号，就可以通过爱因斯坦后来模仿的那个方法使洲际距离上的时钟同步。

这种时钟同步在确定地理经度上起了至关重要的作用，所有早期横贯大陆、大西洋的电报线路，都被用来确定精确的经度。基本的想法很简单：在一天（即24小时）内，太阳向西移动360度，回到它的起点。有了（例如，伦敦和纽约）同步时钟，我们可以确定太阳在纽约的子午线（南北线）比伦敦的时间晚了5小时，更准确地说，是4.9小时。根据简单的比例关系，可以计算出纽约和伦敦之间的经度差必须是一个圆周的4.9/24的分数，即360度×4.9/24，约等于74度。

古希腊天文学家和哲学家们都知道这种经度测定方法的原理，但他们并没有同步化钟（synchronized clock）来将其付诸实践。直到18世纪，灵巧的英国钟匠约翰·哈里森（John Harrison）成功制造出了便携式钟，能够在跨大西洋运输时保持几个月的同步，用同步化钟进行经度测量才变得可行。哈里森长期努力建造一个精确的便携式钟的故事，在达瓦·索贝尔（Dava Sobel）的《经度》一书中得到了通俗易懂的讲述。[①] 但是，索贝尔并没有透露为什么哈里森的前三

---

① 《经度》，达瓦·索贝尔著，汤江波译，海南出版社，2000年。

座钟——漂亮的黄铜机器,手提箱一般大,现在格林尼治天文台展出——被证明是不够的。这些钟还算适度精确,因为它们太大了。哈里森如能更好地理解钟的物理原理,就会意识到,一只小钟以较快的速度滴答作响,就不会受到船内运输所造成的颠簸运动的影响。碰巧的是,他的第四个也是最后一个钟"哈里森四世"很小,在长达5个月的跨大西洋航行中,它一直保留"准时"在1到2分钟之内。这最终为哈里森赢得了英国议会颁发的2万英镑的奖金,因为他找到了一种确定海上经度的实用方法。

19世纪下半叶铺设洲际和跨洋电报线路时,更精确的经度测定成为可能。1866年,第一条横跨大西洋的电缆从爱尔兰到纽芬兰完成时,时钟的电报同步使老旧的经度确定的不确定度减少了大约20倍。因此,美洲大陆地理位置的不确定度,从1英里左右减少到1/20英里。[10] 时钟的电报同步,在1875年西伯利亚勘察和1877年印度大勘察中,也被广泛应用于经度测定。直到1904年以后无线电的发展,时钟的电报同步一直是最精确的同步程序。

爱因斯坦无疑知道电报同步法的技术细节,他在专利局的工作中一定对各种自动同步装置非常熟悉,在那里他专攻电磁设备的审查。他也有可能在其父亲工厂制造的电报设备方面有一些实际经验。所有这些都清楚地证明,爱因斯坦同步程序绝不是一个原创的想法;他只是从其他来源采用了它——在应致谢之处,却皆未给出致谢。

爱因斯坦同步程序依赖于一个隐含的假设,即两个时钟位置之间的光速在每个方向都相同:从伯尔尼到卢塞恩和从卢塞恩到伯尔尼的速度相同。爱因斯坦强调,这意味着,随着时钟按照他的程序同步,不可能对光速不变性（constancy）进行逻辑上有意义的验证。他告诉贝索，"（同步化）时间和信号速度之间有一个分不开的联结"①。当然，用这些同步化时钟来验证光速不变性的任何尝试都会验证它。但是，这种不变性是建立在同步中的，因此这种尝试将是循环推理——就像一只追逐自己尾巴的猫，它将什么也不能证明。爱因斯坦故意设计其同步程序来掩盖地球的速度对光速的影响，因为他认为这是明智、正确的做法。从本质上讲，爱因斯坦同步程序是一个使光速看起来不变的小把戏，而不管光速"真正"是多少。

但是，爱因斯坦的小把戏有一个致命的缺陷，这就是1969年6月24日在大西洋中部漂流的唐纳德·克劳赫斯特，当他高呼"你不能这么做！""骗子"时认识到的。克劳赫斯特认识到，我们可以通过其他方法来验证时钟的同步，例如，把时钟从一个地方传送到另一个地方，从而暴露爱因斯坦的小把戏。

要清楚理解爱因斯坦那个把戏的缺陷，可以考虑以下寓言："泰坦尼克"号在寒冷的北大西洋的平静的水域和空气中飞驰而过，而晚餐则是在"大沙龙"里提供的。一位有科学知识的乘客向船长提到，由于船舶相对于空气的高速，从船尾到船头的声音信号在甲板上的速度比从船头到船尾慢。这使船长感到不快——他宁愿他下达的命令从船尾到船头毫不拖延地到达。于是，他叫来了轮机长并发出命令："在这艘船的甲板上，从船头到船尾的声速应与从船尾到船头的相同。务必做到。"

轮机长认为船长疯了，但他欲言又止——在船上，船长的话就是

---

① 《爱因斯坦全集》第十三卷，556页。

法律。幸运的是，他还记得几年前某个瑞士人（也许是德国人）专利审查员发明了一个用光速解决类似问题的小把戏。经过快速计算，轮机长决定，如果他把船头的时钟倒转一秒钟，从船尾发出的声音信号似乎会更快到达船头，而且速度似乎会快一点，以满足船长的要求。他以所需的数量重置船头的时钟，并以较小的数量重置甲板上其他地方的所有时钟，这和它们与船尾的距离成正比。那位有科学知识的乘客对此感到困惑。她决定用自己的袖珍计时器来校对时钟。她把计时器和船尾的钟相比较，沿着甲板向前走到船头。她发现船头的时钟不同步。她感觉到轮机长在骗船长，她想知道这艘船的军官们在抽什么烟。与此同时，船长发出另一项命令："即刻待在这艘船的航道上不得碰到冰山，全速前进……"

克劳赫斯特发现自己于在平静的以太中飞驰而过的地球飞船上，扮演着一个有科学知识的乘客的角色。他船上的计时器扮演了乘客口袋里的计时器的角色。克劳赫斯特是一位经验丰富的天文导航员，他知道天文计时器在他开始在英国旅行时，已经同步到了标准时间，也就是格林尼治时间。他知道计时器将与格林尼治天文台的时钟保持同步，原则上，他的计时器可以用来同步放置在地球上不同位置的时钟，并校对从格林尼治发送到任何其他地点的光信号的"飞行时间"。实际上，他自己的计时器还不够精确，无法检测出这样一个光信号的飞行时间，但作为一名电气工程师，克劳赫斯特可能知道惠普公司最近开发的便携式原子钟，它足够精确地检测出地球上两个地点之间的光信号传播时间（而且价格标签比其船的全部成本还要大）。因此，克劳赫斯特肯定很清楚，在原则上，甚至在实践中，从一个地点到另一个地点的计时器确实提供了这些地点处时钟的同步，从而允许对单向光速进行不含糊的测量。

这是爱因斯坦的大错误：他忘记了，除了与光信号同步外，还有其他程序同步——如与传送的时钟同步——通过这些程序可以发现他的把戏，并将其揭露为欺骗行为。光信号同步不允许我们校对单向光速是否**真的**不变。但是，其他程序的同步允许我们校对单向光速是否**真的**不变。

爱因斯坦怎么可能没有看到如此明显的东西？解释是爱因斯坦的思维不是像物理学家的思维，而是像专利审查员的思维。1905年最精确的时钟同步方法，是靠电信号（等同于光信号）同步。这是爱因斯坦在专利局学到的，所以他认为这是用于同步的正确方法。他忘记了在讨论相对性的基础时，他需要注意的是原理，而不是实践。他忘记了他是在写一篇关于物理学的论文，而不是专利申请书。

爱因斯坦写到单向光速的不变性"实际上既不是关于光的物理性质的**假定**，也不是关于光的物理本质的**假说**，而仅是为了得出同时性的定义我按照我自己的自由意志所能做出的**规定**"。[11]① 他规定了一些不受制于规定的东西。在日常语言中，**假说**和**规定**之间的区别有时是模糊的，但爱因斯坦使用这些词的方式可以用一个简单例子来说明：当你富有的姨妈说明年的汇率将是每欧元兑换4美元，她是在做一个假说（这可能是也可能不是真的；我们要等到明年用"衡量"确认后才能确定）；而当她说明年她将以每欧元兑换4美元的价格从欧洲亲戚那里购买欧元时，她正在制定一项规定（她根据自己的自由意志做出

---

① 《狭义与广义相对论浅说》，19页。

这一规定，而且，更重要的是，她可以随时改变这一规定，因此我们明年所做的任何"衡量"都只是确认她最终通过的任何规定）。

爱因斯坦有权提出一个关于光速的假说，但不是规定。光速要么是不变的，要么不是，只有测量才能决定它是什么。实验上可检验的物理学事实和可计算的数学事实，都不能由规定来决定。爱因斯坦试图规定光速的不变性，这和1888年爱荷华州议会臭名昭著地为π规定22/7值的企图一样愚蠢——π的值要么等于22/7，要么不等于22/7，只有计算才能决定它是多少（π=3.14159…对阵22/7=3.14285…）。有时候，天才和立法者一样愚蠢。难怪爱因斯坦的那个规定，把可怜的唐纳德·克劳赫斯特逼疯了。

1907年，慕尼黑大学备受尊敬的理论物理学教授阿诺尔德·索末菲（Arnold Sommerfeld）首次对爱因斯坦解决光速之谜产生了模糊的怀疑，他的教学非常出色（他以六卷本出版的《理论物理学讲义》，至今仍可在许多物理学家的书架上找到）。索末菲钦佩爱因斯坦在相对性方面的工作，但他对光速之谜那种抽象的、规定的处理，以及对时间延缓、长度收缩和相对论的其他物理后果的纯粹推导，而没有解释是什么机制可能产生时钟变慢或固体收缩感到不安。爱因斯坦用一个可疑的手法解决了光速之谜，时间延缓和长度收缩的推导在数学上是严格的，但它们缺乏具体的机制解释。到底是什么机制减慢了运动时钟的速度，到底是什么机制导致了运动物体长度的收缩？爱因斯坦对此保持沉默，他只是说以某种方式在所有参考系中保持光速不变。

索末菲向洛伦兹抱怨爱因斯坦的推导："……尽管它们是天才的杰作，对于我来说，这个不可理解、无法预见的教条主义似乎包含某些不健康的东西。一个英国人绝不会提出这种理论,也许……这个理论可能体现的是犹太人的抽象概念特点。我希望你能用真正的物质生活成功地填充这个概念框架。"[12]① 这些言论常常被解释为反犹主义,但这样的解释对索末菲是不公平的,他当然不是反犹主义者。爱因斯坦给他留下了深刻的印象,并写信给他表示钦佩。他后来成了爱因斯坦的朋友,后来纳粹威胁迫使爱因斯坦离开德国时,他是唯一敢于公开、直率地抨击纳粹对待爱因斯坦的德国教授。索末菲(与普朗克和海森伯一起)为爱因斯坦辩护,在党卫军的官方报纸上被嘲笑为"白人犹太人"和爱因斯坦的"副手"。[13]

索末菲的言论只是对爱因斯坦理论坦率、客观的评价,犹太人在智力上具有创造性,倾向于深奥、复杂的论证,这是一种广泛持有,甚至是犹太人自己持有的观点——这可能是有偏见的,但不是贬损性的。爱因斯坦本人形容他在苏黎世的一位犹太同事为 Rabbinerkopf,即希伯来思想家。很久以后,马克斯·玻恩(Max Born)——犹太人,(1954年)诺贝尔奖获得者,爱因斯坦的朋友——在一次演讲中描述了"犹太人的物理学"试图"通过单独思考来掌握自然规律"。[14] 爱因斯坦欣然承认了这一点,并发表了这样的评论:"我深信'犹太人的物理学'是杀不死的。"② 玻恩对此回答说:"我一直重视你的良好的犹太人的物理学,并且十分欣赏。"[15]③

索末菲把爱因斯坦的思想描述为概念上的抽象和教条,乃是一语

---

① 《爱因斯坦传》,144页;《爱因斯坦:生活和宇宙》,104页;《阿诺尔德·索末菲传》,米夏埃尔·埃克特著,方在庆等译,湖南科学技术出版社,2018年,167页。
② 《玻恩-爱因斯坦书信集(1916—1955)》,马克斯·玻恩、阿尔伯特·爱因斯坦著,范岱年译,上海科技教育出版社,2010年,174页。
③ 同上,182页。

中的,也许他对这些思想中的犹太影响的推测也是如此。从"奥林匹亚科学院"的阅读书单中,我们知道爱因斯坦最近读过斯宾诺莎(Spinoza)的《伦理学》,爱因斯坦关于相对性的论文第一节的公理演绎处理让人想起斯宾诺莎那本书的第一页,还有它的定义、公理和推论。爱因斯坦尊敬斯宾诺莎;1920年,他在访问莱顿大学时参观了斯宾诺莎的故居,之后他写了一首长诗以他的敬意开头:"我爱莎夫子,言语不可道……"[16]①

索末菲关于爱因斯坦和英国人对比的评论,也是一语中的。所谓剑桥物理学家学派,以其对机械论解释的注重而闻名。例如,麦克斯韦就是那个学派的人,他最初设计了用弹簧连接的小陀螺仪,一个复杂的以太机械论模型,来解释电磁波的特性,数学上用他的方程组表示。这种机械论解释与爱因斯坦的相对论方法截然相反。爱因斯坦有着神秘主义的信念——他完全相信自己解决了光速之谜,且认为英式的任何解释都是多余的。

尚不清楚洛伦兹对索末菲的回答是什么,不过很明显,索末菲仍然不满意爱因斯坦通过规定实现不变光速的把戏。在自己的教学中,索末菲更喜欢把光速的不变性看作麦克斯韦方程组所导致的,他在讲课中宣称:"1905年,爱因斯坦在发现狭义相对论时所走的道路,是陡峭而艰难的……我们将要走的道路是宽广而毫不费力的。**它从麦克斯韦方程组的普遍有效性出发**……在**洛伦兹变换**时,它几乎在不经意间就结束了。"[17]但是,索末菲从不指摘爱因斯坦的那个把戏到底出了

---

① 《爱因斯坦语录》,377页。

什么问题。[18]

爱因斯坦的错误，首先在物理学文献中由杰出而有影响力的天文学家、剑桥天文台台长阿瑟·爱丁顿爵士（Sir Arthur Eddington）[①] 明确指出。1918年，爱丁顿证实了广义相对论的预言，即光线被太阳弯曲，引起了大众媒体的轰动，并将爱因斯坦提升到了国际名人的行列。五年后，1923年，他出版了一本名为《相对论的数学理论》（目前仍在印行）的教科书，其中包括对狭义相对论和广义相对论概念基础的仔细分析。

爱丁顿证明，在狭义相对论中，同步可以通过计时器的慢传输来实现；他还指出，在原理上，这允许测量单向光速。因此，单向光速的不变性可以通过实验来检验，尽管爱丁顿承认"……由于明显的实际困难，还没有可能直接核实它"。[19] 然而，爱丁顿没有公开批评爱因斯坦，他也没有贴上"爱因斯坦的错误"（Einstein's mistake）这样的标签。后来的学者也注意到了这种克制，他们建议通过时钟传输或机械信号的同步，含蓄地承认爱因斯坦的错误，但总是把他视为圣牛。[20]

把光速不变看作靠规定，还是靠实验，这两者的区别好比钻牛角尖。事实上，如果你在计算相对性理论的一些结果，那么计算中的光速不变，是出于一个原因还是另一个原因，都没有什么区别。但是，若在策划对这个理论中的一些奇怪、反直觉的预言进行实验检验，则需要知道相对论的哪一部分是规定，哪一部分是假说，于是知道你可以检验什么——相对论的任何部分都是（合法的）规定，就不可能以

[①] 《爱丁顿》，钱德拉塞卡著，吴智仁、王恒碧译，上海远东出版社，1991年。

任何有意义的方式进行检验。

20世纪60年代开创了相对论实验的新时代。物理学家利用伽马射线、激光器和微波激射器进行新的相对论检验。在某种程度上，所有这些实验活动都是机会主义的。它不是由对相对论的任何真正的怀疑，而是由新技术的存在所驱动的——物理学家们有新的设备可供使用，他们想要用它们来做一些事情。在某种程度上，它是由一种新的洞见驱动的，即如何利用光的多普勒频移（Doppler shift）测量单向光速，这与爱因斯坦对单向光速的检验毫无意义的说法相矛盾。

当你站在路旁，救护车疾驰而过的时候，你可能已经有机会感受到声音的多普勒频移，它的警报器发出可怕的灾难警报。救护车接近你时，警笛的音调比正常高，但救护车从你身边离去时，警笛的音调就会比正常低。这种音调的上升或下降，或高于正常或低于正常水平，称为多普勒频移。1842年，奥地利物理学家约翰尼斯·多普勒（Johannes Doppler）发现了它，他站在铁轨附近，一列呼啸的火车疾驰而过时注意到了它。他迅速通过一个迷人的音乐实验定量证实了他的观察结果：他把小号手放在一节敞开式火车车厢上，以便在地面上受过音乐训练的听众可以告诉他，当火车接近或远离时，喇叭发出了多少尖锐或平坦的音符（以70千米每小时的速度，音调的变化大约是一个半音符）。多普勒还给出了多普勒频移的解释：当喇叭逐渐接近听者时，每个接踵而来的声音脉冲，即每一个接踵而来的声波的波峰，都必须比前一个脉冲走得更短，故脉冲到达听者的耳朵比喇叭静止时更接近。若喇叭正在离去，反之亦然。

在由移动光源发出的光的情况下，多普勒频移表现为光波"音调"的类似变化，即频率的变化，对于光波来说，这意味着颜色的变化

（红光的频率最低，蓝光的频率最高）。这种多普勒频移的幅度，取决于光源的速度与光速之比。通过对多普勒频移的定量测量，我们可以计算光源的速度；这就是警察用"雷达枪"测量汽车速度时所做的事情（但雷达枪使用的是来回的雷达信号，而我们对起源于光源或汽车的单向信号感兴趣）。或者，我们要是知道光源的速度，就可以计算出光速。测量多普勒频移得到的光速是单向速度，也就是从光源到接收器的方向上的速度。这就是20世纪60年代启动多普勒频移实验的新见解。所有这些实验都证实了单向光速确实是不变的，在所有方向上都一样，误差在十亿分之一的范围内。[21]

20世纪60年代还导致了高精度原子钟的发展，由分子或原子（如铷或铯）的振荡控制。1967年，铯原子钟被作为时间秒定义的基本标准，取代了以地球自转为基础的早期标准。原子钟被安装在所有主要的计量学实验室和天文观测站，特别是射电天文学观测站。

高精度原子钟的广泛使用，使得直接测量光的单向速度和检验单向速度在所有方向都相同成为可能。为了避免原子钟在运输过程中受到干扰，实验人员采用了一个巧妙的方法，这可以用一个简单例子来说明。假设我们要检验光信号从伯尔尼到卢塞恩的速度同再折回的速度相等。为此目的，我们把信号从伯尔尼发送到卢塞恩，但我们没有立即发送回信号，而是把信号在卢塞恩停了**刚好**半天。[22] 然后我们把信号发送回伯尔尼，由往返距离和我们在伯尔尼的时钟所记录的总行程时间计算出信号的速度，当然，允许在卢塞恩12小时的延误。

乍一看，与立即把信号发回相比，这似乎是一个愚蠢的并发症。可是在这种疯话中，却大有道理：卢塞恩几乎就在伯尔尼以东，在12

小时内地球的自转使信号从伯尔尼到卢塞恩的轨道通过180度旋转，因此返回信号实际上是**精确沿着**与发出信号**完全相同的方向在空间中**传播。例如，如果伯尔尼—卢塞恩这一段最初是平行于地球的运动方向，那么，12小时后，卢塞恩—伯尔尼那一段则与这个运动方向平行。因此，在12小时的延迟下，这个验证给出了光信号沿平行于地球运动方向的单向速度。第二天，通过再次进行这个验证，信号从卢塞恩出发，它给了我们相反方向的单向速度，与地球的运动反平行。

在这个验证中，伯尔尼和卢塞恩的时钟甚至不需要同步化——重要的是，卢塞恩钟能够准确计数半天。这清楚地表明，爱因斯坦关于"（同步化）时间和信号速度之间有一个分不开的联结"的说法是错误的。单向速度测量，并不需要同步。爱因斯坦没有考虑到使用光信号和时钟测量光速的所有可能的变体。爱因斯坦很有创造力，却有一个单轨的头脑（one-track mind），他被自己关于光信号时钟同步的神秘灵感打动后，就不再考虑其他的选择。他要是考虑得再久一点，也许会想出十几种方法来测量单向光速。

对单向光速的最新、最严格的验证通过分析地面站和全球定位系统（GPS）卫星之间来回发送的无线电信号进行，这些信号都有不同的时间延迟。这些GPS卫星载有高精度的原子钟，非常适合于"计数"无线电信号到达与其后重传之间的延迟。该验证证实，穿越天空的四面八方的单向光速都相同，误差在大约十亿分之一范围内。爱因斯坦是幸运的——比爱荷华州的立法者更幸运，他们不得不撤回关于π值的立法。他通过规定所断言的东西，实际上已被实验所证实。最后，他被证明是正确的，却出于错误的理由。

第 4 章 "头脑里的风暴终于风平浪静"

爱因斯坦把不变光速解释为一种规定,但他的同时代人并没有广泛遵循这一解释。只有马克斯·玻恩①(格丁根大学的教授,爱因斯坦的密友,后来因对量子力学的关键性概率解释做出贡献而获得诺贝尔奖),他在 1920 年写的一本关于相对论的书中全心全意模仿了爱因斯坦的方法。大多数其他物理学家,则将不变光速作为一种假说进行实验验证。这是瑞士物理学家沃尔夫冈·泡利(Wolfgang Pauli)采用的方法,他在 1921 年为《数学百科全书》撰写了一篇关于相对论的有影响力的词条。这篇词条立即被作为单行本重印,成为一部经典——在接下来的 50 年里,它仍然是相对论(包括狭义相对论和广义相对论)最好的介绍之一。②

值得注意的是,泡利在撰写这篇综述词条时,还是 21 岁的物理专业大学生。他当时在慕尼黑大学在索末菲的指导下学习物理学,索末菲是《数学百科全书》的主编,邀请年轻的泡利写这篇关于相对论的词条。泡利继续超越他的老师——成为苏黎世工学院的教授和(1945年)诺贝尔奖得主。

1921 年,泡利没有公开批评爱因斯坦建立的相对论方法,尽管后来他因对同事的失误的尖锐、诙谐的评论而出名。在 20 世纪 30 年代,泡利开始以他对其他人缺乏尊重的态度对待爱因斯坦。当爱因斯坦建立了引力和电磁学统一理论的新版本时,泡利在一封信中嘲笑他:"剩下的就是祝贺你(或者我应该说:向你表示哀悼),因为你加入了纯粹数学家的行列。"[23] 在爱因斯坦对量子力学的批判之后,泡利给一位同事写道:"爱因斯坦又一次在公开场合评论量子力学……众所周知,他

---

① 《我的一生:马克斯·玻恩自述》,马克斯·玻恩著,陆浩等译,东方出版中心,1998 年。
② 《相对论》,W. 泡利著,凌德洪、周万生译,上海科学技术出版社,1979 年。

每次这样做都会带来灾难。"²⁴① 但在 1921 年，大学生泡利对著名的爱因斯坦教授唯一的评论非常友好。他没有强调他和爱因斯坦为不变光速奠定基础的方法之间的差异。

大多数物理学家都追随泡利的脚步。他们并没有公开批评爱因斯坦，但还是采用了相对论的经验基础，将不变光速作为物理学定律，接受实验检验。他们认为不变光速不是一种规定，而是自然界的一条基本定律，植根于实验，就像相对性的原理植根于实验一样。他们认为爱因斯坦的光信号同步程序仅仅是一种可能的同步程序，它与靠慢钟传输的同步相比有一些实际的优势，但在原则上等价于慢钟传输。因此，他们忽视了爱因斯坦的灵感：他们没有把光速当作要规定的东西来看待，而是把它当作要测量的东西，不是把第二个假设当作一种规定，而是把它当作一个在实验上可演证的关于自然的事实。²⁵

如今，这是几乎所有关于相对论的现代教科书中都能找到的态度。有些作家甚至走得更远。他们不用把不变光速说成是单独的原理，而是把它当作相对性原理的推论。乍一看，这似乎是可信的：相对性原理表明，在所有惯性参考系中，所有物理学定律都相同，于是我们可以说，在所有惯性参考系中，麦克斯韦方程组和它们所隐含的光速都必须相同。但是，这里面有一个陷阱，连博学的索末菲也在演讲中掉进了这个坑里。²⁶ 从麦克斯韦方程组中推导出不变光速取决于知道麦克斯韦方程组是绝对精确的，我们不能完全肯定这一点。也许麦克斯韦方程组偏离了自然界所遵循的真实方程，只有少量，但尚未被发现，这可能会在某些情况下改变光速。为了排除这种可能性，我们需要保

---

① 《爱因斯坦传》，487 页。

留第二个假设,或它的某些变体。²⁷

爱因斯坦在相对论中的第二个重大错误,在于没有考虑迈克耳孙－莫雷实验的含义。鉴于爱因斯坦自己对这个实验的模糊回忆,我们不能肯定他在1905年就知道它——无知可不是借口。他要是不知道,就应该知道;他要是知道,就应该明白,它限制了同步在光速之谜中的作用。迈克耳孙－莫雷实验不依赖于同步,它比较了平行和垂直于地球运动的光信号的**往返**速度,该实验的零结果提供了这些**往返**速度相等的明确证据。这种相等,不能通过任何再同步把戏来实现。(就关于"泰坦尼克"号的寓言而言:如果轮机长被命令使声速不仅纵向相等,而且横向相等,他就不可能做到这一点,无论他怎样搅乱那些时钟。)²⁸ 实验的结果与爱因斯坦选择做或不做的任何规定无关——这个实验提供了光的行为一些重要的、直接的经验证据。

爱因斯坦对迈克耳孙－莫雷实验有一个持续的思维障碍。认识爱因斯坦并为他写了一本值得称赞的科学传记的亚伯拉罕·派斯(Abraham Pais)说,或许他在1905年关于同步的灵感"太强烈,在他头脑中留下了深刻的印象,而且部分掩盖了以前伴随着他的思想状况"。²⁹① 对正经历着启示的一个痛苦的神秘主义者来说,这种心灵的"灼热"确实是一种典型的反应。十年后,爱因斯坦写了那本决定唐纳德·克劳赫斯特命运的书时,也许仍然遭受着这种灼热的后遗症的折磨。到那时,他知道了迈克耳孙－莫雷实验,但仍然没有意识到它的全部意义。

---

① 《上帝难以捉摸:爱因斯坦的科学与生平》,220—221 页。

在那本书中，爱因斯坦只是漫不经心地讨论了迈克耳孙－莫雷实验。他觉得他不需要这个实验——他**知道**相对论是对的，并不需要任何实验支持。他对待迈克耳孙－莫雷实验的态度是不友好的、敌对的，就像律师面对敌对证人。他认为这个实验是相对论要克服的一个挑战，展示了他的理论如何通过长度收缩来克服这一挑战而生存。

他本可以也应该把迈克耳孙－莫雷实验当作友好的见证者，为其理论提供帮助和支持。实验中的证据，实际上可以通过两种方式加以利用：在太阳系的参考系中，地球和实验仪器都在运动，零结果给出了长度收缩的证据；而在地球的参考系中，实验仪器处于静止状态，零结果证明在两个垂直方向上的光速是相等的、不变的。

爱因斯坦对该实验的误解造成一个严重错误。直到 20 世纪 40 年代，美国物理学家 H.P. 罗伯逊（H. P. Robertson）对迈克耳孙－莫雷实验的含义进行了新的分析时，人们才弄清楚它有多严重。罗伯逊表明，结合使用臂长不等的干涉仪进行的类似实验，该实验可以为洛伦兹变换方程提供经验基础，从而确立单向光速的不变性。这意味着，不变的往返速度暗含着恒定的单向速度。[30] 因此，该实验为相对论的一个基本原理及其重要预言（不变光速和长度收缩）提供了定量的证实。直到 20 世纪 60 年代新实验的发展，它仍然是相对论最精确的定量证据。[31]

爱因斯坦 1905 年论文中的第三个错误，是对相对论性质量（relativistic mass）的计算。他十分正确地认识到，通过长度收缩和时间延缓对粒子加速度施加的改变改变了牛顿第二定律，有效地使方程 $ma=F$ 中的质量 m 变为一个可变量。质量随粒子速度的增加而增大，因此快速运动的粒子有效地具有更大的惯性。爱因斯坦还认识到，这种惯性依赖于加速度的方向：与速度平行的纵向加速度（如粒子沿直线加速的情况）比垂直于速度的横向加速度（如粒子以恒定速度绕圆周运行的向心加速的情况）大。

但是，当爱因斯坦为横向情况计算这个速度依赖的质量时，他做出了一个奇怪的错位。为了求出这个质量，他需要比较那个加速度和力。可是，他将一个参考系中的加速度和**另一个**参考系中的力进行了比较：他用实验者的参考系（在实验室里静止）作为前者，用粒子自身的参考系（与粒子一起运动）作为后者。这给了他一个比实际大的质量。这是一个错误，就像一个裁缝，他交换了一条裤子的腰部和内缝尺寸，交给顾客的裤子腰部宽、脚踝短。

爱因斯坦的错误不是偶然的。他知道他使用加速度和力两个不同的参考系，他故意这样做，出于自己的一些玄妙的，也许是神秘的原因。他在处理一种在不同参考系中具有不同量值的力，他似乎认为，在这些不同量值之间的选择必须由定义和规定来做出。在这种匆忙的规定中，爱因斯坦犯了他在单向光速下犯的同样的错误：他不依赖于测量，而是再次依赖他的"自由意志"。

一个实验者用校准过的力推到粒子上并观察其反应时，她不关心除了她自己以外的任何参考系中的力是什么——她的参考系中的力是一个可测量的量，而作用在粒子上的力是她参考系中所说的任何测量值。这里面没有什么意志的自由，也没有规定的自由。几年后，爱因斯坦有点害羞地承认，他由力的定义来计算横质量（transverse mass）"并不有利，正如普朗克先生最初所表明的那样"。[32] 这是一种轻描淡写的说法：亲爱的顾客，我承认为你量身定做的裤子并不合身。

普朗克是如何卷入这一误算的？作为柏林大学的教授、德国物理学会的会长，普朗克也是《杂志》的主编，爱因斯坦的论文在发表之前就放在他的桌子上。普朗克立即意识到，这是对相对性的一个重要的新贡献，他也立即意识到，那个质量的计算是错误的。

对于普朗克来说，这个错误一定显而易见的一个原因，在于他知道洛伦兹一年前所做的相对论性质量的计算，以及庞加莱和 J. J. 汤姆生（电子的发现者）所做的较早的计算。这些早期的计算缺乏爱因斯坦计算的一般性，它们只适用于由电场和磁场构成的"物体"。洛伦兹公式（Lorentz's formula）和爱因斯坦公式（Einstein's formula）之间的分歧在普朗克脑海中敲响了警钟，当他复核爱因斯坦的计算时，就立即发现了爱因斯坦的错误。

普朗克是个完美的绅士。他并没有因为在爱因斯坦的计算中发现了一个错误而欢欣鼓舞，只是发表了对那个质量的一个全新的、优雅的重新计算，并由此得到了正确的公式。根据权利，这个公式此后应该与普朗克的名字相关联，叫普朗克公式。但是，历史常常不公平地对待科学家，今天只有很少的物理学家知道爱因斯坦论文中相对论性横质量（relativistic transverse mass）的公式是错误的，正确的公式归功于普朗克。

爱因斯坦不仅因为他计算上的错误，还因为他对洛伦兹工作的无知而受到责备。但在这里，也有一些可以减轻罪责的情况：洛伦兹（用英文）发表了论文，发表在《阿姆斯特丹皇家学院会议录》杂志上，这份期刊的发行不太广泛，因此爱因斯坦会发现很难找到一份副本。直到很久以后，他才开始读洛伦兹的那篇论文。

第 5 章 "无生命的小小悬浮物体的运动"

> 爱因斯坦在一封信中向朋友康拉德·哈比希特描述了悬浮在液体中的小物体的随机无休止运动,将其解释为原子存在的证据。

爱因斯坦著名的相对论理论,往往掩盖了爱因斯坦对物理学的一些其他贡献,特别是他对 20 世纪初围绕物质的原子图景的争论所作的开创性贡献。爱因斯坦发表了好几篇关于原子的微观性质如何解释物质在各种现象中的宏观行为的极具独创性的著作。这些研究的结果在确保人们接受物质的原子图景方面起到了至关重要的作用,正是通过这些结果,爱因斯坦的名字首次引起了同行物理学家们的注意。在物理学文献中,爱因斯坦关于原子问题的两部著作——关于分子大小的论文和布朗运动的论文——被引用的次数,比他那些相对论论文要多得多。这两篇论文有助于使物理学家和化学家确信原子的存在。

今天,我们有了威力强大的显微镜,它为我们提供了原子存在的直观证据。这些显微镜——原子力显微镜和电子隧穿显微镜——不是用光,而是用一枚小小探针,通过触摸来探测一片金属的表面,从而感觉到单个原子的凸起,就像你的手指感觉到硬币表面的凸起一样。电子电路记录了探针感知的内容,并创建了原子凸起形状的图形显示,为我们提供了原子存在的直观证据。

一百年前的爱因斯坦时代，没有这种原子存在的直观证据。当时，原子的证据完全是间接的，来源于化学和气体物理学。19世纪初，英国化学家约翰·道尔顿（John Dalton）提出了一种化学反应的原子模型，该模型清楚地解释了各种化学元素必须混合形成化合物的比例。这种原子模型，由瑞典和英国化学家琼斯·柏齐力乌斯（Jöns Berzelius）和威廉·普劳特（William Prout）进一步发展，很快就被化学家广泛接受。

但是，物理学家们依葫芦画瓢的速度要慢一些。他们大多数人认为化学家的原子模型纯粹是假想的，对接受原子作为真实的物理实体显得犹豫。有一位科学家宣称："原子理论对化学家来说是无价的，但在科学史上不止一次发生过这样的事情：一个假说在被用于发现和协调知识之后被抛弃，取而代之的是一个与后来的发现更为协调的假说。一些杰出的化学家认为，这一命运可能正在等待原子理论，而在未来，化学家能够从能量转换的科学中获得所需的一切指导。"[1]

1811年，意大利物理学家阿马代奥·阿伏伽德罗（Amadeo Avogadro）从化学实验和已知的气体特性得出结论，标准体积22.4升（一大桶）的任何一种气体在标准温度、压强下都含有相同数量的分子。化学并没有告诉我们这个数的值，后来这个数值被称为阿伏伽德罗常量（Avogadro's number），但很明显，原子一定很小，而桶中的数必须非常大，这样气体、液体和固体就会变得均匀，而不是块状。为了使物质的原子模型更加具体，物理学家需要找到一种计数原子的方法。事实证明，这很困难，直到半个世纪后，才由气体研究第一次确定了阿伏伽德罗常量的数值。

1845年,苏格兰人约翰·沃特斯顿(John Waterston)构思了一个原子模型,解释了气体的物理性质。他把气体想象成由原子(或分子)组成的蜂群,完成一种不停息的舞蹈,也就是快速的随机运动,原子在空间四处飞奔,相互碰撞,跟容器壁碰撞;他把气体的压强归因于气体分子对容器壁的反复冲撞。但是,沃特斯顿试图在《皇家学会会议录》发表这一观点时,其论文遭到了严厉的拒绝,一名审稿人宣称:"这篇论文简直是胡说八道,甚至不适合在学会面前宣读。"[2] 根据该学会的标准程序,被拒论文就存放在库房里,沃特斯顿——当时住在印度,他没有保存该论文的副本——都没有努力去找回原稿并寻求在其他地方发表。这篇论文在大约50年后,由剑桥大学实验物理学教授、麦克斯韦的继任者约翰·威廉·斯特鲁特(John William Strutt)[即瑞利勋爵(Lord Rayleigh)]重新发现。瑞利注意到沃特斯顿后来的一些著作提到了这篇文章,于是把它从学会的库房里救了出来,并安排出版,包括向已故的沃特斯顿慷慨、诚挚地道歉。

那时,其他物理学家独立发现了同样的原理。关于气体原子理论的第一份出版物的功劳属于麦克斯韦,他以对电动力学的重大贡献而闻名,可他也是"动理学理论"(kinetic theory)的创始人,也就是关于原子不停息舞蹈的统计研究,目的是解释大量原子在气体、液体和固体中聚集的总体平均特征。利用物质的原子图景,麦克斯韦及其追随者能够解释和预测气体、液体的各种性质。例如,根据动理学理论,麦克斯韦提出了气体黏度必须随温度**增加**而**增加**的预测。这完全反直觉——从我们对液体的经验中,我们知道黏性液体,如蜂蜜或油,在加热时会变得不那么黏稠,我们直觉地认为气体也是如此。麦克斯韦对这一理论预测感到非常惊讶，于是立即对气体黏度进行了实验检验，并发现（对于在恒定密度下保持的气体）黏度确实随温度的增加而增加。

从19世纪60年代开始，奥地利物理学家、维也纳大学理论物理学教授路德维希·玻尔兹曼（Ludwig Boltzmann）巧妙地利用统计方法处理在气体、液体和固体样品中发现的大量原子聚集，成为物理学中原子理论的主要倡导者。也许他最大的发现是概率和熵之间的正比性，有一个比例常量叫作"玻尔兹曼常量"（Boltzmann's constant）。热力学熵是一种度量一个物理系统中无序的方法，因此玻尔兹曼正比性表明，当系统处于高概率状态时，它就处于高度无序的状态（例如，对于空气分子在房间体积上的大致均匀分布，概率和无序都很高；但是对于非均匀分布，在房间的某个角落有不寻常大浓度的分子，则概率和无序都较低）。然而，玻尔兹曼坚持认为其比例常量不可直接测量，因为在计算任何原子聚集的宏观的平均性质最后一步——如计算气体的压强、密度或体积——这个常量总是乘以阿伏伽德罗常量，因此最后的结果中只有这两个数的乘积，故不可能分别确定它们。[3]

尽管玻尔兹曼的统计方法在计算大量原子的平均行为方面取得了成功，但是19世纪的化学家和物理学家认为原子理论是假设的、有争议的。罗伯特·本生［Robert Bunsen，就是本生炉（Bunsen burner）的那个本生］避免谈论原子，赫尔曼·冯·亥姆霍兹（Hermann von Helmholtz）和古斯塔夫·基尔霍夫（Gustav Kirchhoff）也采取了同样的态度。[4]在19世纪与20世纪之交，原子理论的主要反对者是威廉·奥斯特瓦尔德（Wilhelm Ostwald），莱比锡大学一位备受尊敬的物理化学教授，他坚持完全用能量来描述物理现象和化学过程。玻尔兹

第 5 章 "无生命的小小悬浮物体的运动"

曼还遭到了他著名的维也纳同事、自然哲学教授恩斯特·马赫（Ernst Mach）的强烈反对，马赫认为物理学中的所有假说或理论模型都必须避免，物理学必须仅限于从观测和实验数据中抽取一般定律。由于原子看不见，也不可探测，马赫认为对它们进行推测是徒劳无功的。他会取笑谈论原子的人，用奥地利的方言问："Ham's eins g'sehn？"（"你看见过一个原子吗？"）[5]① 他指责原子理论家试图"把一个完全天真和粗糙的概念，如认为[原子]物质是绝对不变的，变成物理学的基本信条。"[6]

玻尔兹曼被马赫的敌意所困扰，从其对他们的一次冲突的描述中可以看出："关于原子理论的价值，我曾经与包括马赫议员教授在内的一群院士，就在学院的大厅里，进行过一场激烈的辩论。……马赫突然站了起来，简短地说：'我不相信原子存在。'这句话在我脑海里一遍又一遍地回转。"[7]② 在 1902 年，马赫因病不得不放弃他的教授职位并让位给玻尔兹曼，但在余生中坚持顽固反对原子主义，死后在其论文中找到了一张纸条："我不能接受相对论，如同我不能接受原子的存在。"[8]

一个奇怪的巧合是，沃特斯顿和玻尔兹曼都因其理论遭到严厉批评而陷入严重的抑郁之中，他们两人都自杀身亡。1883 年夏天的一天，沃特斯顿走出他在爱丁堡的房子，消失得无影无踪；警方的调查显示，他是在弗斯湾淹死的。1906 年，在的里雅斯特附近的杜伊诺度假时，玻尔兹曼在酒店房间的窗台上吊自杀。[9]③ 意大利人称其为"如同孔德"

---

① 《爱因斯坦传》，90 页。
② 《玻尔兹曼——笃信原子的人》，卡罗·切尔奇纳尼著，胡新和译，上海科学技术出版社，2006 年，255 页。
③ 同上，41 页。

(alla Condé）上吊，因为几年前，法国古代家族的最后一位王子孔德（Condé）曾以这种方式自杀。玻尔兹曼被葬在维也纳的中央公墓。他的概率和熵公式，都被镌刻在墓碑上。

19世纪上半叶，人们对阿伏伽德罗常量做了一些粗略猜测，但奥地利化学家约翰·洛施密特（Johann Loschmidt）在1860年前后完成了第一次坚实的定量测定。他从一个简单想法开始：当1立方厘米的空气被压缩和冷却，使它凝结成液体时，所有的空气分子都会被紧密聚集在一起，然后凝结的液态空气的体积必须等于分子的数量和每分子体积的乘积。因此，凝结的液态空气的体积给出了分子的数量和每分子体积之间的关系，也就是说，分子数量和分子大小之间的关系——我们如果知道这些量中的一个，就可以计算另一个。然后，洛施密特寻找这些量之间的第二个关系，这样就可以计算出这两个量（代数告诉我们，我们如果想要计算两个未知数，需要两个方程）。为了得到这样一个额外的关系，他提出了气体黏度的理论公式，这个公式取决于分子的大小。由空气黏度的测量值，他求出了分子的大小，然后计算了1立方厘米空气中的分子数量。

洛施密特发现的这个常量非常大，为了让它更容易掌握，最好用1立方毫米空气中的分子数量来表示——根据洛施密特的说法，200亿亿个分子。今天，我们知道洛施密特偏离了大约10倍——根据现代测量，1立方毫米空气中的分子数量实际上是2700亿亿个。巧合的是，1立方毫米空气中的分子数量与关于国王、哲学家和棋盘那个迷人的印度民间故事中的小麦粒数并没有太大差异。作为给予服务的报酬，这位哲学家要求国王给他足够的小麦粒来填棋盘——第一格1粒，第二格 2 粒，第三格 4 粒，第四格 8 粒，如此等等。这相当于 1800 亿亿粒小麦，仅比洛施密特常量（Loschmidt's number）少 30%——这两个数字大致相同（用物理学术语来说，它们是"同一数量级"）。国王下令处死哲学家，以避免支付这笔极高的报酬。这是不必要的违背诺言和司法谋杀。如果国王头脑比近亲通婚世袭君主们的恶俗更为机智，他可以命令哲学家自己数谷物。即使以每秒数几粒的速度，日日夜夜，这位哲学家也需要超过 1000 亿年才能完成计数——这给我们提供了一种很好的方式掌握洛施密特常量的巨大量级。

几年后，麦克斯韦对洛施密特的计算进行了精炼和改进，得到了一个更接近现代数值的数值。不幸的是，19 世纪的物理学家想不出其他可靠的方法确定阿伏伽德罗常量。几种涉及液体的表面张力和毛细作用的方法都尝试过，但这些方法只给出了粗略的估计，因为涉及液体行为的微观物理学尚未被充分理解。[10]① 这意味着原子图景的拥护者不能提供任何佐证——他们所处的位置是一名侦探，他找到了罪犯的目击者（或大规模杀伤性武器的证人），但需要找到更多证据确立这一事实，以排除合理的怀疑。

直到 1901 年，马克斯·普朗克才找到另一个确定阿伏伽德罗常量的好办法，作为其黑体辐射能量分布（也就是热的发光物体发出的热辐射）公式的副产品（见第 6 章）。他的结论是，每立方毫米空气中 2800 亿亿个分子，在现代数值的百分之几之内。但是，普朗克的结论并没有让那些反对原子理论的怀疑论者信服。普朗克的黑体辐射理论，被认为比动理学理论更令人怀疑，且普朗克被认为是验证原子图景一

---

① 《爱因斯坦全集》第二卷，149 页。

爱因斯坦的错误　　天才的人性弱点

个非常值得怀疑的证人。

　　爱因斯坦起先在高中时开始对原子理论感兴趣，后来在苏黎世工学院读了玻尔兹曼关于热和统计力学的书。他发表的第一篇论文，毕业后不久发表在《物理学杂志》，讨论了原子理论对分子力的影响。后来，他宣称这篇论文是"新手一文不值的工作"，[11]但在当时，他很自然为它的发表感到骄傲。他认为出版物将成为他获得学术职位的通行证。他把一份副本寄给了玻尔兹曼，也寄给了奥斯特瓦尔德。他希望得到奥斯特瓦尔德助教的职位，在随其论文附上的一封信中，他问道："您是否有可能使用一位……数学物理学者？"[12]① 在他没有得到答复时，又试图用一眼便知的借口联系奥斯特瓦尔德："我又未能肯定当时是否附上我的地址……"[13]② 紧跟着是爱因斯坦的父亲——在爱因斯坦一无所知的情况下——给奥斯特瓦尔德写了一封可怜巴巴的信，信中写道："我的儿子对于他目前的失业深感不幸，认为他的谋生之道已经出轨了，而且孤陋寡闻，再也找不到联系的渠道，这个念头现在日益牢固地盘踞在他心上……我才不揣冒昧直率地向您求助，恭请阅读他发表在《物理学年报》上的论文，如若可能，还请寄给他几句鼓励的话，他会因此而获得生活和创作的喜悦。此外，您若能为他谋求一个目前或今年秋季的助教职位，我则感激不尽的……"[14]③

　　奥斯特瓦尔德无疑被这样的乞讨信淹没了，从来没有回复；但是，出于日耳曼式的严谨性，他把这些信件储存在其档案里，在爱因斯坦

---

① 《爱因斯坦全集》第一卷，261页。
② 同上，267页。
③ 同上，273页。

逝世后很久才被重新发现。推测一下，如果原子理论的主要反对者奥斯特瓦尔德让爱因斯坦成为其助手，爱因斯坦却是原子理论的坚定拥护者，并且很快就会发表几篇支持这一理论的重要论文，这是很有趣的。考虑到这位年轻的爱因斯坦是个无可救药、不够圆滑的大声说话和自命不凡的人，做奥斯特瓦尔德的助手会导致混乱。爱因斯坦天生不适合做任何人的助手。1901 年，在获得专利局职位之前，他在沙夫豪森短暂地被聘为私人教师助理，但他立即反抗雇主，要求更多的独立性，然后就擅离职守，一去不复返。

在晚年，爱因斯坦认识到在专利局的职位对他来说是理想的。但是在 1900 年，他毕业后没有得到一个助教职位，这让他感到被拒绝了，而这一拒绝让他愤愤不已。他以一种偏执的情绪指责苏黎世工学院他的教授韦伯破坏了他获得学术职位的努力，并密谋反对他。"我确信韦伯是罪魁祸首。"[15][①] 他给格罗斯曼写信说："……我一直努力在一所大学找一个助教的职位，如果不是韦伯的出卖，我早就找到工作了。"[16][②] 也许这一指控产生于那种未受回馈的学术仰慕——在早些年他曾提到韦伯，"我殷切盼望他不断讲授新的课程"。[17][③]

设想韦伯会费尽心思与爱因斯坦作对，这是荒谬的。爱因斯坦在工学院的成绩平平，足以使他担任助教职位的希望落空。在 1900 年班上的四名物理学毕业生中，他成绩最差（其他人都得到了助教职务）。韦伯于 1912 年去世时，爱因斯坦恶毒地评论道："韦伯的去世对工学院是一件好事。"[18][④] 甚至到 1918 年，在他对一项慷慨的聘请的答复中

---

① 《爱因斯坦传》，55 页。
② 同上。
③ 《爱因斯坦全集》第一卷，190 页。
④ 《爱因斯坦传》，56 页。

爱因斯坦的错误　　天才的人性弱点

还浮现出一些挥之不去的怨恨，工学院希望以此引诱当时著名的爱因斯坦回到瑞士："十八年前，即使能够成为工学院的卑微的助教，我都会特别高兴的！但是我的希望却无法实现！整个世界是个疯人院，只有名声是万能的。"19①

1902—1904年，爱因斯坦发表了三篇论文，试图填补玻尔兹曼论证中的一些空白。这些论文没有受到关注，因为美国物理学家威拉德·吉布斯（Willard Gibbs）在爱因斯坦不知情的情况下，已经出版了一本书，对其进行了更为全面的处理。爱因斯坦后来宣称："假如我那时知道吉布斯的书，我也许根本不会发表那些论文，而会限制自己只探讨少数几个要点。"20② 这些论文没有什么令人难忘之处，除了它们包含了一个固执地重复了两次的错误。

爱因斯坦试图从力学定律推导出热力学第二定律。热力学第二定律认为，热量总是从热的物体流向冷的物体，而不是相反；换言之，它认为任何孤立的物理系统中的无序总是增加。例如，如果你的房子的供暖系统在你房间的一个角落里沉积了一些热空气，那么热气就会很快扩散到整个房间，也就是说，热量会扩散到整个房间。这可以被看作热流从热的角落进入房间中较冷的区域，也可以被看作无序的增加（最初，热空气团与冷空气团以某种有序的方式被隔离；后来它们被混合和无序）。为了从力学中推导出这个定律，爱因斯坦引入了一个假设，即在任何物理系统中，组态的概率都会增加。对于听其自然的房间，热量集中在房间的一个角落有较低的概率，热量分布在整

---

① 《爱因斯坦传》，56页。
② 《爱因斯坦全集》第二卷，38页。

第 5 章 "无生命的小小悬浮物体的运动"

个房间有更高的概率,而爱因斯坦关于概率增加的假设"解释了"第二定律所要求的热流。但是,他的论证未能将概率的变化与力学定律联系起来——力学中没有任何东西能阻止热空气的反向流动,即从房间的寒冷区域流向热的角落。事实上,力学的基本原则是,每一个运动都有一个可能的逆运动,而对于每一个过程,都有一个可能的逆过程——力学定律在向前和向后的方向上同样都管用。

爱因斯坦试图推导第二定律,却受到了严厉的批评。一位评审员写道:"如果人们像爱因斯坦那样假设,继续较不可几的分布的是更可几的分布,这样人们就引入了一个特定的假设,它绝不可能不言自明,除非你能加以证明。"[21①] 爱因斯坦承认这是一种公平的批评,他承认,"甚至在当时我对我的推导也不满意,这就是为什么在此后不久我又做了第二个推导……"[22②] 可是,这第二个推导并不比第一个更好,爱因斯坦放弃了这个话题。他搞得一团糟的原因是个谜,因为玻尔兹曼在其著名的 H 定理中已经表述了由力学定律推导出热力学第二定律。诚然,玻尔兹曼也不得不依靠"特别假设",即那个有争议的分子混沌拟设(Stosszahlansatz),从本质上说,分子的初始位置和速度是随机的,即不相关。年轻的爱因斯坦认为他可以改进玻尔兹曼的工作,这相当狂妄,不过相当典型。虽然爱因斯坦关于统计力学基础的那些论文已然消失在其应得的默默无闻之中,但爱因斯坦在这些论文准备过程中学到的一些数学技巧为他后来非常成功地进行原子论探索和确定阿伏伽德罗常量提供了跳板。

---

① 《爱因斯坦全集》第二卷,83 页。
② 同上。

爱因斯坦的错误　　天才的人性弱点

1905 年，爱因斯坦迅速相继发明了三四种新方法来确定阿伏伽德罗常量。爱因斯坦的第一种方法，在他作为博士学位候选人提交给苏黎世大学的论文中提出。三年前，他就提交了一份关于另一个主题的论文，可他很快撤回了该篇论文，因为很明显，这篇论文即将被驳回。（撤回申请通常是瑞士的一种金融策略——它允许他获得 SF 230 申报费的退款；如果拒绝的话，退款就会被阻止。）

爱因斯坦对这场惨败的直接反应是酸葡萄心理；他在一封给朋友的信中写道，他放弃了获得博士学位的想法，因为这对他没什么用，除了"整个喜剧已使我感到厌烦"以外。[23]① 但是过了一段时间，他又重新考虑，提出要写一篇关于电动力学的博士论文，这个课题后来启发了他关于相对论的开创性论文。唯一的一个苏黎世的物理学教授，一位实验家，没能欣赏这一课题的重大意义，只发现其理论上的处理过于混乱。于是，爱因斯坦从他当时正在进行的几项工作中选择了另一个更具有实验倾向的课题。爱因斯坦最终提出了一种确定阿伏伽德罗常量的新方法。这篇博士论文被接受，使他获得博士学位，一年后此论文在《杂志》发表。

爱因斯坦对阿伏伽德罗常量、分子大小的计算依赖于实验数据，即糖在水溶液中的黏度和糖在水中的扩散。[24] 如洛施密特所示，确定分子大小和阿伏伽德罗常量是相辅相成的，因此爱因斯坦给其博士论文命名为《分子大小的新测定》。② 他把这篇博士论文献给了朋友马塞尔·格罗斯曼。格罗斯曼经常帮助他处理数学问题，在为他保住专利

---

① 《爱因斯坦全集》第二卷，153 页。
② 《爱因斯坦奇迹年——改变物理学面貌的五篇论文》，约翰·斯塔赫尔主编，范岱年译，上海科技教育出版社，2007 年，33 页。

局的职位方面发挥了重要作用。

为了将糖溶液的宏观性质与糖分子的微观尺寸联系起来,爱因斯坦对一个或几个糖分子的存在如何影响水的黏度进行了复杂的流体力学计算。这个计算持续了12页,构成此论文的主体。用米列娃曾经用来描述她的一位教授工作时的话来说,我们可以说爱因斯坦:"算了又算,建立方程,进行微分、积分、置换……"

爱因斯坦在计算中,显示出他很好地掌握了流体力学原理,也展示了一些很好的物理洞察力。[25] 但是,他对这个数学项目的执行,立即变成一个错误的喜剧。《爱因斯坦全集》现代版的编辑们,在这篇博士论文的重印本上附了30多个脚注,列出了所有的数学错误。这些错误从简单的符号错误,到数学符号的打印,到方程式中的项的大量遗漏和系数的错误。看起来,爱因斯坦似乎匆匆完成了计算,从来没有费心去复核和验算过。

原论文中的一些数学错误,导致了一些显然荒谬的结果。例如,通过将数学错误连在一起,他得到了一个奇怪的结果,即在水中存在着单一的糖分子会**降低**水的黏度(尽管许多这样的分子的存在会增加水的黏度)。这应该会在爱因斯坦的脑海中敲响警钟。但是,他并没有停下来思考这个奇怪的事情,并且盲目接受了它。他甚至还为读者强调了一下,称其为"非凡"。显然,爱因斯坦会从普林斯顿大学教授、20世纪伟大的物理老师之一约翰·惠勒(John Wheeler)向学生推荐的一条规则中获益:**永远不要在你知道答案之前计算**。这条规则被称为惠勒第一道德原理,它意味着你应该先做一个初步的粗略估计,这样就知道该期待什么,而不要陷入盲目相信一个错误计算的陷阱(不幸的是，惠勒从未向学生透露他的第二或第三道德原理）。

也许爱因斯坦在奇迹年里疯狂的工作节奏，对其数学表现造成了影响。但是，这篇论文中数学错误的严重困扰，也许是爱因斯坦数学无能（mathematical incompetence）一个很好的衡量标准。他不喜欢数学；他曾对一位法国同事说："至于我，我不相信数学。"[26]他那篇博士论文中的计算，是到那时为止他一直在尝试的最复杂的计算，这是他所有著作中最复杂的计算，直到他开始研究广义相对论中的一些问题（他再次获得了朋友马塞尔·格罗斯曼的数学帮助）。在以后的几年里，他有能力负担的时候，总是把一名雇来的数学助理放在手边为他做计算。在学术生涯中，他总共经历了10名助手，其中可以加上一小群"合作者"①，他们替他计算，但不是他的下属。[27]因此，他后来著作中发表的许多复杂的计算都不是他自己做的。

在这篇博士论文发表几年后，爱因斯坦被告知，悬浮液中含有小球体的水的黏度的实验测量与其理论公式相矛盾，他认为他的数学计算需要验算。他第一次马马虎虎地检查了自己的理论，很快得出结论："我已经核查了我以前的计算和论证，没有发现其中的错误。"[28]②这是爱因斯坦自己对其数学天赋看法的一个明显迹象，然后他向所教的班上的一个学生乞求重新核查一切，保证那位学生"会在这件事上获得很高的学分"。[29]③ 没有人能通过确认正确的计算而获得学分，所以我们可以把这看作爱因斯坦期望错误会浮出水面的暗示。这个学生迅速发现了几个严重的错误。爱因斯坦终于在1922年发表了这篇博士

---

① 《上帝难以捉摸：爱因斯坦的科学与生平》，615—635页。
② 《爱因斯坦全集》第二卷，158页。
③ 同上，158—159页。

论文的更正版本。[30]①

除了大量的数学错误外,在数学计算所依据的物理假设中也有许多错误(出于善意,或出于疏忽,《爱因斯坦全集》的编辑们没有列出任何后一种错误)。物理假设中的错误,从过度简化,到彻头彻尾的滑稽。那些错误让人想起某个物理学教授的逸事,他被要求计算奶牛的产奶量,他回答说:"这很容易,假设牛是一个球体……"爱因斯坦一定意识到,他没有办法计算由微观糖分子的存在所致流动的水中那些实际的力,所以他用非常详细、非常精确的数学技巧计算了由光滑的宏观球体的存在所产生的力,假装这是同一回事。也许他以为教授们会被其数学火焰弄得眼花缭乱,而忽视了那些可疑的物理假设。在这一点上,他是对的:一位论文评审者称赞他处理了"流体力学中最困难的"一种计算,另一位则宣称爱因斯坦证明了"基本上掌握了有关的数学方法"。[31]②

这篇论文的评审者不仅没有注意到爱因斯坦的数学错误,而且没有注意到他对处理过程中所涉及的基本物理知识缺乏足够的把握,他的物理假设有很大的缺陷。他认为糖分子可以被当作刚性球处理,水可以被当作流体处理,这些假设是不相容的——糖分子只有水分子的四倍大,因此糖分子与水分子会经历个体的碰撞,而不是一个更大的物体浸入水中所经历的平均压强和黏度。任何一个在游乐园跳进装满塑料球的"球池"的孩子,都可以向爱因斯坦解释这个区别:与孩子的身体相比,填充球池的球分子太大,无法顺畅流动,因此这些球分

---

① 《爱因斯坦全集》第二卷,302 页。
② 同上,154 页。

子围绕着孩子挣扎的身体运动与游泳池中的水运动完全不同。此外，糖分子不是球形的，它的表面一点也不光滑（它由 45 个原子组成，排列成团状结构）。

这些缺陷可能被认为是天真的过度简化。[32] 但是，爱因斯坦的最后一种假设，降到了滑稽的程度：就其流体力学计算而言，他假设糖分子静止在水中，且不旋转。这是荒谬的，因为根据动理学理论，糖分子必须有大约 140 米每秒的随机热速度和类似的转速。为什么其论文评审者忽略了这个明显的错误，这完全是个谜。他们在当时一所枯燥的二流大学里是相当普通的、迟钝的教授，但是，即使是最迟钝的物理教授也不应该这么盲目。爱因斯坦的博士论文应该被否决。

除了不合理的物理假设外，爱因斯坦的博士论文还有些奇特之处：为了确定阿伏伽德罗常量和糖分子的大小，这种复杂的流体力学计算是完全多余的。和洛施密特一样，爱因斯坦需要两种数学关系来求出阿伏伽德罗常量和分子大小。对于其中一种数学关系，他使用了糖在水中扩散的数据。对于另一种数学关系，他可以用一个简单事实代替其复杂的计算结果：当糖分子被固体的、未溶解的糖紧紧包裹在一起时，1 克的体积是 0.61 立方厘米。他甚至在论文中提到了这一事实，却没有加以利用。洛施密特在其方法中用了关于紧密填充的空气分子，还不清楚为什么爱因斯坦没有利用有关紧密填充的糖分子的相应事实。他暗示，水中的糖分子可能被一层依附的水分子包围，这可能会改变糖分子的尺寸，且在这类简单的计算中引入不确定性。可是，这并不是什么论证，因为他那个复杂的计算有相似的，甚至更糟糕的不确定性。

爱因斯坦坚持保留这一复杂计算的真正原因很可能是，如果没有它，博士论文就会太脆弱——如果他放弃了这种花哨的计算，从有关固体糖体积的简单事实中求出分子的大小，这篇论文就会从17页缩短到仅仅6页。那样的话，即使对于二流大学来说，它也太短了，是不够的。事实上，他的教授已经抱怨这篇论文的篇幅不够了。爱因斯坦后来兴高采烈地对一位传记作者说，当教授把论文发回给他时，他补充了一句话——这句话居然被接受了，没有进一步的评论。[33]①

从爱因斯坦关于糖分子运动的高度理想化和错误的数学模型中可以得出的，至多是对洛施密特常量的粗略估计。在已知糖溶液黏度值的情况下，爱因斯坦求得每立方毫米分子的值为900亿亿个分子。这是正确的球池——现代方法得到的实际值是每立方毫米2700亿亿个分子。在这里，同他之前和后来的许多著作一样，爱因斯坦是幸运的。在他所有的过失中，通过一些偶然的抵消，他得到了比他应得的更好的数值。

尽管爱因斯坦的流体动力学计算存在缺陷，但它在物理学文献中找到了一个生态位。它对糖分子的行为描述很差，可它很好地描述了悬浮在流体中的小（但不是微观上小）球体的行为。几年后，爱因斯坦的黏度公式被法国物理学家计·佩兰（Jean Perrin）及其合作者用悬浮在水中的小滴藤黄树脂（但这无助于确定洛施密特常量——因为我们需要用**分子**进行实验）得到验证。因此，爱因斯坦花哨的数学计算，在消除了数学错误之后，实际上给出了悬浮液中含有小球的液体的正确黏度。爱因斯坦公式有着广泛的实际和技术应用；它被用来计算水

---

① 《爱因斯坦全集》第二卷，154页。

泥混合物中的沙子、牛奶中的酪蛋白液滴、云中的气溶胶，等等。[34][①]

爱因斯坦下一个求得洛施密特常量的方法要好得多，完全没有错误。1904 年的某个时候，爱因斯坦认识到，玻尔兹曼的统计方法不仅可以应用于看不见的原子和分子，还可以应用于大得多的物体，如足以在显微镜下看到的物质颗粒。他想到，如果这样的物质颗粒悬浮在液体中，分子对颗粒的影响可能会导致颗粒上的压强涨落。对于浸在液体中的大物体——比如，手指浸入水中——水分子从相反方向产生的影响可以精确求平均，而且没有净力将手指推到一边或另一边。但是，对于非常小的物体来说，没有足够的撞击来进行此种精确的平均，有时在一个或另一个侧面会有过多的撞击，这会导致不平衡的力，使物体向一个或另一个方向加速运动。这给了该物体随机的、无止息的运动，以不可预言的方向呈之字形前进，就像醉汉在城镇广场上游荡。

这种运动早在很久以前就在小物体的悬浮液中被注意到了，如浸入水中的花粉粒。它被称为布朗运动（Brownian motion），以英国植物学家罗伯特·布朗（Robert Brown）的姓氏命名，他在 19 世纪 20 年代就详细描述过这种运动。在布朗之前，这种运动通常被归因于花粉的某种"生命力"，但布朗否证了这一观点，因为他向人们展示了小颗粒的非生物材料——如金、银或者水银颗粒——的行为方式也一样。几位物理学家提出，这种解释是在原子和分子通过碰撞传递给颗粒的舞蹈运动中找到的，但在缺乏定量计算的情况下，这一解释仍然存在争议。

---

① 《上帝难以捉摸：爱因斯坦的科学与生平》，114 页。

第 5 章 "无生命的小小悬浮物体的运动"

爱因斯坦认识到,不可见的分子运动与可见的布朗运动之间的联系,可以为分子提供直接的观测证据。他进一步用统计方法计算布朗运动。根据动理学理论,水分子在室温下的平均速度约为 600 米每秒,但花粉颗粒的质量比水分子的质量大得多,具有较低的速度——直径为 1/1000 毫米的花粉颗粒的平均速度应为几毫米每秒。这个速度不能被直接观察到,因为在几分之一秒内,花粉颗粒将被周围水分子的影响所阻止,然后这些影响会在其他方向随机改变花粉颗粒的运动。因此,速度不会保持不变到足够长的时间来被测量。

然而,虽然粒子在任何给定的方向上都没有可直接探测到的速度和稳定的运动,但它有"之"字形的舞蹈运动,逐渐使它偏离起始点越来越远。有点像一对舞伴在拥挤的舞池上的动作,当这对舞伴不试图朝着任何选择的方向前进时,只是利用了可用的随机出口。

爱因斯坦计算出,这种舞蹈运动会导致一粒花粉在一分钟内徘徊约 1/100 毫米,4 分钟内 2/100 毫米,9 分钟内 3/100 毫米,等等(距离与时间的平方根成正比,而不是与时间成正比,因为颗粒有时会后退几步,从而抵消它的一些进展)。虽然这些距离很小,但用显微镜观察颗粒时,它们可以很容易被测量,爱因斯坦建议实验者尝试这样的测量。爱因斯坦指出,由一小粒表现为布朗运动的平均距离与阿伏伽德罗常量有关,因此,对这一距离的测量可以精确地确定阿伏伽德罗常量。他以一句哀伤的话结束了论文:"但愿有一位研究者能够立即成功地解决这里提出的对热理论[动理学理论]关系重大的这个问题!"[35]①

---

① 《爱因斯坦全集》第二卷,205 页。

爱因斯坦论文发表一年后，奥地利物理学家玛丽安·冯·斯莫卢霍夫斯基（Marian von Smoluchowski）发表了另一篇关于布朗运动的理论处理，得出了与爱因斯坦相似的结果。斯莫卢霍夫斯基几年前就取得了研究成果，但并没有做出任何努力发表这些结果。斯莫卢霍夫斯基 - 爱因斯坦的情况，类似于沃特斯顿 - 麦克斯韦的情况：在这两种情况下，首次做出这一发现的科学家，都被一位及时发表论文的后来者"抢先发布"。虽然布朗运动理论第一次发表的功劳属于爱因斯坦，但斯莫卢霍夫斯基的工作并没有被遗忘，因为他对布朗运动理论的处理比爱因斯坦的要简单得多。随着1908年法国物理学家保罗·朗之万的进一步改进，它已成为标准处理方法。在对布朗运动理论的现代论述中，今天的物理学家屈膝于爱因斯坦的方向，然后一成不变地按照斯莫卢霍夫斯基 - 朗之万方法推进。

关于布朗运动的论文，是爱因斯坦第一篇引起广泛关注的论文。今天，我们认为这篇论文是奇迹年五大论文中最不引人入胜的一篇。但是在1906—1907年，物理学家们发现这篇论文最容易理解，并且它给出了最具体的、实验上可以获得的结果。一些物理学家和化学家向爱因斯坦提出了有关论文的各个方面的问题，其中包括第一个诺贝尔奖得主威廉·康拉德·伦琴，他想知道由分子碰撞产生布朗运动是否违反热力学第二定律。

实验人员接受了爱因斯坦的挑战，来验证他的理论预言。第一次测量产生了一些模棱两可的结果，但在1908年，法国物理学家让·佩兰与其学生通过一系列精确实验证实了爱因斯坦的预言。这不仅为物质的原子理论提供了明确的证据，而且使阿伏伽德罗常量得到了精确的确定，这与普朗克从黑体辐射理论和麦克斯韦从气体黏度所得到的数值很好地吻合。佩兰因对布朗运动的实验研究，后来获得了（1926年）诺贝尔奖。

布朗运动中所揭示的原子舞蹈的直观证据，使许多对原子理论持怀疑态度的人信服。奥斯特瓦尔德在 1909 年承认，他是个很好的失败者——后来他两次推荐爱因斯坦参评诺贝尔奖。可是，这并没有说服马赫。爱因斯坦寄给他一份关于布朗运动的论文的副本，并附上一封信，信中他解释说："在显微镜下，人们在某种程度上，直接看到了一部分热能取运动粒子的机械能形式。"[36]① 马赫却一直顽固反对原子理论，直至去世——他想要的是**直观**证据。他看到放射性物质发射的单个 α 粒子所产生的闪光时，惊呼道："现在，我相信原子的存在。"[37]② 他的信念并没有持久，他很快又回到了怀疑态度。马赫去世的时候是个无信仰者，而且，作为一个复发的异教徒，他大概与地狱第六圈里的其他异教徒同居——除非他对物理学和实证主义哲学其他一些有价值的贡献把他从那个命运中拯救出来。

1908 年，爱因斯坦在一篇关于乳光的论文中继续研究涨落现象。这意味着，光束的强烈散射，有时是在非常稠密的气体或两种液体的混合物中被观察到的。当一束光线瞄准一个装满了乳白色气体或液体的容器时，光束就会被分解，光被四面八方散射或偏射，所以整个容器的体积都充满了一种发光，一种"乳色"的辉光。这种光束的散射，类似于海浪在海岸附近淹没的巨石上的散射；波前被巨石偏转，它们

---

① 《爱因斯坦全集》第二卷，192 页。
② 《笃信原子的人》，294 页。

在巨石附近的整个水面上充满了汹涌不规则的波浪。斯莫卢霍夫斯基提出,乳光是由气体或液体中形成的不规则现象引起的。在压缩到高密度的气体中,一些气体聚集成密度几乎与液化气体一样大的斑块时,这种不规则现象就会形成;在两种液体的混合物中,其中一种液体聚集成另一种液体内的斑块时,这种不规则现象也就会形成。

爱因斯坦采纳了斯莫卢霍夫斯基的思想,对其进行了定量的发展。他计算了气体中密度涨落的大小,然后计算了光束入射到这些密度涨落上的散射。作为计算的副产品,他找到了天空蓝色的解释。我们对天空的蓝色已经习以为常,几乎没有想过,为什么天空是蓝色的?为什么不是绿色,或是黄色?或者,为什么不是黑色的,如同在地球之上行星际空间的天空?

瑞利勋爵第一个试图对天空的蓝色进行解释。他计算了空气分子对阳光的散射,并得出结论,蓝光被这些分子散射比任何其他颜色都多。这种散射的光然后在大气中反射,它充满了我们在阳光明媚的日子里所看到的熟悉的美丽的蓝色光芒。然而,瑞利的解释有一个严重的缺陷:简单的计算表明,如果空气在整个大气中均匀分布,空气分子对光束的散射就会被精确地抵消。每当一束光遇到一个分子并遭受一些散射时,它就会遇到另一个分子,且会遭受更多的散射,而这种散射恰恰抵消了第一个分子(这是散射波的相消干涉;因为第二个散射波抵消了第一个散射波)。瑞利忽略了这种微妙的抵消效应,这破坏了他对天空蓝色的简单解释。

爱因斯坦从这场灾难中拯救了瑞利的解释。他指出,虽然散射因完全均匀的空气分布而被抵消,但空气在大气中的实际分布在密度上有很小的不规则性,因为有时一立方厘米内有更多的空气分子,有时则少。通过一种算术上的巧合，由分子的这种小的过剩或缺失引起的小的抵消失败，使散射的净量精确恢复到瑞利最初计算的值。每当你抬头仰望一片美丽的蓝天，让你的思绪飘向爱因斯坦片刻，并记住他给我们解释了这种蓝天的颜色。

对光散射的定量测量证实了爱因斯坦的计算，导致了阿伏伽德罗常量的又一次测定。1909 年，佩兰总结了原子和分子存在的证据。他指出，通过各种完全不同和独立的方法得到的阿伏伽德罗常量的一致性，无疑确立了原子和分子的实在性："我认为，一个不带任何偏见的头脑，在考虑那些如此趋于相同结果的极端分散的现象时，不可能不留下强烈的印象，我还认为，从今往后，谁要靠理性的论证来坚持他对分子假设的敌对态度，那将是很困难的。"[38][①]

[①]《上帝难以捉摸：爱因斯坦的科学与生平》，121—122 页。

第6章 "什么是光量子？"

爱因斯坦在1905年提出光量子的概念，这使他获得了诺贝尔奖，50年后他继续追问这个问题。

19世纪末，物理学家们生活在一种幸福的错觉状态中。他们认为大部分的物理学大问题都解决了，剩下的仅仅是一些次要的细节。马克斯·普朗克16岁从慕尼黑中学毕业时，向两位教授请教是从事有关音乐还是物理方面的职业，音乐家对他说："如果你不得不问，去学习别的东西吧！"物理学家敦促他找一份不同的职业，因为物理学上所有有价值的东西都已被发现，只有几个微不足道的缺口有待填补。[1]在《自述》中，爱因斯坦描述了当时物理学家的普遍信念："开始时（假如有这样的开始）上帝创造了牛顿运动定律以及必需的质量和力。这就是一切；此外一切都可以用演绎法从适当的数学方法发展出来。"[2]①

可是到了1899年，物理学家们肯定想知道上帝、牛顿定律或他们的数学方法是否有问题。以太和光速的长期令人烦恼的问题仍未得到解决——直到1905年，爱因斯坦才解决了这一问题。物理学家们还面

---

① 《爱因斯坦文集》（增补本）第一卷，9页。

临着另一个尖锐的问题，那就是研究炽热的发光物体所释放的辐射热或热辐射，例如，炉子中的热煤块、铁匠的锻造炉中的铁或窑中的陶器。

物理学家们在 40 年前第一次对这种热辐射产生了兴趣，当时他们认识到热力学定律对这种热辐射的发射方式有严重限制。对于只有一个小孔才能进入空腔的物体——例如，热的、封闭的炉子边的小孔——热力学定律要求从孔中产生的辐射完全与空腔的材料无关。不管这个空腔是用铁、砖、陶器还是梅森瓷衬里的，它完全没有区别：发出的热辐射取决于空腔的温度，而不是别的。因此，这种辐射的公式是一个普适定律。

这种热辐射称为**空腔辐射**或**黑体辐射**。（后一个名字来源于一种特殊情况：当这样一个空腔是冷的时候，这个孔看起来是绝对黑色的，比你能想象到的任何黑色油漆都要黑。你可以很容易检查到这一点，取一个封闭的纸板箱，在它的一侧做一个小孔；这个孔将看起来漆黑，无论其内部的颜色如何。）物理学家们渴望发现黑体辐射的普适定律，因为他们期望它能揭示一些关于辐射和物质的行为的基本见解。

进展缓慢。实验物理学家需要发展精确的热辐射定量测量技术，理论物理学家需要清楚理解统计力学原理和支配原子中（假定的）电荷产生辐射的定律。最后，在 19 世纪末，实验人员发明了测量热红外辐射的新技术。他们不仅测量了发光物体发射的总辐射强度，还测量了其光谱，也就是每个频率或每个波长的辐射强度；他们研究了这种辐射如何随温度变化。例如，当你把一块铁加热到越来越高的温度时，它首先变红热，然后变成白热，最后变成蓝热——主要辐射的频率随着温度的升高从低（红色）到高（蓝色）。

大部分的实验工作，于19世纪90年代由柏林资金充足的物理学家在德国完成。威廉皇帝二世（Kaiser Wilhelm Ⅱ），即"首脑"，可能是一个在政治和军事问题上的白痴，他对未能阻止第一次世界大战疯狂冲刺负有很大责任，但作为一个热衷于游艇的人和德国科学的热情支持者，他应该有点声望。他能分辨出帆的前缘与后缘的区别，并向帝国物理技术研究所慷慨拨款，后来，他在柏林郊外的达勒姆狩猎保护区捐赠了一大片土地，作为威廉皇帝研究所（现称马克斯－普朗克研究所）的基地。

在这些实验中获得的数据，看起来很简单。在固定温度下，当显示在强度与频率的关系图中时，数据落到一条平滑的曲线上——代表强度的点在低频时开始接近零，然后急剧上升，在中间的主导频率上达到峰值，最后下降到趋向高频率时零强度的平缓斜坡。较高温度下的强度曲线较高，但在定性上仍具有相同的形状。

这向实验人员表明，应该有一个简单的数学公式描述这些强度曲线。而且，如实验者习以为常的那样，他们尝试了一些试错曲线拟合，希望能找到一个好的数学公式。今天，你可以在电脑上用精巧的程序做这样的曲线拟合——告诉计算机你想要拟合的是什么点，它会立即提出一个数学公式，把这些点完美拟合出来。但在当时，曲线拟合需要手工计算，这大部分是由教授的助手们做的。最佳拟合，由德国物理学家威廉·维恩（Wilhelm Wien）设想的公式实现。早些时候，他从热力学中推导出辐射定律的一些一般特征，所有这些对辐射问题的重要贡献后来（1911年）为他赢得了诺贝尔奖。

不过，曲线拟合只是实验与理论融合的第一步。在实验者拟合好曲线之后，理论家就必须解释这些曲线。令他们惊讶的是，柏林物理学家发现他们的实验曲线与基于牛顿物理学的理论计算相抵触，后者预测辐射应该随频率增加——没有轻微的上升、高峰和向下的坡度，而是陡峭地上升变得越来越陡峭。这意味着任何温度下的大部分辐射都应该是高频辐射，即紫外辐射。这种实验和理论的冲突，被称为"紫外灾难"（ultraviolet catastrophe）。[3]

理论和实验之间的冲突，在不到一年的时间内由当时的柏林大学教授马克斯·普朗克解决了。违反在中学毕业时给他的建议，普朗克在物理学方面取得了成功，并成为热力学方面的头面权威。他发表了许多关于这个问题的论文和一本受到高度重视的教科书——而且几年来他一直密切关注黑体辐射问题。

普朗克依靠他在热力学方面的专业素养——他的"极其微妙的热力学敏感性"[4]，正如冯·劳厄（von Laue）所称——为辐射定律做了一个明智的猜测。经过几个星期的修修补补，他找到了一个与实验数据完全吻合的公式。1900年10月，他在德国物理学会的一次会议上提出了这个公式，现在被称为普朗克定律（Planck's law）。实验者获得的关于热辐射的新数据表明，在低频情况下，维恩定律（Wien's law）偏离了数据。会议上那些通常干巴巴的报告说，这导致了一场"热烈的讨论"，普朗克关于新定律的提议引起了人们的极大兴趣。一夜之间，实验人员根据普朗克公式核对了数据，第二天早上，他们就告诉他，他有一个完美的拟合。可是在这一点上，普朗克对自己的定律没有任何理论依据；他后来承认，这不过是"一个内插公式，靠好运气猜出来的"。[5]

普朗克立即开始紧张努力，寻找缺失的理论依据。在八个星期内，他找到了答案："我一生中最艰苦的工作持续了几周之后，黑暗消失了，一个意想不到的景象出现了。"[6] 1900 年 12 月 14 日，在德国物理学会一次令人难忘的会议上，他宣布了一个能量量子化的革命性假说。这标志着量子理论（quantum theory）的诞生。

在其理论中，普朗克把腔壁辐射的发射子当作小振子，也就是附着在弹簧上的小带电粒子。虽然这是一个比较粗糙和粗略的原子模型，普朗克从热力学研究中知道这个模型是一个更现实、更困难的原子模型的有效理论替代品。腔内热壁的随机热扰动，使这些振子以不同的能量振动——有些振动得更多，有些则更少——而当它们振动时，它们发出的辐射最终会从空腔中那个孔冒出来。

然后，普朗克计算出振子必须有多少平均能量才能得到辐射定律的正确公式。他在计算中引入了一个小的、基本的"能量包"（即能量量子），分配给每个振子一个这样的能量包，或者两个、三个，等等，但绝不是一个能量包的分数。他发现，如果按照这一量子化规则将能量分配给振子，则计算出的热辐射符合他的辐射定律；但如果能量以任何较小的分数分配，则计算的热辐射将不符合辐射定律。这意味着，振子无法平稳、连续地发射能量——它们只能以固定量值的量子发射能量。振子可以发射一个、两个、三个等量子，但它不能发射几分之一个量子。这类似于鸡生蛋的方式——它可以生一个、两个、三个蛋，但不能生半个蛋。

按照普朗克的理论，振子的能量量子的量值等于振荡频率与一个基本常量（后来称为普朗克常量，虽然普朗克本人从未这样叫它——他称它为"作用"常量）的乘积。你如果沿着菩提树下大街（柏林的旧主大街）散步，就会找到这个常量，由符号 h 表示，刻在柏林大学的墙壁上，普朗克曾在那座楼房里首先宣布他的发现。它还被刻在格丁根墓地的普朗克的墓碑上。除了光速外，普朗克常量是物理学中最重要的常量，因为它确定了支配原子和核领域所有量子效应的量值。

作为其量子理论的即刻副产品，普朗克还能够确定玻尔兹曼常量的量值，玻尔兹曼将该常量引入他的将熵与概率联系起来的理论公式，据信超出了测量范围。由玻尔兹曼常量的值，普朗克还确定了阿伏伽德罗常量的新数值，比由气体性质以前的估算要精确得多。他确定了电子和离子的基本电荷的值。普朗克总是对确认和确定物理学的基本常量格外重视，他很高兴他能够由这一量子理论得出这些具体结论。但是，他的大多数同时代人却忽视了这些结论——他由关于热辐射的数据计算的阿伏伽德罗常量和基本电荷似乎牵强得令人难以置信。基本电荷的普朗克值，直到 1908 年卢瑟福靠测量放射性源发射的 α 粒子得到一个几乎相等的值，才被认为可靠。[7]

普朗克能量量子（Planck's energy quanta）非常小，所以它们以前从未被注意到。例如，对一个大振子，诸如孩子以每秒一次弹跳的速率在弹簧单高跷上上下蹦跳。普朗克能量量子如此之小，具有一个能量量子的弹跳是不可想象的。弹簧单高跷上孩子的典型弹跳运动，涉及巨大数量的弹跳量子，比地球上存在的所有沙粒（甚至地球都由沙粒组成）还要多的能量量子。在日常生活中，我们注意不到能量量子——我们一般处理许许多多的能量量子，其能量分布看上去是光滑的、连续的。按照普朗克的图景，能量的光滑分布是一个来自能量包的小尺寸的错觉，就像水样本中的光滑质量分布，是一个错觉，来自组成该样本的"质量包"（原子）的小尺寸。普朗克量子，实际上是能量原子。

能量量子化（energy quantization）这个提议，是一个激进的创新。它与充分确立的牛顿物理学原理直接冲突，按照牛顿物理学原理，能量是光滑分布在物质内的粒子，以连续的方式被发射或吸收。事实上，牛顿定律禁止能量量子化，因为如果粒子具有这些量子化的能量，一个小小的推动，或许一口气，就能改变一小点能量，使得粒子得到"错误的"能量。普朗克十分清楚，依靠能量量子化，他正在削弱统治物理学两个半世纪的力学定律。他的儿子恩斯特（当时是个孩子）后来回忆，在柏林的格林沃尔德公园漫步时，父亲告诉他，自己有一个堪与牛顿的发现媲美的发现。[8]

依靠能量量子化的假说，普朗克发起了一场持续30年的量子革命——"涤荡物理学的30年"，参与这场革命的量子物理学家乔治·伽莫夫（George Gamow）如是称呼。当爱因斯坦发现了发起他寻求广义相对论的第一条线索时，他评论道："大自然显露的只不过是狮子身上的一条尾巴，狮子是个庞然大物，尚不能立即全部显露在我们面前。"[9]① 这个评论，同样适用于对量子理论的寻求。普朗克找到了量子狮子的尾巴，一批最棒、最聪明的理论和实验物理学家通过长期、艰巨的努力，揭示了这只狮子的全部体量，一只凶猛、贪婪的巨兽，甚至今天都让我们惊奇，尚未被完全驯服。

量子革命吞噬了牛顿力学的基础，给了我们一个全新的量子力学，

---

① 《爱因斯坦全集》第五卷，557页。

其中，原子、原子核和分子中的所有能量都是量子化的，电子从一种运动状态跳转到另一种运动状态，位置、速度被神秘的不确定度所困扰，牛顿力学的某些坚定预言被纯粹的概率断言所取代。今天，牛顿力学被称为经典力学，它被视为量子力学的一种近似形式，只适用于体积很大、质量很大的物体，对于这些物体，量子效应微乎其微。

但是，普朗克在扮演一个革命者的角色时很不舒服。他是典型的德国教授，不仅在物理学上，而且在其个人和公共生活中，他对法律和秩序都有着执着的献身精神。对他来说，能量量子化是一种"绝望的行为"，他被迫参与其中，因为"无论付出什么代价，都必须找到一个理论解释"。[10] 起初，普朗克的同时代人大多不太重视他的能量量子理论。他们认为迟早会找到对黑体光谱更为传统的解释。只有爱因斯坦完全理解普朗克所做事情的重大意义，他宣称："这就像一个人脚下的土地都被抽掉了，使他看不到哪里有可以立足的巩固基地。"[11]①

一些历史学家声称，在其后来的著作中，普朗克退出了量子假说。这是谣传。在后来的著作中，普朗克没有删除量子化；他只是试图修复细节中的一些不相容之处。普朗克明白，牛顿物理学被打破了，无法挽回。"汉普蒂·邓普蒂②·牛顿"摔了一大跤，国王的马和国王的所有部下都不能把牛顿物理学重新组合起来。他在1911年布鲁塞尔的索尔维会议上的讲话中指出："经典动力学的框架……显然范围太窄，不能解释我们粗糙的感官无法理解的所有那些物理现象。"[12] 普朗克充其量是希望达到某种损害控制——他希望牛顿物理学的破坏能够受到限制。

---

① 《爱因斯坦文集》（增补本）第一卷，23页。
② 《鹅妈妈童谣》中一个从墙上摔下跌得粉碎的蛋形矮胖子。

爱因斯坦的错误　　天才的人性弱点

普朗克最初工作的一个不相容之处在于，讨论了振子与黑体腔内热辐射之间的相互作用。所有这些热辐射都是电磁辐射，主要是普通光和红外光，但都掺和了一些紫外光和微波。在最初的计算中，普朗克认为，虽然振子的能量是量子化的，但振子和电磁辐射之间的相互作用可以用牛顿运动定律和麦克斯韦方程组描述。爱因斯坦几年后在一篇论文中指出，这是不相容的，因为量子化要求偏离牛顿定律，而量子化振子的辐射发射要求偏离麦克斯韦方程组。普朗克很可能早在爱因斯坦揭开这个疮疤之前就意识到了这个问题，但也许爱因斯坦的批评提供了一些额外动力来尝试解决这个问题，并为量子化找到更深层次的解释。根据麦克斯韦电动力学所预期的，普朗克探索了振子以量子化的数量发射能量的可能性，而它们以非量子化的数量连续地吸收能量。然而，这只是提供了对爱因斯坦的反对的部分回答。

1905 年，在那一年写的四篇论文中的第一篇，在关于相对论的论文发表之前，爱因斯坦把普朗克对振子能量的量子化更进一步，提出光的能量也是量子化的。爱因斯坦是通过对黑体辐射定律的分析得出这一提议的。爱因斯坦发现，腔内的辐射具有气体的一些热力学性质——辐射的表现就好像是由点状粒子组成，每个粒子的能量等于普朗克的量子。他称这些粒子为光量子，即"Lichtquanten"。今天我们称这些粒子为光子，但这个名字直到 20 世纪 20 年代末才被命名，爱因斯坦一生中一直称它们为光量子。

爱因斯坦在给朋友哈比希特的一封信中说，他提出的光量子是"很有革命性的"。[13][①] 可事实上，这一提议比普朗克最初的能量量子

---

① 《爱因斯坦全集》第五卷，29 页。

化——它只是普朗克思想的自然产物——更少革命性。此外，爱因斯坦为其论文选择一个标题时，一些勇气抛弃了他。他称其为"关于光的产生和转化的一个试探性观点"。**试探性**（heuristic）这个词是物理学家和哲学家在不想过分冒险的时候惯使用的那些博学的希腊胡言之一。它宣布，一种观点被暂时采用，作为一种研究工具，希望它可能导致进一步的发现。它警告读者，作者不愿明确表态。爱因斯坦也可以把他的论文称为"……一个探究性观点"或者"……一个工作假说"，但这听起来不那么令人印象深刻。

乍一看，爱因斯坦的光量子假说似乎是普朗克对发射光的振子的能量进行量子化的必然推论。由于振子只能发射一个、两个、三个等能量量子，发出的光必然有一个、两个、三个等能量量子；因此，光必须被量子化，这似乎不言自明。虽然光在发射后立即被量子化，它将保持这种方式却并非不言自明。普朗克与其同时代人认为光是一种波，当波撞上一个小障碍，如一个小尘埃，它就会散开；也就是说，它会分解成向各个方向传播的小小子波（当水撞到岩石、堆桩或浮标时，你可以很容易在水波中看到这样的散射）。通过这样的散射，波中的能量被细分，并且可能有相应的能量量子细分，这将消除波的量子化。按照量子和鸡蛋的类比：鸡蛋可能在散射过程中破裂，因此它们变成了分布的、无定形的一团搅拌良好的鸡蛋液。

爱因斯坦认为这不会发生。他采用了光波能量永远量子化的"试探性观点"。爱因斯坦的量子鸡产下的鸡蛋，不会分裂成更小的部分，也不会合并成更大的部分——它们将永远保持为单个鸡蛋，直到它们被其他地方的另一只鸡所吸收。他在论文中指出："按照这里所设想的假设，从点光源发射出来的光束的能量不是连续分布在……空间之中，而是由个数有限的、局限在空间各点的能量子所组成,这些能量子能够运动,但不能再分割,而只能整个地被吸收或产生出来。"14①

因此,爱因斯坦认为光量子是许多微小的微粒,光束就是这样的微粒流。单个光量子中能量的小量值意味着,普通的光,无论是来自太阳还是来自灯泡,都包含了非常多的量子。例如,在明亮的阳光下,每立方厘米的阳光包含大约1000万个量子。量子的小量值及其高密度,使普通的光看起来光滑和连续。

几个世纪前,牛顿提出了光的微粒图景。他用反问句表达了其建议:"发光物质发出的光线难道不是很小的物体吗?"15 然而,这幅图景在19世纪初被放弃,当时英国物理学家托马斯·杨(Thomas Young)和法国物理学家奥古斯丁·菲涅尔(Augustin Fresnel)的研究显示,光表现出干涉效应和散射效应。这种效应是波的特征,它们与光的任何简单的微粒图景都完全矛盾。例如,在相消干涉的情况下,两个光波波峰与波谷相遇,从而相互抵消。但是,这样的抵消对两个微粒流来说是毫无意义的——微粒不能相互抵消。你把鸡蛋加到鸡蛋里时,会得到更多的鸡蛋,而不是更少的鸡蛋。

普朗克认为,光的波动性质令人信服的实验证据排除了任何微粒图景,在处理黑体辐射时,他谨慎地避免了光的直接量子化——在其理论中,量子化只是间接影响光,这是由于振子的量子化给它们在黑体腔中发射和吸收的光的平均特性带来了"印记"。普朗克无法避免振子的量子化,他感到不得不接受振子能量的量子化对牛顿力学的严重影响。可是,他尽量避免光的量子化,这将给麦克斯韦的电磁学理论

---

① 《爱因斯坦全集》第二卷,132页。

带来同样严重的后果。

爱因斯坦对革命者的角色感到高兴。他是麦克斯韦的忠实拥护者，但比起普朗克，如果这能带来有利可图的回报，那么他对甩掉麦克斯韦的顾虑要少一些。爱因斯坦的"试探性观点"的回报颇为丰厚。爱因斯坦非常成功地运用其思想解释了好几个现象，其中光电效应是最显著的现象，这最终使他在1922年获得诺贝尔奖。

光电效应早在1887年就已被发现，当时海因里希·赫兹在位于卡尔斯鲁厄的实验室用无线电波进行早期实验时发现，当终端用紫外线照射时，相邻金属终端之间的电火花会更容易触发。显然，电子从光中吸收能量，这导致了它们由终端发射，产生在火花中显示的电流。这一效应由擅长实验的物理学家菲利普·勒纳（Philipp Lenard）详细研究，他的生涯从当赫兹的助手开始，然后成为基尔大学的教授，后来在海德堡大学担任教授。

第一次世界大战后，勒纳变成了一个恶毒的反犹太者和爱因斯坦的大敌。不过在早期，勒纳钦佩爱因斯坦及其理论，反之，爱因斯坦钦佩勒纳及其工作。1901年，他给米列娃写了一封信："刚才我看了勒纳的一篇关于由紫外线产生阴极射线（电子）的绝妙论文。受这篇优美文章的影响，我心里充满了这样的幸福和快乐，你也不得不无条件地分享一些。"[16][①] 爱因斯坦写这封信是为了回应米列娃关于她怀孕的信；科学家爱因斯坦第一次讨论勒纳，直到他信的结尾，他才谈到怀孕的尴尬问题。米列娃也是勒纳的粉丝，她在海德堡听过他的一些

---

① 《爱因斯坦全集》第一卷，288页。

讲课，那时她在海德堡待了一个学期，在早先写给爱因斯坦的一封信中，她滔滔不绝地讲了一遍。"哦，昨天勒纳教授讲的课太清楚了，他现在正在讲气体的热运动论……竟然出现了O（氧）分子以400米每秒的速度在运动，于是这位好教授算了又算，建立方程，进行微分、积分、置换，终于得出这些分子虽然以这种速度在运动，但它们所经过的一段路程只是头发丝宽度的1/100。"[17]①

在对光电效应的研究中，勒纳发现，电子从紫外光中吸收的能量随着光的频率的增加而增加，但它不依赖于光的强度。如果频率高，电子从光中吸收足够的能量，从终端发射出去；但如果频率低，电子吸收的能量不多，它们就停留在原地。电子的这种行为，与根据麦克斯韦方程组预期的不一致。（高强度的）强光波，预计会给电子带来很大的能量。而高频波，在相反方向上产生快速的交替推进，将给电子带来比低频波更少的能量。

早在1901年，勒纳的实验结果和经典理论之间的这些矛盾，就促使爱因斯坦思考需要放弃麦克斯韦方程组和传统的光波描述的一些后果。1905年，在一次灵感闪现中，他意识到普朗克量子化得到了答案，如果量子化不仅适用于振子，也适用于光本身。他给每个光量子分配了等于普朗克就振子的量子化规则所给出的能量：光量子的能量，等于光频率和普朗克常量的乘积。他假设，在光电效应中，电子从光波中吸收这些光量子，一次吸收一个量子。这意味着，每个捕捉光量子的电子获得的能量与光的频率成正比——这与勒纳的实验结果一致。

---

① 《爱因斯坦全集》第一卷，65—66页。

第 6 章 "什么是光量子？"

电子能量和光频率之间的这种关系，被称为爱因斯坦光电方程。光强度的增加仅仅意味着更多的光量子落在电子上，更多的电子将捕获光量子，但这并不会增加每个电子捕获的能量。这就像把向日葵种子扔给一大群饥饿的鸟儿，它们一旦捕捉到一粒种子，就会飞走——如果你扔更多的种子，并不会增加任何一只鸟的食量，但你会增加吃一口的鸟的数量。

不幸的是，勒纳关于电子能量的数据并不十分精确。数据指出，电子能量随频率的增加而增加，但并没有确切表明它增加了多少。在其论文的结尾，爱因斯坦不得不对一个相当微弱的说法感到满意："就我所知道的来说，我们的这些见解同勒纳先生所观测到的光电效应的性质没有矛盾。"[18]①

在爱因斯坦的论文发表后不久，刚刚因阴极射线实验而获得（1905年）诺贝尔奖的勒纳开始与爱因斯坦进行亲切的通信，寄给他一份最新著作的复本。爱因斯坦回答说，他学习这篇新著作时"像拜读您以前的大作一样，我怀着同样的钦佩之情"。[19]② 在写给一位同事的信中，他形容勒纳"不仅是一位熟练的未来大师，而且是一位真正的天才"。[20] 可是尽管有这些相互尊重的表达，勒纳和爱因斯坦只是和而不同。勒纳不接受爱因斯坦对光电效应的解释，他继续视电子发射为据说由麦克斯韦方程组产生的某种共振现象。

直到1916年，美国物理学家罗伯特·密立根（Robert Millikan）报告了他对光电效应中电子能量的非常细致的测量，精确的数据才证实爱因斯坦对光电效应的解释。为了进行实验，密立根将金属终端放

---

① 《爱因斯坦全集》第二卷，143页。
② 《爱因斯坦全集》第五卷，35页。

置在一个抽空玻璃灯泡中，他设计了一种方法，用安装在抽空灯泡内的刀片刮掉终端的顶层，以获得一个完全干净、均匀的金属表面，不受空气污染。

通过精确的测量，密立根证实了爱因斯坦的电子能量方程，并证实了电子确实吸收了预期量值的光量子。由于这项工作，以及他早先在测量电子电荷方面的工作，密立根于1923年获得诺贝尔奖，比爱因斯坦晚一年。然而，尽管密立根证实了爱因斯坦关于光电效应的方程，但他拒绝相信爱因斯坦的光量子理论，他说："尽管……爱因斯坦的方程显然很成功，但那些符号所表达的物理理论看来是毫无根据的，我相信，爱因斯坦本人也不会再坚持它了。"21①

1923年，美国物理学家阿瑟·康普顿（Arthur Compton）为爱因斯坦的光量子（到那时称为光子）提供了进一步的证据。他发现，当X射线被入射到原子样本上——比如一片金属——X射线会使原子中的电子反冲，就像入射X射线光子和电子之间的弹性碰撞。入射X射线光子和电子之间的碰撞，相当像入射高速台球和静止台球之间的碰撞；在这种碰撞中，最初静止的台球反冲，获得最初运动的台球的一些能量。康普顿发现，测得的反冲能与计算出的弹性光子-电子碰撞的能量完全一致，其中光子被视为高速的、极端相对论性的粒子。由于这一发现，康普顿在几年后获得了（1927年）诺贝尔奖。

普朗克还对爱因斯坦坚持光量子的观点感到不满。他坚持认为，只有光的发射和吸收应该被量子化，但是光在发射后不会保持其量子

---

① 《上帝难以捉摸：爱因斯坦的科学与生平》，489页。

化。这也是洛伦兹的观点,他支持"普朗克的能量元假说",但不赞成爱因斯坦的"在传播中保持独立的光量子"。[22]① 事实上,如果光是波,那么光量子的持续存在似乎毫无意义。如果你有一个光波,它的能量是单一的量子,看起来你可以制造一个光波,比如说,半个量子,通过简单地把这个光波切成两半,例如,当光波穿过一半的时候,关闭照相机的快门。普朗克愿意(但不情愿地)接受振子能量的量子化,因为他认为也许在原子和亚原子尺度上牛顿力学定律有一些未知的修改,如同牛顿定律在高速中有相对论性修改。不过他认为,光波能量的持续量子化是荒谬的。

普朗克肯定认为光量子的概念是错误的,在1913年提名爱因斯坦为普鲁士科学院院士时,他认为有必要在对院士的演讲中为爱因斯坦辩护:"有时候他可能在思辨中超越了目标,例如关于他的光量子假说就是如此,对此,我们不要求全责备。因为如果我们不经常冒一点风险,就不可能在最精密的自然科学中引入真正的创新。"[23]② 这里颇有讽刺之处:九年后,爱因斯坦恰恰因普朗克坚持批评的那个思想而获得诺贝尔奖。

直到许多年后,量子力学给了我们一个新的光概念,光的微粒和波动方面之间的冲突才得以解决。量子力学告诉我们,光既有波动性,也有粒子性。有时波动方面占主导地位,有时则是粒子方面,这取决于我们就光进行的实验。散射实验强调波动方面,光电实验强调粒子方面。由于光的二象性(dual nature),光可以被称为"波粒"(wavicle),即波(wave)和粒子(particle)的组合。

---

① 《上帝难以捉摸:爱因斯坦的科学与生平》,490页。
② 《爱因斯坦全集》第五卷,487页。

但是,爱因斯坦从来没有接受过这种现代的光的量子力学图景。对爱因斯坦来说,微粒方面和波动方面之间的冲突从未得到解决。他在晚年还抱怨道:"整整五十年的深思熟虑,并没有使我更接近这个问题:光量子是什么?今天,每个笨蛋都认为他知道这一点,但他在欺骗自己。"[24]

爱因斯坦的微粒观点与已知的光的波动性质之间的冲突,是爱因斯坦光量子理论的一个缺陷,但这不是一个错误。借用普朗克的话,我们可以说这是爱因斯坦为"在最精密的自然科学中引入真正的创新"所付出的代价。然而,爱因斯坦关于光量子的论文在对黑体辐射定律的分析中包含了一个真正的、明显的错误。爱因斯坦通过对黑体辐射的维恩定律而不是普朗克定律的分析,得出了黑体辐射是光量子气体的解释。维恩定律与普朗克定律在高频下一致,但在低频时却偏离了普朗克定律(和观测)。因此,爱因斯坦把黑体辐射解释为光量子气体,只对高频量子起作用,而对低频量子没有作用。在论文中,爱因斯坦强调了高频下的好拟合,假装没有注意到低频下的不好拟合,就像一个裁缝告诉顾客夹克在肩膀上是多么的漂亮,假装没有注意到袖子太长了,长到靠近膝盖的某个地方。[25]

爱因斯坦论文中还有另一个错误。爱因斯坦在脚注中声称,辐射的压强、体积和温度之间的关系与普通原子或分子气体的关系相同。这一脚注旨在进一步支持他的论点,即黑体辐射可被视为一种微粒气体。但是,在推导压强-体积-温度关系时,爱因斯坦忽略了一个微妙的影响:当辐射的体积被外力压缩时,光量子的频率就会增加(就像长号的频率或音调随着演奏者缩短拉管而增加)。这给压强增加了一个额外的项，此为普通的气体不存在的情况下，3倍因子修改了压强-体积-温度的关系。这是一个谜，为什么爱因斯坦没有立即发现这个错误——从麦克斯韦方程组看，限制在容器内的辐射压强表达式中的3倍因子在当时是众所周知的。更令人费解的是，为什么爱因斯坦的同时代人或其他人直到最近才发现这一错误。[26]

这两种错误都没有被爱因斯坦纠正过，但都在1924年变得毫无意义，这时爱因斯坦的光量子思想已被公认许久（并且他获得了诺贝尔奖）。当时，爱因斯坦对光量子气体的最初处理被印度物理学家萨蒂扬德拉纳特·玻色（Satyendranath Bose）全新的统计处理所取代，他发现，在量子力学中，气体的行为方式出人意料地不同。玻色是达卡大学的一名讲师，有着丰富的独创性和狂野的想法，一位印度同事形容他"古怪"。1924年6月，玻色给爱因斯坦寄了一篇论文，给出了普朗克定律的新推导。这篇论文是用英语写的，玻色请求爱因斯坦帮助翻译，并在德国一家期刊上发表。他写道："如果您认为这篇论文值得发表，我将非常感谢您安排它在《物理学期刊》上发表。"他还说："虽然您对我完全陌生，但我毫不犹豫地提出这样的要求。因为我们都是您的学生，尽管只有通过您的写作才能从您的教诲中获益……"[27]玻色曾把同一篇论文寄给英国主要的物理期刊《哲学杂志》，被拒稿。爱因斯坦立即理解了这篇论文的深刻意义，他用明信片回答说："我已翻译了你的论文，并把它交给了《物理学期刊》发表。这意味着你向前迈出了重要的一步，使我感到非常欣慰。"[28]

玻色认识到，对量子力学光量子气体的统计处理需要对玻尔兹曼的统计方法进行大幅度的修改。玻尔兹曼对气体的统计处理中的经典粒子是相同的（比如说氧气分子），但是它们是可分辨的，因为原则上我们可以通过随时观察它们来跟踪它们（例如，我们可以拍摄它们的运动，从而确切地知道哪个粒子去了哪里，哪个粒子做了什么）。相比之下，黑体辐射中的量子力学光量子是绝对不可分辨的。当两个这样的量子碰撞时，我们无法知道碰撞后的是哪一个，因为其运动中的量子力学不确定性阻碍了我们跟踪该运动，从而发现在碰撞过程中哪个粒子去了哪里——两个光量子进入了碰撞的场景，两个光量子出了碰撞的场景，可我们不知道哪个是哪个。玻色展示了如何在一种新的、聪明的统计处理中考虑这种不可分辨性，他还展示了这如何直接导致普朗克定律。因此，根据新的玻色统计，爱因斯坦把黑体辐射解释为光量子气体既适用于高频量子，也适用于低频量子。

1906年，爱因斯坦又一次灵机一动，发现了普朗克对振子能量的量子化的一种出色的证实。固体（如金属或其他晶状体）中的原子，通过弹性键将它们与相邻原子连接在一起。这些弹性键可以被认为是弹簧，因此每个原子实际上是一个振子，也就是一个附加在弹簧上的质量，它可以在一定范围内围绕其平衡位置振荡。凭借其洞察力，爱因斯坦认识到，根据普朗克对振子的量子化条件，每个原子的振荡能量必须被量子化。

这种振荡运动的单个能量量子相当小，它们不能用当时可用的技术直接测量。然而，当金属置于给定温度的环境中时，随机的热扰动会使每个原子以某种平均能量振荡，而对于大量的原子（例如一千克金属样品中的原子数），总结合能是相当可观的。这意味着，量子化的振子会在测量金属中储存的热能（称为"潜热"）时，间接显示出来。

从普朗克量子化条件出发，爱因斯坦导出了潜热随温度降低而降低的公式，并与实验数据进行了比较，得到了较好的一致性。他的结果更令人印象深刻，因为以前基于牛顿物理学的理论计算给出了完全错误的结果——在低温下，牛顿物理学计算的潜热比实验数据显示的要大得多。

普朗克和他的同事、物理学家兼化学家瓦尔特·赫尔曼·能斯特（Walther Hermann Nernst）非常重视爱因斯坦关于绝对零度附近潜热的小值的理论结果，因为这证实了导致能斯特表述热力学第三定律的实验观测。用最简单的方式叙述，这个定律说绝对零度的温度不可能达到。事实上，即使是现代的冷却技术也不能使我们达到绝对零度。迄今实验室实验中的最低温度，是绝对零度以上十亿分之十度——几乎为零，但并非完全为零。

尽管普朗克的量子理论在早期取得了这些成功，但由于缺乏坚实的量子化物理基础，爱因斯坦有着严重的疑虑。他在给一位朋友的信中写道："**理论**这个字眼用得太冒失了——它不过是毫无正确基础的摸索罢了。量子理论越成功，它就越显得无聊。如果非物理学家能够追随这段奇异的发展过程，他们该会如何地嘲笑我们啊！"[29]① 后来量子力学的发展，并没有减轻爱因斯坦的疑虑。他一直不满意现代量子力学提供的解释，将卷入与尼尔斯·玻尔（Niels Bohr，详见第11章）和其他量子理论家的长期争论。

普朗克成功地用量子化解释了黑体辐射。这取代了黑体辐射的谜团，取而代之的是一个更深层次的谜题：是什么导致了量子化？正如

---

① 《上帝难以捉摸：爱因斯坦的科学与生平》，509页。

能斯特所说:"目前,量子理论基本上只是一条计算规则,显然很奇怪,甚至可以说是怪诞的特性;但就辐射而言,普朗克的工作证明了它如此丰硕;就分子力学而言,爱因斯坦的工作证明了它如此丰硕。……科学有责任认真对待它,并对它进行仔细的研究。"[30]

对普朗克量子化的解释,乃是20世纪前30年的物理学家们共同从事的事情。这导致了量子力学在丹麦人尼尔斯·玻尔,德国人沃纳·海森伯(Werner Heisenberg)和马克斯·玻恩(Max Born),奥地利人埃尔温·薛定谔(Erwin Schrödinger),以及英国人保罗·狄拉克(Paul Dirac)手中的发展,他们都因其贡献而获得诺贝尔奖。[①]普朗克发现振子中的量子化与对所有物理系统表述一个完整而相容的量子化理论之间的长间隔,是普朗克思想深刻革命性的一种衡量标准。爱因斯坦的发现,没有一个需要如此长的间隔才能完全融入物理学。爱因斯坦的发现,没有一个能引起物理学所有方面如此强烈的冲击波。

直到1918年,普朗克一直是物理学中的主导人物,当时爱因斯坦突然因大众媒体上有关广义相对论的报道而声誉卓著。1918年,普朗克因其量子化发现而获得诺贝尔奖。为什么诺贝尔委员会等了18年才授予普朗克这个奖项,只能用最小公分母法则来解释:一个委员会,总是像其成员中最愚蠢的那位一样愚蠢。也许诺贝尔委员会希望普朗克的非传统思想会逐渐消失。1911年,他们将诺贝尔奖授予威廉·维恩,他的黑体辐射定律早于普朗克定律,但并不完全符合实验结果。诺贝尔奖委员会相比普朗克定律可能更喜欢维恩定律,因为它(大部分)依赖于传统的牛顿物理学。但到了1918年,尼尔斯·玻尔和其他

[①] 玻尔、海森伯、玻恩、薛定谔、狄拉克,分别获得1922年、1932年、1954年、1933年、1933年诺贝尔物理学奖。

量子理论家的理论研究已经证实,量子化不仅影响到振子,还影响到原子的内部力学,即使是委员会中最愚蠢的成员也肯定清楚,量子化还会继续存在。

普朗克发现量子化时,年届42岁。对于做出伟大发现的科学家来说是高龄。大多数科学上的伟大发现,都是科学家在20多岁时做出的。与这些活泼的年轻人相比,年长的科学家是恐龙——庞大又有力,但行动迟缓。普朗克发现量子化是该规则的一个例外。可是他太老了,无法积极参与随后量子理论的发展。1925年,量子力学终于被海森伯和薛定谔的研究充分表述时,普朗克已然60多岁——当时他是一位即将退休的老教授(薛定谔成为普朗克的继任者,成为柏林大学的理论物理学教授)。尽管普朗克未能参与量子力学的发展,但作为量子力学之父,他将永远被人们铭记。

根据汉斯·贝特(Hans Bethe)[①]的权威分析,20世纪最伟大的科学发现依序是量子理论、DNA和相对论。[31] 1999年12月,《时代》杂志评选爱因斯坦为20世纪世纪伟人。如果他们将这一荣誉授予普朗克和其他发展量子力学的物理学家可能会更好。20世纪主要是量子世纪,其次是相对论世纪。电子学成为我们的主导技术;我们使用的几乎所有电子设备——从电脑到手机、收音机、CD播放机和电视——都涉及电子学。我们电子器件中的晶体管、集成电路、处理器和存储芯片,都依赖于量子物理学。电子学代表我们经济中最大的一个部门——每当电脑芯片制造商的股票下跌,整个股票市场就会被拖垮。相反,相对论在现代技术中几乎没有发挥任何直接作用。全球定位系统(GPS)

---

① 1967年获诺贝尔物理学奖。

是一个例外：为了达到所需的精度，需要将相对论的校正纳入 GPS 卫星上的时钟中，不过当然，整个 GPS 系统依赖于电子技术。

作为量子理论的奠基人，马克斯·普朗克被认为是比爱因斯坦更伟大的物理学家。普朗克以发现了能量的量子化，首次向量子理论迈出了革命性和勇敢的一步。这是一个比爱因斯坦的发现更伟大的时刻。但是，爱因斯坦的支持者会认为，除了相对论，爱因斯坦还有其他几个伟大的发现，他从这些额外的发现中获得的分数使他领先于普朗克。

第 7 章 "这个论证很有趣，也很诱人"

爱因斯坦在给朋友康拉德·哈比希特的一封信中描述他发现了质量和能量间的关系。

方程 $E=mc^2$，把任何物理系统的能量与它的质量联系起来，被誉为：世界上最著名的方程；爱因斯坦最伟大的发现；改变世界并给我们核裂变和原子弹的方程[①]；掌握恒星秘密和驱动宇宙的方程等。这个方程式，被镌刻在爱因斯坦的纪念碑、书籍和杂志的封面、邮票、10 欧元硬币、T 恤衫和咖啡杯上；在科学博物馆的展品中尤为突出；有一整本书声称是这一方程的"传记"；还有一部关于爱因斯坦 1905 年发现的电视纪录片，以这个方程为标题。对于芸芸众生来说，$E=mc^2$ 实际上是爱因斯坦的同义词——如果你问任何一个关于爱因斯坦的甲、乙、丙、丁，答案很可能是，"啊，是的，伊等于、安姆、西、平方"。

所有这些，都是炒作和胡言。它说明了 5000 万法国人是错的，他们经常是错的。爱因斯坦根本不是 $E=mc^2$ 的发现者。这个方程早在爱

---

① 《改变世界的方程——牛顿、爱因斯坦和相对论》，哈拉尔德·弗里奇著，邢志忠等译，上海科技教育出版社，2005 年。

因斯坦几年前就已为人所知，它由洛伦兹在早期的一些关于电子质量和能量的理论描述中就使用过。[1] 这个方程在核裂变的发现和原子弹的发展中只起着微不足道的作用。从事这个项目的物理学家——恩里科·费米（Enrico Fermi）、罗伯特·奥本海默（Robert Oppenheimer）[①]、爱德华·特勒（Edward Teller）——都是核物理学家，他们的交易工具主要是量子物理定律。为了实现对核裂变的控制，他们需要了解核力和核的量子力学。$E=mc^2$ 与他们没什么关系——尽管他们偶尔使用 $E=mc^2$，但要是没有 $E=mc^2$，他们也能做得很好。

最后但并非最不重要的一点：爱因斯坦在 1905 年发表的关于 $E=mc^2$ 的发现（重新发现）的论文包含了一个隐藏的错误，这是论证中的致命缺陷。爱因斯坦第一次试图建立 $E=mc^2$ 的证明并不完备，随后几年发表的其他几个证明也不完备。在 1905 年或其他任何时候，爱因斯坦都没有发现 $E=mc^2$ 的第一个完备证明。1911 年，马克斯·冯·劳厄发现了它。冯·劳厄是一位才华横溢的德国物理学家，他对 X 射线的实验工作让人印象深刻，那些实验工作确立了 X 射线是电磁波，与光一样，但波长却短得多。由于在 X 射线方面的工作，他获得了 1914 年的诺贝尔奖，而他关于证明 $E=mc^2$ 的工作几乎无人记得。[2] 没有人因 $E=mc^2$ 获得诺贝尔奖，也许是因为负责这些奖项的瑞典科学院院士从未设法解决他们关于谁应该为这个方程获得荣誉的困惑。

爱因斯坦在给朋友康拉德·哈比希特的一封信中，描述了他 1905

[①]《真知灼见：罗伯特·奥本海默自述》，罗伯特·奥本海默著，胡新和译，东方出版中心，1998 年。

第7章 "这个论证很有趣,也很诱人"

年(爱因斯坦奇迹年)发表的前四篇伟大论文:

> 您究竟在忙些什么?你这冷冻的鲸鱼,你这熏干的罐装的灵魂片!……可您为什么还不把您的博士论文寄给我呢?您这可怜的家伙难道不知道,在 $1\frac{1}{2}$ 个会津津有味并高高兴兴地拜读这篇大作的伙伴中,我就是其中之一吗?我答应您以四篇论文作为回报,其中第一篇也许不久就给您寄去,因为我很快就会收到免费赠送的抽印本了。这篇论文讨论的是辐射和光能的性质,是很有革命性的,只要您先把您的大作寄给我,您就会看到它。第二篇论文的内容是,通过研究中性物质的稀释溶液的扩散和内摩擦来测定原子的真实大小。第三篇根据热的分子理论的假设证明,悬浮在液体中的 1/1000 毫米数量级的物体必定在进行着一种由热运动引起的可观察到的无规运动。事实上,生理学家们已经观察到了(但未解释)微小的、无生命的悬浮物体的这类运动,他们把这类运动称为"布朗运动"。第四篇论文目前还只存在于概念中,内容是运动物体的电动力学,该文将修改时空理论;该文的纯运动学部分肯定会引起您的兴趣。[3]①

在他 1905 年成就的这一概括中,只字未提那个著名的方程 $E=mc^2$。爱因斯坦在给哈比希特写了上面的信之后就设计了这个方程。在后来的一封信中,他补充道:

---

① 《爱因斯坦全集》第五卷,29 页。译文有改动。另见《爱因斯坦文集》(增补本)第一卷,71—72 页。

爱因斯坦的错误　　天才的人性弱点

我确实想到了那篇电动力学论文的又一个推论。即相对性原理与麦克斯韦的基本方程相结合时,要求质量成为一个物体所含能量的直接的量度;光传递质量。就镭而言,其质量大概会有可觉察的减少。这个论证很有趣,也很诱人;但是谁知道呢,也许上帝在嘲笑整个这件事,而且也许一直在牵着我的鼻子走。4①

爱因斯坦在另一次灵感爆发中意识到,他在关于相对论的论文中所包含的光能公式,对物理物体——例如手电筒、萤火虫或原子——发出光脉冲时所发生的能量和质量变化有一个含义。他认识到,光从物体中移除能量时,它也必须移除质量,他认为他找到了一种方法来计算这些能量和质量变化如何联系在一起。这使他得出结论,如果物体失去了一定量的能量 E,它就必须损失一定量的质量 m,这两个损失由 $E=mc^2$ 关联起来,其中 c^2 是光速的平方。质量是衡量一个物体的惯性,即它反对运动变化的阻力。因此,爱因斯坦将其论文命名为《物体的惯性同它所含的能量有关吗?》。9月份,他在《物理学杂志》上发表了这篇文章。

爱因斯坦没有意识到,上帝确实牵着他的鼻子。上帝把他当成了一个傻瓜,向他透露了拼图的一部分,并愚弄他,使他以为拼图已经完成。爱因斯坦论文中的论点有一个缺口——大得几乎足以让一辆卡车通过——而且它没有证明它声称要证明的东西。

爱因斯坦论文中隐藏的错误,源于毫无根据的外推。爱因斯坦证明了有些羊是黑色的,由此他轻率地推断所有的羊都是黑色的。他证

---

① 《爱因斯坦全集》第五卷,31页。译文有改动。另见《爱因斯坦文集》(增补本)第一卷,73页。

明了适用于慢动体的简单特殊情况,并轻松地将其外推为快动体。他无权进行这种外推。爱因斯坦的论点取决于动能公式,为了证明他对快动体的结果,爱因斯坦需要这种快动体的动能公式。1905年,人们知道了慢动体的动能公式,而不知道快动体的动能公式(快动粒子的公式是已知的,但对于$E=mc^2$的验证来说,粒子不够复杂;它们没有能够发光的内部部件,如手电筒、萤火虫或原子的内部部件)。因此,爱因斯坦无权得出关于快动体的结论[5],而且还不清楚是否只是一个仅适用于低速的粗略近似。几年后,普朗克写了一篇关于他自己对质能关系的研究的论文,爱因斯坦的结果是基于"仅在一级近似下才允许的假设"。[6]

此种错误,是每一个业余数学家都知道要注意的事情。在证明定理时,证明一个特例是不够的,证明必须对所有情况都成立。爱因斯坦是个很差的数学家,但是一个如此严重的错误意味着比数学差得多的东西。这表明,在前四篇论文的大量创造性努力之后,爱因斯坦达到了一种精神疲惫的状态——他当时处于恍惚状态,思维不太直截了当。我们知道,在6月底完成了关于相对论的论文后,他卧床了两个星期[7],然后去塞尔维亚度假,看望岳父母。他回到伯尔尼之后,9月写了那篇关于$E=mc^2$的论文,但也许那时他还没有完全康复?

虽然爱因斯坦关于$E=mc^2$的论证不完备,但爱因斯坦关于这个方程应该适用于每一种物体和各种能量的猜想最终证明是正确的,具有重大的意义。爱因斯坦变了又一个戏法:直觉引导他找到了正确的方程,尽管他的论证中的数学推理一团糟。

方程$E=mc^2$,更好地表示为$m=E/c^2$,它告诉我们,质量是能量的一种形式。一方面，质量是一种凝结的能量形式，即一种不活跃的能量形式；另一方面，（寻常的）能量在参与碰撞或反应的物体或粒子之间自由交换，而锁定在物体质量中的凝结能量没有改变，或者在寻常的碰撞和反应中，它们仅仅以微不足道的数量被改变。例如，两辆汽车在一个交叉口相撞的"凝结"能量（或质量）保持不变，只有动能变化。

我们可以认为，隐藏在物体质量中的凝结能量类似于南极冰盖中的凝结水，地球上的液态水类似于寻常能量。南极冰盖保持不变，除了轻微的季节性波动外，而海洋、湖泊和河流的水位会随潮汐、风暴潮、洪水、干旱等突然上升和下降。在这些事件中，水只是从一个地方转移到另一个地方。同理，锁定在物体或粒子质量中的"凝结"能量在寻常碰撞和反应中保持不变，但寻常能量从一个物体或粒子转移到另一个物体或粒子。

然而，如果全球变暖释放南极的凝结水，就会对全球水位产生巨大影响，所有海岸都会遭受灾难性的洪水袭击。同理，如果一个物体的质量中的凝结能量被释放并变成寻常能量，积极参与碰撞和反应，那么它的影响就会变得剧烈。这正是核裂变（nuclear fission）、核聚变（nuclear fusion）产生的结果。

然而，关系式 $E=mc^2$ 告诉我们的，可不止这些。这不仅意味着质量是一种凝结形式的能量，也意味着各种能量都有质量。因此，能量和质量是等价的：哪里有质量，哪里就有能量；哪里有能量，哪里就有质量。质量可以被看作一种凝结能量的形式，寻常能量可以被看作一种未凝结的质量。质量和能量是同一事物的两个方面——用现代术语来说，它们是广义能量概念的两个方面。

就我们的水－冰类比而言，这只是相当于水和冰的等价物。我们同样可以把冰视为凝结的水或把水视为未凝结的冰。冰按千克出售，水按升出售。在这些单位之间很容易转换：1 千克冰相当于 1.000,1 升水，也就是说，它们几乎完全相同。但是，在质量单位和能量单位的情况下，转换涉及的因子 c^2，它非常大，大约有 9 万亿。因此，1 千克质量相当于非常大的能量，约 9 万亿能量单位（焦耳）。以千瓦时表示，这是 250 亿千瓦时。从长远的角度来看，这是一个大城市（比如纽约）在一年内所消耗的能源总量。

相反，一个能量单位相当于非常小的质量。举个例子，如果你把汽车的灯开了一整晚，把电池完全耗尽，那么电池里的能量损失约为 1 千瓦时，但电池质量的变化仅为百万分之十千克——大约相当于一粒灰尘的质量，连最好的天平也无法检测出来。

在前相对论物理学中，质量和能量被认为是分别守恒的，即质量之和被认为是常量，能量之和也被认为是常量。但在相对论物理学中，凝结的能量有可能变成不凝结的、活跃的能量，反之亦然。只有凝结能量和未凝结能量之和是恒定的。爱因斯坦把这两个守恒定律的结合看作一个历史进步："我们可以说，先前吞并了热量守恒定律的能量守恒原理，现在又吞并了质量守恒原理，从而独占了物理学领域。"[8][①]

爱因斯坦在论文中建议，为了探测与能量释放相关的小质量变化，最好用放射性物质（如最近发现的镭）进行实验，它发出的闪光带走了非常大的能量，也就是说，相对于发射原子的小质量来说是很大的。这是对 $E=mc^2$ 在亚原子过程研究中的未来应用的先知般评论。

---

① 《爱因斯坦晚年文集》，阿尔伯特·爱因斯坦著，方在庆等译，海南出版社，2014 年，41 页。

爱因斯坦的错误　　天才的人性弱点

在完成了关于能量和质量等价的论文之后，爱因斯坦的研究活动就中断了。1905 年秋天，他在《物理学杂志》上发表了几篇非常简短的书评，但直到冬天才有其他论文，那时他重新审视了布朗运动理论，补充了更多的细节。他踩着水，急切等待着对他 1905 年发表的文章的反应。他的妹妹玛雅说："这位年轻的学者想，他在这本著名的拥有大量读者的杂志上发表的论文，会立即引起别人的注意。他期待着强烈的反对和严厉的批评。但他失望了。论文发表之后是冰冷的沉寂，接下来的几期杂志根本没有提他的文章。学术界在等待着、观望着。"9①这种说法有点夸张，对爱因斯坦的那些论文的反应其实相当迅速。

物理学家兼历史学家阿瑟·米勒（Arthur Miller，别与同名剧作家混淆）说过，普朗克一生中有两个伟大的发现：能量量子和爱因斯坦。10 作为《物理学杂志》的主编，爱因斯坦于 1905 年的所有论文一发表，普朗克就可以看到这些论文。他不赞成爱因斯坦对光能量的量子化，但他对爱因斯坦的相对论非常着迷。事实上，正是普朗克把爱因斯坦的理论命名为 Relativitätstheurie（相对论）。爱因斯坦自己继续称它为 Relativitätsprinzip（相对性原理）有几年了，但是当其他人坚持把它叫作相对论时，他终于采纳了这个名称。因此，可以公平地说，普朗克，量子理论之父，乃是相对论之教父。

这表明普朗克对相对论的浓厚兴趣，在 1905 年秋季学期的第一周，他安排了一次关于爱因斯坦理论的座谈会，并在柏林向学生们介绍了关于相对论的新观点。此后不久，他写信给爱因斯坦，讨论了这

---

① 《上帝难以捉摸：爱因斯坦的科学与生平》，189 页。

一理论的一些技术细节。这位德国权威的物理研究中心最著名的教授的这种关注，让爱因斯坦感到欣慰。

普朗克被相对论所吸引，因为他看到了爱因斯坦研究进路的方法论与他自己在能量量子化方面的工作有一些相似之处。对普朗克来说，物理学是对绝对的追求，他认为这是量子理论和相对论的共同之处："像量子理论中的作用量子一样，光速是相对论的绝对中心。"[11]①

普朗克以其深刻的洞察力，立即掌握了爱因斯坦相对论的全部内容。他关于相对论性运动方程的论文（第4章）表明，他在一些细节上比爱因斯坦本人有了更深的理解。这不应被视为对爱因斯坦的诋毁。今天，几乎所有的物理学家都比1905年的爱因斯坦更好地理解相对论，经过100年的讨论和对相对论的剖析，这一点也不足为奇。普朗克发起了这场讨论和剖析。反过来，爱因斯坦对普朗克的量子化理论有了深刻的理解；他关于光电效应的论文表明，在某些细节上，他比普朗克有了更深的理解。

从1905年到1909年，爱因斯坦和普朗克在一起跳协调的双人舞，展现了他们的洞察力和创造力。首先，爱因斯坦将普朗克的能量量子化推广到光（1905年）。然后，普朗克纠正了爱因斯坦在相对论性横质量中的错误（1906年）。然后，爱因斯坦改进了普朗克的振子能量量子化理论，将其应用于固体的潜热，从而为量子化振子提供了第一个直接的观测证据（1906年）。[12]② 然后，普朗克改进了爱因斯坦对 $E=mc^2$ 方程的推导（1907年）。最后，爱因斯坦深入研究了普朗克的

---

① 《上帝难以捉摸：爱因斯坦的科学与生平》，190页。
② 《爱因斯坦全集》第二卷，327页。

辐射公式，以提取关于热辐射行为的各种微妙的含义（1909年）。

爱因斯坦无疑感到受宠若惊，因为他把普朗克这样著名的物理学家作为舞伴。普朗克是第一个皈依相对论的人，他在一封信中表达了他们之间的一致："只要相对论原理的辩护者们是一小群如此谦逊之士，那么他们之间保持一致就具有双倍的重要性。"[13]① 普朗克就爱因斯坦对量子物理学的洞察力越来越赞赏。他不同意爱因斯坦关于黑体辐射是光量子气体的解释，但他对爱因斯坦的其他所有贡献深表钦佩。爱因斯坦很高兴普朗克从一开始就以一个同事和平等的人的身份称呼他，爱因斯坦后来一直保持着对普朗克的特殊感受，尽管他们有职业分歧、一战中的政治分歧，甚至是爱因斯坦在二战后对德国人的憎恨。1948年普朗克逝世时，爱因斯坦悲叹道："我在他的身边经历过一段美好而富有成果的时光。"[14]

另一位较早对爱因斯坦相对论感兴趣的物理学家是瓦尔特·考夫曼（Walther Kaufmann），他曾在波恩大学做过高速电子运动的实验。1905年11月，他在一篇关于电场中电子运动的实验数据的简短介绍中提到爱因斯坦的理论，尽管是不偏不倚地提及。此后不久，考夫曼指出了爱因斯坦在横质量上的错误——由于爱因斯坦的理论与洛伦兹的理论有相同的方程，考夫曼得出结论，爱因斯坦的横质量应该与洛伦兹的相同。

普朗克得出了同样的结论，他迅速发表了他对粒子相对论性运动方程的优雅理论的处理，得到了横质量的正确表达式。几年后，爱因斯坦在准备一篇关于相对论的评论文章时，完全照搬了普朗克的处理

---

① 《爱因斯坦全集》第五卷，47页。

方法（没有任何致谢）。

普朗克对爱因斯坦工作的积极反应，对其他物理学家产生了决定性的影响。普朗克说话总是彬彬有礼、和蔼可亲，但他有影响力。他是一位以物理学和化学研究而闻名的一所大学的顶尖物理教授，他所说的话不仅博得了德国人的尊敬，而且赢得了全世界人的尊敬。柏林大学没有资格在格丁根大学、海德堡大学、牛津大学或剑桥大学面前吹嘘自己的校龄和声望。它是在1810年由亚历山大·冯·洪堡（Alexander von Humboldt）创立的，其明确意图是创建一所"所有现代大学之母"，到19世纪末，柏林大学确实在科学领域取得了卓越的地位。今天，它被称为洪堡大学，你要是参观它的主楼，就在国家歌剧院对面的林登大道，会发现29位诺贝尔奖得主的画廊陈列在它的入口大厅里。

在德国学术机构的等级结构中，普朗克的认可立即使爱因斯坦的相对论受到尊重，并在后来开创了爱因斯坦的辉煌学术生涯。阿诺尔德·索末菲（慕尼黑大学的著名教授），以及相对论的祖父洛伦兹、庞加莱，很快都对相对论产生了兴趣。在短时间内，爱因斯坦的理论成为"正确"相对运动理论的主要竞争者。

在早期，它常常与洛伦兹、庞加莱表述的相对性理论相混淆，通常被称为洛伦兹－爱因斯坦相对论。大多数物理学家没有意识到这些理论之间的细微差别。洛伦兹作了与爱因斯坦同样的预言，可他固执地坚持以太的概念，并坚持认为，在以太参考系中测量的时间是牛顿的唯一真实时间，即"绝对、真实和数学的时间"，尽管他同意，从观察上看，无法检测到以太或找出哪个参考系是以太参考系。

爱因斯坦的错误　　天才的人性弱点

爱因斯坦于1905年关于质量和能量关系的"证明"中的缺陷，仍然埋藏在《物理学杂志》的书页中。只有普朗克认识到爱因斯坦$E=mc^2$证明的错误，他对那篇论文中关于质能关系研究的错误做了一个简短、礼貌的批评。但这种批评仅限于一条脚注，没有引起太多的注意。其他一些物理学家读过、讨论过、引用过爱因斯坦的论文，却似乎从未注意到什么事情不对劲。也许他们根本没有注意到，因为爱因斯坦的结果一点也不惊奇。在电动力学研究中，能量和质量之间的正比性在几年前就已被发现。众所周知，物体中电能的存在导致了物体的质量，在对电子的理论处理中，洛伦兹认为电子的全部质量来自储存在电子中的电能。浏览爱因斯坦论文的物理学家们可能认为，他的计算只不过是得出他们耳熟能详结果的另一种替代方法，只是先前关于$E=mc^2$的论证侧重于电能，而爱因斯坦的论证则是针对包含在物体中的任何一种能量。

爱因斯坦很可能暗示，关于1905年$E=mc^2$证明的某些东西并不完全是合适的。在接下来的两年里，他发表了三篇关于$E=mc^2$的证明，后来在1914至1945年，他又发表了三篇证明（其中有些证明反复发表）。一次好的证明就应该足够了，爱因斯坦的连续证明表明他怀疑其证明中没有一个是好的证明。可是，爱因斯坦对这些证明若有疑问，却从未承认这一点，也从来没有触及这些证明中的麻烦点。[15]

爱因斯坦对$E=mc^2$的一些尝试性证明，包含了极具原创性、独创性的论证——例如，在其中一个论证中，爱因斯坦确立了物体中的应力对其质量有贡献。[16]① 不过他的几乎所有证明都被若干错误所破坏，

---

① 《爱因斯坦全集》第二卷，358页。

在大多数情况下,这是他第一次证明的错误的重复:对慢动体成立的结果也对快动体成立这一毫无根据的外推。这个错误在他 1906 年的证明中再次出现,在 1934 年和 1946 年的最后两次证明中也是如此。

1934 年证明的展示是在匹兹堡举行的一次媒体活动,在爱因斯坦成为一名美国永久居民一年之后。爱因斯坦当时举世闻名,四百名求知若渴的听众挤满了卡内基理工学院的礼堂,他在那里做了演讲。还有数千人申请入场券,但被拒之门外。《纽约时报》在头版刊登了一个大标题,"爱因斯坦提供了新的质量 – 能量定理——爱因斯坦'修理'质能的想法",并报道,"他向一群安静、入迷的数学家、物理学家和宇宙学家演讲,部分用英语,但主要是用数学符号。这一幕就像是在看贝多芬《第九交响曲》的最终稿"。[17] 可是这件事太麻烦了。爱因斯坦的新证明充满了冗长的方程式,但这并不比他的第一次证明更好——他再次没有认识到,高速物体的动能公式不能由适用于高速粒子的简单论证来构造。此外,他的证明基本方法也不太新颖——类似于美国物理学家刘易斯(G. N. Lewis)和托尔曼(R. C. Tolman)多年前使用的方法。刘易斯和托尔曼设计了一个简单、巧妙的相对论公式来计算粒子的动量,他们考虑了当两个这样的粒子发生碰撞时会发生什么(但他们并没有声称对于推广的物体也可以这样做)。

只有在一个极端理想化的情况下,爱因斯坦才成功地避免了错误。在 1907 年发表的一篇论文中,他列举了一个关于电磁辐射或电场的质能关系的特例,这个例子被限制在一个假设的无质量容器中,他非常正确地证明,这个系统的质量与它的能量之间的关系式是 $E=mc^2$。[18] ①

---

① 《爱因斯坦全集》第二卷,403 页。

不过，这是一个高度人为、完全不现实的情形。在实践中，每当我们限制容器中的辐射或场——例如，限制在普通炉子中的热辐射或限制在微波炉中的无线电波——容器的质量比被困的辐射或场的质量大得多。爱因斯坦假设容器的质量为零，就好比牛会飞天。

普朗克就在爱因斯坦发表论文的同一个月里，在普鲁士科学院发表的一篇论文中，对热辐射质能关系的类似情况进行了研究。他证明了限制在黑体腔中的热辐射质量与其能量由 $E=mc^2$ 加以关联，并进一步证明了腔壁对辐射的压强（以保持辐射受限制）及质量有额外的贡献。[19] 因此，在某种意义上，压强具有质量。压强是应力的一种形式，普朗克的结果补充并证实了爱因斯坦关于应力具有质量的结果。

普朗克的作品有一部意料之外的续集。约翰尼斯·斯塔克 (Johannes Stark)，汉诺威大学的教授，后来因发现电场改变原子发出的光（"斯塔克效应"）而获得（1919年）诺贝尔奖，他阅读普朗克的论文，显然忽略了普朗克在开场白中相当恰当地提到爱因斯坦的工作。因此，斯塔克将 $E=mc^2$ 的发现归功于普朗克，这激怒了爱因斯坦。在给斯塔克的一封怒气冲冲的信中，爱因斯坦抱怨道："我觉得有点奇怪，您竟然没有认识到我……的优先权。"[20]① 斯塔克以和解、道歉的方式回复了，爱因斯坦宣称自己很满意。在相对论早期岁月中，斯塔克钦佩爱因斯坦。但后来他落入纳粹的魔咒，成为爱因斯坦的恶毒对手。那么，他一定后悔他的和解之词，他会很高兴知道爱因斯坦 $E=mc^2$ 的证明包含一个错误。

1906年，时任普朗克助手的马克斯·冯·劳厄从柏林前往伯尔

---

① 《爱因斯坦全集》第五卷，94页。

尼,拜访爱因斯坦。冯·劳厄是慕尼黑大学的一名学生,他由阿诺尔德·索末菲的大力推荐而来到普朗克身边。普朗克认识到了冯·劳厄的才能,任命他为助手。后来,在1913年,冯·劳厄获得了诺贝尔奖,领先于他最敬佩的两位物理学家普朗克、爱因斯坦。

从伯尔尼火车站出来,冯·劳厄走了几个街区到附近的专利局,爱因斯坦在二楼的一个小房间工作。当搬运工宣布著名教授普朗克的助手在等他时,爱因斯坦挣扎着穿上夹克,冲下楼去。冯·劳厄描述了他们的第一次相遇:

> 在接待室,一位官员让我再去走廊,爱因斯坦会在那里等我。我去了,但是那个向我走来的年轻人的外表是如此不讨人喜欢,我简直不敢相信他会是相对论之父。所以我让他过去了,直到他从接待室回来,我们才认识了对方。我们所说的话,我只记得片段。但我确实记得,他给我的廉价雪茄太少了,我"不小心"把它从桥上扔到了阿勒河里。[21]

冯·劳厄并不是唯一一个对爱因斯坦马虎的外表感到惊讶的人。在那些日子里,爱因斯坦穿得相当粗心,一个在伯尔尼的邻居记得,在去他办公室的路上看到他穿着一双五颜六色的拖鞋。这种懒散继续延续到他学术生涯的早期,从他妹妹玛雅(她曾在伯尔尼上过一段时间的大学,学罗曼斯语)讲的一件逸事中就可以看出。一天早上,她想参加哥哥的一个讲座。那位衣着光鲜的玛雅在大学里向门房问路到她哥哥的讲堂时,门房喊道:"那个懒汉是你的哥哥吗?我从来没想到。"[22] 1912年,爱因斯坦在布拉格的任期内也一直保持着马马虎虎的态度，当时一位来访的物理学家发现他坐在办公室的办公桌前"……不穿西装、不系领带，穿着一件类似意大利养路工人穿的衬衫，后面还有个大三角口子"。²³① 后来，爱因斯坦才在柏林开始像德国教授那样穿衣服，虽然有点勉强："……只是涉及衣着之类时，我不得不遵从舅父伯父们［一些年长者］的命令，以免自己被贬入此地的人渣等级，而这种类似于军训的严格要求，却有点扰乱内心的宁静。"²⁴②

冯·劳厄在伯尔尼的访问结束后，对爱因斯坦的服装标准评价很差，但对爱因斯坦对物理学的理解却有很高的评价。在给同事的一封信中，提到爱因斯坦："他是一个革命派，在谈话的前两个小时里，他推翻了所有的力学和电动力学。"²⁵③ 他在给另一位同事的信中补充道："你应该小心，爱因斯坦会跟你没完没了地讨论。你知道，他爱那么干。"²⁶④

冯·劳厄后来对相对论做出了两项重大贡献。1911年，他出版了第一本关于相对论的教科书，也是关于 $E=mc^2$ 关系式第一个普遍成立的证明。爱因斯坦和普朗克各自得出的结果逐渐使人相信，$E=mc^2$ 确实是任何物理系统的能量与其质量有关的正确方程。可是直到1911年，一个普遍的、合法的证明尚缺乏，而这最终由冯·劳厄提供。他的证明，对任何具有静态能量分布的物理系统都成立。他的证明简明、优雅，是利用闵可夫斯基提出的新数学方法，直接从能量动量张量（energy-momentum tensor）的数学性质中导出的关系式 $E=mc^2$。这

---

① 《爱因斯坦传》，210页。
② 《爱因斯坦全集》第八卷上册，19页。
③ 《恋爱中的爱因斯坦》，193页。
④ 同上。

使得冯·劳厄能够绕过折磨爱因斯坦各种试图证明的所有复杂因素。

为什么爱因斯坦没有找到冯·劳厄如此（明显）容易组装的证明？答案是，爱因斯坦最初用相当原始的数学方法来表述他的相对论。如闵可夫斯基所言，"爱因斯坦精妙理论的描述在数学方面是很笨拙的，我之所以这么说是因为他的数学是在苏黎世时从我这里学的。"[27]① 爱因斯坦以他特有的固执坚持这些笨拙的方法，他很迟缓地认识到闵可夫斯基在1908年引入的四维张量分析的新数学方法的力量。[28]他对闵可夫斯基张量分析的反应起初是轻蔑的；他把它描述为"不必要的博学"②，并抱怨说，"自从数学家们投身于相对论之后，我再也无法搞懂它了。"[29]直到1912年，爱因斯坦才终于熟悉张量方法，部分是通过阅读冯·劳厄的教科书，他说："他关于相对论的书是真正的小杰作，其中许多内容是他自己的知识财产。"[30]③ 之后不久，他用张量语言写了一篇关于狭义相对论的论述。[31]④ 后来，他在关于广义相对论的工作中进一步推广使用了张量分析，承认没有张量分析他就不可能建立这个理论。

1911年，冯·劳厄比爱因斯坦更熟悉张量分析，因此冯·劳厄找到了爱因斯坦无法找到的证明。在那个不完备证明中，爱因斯坦只见树木不见森林。冯·劳厄无视树木，直接处理森林景观的相关方面。他的证明说明，用正确的数学方法，有时构造一般的证明比计算出特殊情况的混乱细节要容易得多。奇怪的是，即使在今天，冯·劳厄关

---

① 《爱因斯坦传》，219页。译文有改动。
② 同上。
③ 《爱因斯坦全集》第五卷，414页。
④ "看来爱因斯坦很可能不仅参考了该书的初版而且参考了于1913年出版的该书的第二版。"《爱因斯坦全集》第四卷，4页。

爱因斯坦的错误　　天才的人性弱点

于 $E=mc^2$ 关系式的一般证明也不广为人所知,而且在物理学教科书中也很少提到它,它主要满足于一些关于 $E=mc^2$ 的手工论证和爱因斯坦那些有缺陷证明的某些版本。

1912 年,爱因斯坦在一份手稿[32][①]中采纳了冯·劳厄的很大一部分证明,该手稿的目的是提供一卷关于最近物理学中进展的选编。战争(第一次世界大战)推迟了出版,这本书直到 1924 年才出版,没有收纳爱因斯坦的撰稿,因为他拒绝了出版商更新其手稿的要求。然而,爱因斯坦从他那部未出版的手稿中捞回了冯·劳厄证明的版本,将其插入 1914 年发表的两篇论文[33][②]和 1921 年的普林斯顿讲座中,这些内容于同年晚些时候作为一本书《相对论的意义》出版。[③] 以他一贯的漫不经心态度,爱因斯坦没有承认冯·劳厄是一个来源,但是爱因斯坦的版本和冯·劳厄的证明版本之间的时间线和相似之处使这一关系变得相当清楚。

冯·劳厄那个证明的爱因斯坦版本,包含了在其全部作品中最滑稽的错误,一个绝对荒谬的错误。冯·劳厄证明的核心是,证明一个系统的能量和动量的数学性质与粒子的能量和动量的相似。[34]爱因斯坦则试图用较少的张量操作构造冯·劳厄证明的简化版本。他非常正确地表明,当力作用于一个系统时,产生的能量和动量**增量**是类粒子的(particle-like)。然后,他做出了一个不合理的、不合逻辑的大飞跃:他声称该系统的能量和动量"可以被假定"以与这些增量相同的

---

① 《爱因斯坦全集》第四卷,79 页。
② 同上,522—523 页,529—531 页。
③ 中文版有多种:李灏译,科学出版社,1979 年;郝建刚等译,上海科技教育出版社,2001 年;周学政等译,北京出版社,2010 年;李灏译,北京大学出版社,2014 年。

方式运行，因此系统的能量和动量必须是类粒子的。这种说法完全是胡扯。这就像一些肮脏的意大利橄榄油供应商作恶的欺诈行为，他们把一瓶真正的橄榄油倒进一桶未知来源的植物油中，然后将这种混合油作为纯橄榄油（"特级初榨"）出售。爱因斯坦在系统中加入了类粒子能量动量的增量，并声称因此该系统的所有能量动量都变成了类粒子的。

这一滑稽在于爱因斯坦意识到了这个错误，但拒绝承认它是什么。在1912年稿本的一个脚注中，他说："这当然是不严格的。"① 可是他否认能量－动量的行为方式与增量不同的可能性，因为"这看起来太人为了，我们根本就不会讨论这种可能性"。³⁵ 而更滑稽的是，在1914年的两篇论文中，在普林斯顿讲座里，在《相对论的意义》一书中，爱因斯坦都发表了这一荒谬的论证后，又出版了那本书的四个修订版，但从未纠正这一错误。这本书印刷的10多万册，成了他那个最滑稽错误的纪念碑（此书最近被重新发行，没有爱因斯坦的干预；你可以在书店里找到它，可以在第44页上找到那个滑稽的错误）。

与爱因斯坦的其他许多错误相比，他犯的冯·劳厄证明版本的那个错误是愚蠢的——这并不狡猾，也没有任何可弥补的、富有成效的结果。这是19世纪意大利人类学家、法医精神病学家塞萨尔·隆布罗索（Cesare Lombroso）所说的天才的愚蠢行为的一个例子：有时候，天才犯了令人惊讶的愚蠢错误，这是我们所期望的非天才者垄断的那种错误。³⁶ 幸运的是，爱因斯坦的错误并没有造成多大的伤害，除了一些被它误导的学生。没有其他相对论作家模仿这一错误——它仍然

---

① 《爱因斯坦全集》第四卷，93页，注释 [111]。

埋藏并休眠于爱因斯坦的书页里。

1918年，费利克斯·克莱因（Felix Klein）提出了对冯·劳厄证明的一种推广，他是一位伟大的格丁根数学家，或许最著名的是他发明了一种叫作"克莱因瓶"（一个封闭的表面，但内部、外部没有分别）的数学曲面。克莱因注意到爱因斯坦证明中那个滑稽错误，而且——经过与爱因斯坦一些礼貌的通信——他设计了冯·劳厄证明一个巧妙的修改，表明仍然成立，即使在物理系统中的能量分布不是静止的。因此，从系统的一个部分到另一个部分的能量流动，不会改变系统的总能量和总质量之间的关系。唯一的关键制约因素是，系统的总能量必须守恒。[37]

爱因斯坦对克莱因巧妙的数学方法表示了"真是令人大为惊叹"[38]①，但他把克莱因的证明仅仅看作他自己的另一种选择——并以他特有的固执，愉快地继续以自己的错误方式行事。

围绕爱因斯坦的第一次证明 $E=mc^2$，1952年开始引起争议，当时美国物理学家赫伯特·艾夫斯（Herbert Ives）宣布发现了爱因斯坦论证逻辑中的一个错误。[39]艾夫斯是光学专家，他有兴趣通过光学实验检验爱因斯坦用快运动原子发出的光来预言的时间延缓。他在重读爱因斯坦早期的一些论文时，显然偶然地发现了这个错误。艾夫斯声称爱因斯坦在其论证中依赖于循环推理，也就是说，他含蓄地假定了他想要证明的东西。

1952年，这一对令人尊敬的爱因斯坦教授犯错误的宣布并没有引

---

① 《爱因斯坦全集》第八卷下册，328页。

起太大的轰动，因为当时其他物理学家已经发表了 $E=mc^2$ 的其他演证，毫无疑问，结果是正确的。但在专业文献中，艾夫斯关于爱因斯坦所谓循环论证的主张被广泛接受（且有些不加批判地被接受），并在几本书和文章中重新发表。最后，1988 年，《爱因斯坦全集》的主编之一约翰·斯塔切尔（John Stachel）证明了这一说法是错误的。在爱因斯坦的论证中，没有什么是循环论证——声称爱因斯坦犯了循环推理的错误，艾夫斯自己陷入了循环推理的陷阱。（到目前为止，万事大吉——当时斯塔切尔因宣称爱因斯坦的证明完全合法而走过了头，但事实并非如此——普朗克注意到的那个错误破坏了那个证明。）

1953 年，爱丁堡大学数学家埃德蒙·惠特克（Edmund Whittaker）出版了《以太和电理论史》第二卷，引发了更多的争议。在这本书的第一卷中，他对 18 世纪和 19 世纪的物理学进行了百科全书式的调查，并以其渊博的学识和批判性的洞见赢得了许多赞誉。在第二卷中，他将这一历史延续到了 20 世纪。惠特克将相对论的大部分功劳授予了庞加莱和洛伦兹，将其称为"庞加莱和洛伦兹的相对论"，他还将发现 $E=mc^2$ 的大部分功劳授予爱因斯坦的几位前辈，其中包括 J. J. 汤姆生和庞加莱。[40] 惠特克承认，尽管庞加莱提出了这一观点，但他"实际上没有给出任何证明"，他正确地指出，爱因斯坦的证明只对某一特例成立，甚至在那时也只是近似成立，因而贬低了爱因斯坦的贡献。[①]

爱因斯坦对这本书不屑一顾，他的朋友、传记作者派斯指责惠特克对这篇文献一无所知。[41][②] 在这一点上，派斯的脾气超过了他的判断。

[①] "惠特克有意贬低爱因斯坦的贡献则是完全错误的。"《论狭义相对论的创立》，李醒民著，四川教育出版社，1994 年，33 页。

[②] 《上帝难以捉摸：爱因斯坦的科学与生平》，215 页。

惠特克对那篇文献有着非常广泛的了解，他对冯·劳厄推导 $E=mc^2$ 的讨论就证明了这一点，这在派斯的著作中倒是缺失的。

惠特克质疑爱因斯坦对证明 $E=mc^2$ 的贡献的意义，是对的；可是，他否认了爱因斯坦对相对论的贡献，却是错的。1905 年，爱因斯坦给了我们一种比洛伦兹和庞加莱之前提出的更广泛的、更基本的方法来看待相对论。他关于相对论的新观点超越了洛伦兹和庞加莱的观点，表明了旧观点的一些特征——诸如以太和以太的从优参考系——都是多余的。

尽管公平地说，最终证明 $E=mc^2$ 的功劳属于冯·劳厄和克莱因，但爱因斯坦一再试图找到一个证明，把他的名字与这个公式联系起来，这不仅在公众的眼中，而且在许多本应更了解情况的物理学家眼中，都被视为爱因斯坦的典型贡献。正如物理学家、历史学家贾格迪什·梅赫拉（Jagdish Mehra）解释的那样，爱因斯坦肯定会因为任何与相对论有关的事情而得到赞扬的原因"是科学社会学，猫和奶油的问题。爱因斯坦是相对论的大猫，其奶油的整个碟子都是他的，按照传说，至少大多数人都这么认为"！[42]

爱因斯坦本人一直认为，$E=mc^2$ 是其专有贡献之一。在广岛和长崎被原子弹炸毁后，他惊呼道："如果我知道的话，我就会成为一名钟表匠。"[43] 他认为，他在能量与质量关系方面的工作，在一定程度上是被两枚原子弹焚毁的 20 万日本平民死亡的原因之一。1939 年他写信给罗斯福总统，警告德国的核裂变研究，并敦促总统在美国启动一个研究项目，探索原子弹的可行性，这肯定增强了他对此负有责任的感觉。

爱因斯坦不必担心。奥本海默指出："他确实写了一封信告诉罗斯福关于原子能的事。我认为这在一定程度上是他对纳粹罪恶的痛恨，部分原因在于他不想以任何方式伤害任何人；但我应该报告，这封信收效甚微，爱因斯坦本人对后来发生的一切都不负责。"[44] 费米早在几年前一听说核裂变的发现，就向美国政府通报了原子弹的威力和危险。此外，爱因斯坦 $E=mc^2$ 公式对核裂变发现和原子弹研制仅具有边际意义。的确，这个公式提供了一种方便的方式确定核反应中释放的能量，但是有其他直接的方式用实验来测量这种能量，最终爆炸释放的能量**确切数量**并不重要。从直接测量可知，核反应释放的能量大约是化学反应的一百万倍。因此，按重量比重量计算，核"炸药"释放出的能量大约是化学炸药的一百万倍——你爆炸一千克铀，就会与大约 100 万千克 TNT（即 1000 吨，或 1 千吨 TNT）爆炸造成的结果相同。这 20 千克左右的铀在广岛和长崎上空爆炸，产生了相当于 2 万吨 TNT 的当量。在此计算中，并不需要 $E=mc^2$。

设计和制造原子弹的困难不在于 $E=mc^2$ 或相对论，而在于如何启动和维持链式反应的复杂计算。那些计算爆炸释放一颗炸弹能量所需的铀临界质量的科学家，必须了解核的量子力学，特别是铀中链式反应的效率。

美国物理学家和德国物理学家都认为，作为制造核弹的第一步，他们需要研究铀在受控条件下的链式反应，用天然铀 238 作为燃料，而不是稀有、昂贵的武器级铀 235。这种核反应堆的链式反应需要慢化剂，无论是石墨还是重水，以减缓铀裂变释放的中子，使它们更有效地触发进一步的裂变。美国人决定使用石墨作为慢化剂，他们很快就建造并测试了一个反应堆。但是，德国人由于石墨中子吸收的错误测量而受了误导，得出结论认为石墨会使链式反应停止，于是决定用重水作为慢化剂。重水只有经过艰深的工艺才能从普通水中提取出来，因为供不应求，此外，盟军还破坏了德国人争取获得更多重水的企图。在第二次世界大战结束时，德国人仍然没有一个正在运行的核反应堆，更不用说清楚地知道如何制造原子弹。45①

德国物理学家在测试核反应堆和制造原子弹方面的失败，是第二次世界大战中最为幸运的事故之一。这一失败出乎意料——在二战前，德国人是裂变研究的领导者，而裂变最早是在柏林发现的。裂变的发现故事是一出缠绕的失误喜剧，失误往往先于一种新的科学思想的诞生。这出喜剧导致了裂变的发现，有一个国际演员阵容，慷慨地散布诺贝尔奖，它说明，有时甚至诺贝尔奖得主可以相当密集。"头脑没有准备好时，眼睛就认不出来。"埃米利奥·塞格雷（Emilio Segrè）如是说②。塞格雷是（1959年）诺贝尔奖获得者之一，他险些错失了发现核裂变的机会。46③

这个故事始于1934年的巴黎，伊雷娜和弗雷德里克·约里奥－居里（Irène and Frédéric Joliot-Curie）发现了人工感生放射性。伊雷娜是著名的玛丽·居里的女儿，她和母亲一样，因在放射性元素方面的研究而获得诺贝尔奖；不幸的是，她和母亲一样，死于因暴露于放射性

---

① 《约翰·惠勒自传——京子、黑洞和量子泡沫》，约翰·阿奇博尔德·惠勒、肯尼斯·福特著，王文浩译，湖南科学技术出版社，2018年，32页。
② "至今我还是不明白，我们、哈恩与梅特纳、约里奥－居里夫妇以及这项课题的其他研究者为什么都那么目盲智昏。"《永远进取——埃米利奥·塞格雷自传》，埃米利奥·塞格雷著，何立松等译，东方出版中心，1999年，108页。
③ 《从X射线到夸克——近代物理学家和他们的发现》，228页。

污染物而引起的癌症。伊雷娜和弗雷德里克结婚时，他们同意以平等、博爱和声望的精神使用约里奥-居里这个连字符的名字——伊雷娜不想失去她举世闻名的居里姓氏，弗雷德里克也很高兴得到这个名字。

约里奥-居里夫妇用放射源的α粒子轰击不同元素的样品，他们发现辐照的样品本身往往具有放射性，这表明当α粒子渗透到样品中的原子核时，它会对核的结构产生剧烈的改变，将其嬗变为另一种元素的新核。约里奥-居里夫妇关于人工感生放射性元素嬗变的工作，是玛丽和皮埃尔·居里关于天然放射性嬗变工作的延伸，而约里奥-居里夫妇因其工作于1935年获得了诺贝尔化学奖。

在诺贝尔演讲中，弗雷德里克·约里奥-居里预计核反应释放出的大量能量可能会被用于爆炸装置中："……我们有权认为科学家们随心所欲地合成或者打散元素，可能会导致爆炸物类型的转变，真正的化学链式反应。"[47]他还担心这样的链式反应可能会不小心扩散到整个地球："如果这种嬗变确实成功地在物质中扩散，就可以想象出可用能量的巨大解放。但不幸的是，如果此种传染蔓延到我们星球的所有元素，那么摆脱这种灾难的后果只能以忧虑的态度看待。"约里奥-居里的警告并没有完全被忽视。几年后，汉斯·贝特在从事氢弹（即"超级炸弹"）的设计时，担心这种炸弹的爆炸可能会在大气中引发全球链式反应，并将整个地球焚毁。经过一些计算，他认为这是极不可能的，但不是绝对不可能的。它是多么可能或不可能，仍为绝密。

在罗马，天才的意大利物理学家恩里科·费米听说了约里奥-居里的实验。他刚刚启动了一个核物理学研究项目，以他特有的敏锐性，他立即意识到，用中子轰击原子核，而不是用α粒子轰击原子核，效果要好得多。α粒子和原子核都携带正电荷，由此产生的电排斥力使α粒子很难穿透到原子核；相反，中子没有电荷，很容易穿透原子核。费米开始了一个用中子轰击所有化学元素的系统计划。在这些实验中，费米及其核物理组产生了大多数已知化学元素的放射性版本。这些人造放射性元素中的许多元素，后来被证明在化学反应，特别是生物反应中，以及在医疗应用中，都是有用的示踪剂。

但是，他们最引人注目的结果来自铀的中子轰击，铀是天然存在的元素中最重的元素。对反应产物的化学分析表明，中子对铀核的重复冲击形成了比铀大、比铀重的新的人工元素。这些假定的新元素出现了，被称为"铀后元素"，即铀以后的元素。根据意大利人的秉性，费米的同事敦促他给那些新元素命名。费米起初很抗拒，但在1938年，当他因中子轰击产生放射性元素而获得诺贝尔奖时，他屈服于诱惑，在诺贝尔演讲中，将他的两种铀后元素命名为ausenium和hesperium。这些名字几乎必须立即收回，当时铀后元素被证明是一种幻想——它们是"由蹩脚的化学产生的"元素。[48]① [费米的一些法西斯同事曾向他施压，要求他使用反映墨索里尼（Mussolini）荣耀的名字。可惜费米拒绝了；如果他同意的话，整个非法西斯世界都会受到这样一种滑稽的待遇，那就是，他撤回了墨索里尼之类的名字。]

在费米辉煌的职业生涯中，铀后元素事件是为数不多的失策之一。在斯德哥尔摩接受诺贝尔奖之后，费米和他的妻子、犹太人劳拉（Laura）逃到了美国。几年后，他成功地在芝加哥大学建造的反应堆中启动了第一个受控核链式反应。阿瑟·康普顿是费米团队的一员，

---

① 《从X射线到夸克——近代物理学家和他们的发现》。

他通过电话向政府官员报告费米的成功，暗语是："意大利航海家登陆了新大陆。"有人问他："土著人怎么样？"他回答说："非常友好。"[49] 这一链式反应是原子弹研制的前奏。芝加哥大学校园里的一座小型纪念馆标志着费米第一座反应堆的所在地，芝加哥附近的高能实验室费米实验室也以他的姓氏命名，这座实验室直至最近一直拥有世界上最大的粒子加速器。

1934年在柏林，奥托·哈恩（Otto Hahn）和丽丝·迈特纳（Lise Meitner）后来在弗里茨·斯特拉斯曼（Fritz Strassmann）的协助下，决定重复费米的实验。哈恩是威廉皇帝研究所化学部主任。他是一位才华横溢的化学家，在早年还是个大学生时就展示了自己的能力，他发现了一种放射性钍，叫作新钍。起初，他的长辈——一位耶鲁大学化学家——对此表示怀疑，认为新钍是"钍和愚蠢的混合物"[50]，但哈恩很快就说服了那位怀疑者。1905年，哈恩在柏林化学研究所地下室的一个小实验室里开始了放射化学的工作，后来搬到了位于柏林郊区达勒姆的新的威廉皇帝研究所。他与迈特纳的合作，始于早年。迈特纳是一位物理学家，从维也纳来到柏林，在玻尔兹曼的指导下学习。普朗克立刻认识到了迈特纳的才能，如同他慧眼识冯·劳厄一样，他任命她担任助理。随着这一任命，普朗克有了破天荒之举：迈特纳成为普鲁士一所大学的第一位女助理。她被任命为助教，开启了学术生涯，并成为一所德国大学的第一位女物理学教授。

哈恩和迈特纳形成了一个"梦之队"；他提供分析化学方面的专业知识，而她提供物理学方面的专业知识。她是团队的智识领袖，一位同事记得，她有时会指着通向楼上行政办公室的楼梯，告诫哈恩：

"Hähnchen，上楼去做点化学，你对物理学一窍不通。"[51] 他们的合作持续了30多年，并导致了从一个放射性元素到另一个放射性元素许多核反应和衰变序列的阐明。

哈恩、迈特纳和斯特拉斯曼的铀实验，从1934年到1938年持续了好几年。起初，这些实验证实了费米的结果，柏林小组和罗马小组一样，认为中子轰击确实产生了铀后元素。但是，实验结果有一些奇怪之处，迈特纳不得不设计一些相当人工的反应方案来解释这些结果。1938年，她处于这项工作的中途，当时阿道夫·希特勒（Adolf Hitler）[出生于奥地利，名叫阿道夫·希克鲁伯（其父亲不为人知）]决定入侵并吞并其出生地。吞并导致了维也纳的喧闹的庆祝活动，抢劫和恶毒殴打犹太人，而不是少数谋杀。

迈特纳是犹太人，但作为一名奥地利人，她在1933年德国犹太大学教授被大规模解雇后幸存下来，只受到了轻微的伤害——她失去了柏林大学教员的职位，但保留了她在威廉皇帝研究所的教授职位，并保留了她的薪水。现在，随着奥地利的Anschluss（合并），她突然成为一个德国犹太人，被告知必须离开研究所。她比派去拦截她的秘密警察捷足先登，经荷兰逃到瑞典。

被剥夺了合作者的哈恩和斯特拉斯曼继续自己的铀实验。通过巧妙的化学分析，哈恩确定，中子轰击铀的产物之一，他和费米以前认为是镭，实际上是钡。但是，钡核的重量不超过铀核重量的一半，这使得哈恩认为中子对铀核的冲击已经把铀核分裂成两个（或两个以上）大碎片，犹如一根被斧头砍断的圆木。这是一个惊人的发现。哈恩给迈特纳写了一封信，要求她考虑一下原子核的这种分裂："因此请你想想是否有任何可能——也许是原子量远远高于［通常］137 的一种钡同位素？"迈特纳起初很怀疑，回答说："在目前，这种全面破裂的假设在我看来是很困难的。"但她承认："我们在核物理学中经历过那么多的意外情况，以致人们不能无条件地说：那是不可能的。"[52]①

虽然发现裂变的功劳属于哈恩，但证实这一发现并为裂变过程找到物理解释的功劳属于迈特纳和她的侄子奥托·弗里什（Otto Frisch），在哥本哈根尼尔斯·玻尔研究所工作的物理学家。他在迈特纳收到哈恩寄来的信后几天，1938 年 12 月圣诞节假期来瑞典看她。弗里什后来描述了他的姑妈如何开始理解裂变机制：

> 我们在雪地里走来走去，我穿着滑雪鞋，她没有穿（她说这样也能跟得上我，而她证实了自己的说法），然后，一种想法逐渐形成了，即这不是核的碎裂，而是一个过程，必须用玻尔的核如同一个液滴的概念来解释；这样一个液滴可以伸长并断开。……[53]②
>
> 这时，我们两人就在一个树干上坐了下来，开始在几张小纸片上进行了计算。我们发现，铀核的电荷确实大得足以几乎完全破坏表面张力的［抑制］效应；这样一来，铀核就可能确实是一个很动摇的、不稳定的液滴，是很容易在很小的触动下一分为二的。
>
> 但是还有另一个问题。当两个液滴分开时，它们将在相互电排斥力的作用下互相远离而得到很大的能量。……这样大的能量从何而来？很幸运的是，丽丝·迈特纳记得怎样计算原子核的质

---

① 《丽丝·迈特纳：物理学中的一生》，汝茨·丽温·赛姆著，戈革译，江西教育出版社，1999 年，300 页，302 页。
② 同上，303 页。

量……就这样,她计算出,铀核分裂而成的两个核约比原来的铀核轻了质子质量的五分之一。喏,每当质量消失时,能量就会按照爱因斯坦的公式 $E=mc^2$ 而被生成,五分之一的质子质量恰恰相当于……这就是能量的来源;一切都对了。"[54]①

由此可以看出,迈特纳首先计算了裂变之间的电排斥力直接释放的能量,直到后来才通过考察质量变化进行验算。质量计算并不是真的有必要,但是由于第一次计算给了她一个惊人巨大的数字,她觉得为保险起见最好回到质量计算上来。

弗里什对裂变能第一次计算的描述,也说明了对质能等价性(mass-energy equivalence)的常见误解。弗里什认为质量变化是能量的来源,也是对这些能量变化的解释。在这里,弗里什本末倒置了。质量变化,仅仅是能量变化的一种表现。裂变能的来源不是质量,而是最初包含在核中的电能,这种能量被电排斥力输送到裂变碎片中。质量的减少,只是这种电能释放的表现。能量变化导致质量变化,反之亦然。在物理学中,能量总是起主要作用的——它是所有物理学的"宗动天"(primum mobile)[55]。弗里什比迈特纳年轻 30 岁,但他也不小了。

弗里什回到哥本哈根时,描述了迈特纳关于玻尔裂变机制的理论:"我刚开始告诉他,他就用手拍着自己的前额喊起来:'噢,我们当了什么样的白痴啊!噢,但这真是太妙啦!这恰恰就是我应该有的东西!你和丽丝·迈特纳已经写了这方面的论文吗?'"[56]②

---

① 《丽丝·迈特纳:物理学中的一生》,303—304 页。译文有改动。
② 同上,313 页。译文有改动。

第 7 章 "这个论证很有趣,也很诱人"

弗里什和迈特纳遵照玻尔的建议,立即写了一篇关于核分裂理论的短文。在这篇论文中,**裂变**(fission)这个词第一次出现,弗里什采用的这个词来自生物学,在生物学中它被用于细胞分裂。弗里什更进一步:他将粒子探测器放置在铀样品附近,建立了一个简单的实验。他用中子轰击样品时,能够探测到裂变碎片本身,因为它们是从样品中喷射出来的。这是哈恩发现的裂变现象的直接证实。

四年前,费米的核物理小组在罗马进行了类似的实验。作为这个小组的一员,塞格雷在回忆录中回忆说,不幸的是,他们小心翼翼地用铝箔盖住了粒子探测器,因为他们想阻止铀放射性衰变产生的 α 粒子,这也阻止了裂变碎片。他们要是去掉了铝箔,就会看到裂变碎片——他们因一层薄薄的铝箔错过了这一发现。[57]①

关于裂变的消息如野火一般先于哈恩、迈特纳和弗里什的印刷报告,口口相传。不到一个月,美国物理学家就听说了。抵达华盛顿的费米在电台上发表了关于裂变的演讲,有关裂变的标题出现在《纽约时报》上。《铀原子释放的巨大能量》是一篇报道实验的文章的标题,费米在哥伦比亚大学完成的关于"铀原子分裂成两部分的研究,每个部分由一个巨大的 1 亿电子伏特的原子'炮弹'组成,这是迄今为止人类释放出的最大的原子能"。[58]

1944 年,哈恩因发现裂变而被授予诺贝尔化学奖。他做出这一发现时,已然 59 岁,对诺贝尔奖得主而言,他算老的。迈特纳的支持者对她没有分得奖金大抱不平。不过如果她没有逃离德国,诺贝尔委员会会给她一份奖金,理由是她早就料到哈恩的裂变发现,这对她来说

---

① 《从 X 射线到夸克——近代物理学家和他们的发现》,225 页。

将是一件牵强的事。诺贝尔奖不是在假设条件下颁发的。

在导致发现裂变的失误喜剧中的参与者——奇怪的是，除了哈恩——都把自己的名字附在了各种铀后元素上，后来在核反应堆和粒子加速器的实验中产生了这些名字。因此，我们有锔（元素96），镄（100），䥑（109），甚至锘（102）。为了解决这个问题，元素99被命名为锿①。它们都是相当肮脏、高放射性、短命的物质，不是任何一个头脑正常的人都想说出他或她的名字的那种东西——但最好不要吹毛求疵。

虽然 $E=mc^2$ 在原子裂变的发现和原子弹的后来发展中只起着微不足道的作用，但它在核聚变的发现和氢弹的研制中起着至关重要的作用。当大而重的核（如铀）分裂成两个以上碎片时，释放能量。当小核（如氢）聚合形成一个较大的核时，释放能量。大核裂变释放的能量可以从两个裂变碎片的电排斥力中精确地计算出来，但两个小核的核聚变释放的能量取决于非电核力的细节，而这些细节在研究核物理的最初几年中并不为人所知。因此，为了计算核聚变反应中释放的能量，核物理学家不得不依赖 $E=mc^2$。虽然对迈特纳来说，$E=mc^2$ 只是计算裂变释放能量的另一种方法，可是对于想要计算核聚变释放的能量的核物理学家来说，是城里唯一的野味。

1938年，汉斯·贝特巧妙地利用 $E=mc^2$ 来计算由太阳中心的聚变反应释放的能量。贝特是另一位逃离德国的犹太物理学家，他先逃到英国，然后逃往美国，最后成了康奈尔大学的教授。他发现，太阳辐

---

① curium、fermium、meitnerium、nobelium、einsteinium 这五个元素的命名，分别纪念居里夫人、费米、迈特纳、诺贝尔、爱因斯坦。

射出的所有巨大能量，都可以通过一系列将氢气转化为氦气的聚变反应来解释。实际上，太阳"燃烧"氢气并产生氦气。这就解开了长期以来关于太阳能来源的谜团。太阳已经照耀了几十亿年（除非在"圣经地带"，根据狂热的传道者所说，太阳只照耀了一万年），而化学反应不能提供足够的能量让太阳照那么久。即使太阳完全是由碳或煤构成的，也没有足够的煤来维持它的燃烧。但是，核聚变反应释放的能量通常是化学反应的100万倍，它们还能让太阳再燃烧100亿年。

贝特还研究了比太阳更大的恒星中的核聚变反应，他发现，在这些恒星中，聚变反应的顺序有些不同，但最终的结果仍然是氢燃烧成氦。因对恒星中能源之谜的精辟解答，他在1967年获得了诺贝尔奖。在战争（第二次世界大战）期间，贝特作为理论部主任参加了"曼哈顿工程"。爱因斯坦对原子弹的研制表示后悔，而贝特与爱因斯坦相反，对他战时在原子弹上的工作一直保持着不道歉的态度。然而，他后来成了核裁军和科学家社会责任的有力倡导者。

爱因斯坦在1949年写他的科学自述时，讨论了他对物理学的基本贡献的起源（genesis）：光子（光量子）、布朗运动理论、狭义相对论、广义相对论，甚至（他浪费最后多年时间）不成功、不切实际的统一理论。但是，质能关系因其缺席而引人注目，在《自述》中任何地方都没有找到那个著名的方程。[59] 也许爱因斯坦终于认识到，他在发现质能关系方面优先权的主张站不住脚，他对这种关系的各种"证明"同样不可靠。或者，他只是厌倦了把自己等同于 $E=mc^2$，故想把更多的注意力放在其他成就上。

第8章 "我头脑中突然涌出一个念头"

爱因斯坦回忆起他在1907年发现了等效原理，按照这一原理，自由下落的观察者会感到失重。他首先在伯尔尼提出了这一想法，并在布拉格逗留期间建立了它的推论。

1907年，爱因斯坦仍被困在伯尔尼专利局。他最初很高兴地找到的那份工作，现正变得单调乏味。他抱怨地说："每天在专利局要紧张地工作8个小时，有一大堆信件要处理，除此之外还要做些研究……有几篇论文还没有完成，因为我无法找出时间把它们写完。"[1]① 他写信给格罗斯曼，告知他的新的学术生涯计划，解释道："别以为我是受狂妄自大或某种别的有问题的热情驱使要追求一种过分雄心勃勃的人生道路；这种渴望仅仅是出于能够在没有什么不利的条件下，继续我个人的科学研究这一强烈的愿望。"[2]②

作为迈向学术生涯的第一步，爱因斯坦寻求在伯尔尼大学获得编外讲师（privatdozent）的证书。在瑞士和德国的大学里，编外讲师是一种私人导师和讲师的结合。编外讲师有权讲课，却没有大学老师的

---

① 《爱因斯坦全集》第五卷，145页。
② 同上，80页。

报酬；唯一的报酬是学生直接付给他的一小笔钱，收入就像倒退回中世纪。爱因斯坦申请了该证书，但没有提交传统的资格论文，而是提交了最近发表的一些论文的副本。伯尔尼的教授们对爱因斯坦的论文不感兴趣——他们对这些论文知之甚少，于是拒绝了这份申请，因为没有论文则不能颁发证书。许多年后，爱因斯坦对此事不屑一顾，他评论说，在伯尔尼这样的小学院里，一些老坏蛋肯定会团结在一起，坚持让每个人都按他们的意愿行事；但当时他感到非常失望。[3]

第二次申请，他拼凑了一篇论文，从已发表的作品中摘取了一些零碎材料，就获得了证书。他讲了关于热和辐射理论的课，不过只有三个朋友听了他的课。两个学期后，甚至连朋友都受够了，当只有另外一个学生出现时，爱因斯坦取消了他的课，这使其在此的学术生涯暂停。[4]①

又过了两年，这个冷酷无情的瑞士学术机构才意识到，他们最近从三级晋升为二级的一名专利审查员，是物理学领域的领军人物，在国际上享有盛誉。1909年，苏黎世大学唯一一位物理学教授阿尔弗雷德·克莱纳（Alfred Kleiner）感到不得不将爱因斯坦推荐为教员。弗里德里希·阿德勒（Friedrich Adler）在苏黎世理工学院的一些年研究过物理学，跟爱因斯坦是同一项任命的竞争候选人，他在给父亲的一封信中写道："……有关人士一方面因为过去慢待了爱因斯坦而感到良心的谴责；另一方面，这样一个人竟然待在专利局，这在整个德国都将是一个丑闻……要是爱因斯坦仍然没有被任命，肯定是令人惊讶

---

① 《爱因斯坦传》，169页。

的。"5① 阿德勒有着良好的政治关系,他本可以利用这些获得比爱因斯坦更大的优势,但他反其道而行:他非常诚实地告诉每一个愿意倾听爱因斯坦是个更好物理学家的人,爱因斯坦应该得到这个职位。最终,苏黎世大学为爱因斯坦提供了一份副教授的职位,在薪水问题上争执了一番之后,爱因斯坦接受了这一职位。爱因斯坦给一位同事的信中写道:"现在,我终于成为婊子公会的正式成员了。"6②

阿德勒在促成爱因斯坦任命方面的作用,并不完全是无私的。他对政治和哲学比对物理学更感兴趣,只是在父亲的压力下才成为那个大学职位的候选人。阿德勒是个有点古怪的角色,后来变得非常疯狂。1916年,在一战中期,他手持左轮手枪走进维也纳一家时尚酒店。在餐厅里,他找到了奥地利首相史德格伯爵(Count Stürgkh),对着他的脑袋连开几枪,大喊:"我们想要和平!"奥地利人以令人惊讶的宽容态度对待阿德勒;他被监禁了几年,但战争结束后不久就获赦免。在监禁期间,他写了一篇关于相对论的新解释的荒诞论文,在此基础上,爱因斯坦提出要证明他精神错乱,以确保他获释。但是,阿德勒置之不理——他相信自己完全理智,坚持认为只有他理解相对论的真正含义。7③

起初,爱因斯坦喜欢苏黎世大学的教学。学生们喜欢他平易近人的态度,因为他在湖边利马特河右岸的露台咖啡馆里主持了一场充满活力的讨论。8④ 爱因斯坦的课程讲稿可以在《爱因斯坦全集》中

---

① 《爱因斯坦传》,175页。
② 同上,177页。
③ 同上,286页。
④ 同上,184页。

找到。[9]① 讲稿往往相当混乱和粗略，其内容平淡无奇。这些讲稿没有20世纪一些真正伟大的物理教师的讲稿中尖锐的见解和聪明而优雅的论证，例如，阿诺尔德·索末菲、恩里科·费米、约翰·惠勒或理查德·费曼（Richard Feynman）。事实上，爱因斯坦对教学缺乏天赋和耐心。他在备课时通常只花很少的精力，苏黎世的一名学生回忆说，他带了讲稿，"只是一张会客卡大小的纸片，上面概略地写着他的讲课提纲"。[10]② 好的演讲需要充分的准备，往往需要一些表演技巧。费曼生动而鼓舞人心的演讲并没有放在一张纸上。他精心地准备他的演讲，甚至提前在一个空荡荡的讲堂里排练，一招一式，一个又一个方程式写在黑板上，就像戏剧表演的全套彩排。他在讲课中表现出迷人的自发性和热情，都是精心编排的。[11]

爱因斯坦没有好好备课，这差点儿使他丧失在苏黎世大学的职位，因为克莱纳在为爱因斯坦提供职位之前，突然造访伯尔尼，听了一次课。他离开时对该次讲课的印象很差。他向阿德勒报告，爱因斯坦"远不及讲师，他只顾独白"。[12] 爱因斯坦承认自己的表现低于一般水平："那天我的课讲得不是很好——部分原因是我自己没有准备好，部分原因是被人检查而感到神经紧张。"[13]③ 克莱纳认为有义务让爱因斯坦接受进一步的考验，邀请他在苏黎世物理学会发表演讲。"我很幸运，"爱因斯坦说，"完全改变了以前的坏习惯，这次我讲得很好。"[14]④

在苏黎世，爱因斯坦一家住在莫森大街上一套舒适的公寓里，在

---

① 《爱因斯坦全集》第三卷，247—315页。
② 《爱因斯坦传》，183页。
③ 同上，175页。
④ 同上，176页。

大学和理工学院后面的小山上。巧合的是，阿德勒夫妇在同一栋房子里有一套公寓。除了阿德勒和克莱纳外，这所大学里几乎没有人知道爱因斯坦在物理学中的卓越地位。爱因斯坦觉得自己没有得到其他学术同事的赞赏，几年后，他在给苏黎世大学病理学教授海因里希·灿格（Heinrich Zangger）的一封信中说：

> 我发现瑞士人的心胸特别狭窄。我永远不会忘记大学校长……抱怨我演讲厅里的暖气费开销太大！没有哪个法国人会那样做的。上天知道，你［灿格］的血从哪里来，所以你的态度和德国瑞士人完全不同，他们的脑子总惦记着那亲爱的法郎［如同当地的方言里叫瑞士法郎］。[15]①

但是，苏黎世大学教授们的眼光是由普朗克在柏林的同事能斯特的访问打开的。能斯特不仅是杰出的德国化学家和德国标准研究所的所长，更不可思议的是，他还是百万富翁——他发明了一种电灯，并以100万马克的巨款将专利卖给了德国AEG公司，这在那个时代里是一个天文数字。

能斯特对爱因斯坦关于固体潜热的论文非常感兴趣，因为爱因斯坦预言的潜热的低温行为与最近在德国标准研究所进行的测量结果一致。而且，能斯特非常满意，因为这种低温行为也符合他最近表述的热力学第三定律，能斯特将因该定律于1920年获得诺贝尔奖。他来到苏黎世与爱因斯坦讨论热力学问题。(我们是否可以猜测，他会和苏黎

---

① 《爱因斯坦全集》第十二卷，25页。

世银行的银行家们讨论一些私人财务问题?)这位著名的百万富翁教授的到来,给爱因斯坦在苏黎世大学的同事留下了深刻的印象,让他们正襟危坐记笔记。他们喃喃地说:"伟大的能斯特从柏林专程到苏黎世找爱因斯坦谈话,那么爱因斯坦一定是位聪明人。"[16]①

此后不久,阿诺尔德·索末菲抵达这里访问,爱因斯坦的这种意识得到了强化。爱因斯坦曾做过一些不成功的尝试,试图解决熟知的光的波动特性同他的光量子理论揭示的光的新粒子特性之间的冲突;他给一位同事的信中写道:"我要看看我能不能把我这个可爱的量子蛋孵化。"[17]②索末菲与爱因斯坦讨论了他在这个量子问题上的进展,以及相对论的一些方面。索末菲待了一个星期,爱因斯坦报告说:"他的出现对我来说确实是一种颂扬。"[18]

爱因斯坦在苏黎世任教的时间并不长,原因不只是他作为讲课者的局限性。一年之后,他从布拉格大学得到了一个更好的职位——薪水翻一番,还有一个全职教授的头衔。这一提议是普朗克极力推荐的结果,布拉格和维也纳当局可能也受到最近出版的一本书的影响,其中普朗克将爱因斯坦比作哥白尼,说他关于相对论的工作"大胆地说,超过了玄思的自然科学以及哲学认识论所取得的任何成就"[19]③。

爱因斯坦欣然接受了布拉格方面的提议。与此同时,他拒绝了乌得勒支大学的邀请。本来乌得勒支大学给了他接近洛伦兹的机会,他声称,"对于我个人来说,洛伦兹是我一生中所遇到的最重要的

---

① 《爱因斯坦传》,185 页。
② 《爱因斯坦全集》第五卷,213 页。
③ 《爱因斯坦传》,190 页。

人"。²⁰① 决定性因素似乎是，布拉格方面的薪水更高——他妻子写信给一位朋友，"鉴于物质条件优越，经过充分考虑后"，他接受了这个教职。²¹② 由于爱因斯坦学生时代经济拮据，不得不依靠亲戚的施舍，他学会了以一种彻底瑞士的方式照顾自己的 Fränkli（瑞士法郎），在整个职业生涯中，他经常在讲课和职位的费用、薪水方面进行不体面的讨价还价。

除了薪水外，很少有人赞成布拉格的职位。布拉格大学是欧洲古老的大学之一，可以追溯到中世纪，它可以自夸在文学研究方面有着悠久的传统；但在物理学方面则无足轻重。布拉格只有另外一位物理学家，一位实验家，因此没有人能（或曾经）与爱因斯坦就物理学进行有价值的讨论。布拉格有一些资产，如"一个拥有大量藏书的图书馆的好学院"，爱因斯坦有一间宽敞的办公室，在那里他可以俯瞰公园，追求他"不受干扰地沉浸在科学思考中"。²²③ 公园附属于一所疯人院，爱因斯坦用他一贯的幽默感指着那些被囚的患者，对来访者说："看看这些病人，他们不会操心量子理论。"²³④

在布拉格期间，爱因斯坦收到了在布鲁塞尔参加举行第一次索尔维会议的邀请。1911年应邀参加第一次索尔维会议的物理学家，以及参加后来每隔三年（不被战争打断）的会议的都是杰出人士。只有二十多人受到邀请，通过把爱因斯坦置身于那些著名的伙伴中可以看出，会议的组织者承认了他作为物理学领袖之一的地位。

---

① 《爱因斯坦传》，194 页。译文有改动。
② 同上，257 页。
③ 同上，197 页。
④ 同上，200 页。

爱因斯坦欣然参加。他很喜欢其他与会者给予他的敬意，他们都比他年长：普朗克、洛伦兹、庞加莱、卢瑟福、朗之万和玛丽·居里（唯一受邀参加会议的女性）。洛伦兹主持了会议，爱因斯坦被他迷住了。他给朋友灿格写信说："洛伦兹是智慧和机敏的奇才。他是活生生的艺术精品！"[24]①

在第一次索尔维会议上，物理学家们的注意力集中在辐射和量子理论上。可是，出席会议的报社记者的注意力却被完全不同的东西所吸引。玛丽·居里，在其丈夫皮埃尔死于一场街头交通事故后，与她的同事保罗·朗之万开始热恋。朗之万是个已婚男人，他的妻子截获了玛丽写给朗之万的一些相当亲密的信。这些信件在会议召开时被公布于众。这一法国最高科学阶层外遇事件引起了轩然大波，在报纸上，这一绯闻完全掩盖了会议的科学议题。在玛丽那个波兰血统的巧妙双关语中，报纸称其为"朗之万 le chopin de la polonaise"（意为"朗之万的波兰 chopin"；其中 chopin 是法语俚语，意为"好的交易"或"甜蜜的交易"）。[25]

玛丽·居里已然荣获 1903 年诺贝尔物理学奖，新近又获得 1911 年诺贝尔化学奖。这起丑闻几乎让她无法参加斯德哥尔摩的喜庆颁奖典礼，因为瑞典人在她深陷丑闻泥潭时，另作考虑邀请她作为贵宾。这桩绯闻对玛丽·居里的声望产生了持久的影响。尽管她在放射性物质的物理和化学方面取得了杰出的成就，可从未成为爱因斯坦级的名人。她的名誉因她与朗之万的婚外情被披露而蒙上了污点，法国资产阶级很不恰当地谴责她。

---

① 《爱因斯坦全集》第五卷，328 页。

爱因斯坦的错误　　天才的人性弱点

绯闻和她与朗之万关系的破裂，深深伤害了玛丽·居里，使她变成了郁郁寡欢的痛苦女人。即使是第二次获得诺贝尔奖——两次获得诺贝尔奖的第一个人——也不能使她恢复精气神。爱因斯坦因各种纠缠不清的通奸勾搭而自己制造了一些丑闻，显然他认为自己在某种程度上对女性具有权威，起初他对居里夫人和朗之万的指控持怀疑态度。他告诫灿格："报纸上传播的可怕的故事完全是胡说八道……我完全没有他们两人之间存在某种特殊关系的印象……她活泼机智，尽管她富有同情心，但她并没有那么迷人以致对任何人有所危险。"[26]① 几年后，经过从瑞士山区到科莫湖的长途步行旅行，他对玛丽·居里有了更深的了解。于是，他写道："居里夫人颇具才智，不过她感情冷淡，像一条鱼。我的意思是她缺乏所有悲喜的激情。她表达感情几乎只用一种方式，即斥责她所不喜欢的事物。她有一个女儿，情形更糟——倒像一位大兵。不过她女儿也很有天赋。"[27]② 她才华横溢的女儿伊蕾娜在放射化学方面确实追随了母亲的脚步，并为居里家族又获得了另一项诺贝尔奖。

爱因斯坦在布拉格发表了引力理论的初步成果，后来被称为广义相对论。不过早在几年前，即 1907 年，他还在专利局担任审查员时，就开始思考引力的更深层次含义。几年后，他在京都大学的一次演讲中回忆了他最初的想法。

> 我坐在伯尔尼专利局的办公室里。头脑中突然涌出一个念

---

① 《爱因斯坦全集》第五卷，325 页。
② 同上，503 页。此处，"像一条鱼"，本书作者认为系德语向英语的翻译有误，见本书序言。

头：如果一个人自由落下，他应该不会感受到自身重力的存在，这种想法把我吓了一跳。这个简单的思想实验给我留下了很深的印象，使我走向了引力理论。[28]①

他的妹妹玛雅认为，引发爱因斯坦思考自由落体的原因是爱因斯坦公寓附近一名屋顶工人从屋顶上滑倒坠地的致命事故。这个故事听起来太好了，不像是真的，但是爱因斯坦本人在描述自由落体的影响时也提到了屋顶："对于一位从屋顶上自由落下的观察者，他感觉不到重力的存在。"他补充说，这是"我一生中最幸运的想法"。[29]伯尔尼的屋顶当然是陡峭的，又旧又滑，可能会从屋顶上面掉下来几十个人。这个故事若是真的，历史几乎重演了——爱因斯坦关于引力的顿悟几乎和牛顿的一样，只不过牛顿在看一个成熟的、落下的苹果，而不是一个倒霉的、落下的屋顶工人。

自由落体的屋顶人经历失重，因为他所有的身体部位都以同样的速度和加速度下降。如果他从手上释放出锤子或钉子，它们也会以完全相同的加速度向下坠落。如果下落的屋顶人把注意力集中在他附近的这些现象上（并设法暂时忘记了即将与地面相撞），他可以想象他和锤子、钉子在星际空间中一个没有重力的区域自由飘浮。

在不太危险的情况下，你可以在游泳池跳出跳板，短暂体验这种失重状态。然后，无论是在跳跃时的向上部分或向下部分，你都会感到失重。当你跌倒时，可以尝试把水从手中的纸杯里倒出来——除非你把水从杯子里挤出来，否则就不能把水倒掉。航天飞机或绕地球运

---

① 《爱因斯坦传》，212 页。译文有改动。

行的空间站的宇航员，在几天或几个月内都会经历这种失重状态。他们（和空间站）都在自由下落，任何飘浮在它们附近的物体也是如此。

爱因斯坦"最幸运"的那个想法，其实并没有什么特别的独到之处。五十年前，儒勒·凡尔纳（Jules Verne）曾预言，一艘从地球滑行到月球的宇宙飞船将处于失重状态。在科幻小说中，他用一架巨炮从地球上发射了一艘像炮弹一样的宇宙飞船，他正确描述了一具狗的尸体被扔出舷窗，会继续沿着飞船滑行，不过奇怪的是，他误认为飞船内的乘客不会经历这样的失重状态，会在太空船上走动或就像在家里的客厅里一样坐着。[30]

如果加速度可以消除重力，产生失重，那么在没有重力的情况下，加速度本身就可以模拟重力，也就是说，它可以产生与实际重力无法区分的人工重力。这就是加速度和重力的等效原理（Principle of Equivalence）。爱因斯坦在一次演讲中描述了这一点：

> 设有两位物理学家A和B，从昏睡中醒来时发现他们处于一个带有不透明墙壁的箱子里，箱内装备有各种仪器。他们弄不清箱子位于何地以及是否在运动或如何运动。但是，现在他们把一些物体放在箱子的中部并令它们向同一方向——例如向下——自由下落，他们测定所有物体具有相同的加速度。两位物理学家能由此得出什么结论？A得出结论说箱子静止地位于一个行星上，倘若行星是球形的，向下的方向就是向着行星中心的方向。而B则认为或许有一个外力施于箱子上使它保持以匀加速度g"向上"运动；不需要有什么行星在它附近。是否存在一个判据以决定这

第 8 章 "我头脑中突然涌出一个念头"

> 两位物理学家谁是谁非呢？我们不知道这样的判据……[31]①

同样，这个想法也没有什么原创性。在爱因斯坦的时代，人工重力由加速度产生被充分理解，并广泛应用于离心机技术中。与其他所有现代奶牛场一样，这些超现代的瑞士奶牛场使用离心机将奶油和牛奶分离开来。这些离心机将牛奶置于高速旋转运动中，且具有很大的向心加速度，从而产生爱因斯坦所设想的那种强大的人工重力。奶油和牛奶的分离要快得多，如果你只是把一桶牛奶放在桌子上，寻常的重力就会慢慢地把水从奶油中拉出来。

爱因斯坦新的发现是，并不用人工重力来提取奶油，而是用它来洞察加速度和重力之间的关系。他指出，加速度和重力的效应的不可分辨性意味着，加速度（和速度一样）是相对的。那个封闭箱子里的物理学家不知道他是在经历加速度还是引力，除非他向箱子外看并检查它相对于某个参考点的运动。因此，爱因斯坦认为一定有一种广义相对性形式，其中速度和加速度都是相对的。他把 1905 年表述的相对速度理论称为"旧的"相对论，也就是**狭义相对论**（special relativity）；他把新的相对加速度理论称为**广义相对论**（general relativity）。

跟狭义相对论一样，光速在爱因斯坦实现广义相对论的努力中起着核心作用。他利用等效原理推导出关于引力场中光的行为的预言。他推断，如果加速度和重力的效应相同，就必须通过研究在没有重力的情况下加速参考系中发生的情况，推断在重力场中的静止参考系中

---

① 《爱因斯坦全集》第四卷，443 页。其中的"天体"，改为"行星"。

发生了什么。后一个参考系是前一个的替身，我们如能描述光在后者中起什么作用，就会知道它在前者中起什么作用。

爱因斯坦第一次尝试应用引力和加速度的等效性可以追溯到1907年，当时他在《放射性杂志》上发表了一篇关于相对论的长篇综述，其中一小节是关于引力对时钟速率影响的计算。在那个年代里，放射性是一个热门话题，比相对论更热门，在一本专门讨论放射性的期刊上发表的文章必然会得到更多的关注。

爱因斯坦对引力场中时钟速率的最初处理只是近似的，但它得出了一个重要结果，即引力场中的时钟如何经历时间延缓，也就是说引力场使时钟运转减缓。为了了解时钟在引力场中的行为，爱因斯坦首先研究了时钟在加速参考系（如平稳加速的列车或电梯）中的行为。他试图在这样一个加速参考系中发现时钟的正确同步。由于时间延缓和长度收缩所带来的复杂性，这是一个棘手的数学问题。[32] 爱因斯坦有很好的判断力，没有试图精确解决这个问题，而只是针对较短的时间间隔和时钟之间的短距离。可是他不明白，就连这也是一个徒劳之举——在加速参考系里，根本不存在"正确的"从优同步（preferred synchronization）。而在惯性参考系中，有一种从优同步导致对于物理学定律有其简单、熟悉的形式（即牛顿运动定律和麦克斯韦方程），在加速参考系中，所有的同步都是坏的或比坏更糟——它们都不能产生物理学定律的熟悉形式。有些同步比另一些要好一些，但没有一个由自明的简单性加以明晰区分。[33]

这全是烟雾和障眼法。爱因斯坦设法把自己和（少数）读过这篇论文的物理学家搞混了。这是衡量他成功造成这种混乱的一种方法。

亚伯拉罕·派斯——爱因斯坦的朋友，后来是他的传记作者——把这次讨论描述为"不太有普遍性，更痛苦，但奇怪的是，更复杂了"。[34]①如今，爱因斯坦1907年试图得出有关引力对时钟行为影响的信息的尝试被遗忘了，因为后来他发现了一种更简单的方法得出同样的结果。

爱因斯坦自己似乎认识到，他在加速参考系中对同步的处理是错误的。四年后，他写道，这种处理"我不满意"。[35]②他再也没有回到这个想法，再也没有尝试为加速参考系引入一种特殊的同步。在后来关于这种参考系的讨论中，他使用了未加速参考系的同步。

爱因斯坦关于引力的下一个结果，是1911年在布拉格取得的。无独有偶，他依赖于加速度和引力的等效原理。首先，他问在加速参考系中一个地方发出的光波的频率，和在另一个地方接收到的光波的频率，比如，在轿厢的地板上的手电筒发出的光波，和在天花板上接收到的光波的频率，而轿厢加速上升（在失重情况下！）会发生什么情况。[36]③在这些条件下，轿厢的上升速度在增加，当光波撞击天花板时，天花板的速度将大于地板发出光波时的速度。这意味着，到达天花板的光波会受到多普勒频移的影响——当从天花板接收到它的频率时，它的频率将小于从地板发出的频率（这类似于救护车远离你时救护车警报器频率的降低）。

向上加速的轿厢是在行星表面上静止轿厢的替身，在那里轿厢会受到重力的影响。爱因斯坦因此得出结论，在行星的引力场中，光波

---

① 《上帝难以捉摸：爱因斯坦的科学与生平》，229 页。
② 《爱因斯坦全集》第三卷，384 页。
③ 同上，387—388 页。

的频率会随着光波的向上传播而减小。光波的频率下降意味着颜色向红色偏移，因此这被称为光的引力红移（gravitational redshift）。（相反，如果光波向下传播，光波的频率会增加；这会导致引力蓝移。）

然而，爱因斯坦发现了引力红移的一个问题：如果光源以稳定的速率发射波峰，而这些波峰以较慢速率到达光的接收器——即频率降低——那么多余的波峰发生了什么？一个类比可以清楚表明，这里并没有添加什么东西：想象一下，汽车以稳定的速度进入隧道的一端，比如说每分钟5辆车，但每分钟只有3辆车从隧道的另一端冒出来——你就知道隧道里发生了一些灾难性的问题。面对这个难题，爱因斯坦宣称："答案是简单的……不存在任何东西迫使我们假设处于不同引力势的时钟 U 必须被认为走得一样快。……如果我们在 S_1 处用时钟 U 来量度时间，我们就必须在 S_2 处用另一个比时钟 U 慢得多的时钟来量度时间。"他总结道："我们必须用构造不同的时钟来在引力势不同的各点上测量时间。"[37]①

爱因斯坦说得对，引力场中的时钟运行得更慢。但他错误地说，这是因为我们选择调整时钟的方式，使它们运行缓慢。这是爱因斯坦的另一个错误。

这个新错误的概念病理学（conceptual pathology）和他早期的光速错误如出一辙，那个错误把可怜的克劳赫斯特推向了疯狂。当时，他提议，根据自己的自由意志，他可以选择时钟同步的方式，以达到恒定的光速，从而加强非加速运动的相对性原理。现在，他又提议，根据自己的自由意志，他可以选择引力场中的时钟速率，以加强加速度

---

① 《爱因斯坦全集》第三卷，389页。

和引力的等效原理。这是同样的错误：在1905年，他忽略了适用于时钟的机械定律，当时钟（缓慢地）从一个地方传送到另一个地方时，要确定它们的同步。现在，他又一次无视机械定律——如果两个时钟是按照完全相同的规格建造的，它们必然以相同的方式运行，任何愚弄它们的速率都不会导致新的物理学，而只是造成混乱。

直到很久以后，爱因斯坦才认识到，关于引力场中时钟速率的难题，真正的答案在时空的曲率中找到。在引力场中，时间是"慢"的，也就是说，引力场产生时间延缓，这会自动使时钟变慢——没有必要校准它们。引力场中的这种时间慢化，是与引力相关的时空曲率的直接结果。事实上，引力红移是我们对时空曲率最直接的观测证据。但是在1911年，爱因斯坦的直觉让他失望了。他还没有准备好想象一个弯曲的时空。在这里，塞格雷的格言再次占据了主导地位：头脑没有准备好时，眼睛就认不出来。

奇怪的是，爱因斯坦立即提议用太阳和地球上的原子作为小钟来验证这种时间延缓效应。当时，物理学家认为原子的内部振动会导致光的发射，其频率与这个内部振动相对应。这不完全正确——量子力学给了我们关于光发射的一个有点不同的新图景——但是对于目前的目的来说，它足够接近了。因此，地球上的天文学家只需将太阳上原子发出的光与地球上类似原子发出的光进行比较，就可以比较太阳表面原子和地球上原子的振动频率。然而，在提出这一验证时，爱因斯坦忘记了，根据他自己的错误想法，他应该假定使用"不像宪法"的钟，也就是说，他应该假定把太阳上原子的振动速率调整到一个较慢的速率。由于没有实际的方法来做这样的调整，他提出的实验验证与他自己关于时间延缓的理论概念并不一致。可是，爱因斯坦很幸运。

其建议中的此种不一致弥补了其理论概念上的错误，故他提出的实验验证建议反而是正确的。

虽然爱因斯坦对引力场中时钟运行慢的原因大错特错，但他正确得出结论，慢钟速率对光速有影响。他假设，当光速在引力场中的某个位置测量时，随着当地时钟的减速，光速仍有其标准值，即30万千米每秒。但是，由于时钟运行慢，实际的速度必须与时钟的速度一样慢下来——在引力场中，光的传播速度比引力场外慢。这意味着，在光的传播方面，太阳的近邻犹如一个充填玻璃的大球，包裹着太阳，故此玻璃减缓了光的传播。玻璃在太阳附近最密集，在更远处密度较小，在很远距离内逐渐消失成空虚空间（在那里光速恢复其标准值）。

爱因斯坦认识到，光速减慢会使光线弯曲，如同玻璃球使光线弯曲——它使击中球右半部分的光线向左弯曲，使击中球左半部分的光线向右弯曲，也就是说，它总是把光线向中心线弯曲。

换言之，这种光线弯曲可通过考虑光线在加速轿厢中的传播来理解。在没有引力的情况下，光线在一条直线上水平地传播，但由于轿厢在向上加速，光线相对于轿厢会向下垂——如从轿厢一壁的中点发射出来，它就会落在相对壁的中点以下。根据等效原理，我们预计光线在太阳引力场中传播时，会出现相应的下垂（即弯曲）。[38]

爱因斯坦计算出了在等于太阳半径的距离处，经过太阳的光线这种弯曲的数值，也就是一束"掠"光，它几乎无法避免撞击太阳。他发现，对于这样的光线，偏折是0.8弧秒。这是一个很小的角度，从离你眼睛5千米的距离来看，它大约相当于拇指的宽度。

爱因斯坦立即意识到，他对光线弯曲的预言可以作为对其理论的一个关键验证,他联系了几位天文学家,要求他们以观测方式研究这个问题。因为太阳的强光遮住了恒星的视线,所以只有在日食时才能观察到星光的弯曲,这时太阳受到遮挡,太阳附近的恒星也就可见了。他敦促天文学家为1914年8月那次日食期间的观测做准备。但是,直到第一次世界大战后的1919年5月的日食才证实了光的弯曲[①](见第10章)。

爱因斯坦继续他在布拉格的工作,试图建立一个基于慢光速的引力理论。他认为,自从光速出现在粒子动量和能量的相对论性方程中,应该有可能表述一个运动方程,其中,光速的变化改变了粒子的动量和能量,从而引起行星、卫星和彗星的轨道运动。牛顿万有引力定律被光速定律所取代,所有的一切都应该是这样的。这是一个错误的想法,但它导致了时空距离的新表达,后来它使爱因斯坦认识到时空是弯曲的。

不久,爱因斯坦就对他在布拉格被孤立感到不快。在到达后的半年内,他渴望离开:"……我肯定会开心地离开这个半野蛮的布拉格。"[39][②] 1912年,在停留了一年半之后,他背弃布拉格回到苏黎世。理工学院刚刚进行了重组和扩建,获得了瑞士联邦大学的新特权,它需要一位新的理论物理学教授。在爱因斯坦的朋友灿格和格罗斯曼的推荐下,这个职位被提供给了爱因斯坦,爱因斯坦欣然接受。

就在爱因斯坦从布拉格搬到苏黎世之前,他做出了一个革命性的发现,即弯曲时空才是对引力的真正解释。爱因斯坦得出了一个深刻

---

① 《日全食》,杰克·齐克尔著,傅承启译,上海科技教育出版社,2002年。
② 《爱因斯坦传》,198页。

的见解：任何引力质量弯曲（或扭曲）它附近的时空几何，这个弯曲的时空几何再作用于附近的其他质量，并影响它们的运动。正如约翰·惠勒后来简洁表达的那样，质量抓住时空，告诉它如何弯曲，时空抓住质量，告诉它如何运动。[40]

爱因斯坦在上一篇关于可变光速的布拉格论文中，在印刷版的证明中添加了一个附录，在该附录中指出，光的可变速度对粒子运动方程的影响可以解释为，要求粒子遵循一条从运动起点到运动终点之间最短有效长度的时空路径。他为此目的所采用的"有效长度"（effective length），是以可变光速对其进行适当修改的长度。[41]① 这给了他一个线索，即时空几何受可变光速的影响，因此在引力物体附近的距离和时间跟虚空空间中的距离和时间不同。虚空空间的距离和时间对应于一个平坦时空几何，这是我们的直觉所熟悉的；但引力物体附近的距离和时间对应于一个新的、反直觉的弯曲时空几何。爱因斯坦发现了引力理论的这一关键，他记得在理工学院当学生时上过一些关于曲面的课，当时已熟悉曲面上的距离公式，他突然发现那篇布拉格论文中的公式是相同类型的。[42]②

爱因斯坦在上一篇布拉格论文的证明中加上附录时尚未完全认识到他的公式是弯曲时空几何的公式——他如果认识到了，肯定会在附录中这么说。可是在布拉格的最后几天，他似乎意识到了这一点。在给贝索的一封信中，他写道："最近，我正狂热地研究引力问题。现在已经到了可以考虑静态情况的时候。不过，关于动力场的情况，我还

---

① 《爱因斯坦全集》第四卷，135—136 页。
② 《上帝难以捉摸：爱因斯坦的科学与生平》，270 页。

一点儿也不知道……每迈一步都极端困难。"[43]①

抵达苏黎世后,他热情地推进这项工作,起初他认为已达到了目标。他宣布:"引力进展非常顺利。如果说它不是幻景,那么,我现在已发现了最一般的方程。"[44]② 不过,欢庆还为时过早。他在弯曲时空方程中遇到了新的复杂的数学难题,在绝望中转向求助朋友格罗斯曼,喊道:"格罗斯曼,你一定得帮我,不然的话,我会发疯的!"[45]③

弯曲三维空间——或者更糟糕的是,弯曲四维时空——是无法形象化的。如果三维空间是弯曲的,它必须弯曲成某个超过三维的维度。我们的头脑与三维相协调,它不允许我们想象任何超过三维的事物。一些数学家声称他们可以想象出弯曲三维空间,但要是这样,他们是疯狂的,也就是在不正常意义上的疯狂。正常人所能做得最好的,就是想象一个曲面,如苹果的表面或地球的表面。这样的曲面是二维弯曲空间,它可以弯曲成可视化的第三维。

广义相对论的弯曲四维时空,弯曲为第五、第六……甚至第十维。但是,由于我们不能走出四维时空,从"外部"来思考它的曲率,所以必须把注意力集中在那些弯曲几何的特征上,我们可以在四维空间内测量,而不需要进入任何额外的维度。

在二维曲面的研究中,这相当于专注我们可以在曲面上测量的东西,而不是进入第三维度。例如,我们可以在地球表面布置三角形和圆(在海平面上,故不必担心山脉和山谷给地球表面的曲率增加的不

---

① 《上帝难以捉摸:爱因斯坦的科学与生平》,267 页。
② 同上,268 页脚注。
③ 同上,270 页。

规则性），可以检查这些三角形和圆的几何形状。这样做时，发现沿地球表面排列的三角形和圆不遵从普通、平坦、欧几里得几何的定理。因此，在地球的曲面上，直角三角形斜边的平方小于两直角边的平方之和。吉尔伯特（Gilbert）和苏利文（Sullivan）创作的《潘赞斯的海盗》中的现代少将声称，他知道"关于斜边平方的许多令人愉快的事实"，会震惊地发现这一点。（但《比纳佛》的船长会从他在天体导航和球面三角学方面的训练中了解到这一点。）

那位少将会更震惊地发现，在地球表面，三角形的内角之和大于180度，半径为 r 的圆的周长小于 $2\pi r$。通过测量这些偏差，我们可以检测地球表面的曲率，而不需要走出这个表面，进入额外的垂直维度。同理，在弯曲三维空间或弯曲四维时空中，可以通过测量三角形和圆的几何偏差来检测曲率，即使我们不能走出这个空间，从外面盘算那个曲率。

爱因斯坦很快意识到，对弯曲四维时空的数学处理，他需要依靠闵可夫斯基几年前引入相对论的数学方法的推广。他后来承认，要是没有闵可夫斯基的张量分析，"广义相对论……恐怕就无法成长"。[46][①] 闵可夫斯基还通过时空图引入了一种几何的、图形化的方法来看待相对论，在这种时空图中，粒子的运动可以用线（称为**世界线**）来表示，给出粒子的位置随时间的函数。在相对论研究中，这些图形化的方法如今是一种常见的工具，但它们花了很多年才得到普及。爱因斯坦很少画时空图（在他1921年的普林斯顿讲座中有一对），直到1960年相对论专家辛格（J. L. Synge）抱怨道："在相对论性的讨论中，我试图

---

① 《狭义与广义相对论浅说》，43 页。

用时空图把事情弄得更清楚,其他参与者以礼貌的态度看待它,在尴尬停顿了一下之后,仿佛已经展示了一些幼稚的粗鄙行为,以他们自己的术语重新开始辩论。"[47]

格罗斯曼向爱因斯坦介绍了由德国大数学家伯恩哈德·黎曼(Bernhard Riemann)设计的度规张量(即"基本"张量),以建立弯曲空间中坐标与距离之间的联系。这个张量可以被看作一个计算装置,约翰·惠勒喜欢称其为"机器",用来求出两个邻近点之间真实、可测量的距离(它所以被称为**度规张量**,因为它产生了用量尺测量弯曲空间时所能求得的距离)。你把第一个点和第二个点的位置之差输入到度规张量机器中,它就会立即喷出距离。度规张量机器通过存储在其内存中的十个代码来完成这个把戏。这十个数字编码了关于时空几何的所有信息。

你可以将度规张量中的十个代码数看作"球队",类似于通常由十名球员组成的足球队,但不包括守门员(如果球员穿着带数字的球衣,则可以通过将球员视为数字来改进这种类比,因此足球队是一支由十个数字组成的队伍)。度规张量中的十个代码称为张量的分量。这些分量在不同的位置是不同的,因为时空在不同的位置可能具有不同的几何特性。这类似于在不同城镇的足球队中有不同的球员。要完整地描述弯曲空间的几何特性,我们需要知道度规张量在每个位置的十个分量。这听起来很复杂,但也不过是完整地描述了足球在世界上的地位,列出了每个城镇的"主队"中的十名球员。

格罗斯曼愿意在数学方面帮助爱因斯坦,但他对物理学一窍不通。他认为爱因斯坦必须对物理学承担全部责任。1913年从爱因斯坦–格

爱因斯坦的错误　　天才的人性弱点

罗斯曼合作中产生的那篇论文,被称为广义化相对论的《纲要》(即梗概)。由于明确的劳动分工,这个《纲要》是一种相当奇怪的东西,部分是"鱼",部分是"鸡":它由爱因斯坦名下的第一部分"物理学"和以格罗斯曼署名的第二部分"数学"组成。[48]① 这两个部分之间的联系有点模糊,给人的印象是爱因斯坦没有完全理解数学,格罗斯曼没有完全理解物理学。

爱因斯坦-格罗斯曼论文的第一部分很有希望。它开始于对物理学所需要的东西的明确感知。爱因斯坦给出了为什么引力质量附近的时空几何必须弯曲的精辟论点,这个论证实际上比1915年晚些时候他在对广义相对论的最后表述中采纳的论证要好得多。[49] 实质上,爱因斯坦依靠他那篇布拉格论文的附录来证明,当存在引力质量——和可变光速——时,距离和时间都是弯曲时空中所期望的数学形式。

爱因斯坦建议,度规张量应该发挥引力场的作用,并决定所有的引力效应——时钟和量杆的行为,以及粒子和光信号的运动,如行星围绕太阳的运动和光线被太阳弯曲。爱因斯坦明白,他需要发现度规张量的大小与太阳中的质量(更准确地说,太阳中的能量和动量)的数量之间的确切关系。

从数学上讲,在太阳或任何其他引力天体中物质的能量和动量由能量动量张量(即约翰·惠勒所称的"能动"张量)来描述。这是另一个十分量张量(ten-component tensor),它的分量给出了能量密度、动量密度,以及能量动量流。因此,为了完成他的计划,爱因斯坦需要找到将度规张量和能动张量联系起来的正确方程,也就是说,他需

---

① 《爱因斯坦全集》第四卷,"Ⅰ物理学部分",260—276页,"Ⅱ数学部分",277—291页。

要找到支配度规张量动力学的方程。

这看起来是个令人敬畏的难题，但实际上比看上去简单得多。在物理学中，支配任何事物——粒子、粒子团、电场或引力场——的动力学的所有方程，在其广义特征上几乎一样。本质上，它们都是牛顿运动定律的变体。在这个方程的右边，有运动的力，即运动的原因；在方程左边，有产生的加速度。爱因斯坦期望支配引力场动力学的场方程是相同的形式。在方程右边，他期望找到能动张量（扮演引起时空曲率的"力"的作用）；在方程左边，他期望找到时空度规的"加速度"。加速度实际上是变化率的变化率（例如，对于汽车的运动，加速度是速度的变化率，而速度是距离的变化率）。因此，爱因斯坦期望在方程左边找到度规张量变化率的变化率。

这是一个很好的开始，但是因为度规张量有十个分量，时空有四个不同的方向，所以有许许多多方法来构造度规张量变化率的变化率。爱因斯坦正确地认为，他所寻找的变化率的变化率应该是某种张量。这大大简化了这个问题，因为研究弯曲几何特性的数学家已经建立了三种，而且只有三种方法，用度规张量各种变化率的变化率来构造张量。第一种是黎曼张量（具有二十个分量），第二种是里奇张量（具有十个分量），第三种是曲率不变量（具有一个分量）。前两种张量分别以伯恩哈德·黎曼和格雷戈里奥·里奇（Gregorio Ricci）的姓氏命名，他们分别是在19世纪研究弯曲几何的德国数学家和意大利数学家。黎曼张量和里奇张量以及曲率不变量直接刻画此种几何的曲率——小三角形的角、圆的圆周都可以用这些张量来表示。因此，这些张量与弯曲几何的可测方面直接相关，显然爱因斯坦认为引力方程应该包含这三种曲率张量的一些或全部。

爱因斯坦的错误　　天才的人性弱点

可是，尽管爱因斯坦对物理学的直觉是清晰而敏锐的，他对物理学的数学实现却是一场灾难，它阻碍了他构建一个自洽的理论。爱因斯坦造成了一个严重错误，格罗斯曼则造成了另一个。这两个错误，都是由于对弯曲时空的数学认识不足而产生的。爱因斯坦和格罗斯曼是这个游戏的新手。他们对关于弯曲时空的现有数学文献[尤其是意大利数学家里奇、图利奥·列维–奇维塔（Tullio Levi-Civita）和路易吉·比安基（Luigi Bianchi）的著作]只有肤浅的了解，并未完全理解弯曲时空中的数学方程意味着什么以及它们所包含的内容。[50]

爱因斯坦的错误，是对弯曲时空中粒子运动方程中诸项的意义的误解。[51]他认为，这个方程中的诸项意味着不同速度的粒子会以不同的加速度下落，除非时空曲率仅限于时空几何的时间部分（空间部分没有曲率）。为了使所有粒子都以同样的加速度下落，于是他假定，在太阳附近的时空几何的弯曲只存在于该几何的时间部分。这是一个灾难性的错误——事实上，太阳周围的时空几何在时间和空间上都以大致相同的方式弯曲。爱因斯坦用错误的假设得到了引力场的错误结果，故认为他的理论完全不符合牛顿万有引力定律。[52]① 当然，他预计会有一些偏离牛顿理论的地方，因为他的新引力理论被认为是对牛顿理论的改进。但对于太阳系最外面的行星，他预计这两种理论之间的偏差会消失，而那些偏差竟然没有消失。

格罗斯曼的错误更加严重，令人对他作为数学家的能力产生了严重的怀疑。按照爱因斯坦的计划，他想要建立一个把黎曼张量或里奇

---

① 《爱因斯坦全集》第四卷，214页。

张量与能动张量相关联的方程。他知道里奇张量有十个分量，能动张量也有十个分量。由于分量数量的这种巧妙匹配，格罗斯曼提出了广义相对论的基本场方程，即里奇张量应该等于能动张量（除了一个比例常数，我们将忽略它，以简化讨论）。在一个简化的半数学表示法中，格罗斯曼方程是：

里奇张量＝能动张量。

这是个大错误！这个方程的问题在于，它在数学上是不相容的。这是一个不可能的等式，因为它与能量和动量的守恒相冲突。[53]①

格罗斯曼从来没有注意到这种不相容。他还忽略了广义相对论基本方程一个明显的替代选择。这种选择使用里奇张量和曲率不变量的组合来设计一个相容的方程。如果格罗斯曼没有忽视这一选择，他可能在寻找正确方程式的漫长过程中节省爱因斯坦好几年时间。

在一场比得上爱发先生（Elmer Fudd）追赶兔八哥的表演中，他没有注意到兔八哥正坐在他的狩猎帽上，爱因斯坦没有发现格罗斯曼方程中的错误，于是他开始以完全不同、完全虚假的理由驳回了这个方程式。爱因斯坦假定曲率只存在于时空几何的时间部分，因此他认为他的方程与牛顿万有引力定律相冲突。他还认为它们还有另一个缺点：这些方程似乎有一个他所说的"洞"，也就是说，它们无法为引力天体产生的弯曲时空几何提供一个唯一的解。爱因斯坦没有看到这个"洞"乃是他想象中的一个虚构——时空几何实际上是独一无二的，但它**看起来**并不唯一，因为它可以根据坐标的选择而呈现不同的外观（例如，在普通的平坦三维空间中，矩形坐标和球面坐标中的距离或面

---

① 《爱因斯坦全集》第四卷，289 页。

积的几何公式**看起来**是不同的,即使这些坐标所描述的几何确实是相同的)。

因此,爱因斯坦放弃了广义相对论初始的、近乎正确的方程,为了修复这个方程中想象的缺陷,他陷入了涉及非张量量的可选数学构造的泥潭,即黎曼张量、里奇张量和曲率不变量以外的量。这种对广义相对论各种错误版本的徒劳追求,使他付出了三年的艰苦工作。他自己后来承认,"我关于引力的系列出版物,是一连串错误的转折"。[54]

爱因斯坦认为,通过研究行星(尤其是水星)运动的细节,他的理论可能会得到某种证实。19 世纪中叶,法国天文学家于尔班·勒威耶(Urbain Leverrier)注意到不能用牛顿万有引力定律来解释水星运动的偏离。水星的椭圆轨道围绕太阳进动,也就是说,它会逐渐围绕太阳旋转,因此水星完成了围绕太阳的每一次公转,相对于前一轨道而言,这一轨道略有偏移。这种进动的大部分原因被解释为其他行星对水星产生的引力,这些引力扰乱了理想的、固定的椭圆轨道,而这些固定轨道是在没有引力的情况下存在的。

根据各观测站多年积累的数据进行计算,勒威耶发现,水星椭圆的进动比它应该的要大——过剩进动(excess precession)相当于椭圆 300 万年绕太阳的额外公转一次。勒威耶此前在天王星的案例中发现了类似的现象,这使得他预测了一颗额外行星的存在,它的吸引力扰乱了天王星的运动。海王星的随后发现是天体力学一次壮观的胜利。因此,按照法国人的逻辑,勒威耶对水星的情况做了类似的预测,将多余的进动归因于另一颗额外的行星 Vulcan(祝融星),据说它位于太阳附近的轨道上,并隐藏在它的强光下。但是,大自然是变化无常的，在这一次，她选择了让勒威耶失望——祝融星的迹象从未被发现过。

爱因斯坦希望水星椭圆的过剩进动可以用新引力理论来解释。为了由其理论计算进动，他得到了朋友米歇尔·贝索（苏黎世理工学院一名更优秀的学生，比爱因斯坦受过更好的数学训练）的帮助。计算冗长而混乱却直截了当。最后，它并没有给爱因斯坦带来快乐——计算出的进动仅占水星实际过剩进动的一半左右。爱因斯坦认为，最好对这个令人失望的结果保持沉默。他搁置了这个计算方法，直到1915年，当时他用改进的引力理论进行了修正——这为他带来巨大的成功，众望所归。

爱因斯坦在苏黎世与其引力理论的问题作斗争时，普鲁士科学院正在为吸引他去柏林而进行认真的谋划。几年来，能斯特计划把爱因斯坦带到柏林，他的计划得到了普朗克和德国科学机构其他领导人的支持。这些支持者中有弗里茨·哈伯（Fritz Haber），他是威廉皇帝物理化学研究所有影响力的所长，1911年诺贝尔化学奖得主，因为他发现了一种由空气中的氮合成氨的工艺，这是生产化肥的第一步（也是生产高爆炸药的第一步，这对第一次世界大战中的德国军火工业来说至关重要）。柏林当时是物理学的世界之都，似乎更加恰当的是普朗克称为著名物理学家中的"新哥白尼"的那个人应该在那里定居，而不是待在苏黎世——一个比布拉格更好的地方，但在物理学研究方面却没有太大的区别。

除了为爱因斯坦提供他们所在机构的青睐和声望之外，柏林的物理学家们还想用极其优厚的薪水、一堆头衔和额外待遇来吸引爱因斯坦：普鲁士科学院院士、柏林大学教授、即将成立的威廉皇帝理论物理研究所所长，最后但并非最不重要的是，他不承担任何教学职责。总之，爱因斯坦只要待在柏林，做点他喜欢做的事，就会得到皇室的薪水。

1913年夏天，在普鲁士科学院的一次会议上，普朗克和能斯特提出了让爱因斯坦成为院士的建议。在如此有影响力的支持下，院士们以压倒性多数投票支持爱因斯坦也就不足为奇。投票是秘密的，通过把白球或黑球放在一个袋子里的方式投票，而在院士们投下的22个球中，只有一个是黑球。

几周后，普朗克和能斯特前往苏黎世，给了爱因斯坦一个惊喜，并以他们的气势压倒了爱因斯坦。他们想立即得到回复，但爱因斯坦要求推迟一天才能做出决定。他答应在火车站见他们。如果他同意，就挥动手帕。第二天，他挥舞着一条白色手帕，以示投降。[55]

在柏林，完成爱因斯坦任命的官方程序推进缓慢，爱因斯坦又花了几个月的时间才得到正式通知，说他入选科学院"并经皇帝陛下……下达最高命令批准"。[56][①] 因此，爱因斯坦不知不觉成了威廉皇帝二世的臣民和德国公民，他（和其他人）当时忽视了一个细节，这使他后来获得诺贝尔奖的时候更复杂。

爱因斯坦接受柏林提供的职位，令他在苏黎世的一些朋友和同事感到有点困惑。他显然不需要柏林人提供的更高的薪水——他在苏黎世有很好的职位，靠他的教授薪水完全可以在瑞士资产阶级环境下舒适地生活。爱因斯坦喜欢苏黎世的环境。尽管苏黎世的财富兼具国际

---

① 《爱因斯坦全集》第五卷，526页。

银行中心的作用，苏黎世过去和现在都是一个有点沉闷的省级城市，但其面积是一个省级城市的六倍。正如阿兰·德·波顿（Alain De Botton）所言："苏黎世对世界的独特教训在于，它有能力提醒我们，要求一座城市是多么富有想象力和人性，它只不过是一座无聊和资产阶级的城市。"[57] 相比之下，柏林是一个充满活力、彻底国际化的城市，它涵盖了从贵族到资产阶级再到波希米亚人等广泛的社会等级。1871年，俾斯麦（Bismarck）把普鲁士国王威廉一世（WilhelmⅠ）立为德国皇帝，建立了以柏林为首都的德意志帝国。

但是，爱因斯坦对这座德国大都市的喧嚣毫无兴趣。瑞士人的友好、随意态度相较德国人，特别是普鲁士人的纪律和严谨态度更适合爱因斯坦的脾性。对于柏林人，他说："不幸的是，缺乏文雅，正是柏林人的风格……柏林人显得多么粗鲁和不文明！有虚荣心的人缺乏真正的自尊！他们讲究文明（牙齿刷得雪白，领带优雅，胡须修饰整洁，服饰毫无瑕疵），但缺少个人文化修养（言行举止、声音、感情都很粗鲁）。"[58]① 尽管如此，他还是要在柏林度过二十年，跨越他科学生涯的巅峰。

柏林在超越巴黎、伦敦成为科学中心方面的成功给他留下了深刻的印象，尤其是在柏林郊外的达勒姆建立了威廉皇帝研究所。威廉皇帝为该研究所捐赠了土地，而富有的德国人，其中包括许多犹太人，自愿捐款购买了这些建筑，并为科学家们支付了丰厚的薪水。此外，爱因斯坦对德国人有着深厚的感激之情和智识上的亲情，因为他们是第一个承认他在相对论上取得成就的人。这种感受对普朗克特别强烈，

---

① 《爱因斯坦全集》第五卷，531页。

从 1905 年他们第一次接触开始，普朗克就对他平等相待。爱因斯坦当时只是一个可怜兮兮的三级专利审查员，可能远远没有想到会得到德国最高等级教授的注意。

爱因斯坦意识到，普朗克在推进相对论方面做了很多工作，也为他在苏黎世和布拉格的首次任命热情洋溢地提供了推荐，从而推进了他的学术生涯。他对普朗克的感情缺乏像他对洛伦兹一样的热情，洛伦兹被他尊崇为父亲一般的形象。但他深深地敬佩普朗克，后来谈及他说："他的目光指向永恒的事物，但他仍然对属于人类和世俗领域的一切事物具有积极的兴趣。……我被允许待在他家里的时间，以及我和他进行的许多私人谈话，将是我余生最美好的回忆。"[59]

普鲁士科学院的院士头衔，是爱因斯坦引以为傲的。这所科学院有着辉煌的历史；它是莱布尼茨在 200 年前建立的，到了 19 世纪末，它已上升到整个欧洲一流的科学学会的地位。但是，它的许多院士都是年迈或超龄的科学政治家，每次演讲持续超过几分钟都很容易陷入打盹。爱因斯坦说："这科学院与大学里的一个系差不多。仿佛其中的大多数成员都只限于在书面上展示出某种孔雀式的庄重而拘谨的风度，除此之外，他们是相当的仁慈。"[60]① 他的新职位的一个明显优势，就是免除了所有的教学职责。他正要去柏林的时候，给一位朋友写信说："……我准备在复活节搬到柏林作为科学院的成员，像一个老妈一样，没有任何义务。我一直盼望这个难得的机会！"[61]②

但是，柏林对爱因斯坦的主要吸引力并不在于其丰厚的薪水、职位的威望以及与德国最优秀、最聪明的物理学家之间的联系，也不在

---

① 《爱因斯坦全集》第八卷，19 页。
② 《爱因斯坦传》，231 页。

第8章 "我头脑中突然涌出一个念头"

于自由的工作环境，而是荷叶裙之下的一段恋情。在前一次柏林之行中，他在那里遇到了表姐埃尔莎·洛温塔尔（Elsa Lowenthal），她已离婚，有两个成年女儿。她是他的双重表姐（也就是，他们双方的父亲是嫡堂兄弟，双方的母亲是堂姐妹）①，德国的一句谚语警告说，Heiraten ins Blut tut selten gut（近亲结婚不是好事）。可是，这并没有使爱因斯坦望而却步。他和埃尔莎开始了相互愉快的暧昧之情。他给她写信说："我认为我自己是一个完全成熟的男子汉。或许什么时候我有机会向您证明这一点。吻您，**您的**阿尔伯特。"[62]② 在第二次访问中，他们之间不仅仅是调情，还暗示着更多的乐趣。埃尔莎认为爱因斯坦疏于个人卫生，于是给了他一个**必要的**东西——发刷和牙刷。爱因斯坦用的是前者，而不是后者。他告诉她，"发刷的使用经常而有规律，其他的清洁卫生也时常进行。除此以外的生活方面马马虎虎。之所以不用牙刷，这纯粹是出于对猪鬃危险性的科学考虑：猪鬃能在钻石上穿孔，我的牙齿怎能承受呢？"[63]③

在普朗克和能斯特的邀请下，爱因斯坦却首先看到了与表姐亲密接触的机会。几年后，他向灿格承认，这位迷人的表姐是"我到柏林的主要原因"。[64]④

---

① 《爱因斯坦年谱》，艾丽斯·卡拉普赖斯编著，范岱年译，上海科技教育出版社，2008年，47页。
② 《爱因斯坦全集》第五卷，424页。
③ 同上，527页。
④ 《爱因斯坦全集》第十卷，21页。

第 9 章 "这理论之完美真是无可比拟"

爱因斯坦向朋友海因里希·灿格宣布发现了广义相对论,根据广义相对论,所有的引力效应都由空间和时间的曲率产生。

1914 年春天,爱因斯坦离开苏黎世的前夕,朋友和同事们在他最喜欢的餐厅克罗嫩哈勒(Kronenhalle)为他饯行,这家餐厅当时(跟现在一样)以其丰富的瑞士法式菜肴而闻名。在尽情享用之后离开餐厅,爱因斯坦高兴地对一位熟人说:"柏林似乎把我当成可以获奖下蛋的鸡,我不知道自己还能否下蛋。"[1]① 的确,他的产蛋能力在柏林第一年里并没有什么明显的表现。他有整整一年的时间进行研究,不受任何教学职责的拖累,可是他只生产了寥寥几篇论文,且都平淡无奇——篇幅短,干货少。

他在柏林第一年的著作中,只有一篇论文看上去冗长而充实,是关于广义相对论的表述形式;然而,这实际上不过是对前一年那篇爱因斯坦 - 格罗斯曼 "纲要" 论文的翻版。爱因斯坦把那篇论文的两个部分合并成一个整体,把物理学放在正确的数学语境中。在这样做的

---

① 《爱因斯坦传》,235 页。

同时，他掌握了格罗斯曼在上一篇论文中提供的数学张量表述形式，他起初发现这很难掌握，他曾说过："对数学，我产生了巨大的敬意，依我愚昧之见，直到现在，我还认为研究数学中更为奥妙的部分，纯粹是一种奢华。与这个问题相比较，原来的相对论那不过是儿戏而已。"[2][①] 不过现在，他对自己不依靠格罗斯曼掌握数学的能力很有信心，于是从这篇新论文上删除了格罗斯曼的名字（后来，他竟然在一次声明中说格罗斯曼没有贡献任何东西）。

在普鲁士科学院的就职演说中，爱因斯坦为自己平淡无奇的表现道歉："请你们相信我的感激之情和孜孜追求，即使我的努力成果在你们看来微不足道。"[3][②] 普朗克作为科学院常务秘书，安慰地回答说："……你的著作向我们展示，你不仅懂得如何表述理论物理学计划，而且懂得如何执行。"[4][③] 可是以普鲁士人的直率，他表示出对爱因斯坦的光子概念不以为然，并补充了一些对爱因斯坦在广义相对论上努力的批评，他说（当时所表述的）这个理论并没有成功使得引力等于加速度，因为它没有以同样方式对待所有的坐标系，"正如你自己刚才证明的那样"。[5][④] 私底下，普朗克曾建议爱因斯坦不要继续在广义相对论方面的尝试："作为老朋友，我劝你别搞了。……首先，你不会成功；而且，即使成功了，也没人相信你。"[6][⑤]

爱因斯坦的糟糕表现，可能是疲劳的结果。他花了好几个月与

---

① 《爱因斯坦全集》第五卷，467 页。
② 《爱因斯坦全集》第六卷，18 页。
③ 同上，20 页。
④ 《上帝难以捉摸：爱因斯坦的科学与生平》，306 页。
⑤ 同上，303 页。

格罗斯曼和贝索一起疯狂地寻找广义相对论的正确方程式。"我像一匹马那样在工作,"他给朋友的信中写道,"尽管马车并不总是走得很远。"[7]① 答案一次又一次似乎手到擒来,只是在最后一刻躲开了他。他从布拉格搬到苏黎世并开始研究其新理论工作时,曾认为:"我的引力方面的文章靠近了目标,虽然犯了一系列的错误。我现在发现了最普遍的方程。"[8]② 可是一年后,他仍然没有得到所期望的结果,他承认,"不幸此事还有重大障碍,使我接受这种理论的信心有动摇。……这理论就与它的出发点相悖,那么这理论就没有任何基础了"。[9]③ 不久之后,"我现在已经对于引力理论感到满意"。[10]④ 于是,成功与失败交替发生。对爱因斯坦来说,对其革命性的广义相对论的漫长追求既是最美好的时代,也是最糟糕的时代。他后来描述道:"在黑暗中找寻我们感觉得到却无法表达的真理的年月里,那强烈的欲望以及自信同疑虑的交替,直至突破到清晰和理解,只有亲身经历过的人才能体会。"[11]⑤

与格罗斯曼和贝索在广义相对论上的紧张努力可能使他精疲力竭,类似于他在1905年奇迹年结束时的疲惫不堪。此外,他的健康状况不佳,患有某种胃病,可能是胃溃疡。他的饮食是半升生牛奶,每天两次,只有一餐饭。

除此之外,他还有生活中的婚姻和婚外恋的困扰。米列娃在布拉格非常不开心。她在那里没有朋友,一点儿不喜欢这个地方,回到苏

---

① 《爱因斯坦全集》第五卷,390页。
② 《爱因斯坦传》,268—269页。译文有改动。
③ 《爱因斯坦全集》第五卷,506页。
④ 同上,520页。
⑤ 《黑洞与时间弯曲》,基普·S.索恩著,李泳译,湖南科学技术出版社,2018年,118页。译文有改动。

第9章 "这理论之完美真是无可比拟"

黎世后,她如释重负。她强烈反对迁往柏林,为"关于柏林和她对亲戚的恐惧"而痛哭。最重要的是,她害怕爱因斯坦可怕的母亲,现在他母亲也搬到了柏林,她曾长期顽固反对爱因斯坦的婚姻,也从未与这位儿媳和睦相处。爱因斯坦曾写到:"我母亲通常心地善良,但作为婆婆,她是一个真正的魔鬼。她和我们在一起的时候,一切就像装满了炸药。"[12]

米列娃也对爱因斯坦和埃尔莎之间不断发展的关系产生了一些怀疑。爱因斯坦在写给埃尔莎的信中说:"她没有问起关于你的事,不过我以为反正她不会低估你对我是多么重要。"[13]① 米列娃有着强烈的嫉妒心,她知道爱因斯坦以前发生过一些出轨的事件。她性格悲苦,时而抑郁,怀有深深的自卑感,部分原因是身体残疾(她严重跛行),部分原因是她在苏黎世理工学院的失败,部分原因是她与爱因斯坦的天赋进行了不公平的比较。爱因斯坦在学生时代引诱她时,她那悲苦的性格非常适合爱因斯坦,但现在她可怜地试图依附他的做法却不受丈夫喜爱。他给埃尔莎写信说:"家中气氛更为糟糕:沉寂,冰冷。"[14]②

埃尔莎催促爱因斯坦和米列娃离婚。但他回答说,这有困难:"你认为离婚是那么容易的吗?实际上,我没有足够使我信服的那种行为的证据——而法庭只认定那种行为为'通奸'。另外,我对待妻子就像对待一个不能解雇的雇员。我有自己的卧室,避免和她单独待在一起。"[15]③ 在后来的一封信中,他说了米列娃更多的坏话,说她有邪恶

---

① 《爱因斯坦全集》第五卷,516 页。
② 同上,518 页。
③ 同上,529 页。

的眼睛:"我妻子是个不友好、缺乏幽默感的人,不会为生活增添什么;只要有她在场,就会消除别人的生活乐趣(malocchio)!"[16]①

在收到普朗克和能斯特的录用通知后,爱因斯坦立即通知了埃尔莎。"最晚到明年春天,我将一劳永逸地来柏林了……我非常期待我们将共度的美好时光!不过,别把这件事告诉任何人。此事还需要在科学院全体会议上通过一项决议,如果这个消息传开会给人留下不好的印象。"[17]② 埃尔莎迅速走到哈伯的办公室,敦促他加快处理这一任命的官僚文书工作。爱因斯坦认为这是徒劳:"你带着平常心去拜访哈伯表明了你的清纯。埃尔莎……你是否和自己淘气不安的内心商量过?如果我能够看见你该有多好。"[18]③

米列娃和孩子们在4月底到达柏林,比爱因斯坦晚一个月。他们搬进了柏林西南郊区达勒姆的一套公寓,新的威廉皇帝研究所就坐落在那里。由于最近铺设了郊区铁路,爱因斯坦可以很快到达柏林市中心,科学院的总部就在柏林大学旁边。

爱因斯坦对柏林很满意。"我喜欢这里的生活,我必须承认。"他给朋友灿格的信中写道,"这里不乏精明能干的人物和对科学的火热劲头!我一再被我参加的研讨会和物理学会的活动深深地感动。至于这里的人怎么样,您想知道?这里的人从根本上与别处的人完全一样。在苏黎世,他们假装正直地拥护共和主义;而在这里,他们就像军人一样僵化而纪律严明;然而无论这里还是那里的人们,他们无不受制

---

① 《爱因斯坦全集》第五卷,530页。malocchio系意大利语,指"邪恶的眼睛"。
② 同上,493页。译文有改动。
③ 同上,505页。

于同样的本能。"[19][①]

爱因斯坦在家待的时间不多。有时他会消失一个星期，米列娃不知道他的去向。[20][②] 米列娃怀疑他日日夜夜都在热切的埃尔莎的怀里度过。我们可以将爱因斯坦与埃尔莎出轨的日期精确地追溯到1914年6月或7月，这是他在1918年12月离婚诉讼中所做的供述："我出轨一事属实。四年半以来，我和我的堂姐、即同洛温塔尔离异了的埃尔莎·爱因斯坦生活在一起，并从此继续保持亲密关系。我的妻子，即原告，从1914年夏（春）以来就获知了我和我的堂姐有亲密关系的情况。她明确告诉我她对此的恼怒。"[21][③]

我们不知道米列娃是怎么发现出轨的。但我们知道，7月份，在一场激烈的家庭争吵之后，她突然搬出了公寓，和孩子们一起住到哈伯的家里。7月的日期与爱因斯坦证词中的"1914年夏"的日期一致，所以不难猜测米列娃做了受伤妻子通常做的事情——她发现了他的不忠，所以她才搬出去。

在一段时间里，阿尔伯特和米列娃之间唯一的交流方式就是通过哈伯带来带去的书面记录。米列娃不忍心放阿尔伯特走，而阿尔伯特更愿意放她走，但他不想失去儿子。在给米列娃的一份备忘录中，他列出了一长串条件，在这些条件下，他允许米列娃回来一起生活。在收集的爱因斯坦大量的文件和其他备忘录中，这份文件无疑是最奇怪、最令人生厌的东西。它读起来就像一位普鲁士军官向蝙蝠侠发出的一套命令：

---

① 《爱因斯坦全集》第十卷，21页。
② 《爱因斯坦全集》第八卷上册，46页，脚注[4]。
③ 同上，386页。

条 件

A. 你负责

 1. 保管好我的外衣和内衣。

 2. 我的一日三餐在**我的房间**里摆好。

 3. 我的卧室和工作室始终保持清洁,尤其是写字台**供我独用**。

B. 你放弃与我的一切个人关系,只要不是出于社交原因而必须保持这种关系。你尤其要放弃下列要求:

 1. 在家里要我和你坐在一起。

 2. 要我和你一起外出或去外地旅行。

C. 你要明确表示承担义务,在与我打交道时注意下列各点:

 1. 你既不能期待得到我的温情表示,也不能对我有任何指责。

 2. 你对我讲话时,一旦我提出请求,你得立即停止。

 3. 当我提出请求时,你必须立即离开我的卧室或工作室,不得顶嘴。

D. 你要承担义务,不得当着孩子们的面以言语和动作贬低我。[22][①]

使这份备忘录更加丑陋的是贯穿其中的伪善的暗流。爱因斯坦的行为就好像**他**才是被冒犯的一方,米列娃则犯了通奸罪或更严重的罪行。

也许他期待并希望米列娃永远不会接受这份备忘录强加的羞辱性条件,然后他就会摆脱她。可是,米列娃辜负了他的希望——她接受

[①] 《爱因斯坦全集》第八卷上册,45页。

了。所以，他又写了一封信，把她碾成粉末："我还必须再次写信给你，以便你完全明白目前的形势。我准备返回我们的住宅，因为我不愿失去孩子们，因为我不愿他们失去我，**仅仅**由于这一个缘故……发生了这么多的事情，再也谈不上与你有什么伴侣关系了。"他还加上了另一种虚伪的选择："假如你觉得不可能在这样的基础上继续生活在一起，那我就只有采取分手这个办法了。"[23]① 这封信显然起了作用：米列娃决定带孩子们回到苏黎世。

埃尔莎带着两个十几岁的女儿匆匆离开了小镇，避居巴伐利亚乡下。她可能认为暂时躲开是明智的，因为这是资产阶级寡妇被发现与已婚男子有亲密关系后的得体之举。在签署了分手的财务安排之后，爱因斯坦直接去了埃尔莎空荡荡的公寓，在那里他写道："现在你就得到我为你做出某种牺牲的证明了！最近几天你所忍受的痛苦给我留下的印象是，我不能采取别的举动，尽管有小孩。……今天夜里我就睡在你的床上！真离奇，使人觉得是这般的困惑。这可是一张与别的床没有什么不同的、似乎你从未躺上去睡过觉的另一张床哟。而我确实觉得，允许我躺上去享受享受，就是一种善良的表示，类似于温情脉脉的一种亲近感。"[24]②

埃尔莎在一周内回到柏林，对新的事态发展非常满意。米列娃几天后前往苏黎世。爱因斯坦在火车站为她送行。他向埃尔莎描述了这一场景："最后一仗已经打完。昨天我的妻子带着孩子们已经一去不复返了。我在车站给了他们最后一个吻。昨天我哭了，昨天下午和昨

---

① 《爱因斯坦全集》第八卷上册，46页。
② 同上，48—49页。

天晚上，当他们走了之后，我像个幼小的孩子似的号啕大哭。"[25]① 根据哈伯的建议，爱因斯坦暂时没有与埃尔莎见面："哈伯叮嘱我，我们得极其当心，不要让别人在背后议论我们，也就是议论你。不要一个人外出！哈伯将告诉普朗克，以免我的最接近的同事听到有关此事的传言。你的表现必须是举止得体、行为审慎，不能让人把你视为害人精；外在的声誉对我们是十分的不利。"[26]②

依照事情的正常发展过程，爱因斯坦-埃尔莎丑闻将成为全市的话题。柏林的报纸有他们的八卦专栏，柏林人非常喜欢讽刺漫画。1911年，居里夫人-朗之万绯闻在索尔维会议上被曝光时，著名的柏林讽刺杂志《风言风语》（Kladderadatsch，柏林方言指"吵闹"）一直冷酷无情地讽刺：

> 居里夫人和她的助理朗之万教授正以一种很不寻常的方式受到侮辱。据说居里夫人绑架了朗之万教授，而他们只是一同前往布鲁塞尔的一次科学大会。有人恶意地说，他们之间有着密切的关系。这是诽谤。居里夫人只是做科学实验，朗之万教授协助她。此刻，他们正忙于关于生命创造的实验研究。[27]

很容易想象《风言风语》会如何看待爱因斯坦的事情，普鲁士皇家科学院最高层的婚外恋冒险。爱因斯坦会在某种程度上经受住这场丑闻曝光的风暴，但埃尔莎可能不得不逃离柏林。第一次世界大战于7月28日开始，在米列娃前往苏黎世前两天奥匈帝国对塞尔维亚宣

---

① 《爱因斯坦全集》第八卷上册，52页。
② 同上。

战，第一次世界大战使爱因斯坦和埃尔莎免于被羞辱。柏林人突然间有更多重要的事情要担心，而不是学术界作风不正的丑闻。众多团体沿着林登大街游行，武力外交的诗歌，战斗和英雄主义行为的报道，以及伤亡名单充斥了报纸……没人再去关注爱因斯坦和埃尔莎。

战争的开始破坏了德国利用1914年8月21日那场日食，对太阳弯曲星光进行观测验证的努力。早在1911年，在引力理论的第一稿中，爱因斯坦就渴望为其预言获得观测上的证实。[①] 他曾鼓励柏林天文学家埃尔文·弗罗因德利希（Erwin Freundlich）为1914年8月的日食组织一支前往俄罗斯南部的远征队。他告诉弗罗因德利希不要担心资金问题："如果[普鲁士]科学院不同意合作，我们将通过私人方面筹集一点钱……如果所有的努力都失败了，我将从我微薄的积蓄中支付费用，至少是先期的2000马克。"[28②] 也许爱因斯坦想到的"小小积蓄"，就是他最近从一位慷慨的匿名崇拜者那里得到的1.5万德国马克。不过最终，那2000德国马克由科学院支付，另外3000德国马克的旅费和交通费由克虏伯军火集团提供。克虏伯能承受得起——第一次世界大战前的德英军备竞赛证明，对所有军火制造商来说都非常有利可图，尤其是克虏伯，它充分利用了以不断升级的方式交替销售大炮和装甲板的机会。

1914年夏天，弗罗因德利希和两个同伴，带上三架照相机和其他设备，前往克里米亚，他们在7月底抵达，正好赶上8月21日的日食。但8月1日，在到达不到一个星期，他们正在为观测日食做准备

---

① 《太阳的面具》，约翰·德沃夏克著，金泰峰译，商务印书馆，248页。《爱因斯坦全集》第三卷，391页。
② 《爱因斯坦传》，224页。

的时候，俄罗斯发动了战争，德国也宣战了。俄国人立即拘留了弗罗因德利希，没收了他所有的设备。爱因斯坦向灿格抱怨说："对日食的观测可能会遭到俄国人的皮鞭镇压，从而我将看不到关于我的科学奋斗的最重要结论的那个判决了。"[29][①] 最后，俄国人并没有对科学或弗罗因德利希造成什么伤害——日食的那一天阴云密布，不适合进行好的摄影，而弗罗因德利希很快因交换战俘而被释放。

加利福尼亚州利克天文台台长威廉·坎贝尔（William Campbell）率领的一个美国天文学家团队也在克里米亚，计划测量星光的弯曲。俄国人并未干涉他们，但是天气干扰了他们——他们被雨淋了。

要确认星光弯曲，必须等到战争结束后的1918年的日食。这个延迟对爱因斯坦来说是幸运的中断，因为在1914年，他对光线弯曲的预言是0.9弧秒，这是错误的数值。一年后，爱因斯坦修正了他的理论，并将其预言提高到1.8弧秒，这是正确的数值。如果弗罗因德利希在1914年8月完成了光线弯曲的测量，其结果就会与爱因斯坦的预言相矛盾，就像当时那样，爱因斯坦会发现自己处于尴尬的境地，不得不根据观测证据修改和修正他的理论。弗罗因德利希远征队的失败给了他额外的时间，他需要更多的时间来主动改正，并在下一次日食中因准确预言而收获全部荣耀。

战争的喧嚣并没有中断爱因斯坦在柏林的科学工作。他把自己锁在书房里，专注于工作，无视窗外的骚乱，即使这些骚乱是涉及数百万人的混乱和死亡。在战争后期，他经历了社会剥夺，对德国港口

---

① 《爱因斯坦全集》第十卷，23页。

的封锁生效时,德国人遭受了严重的食物短缺。对许多柏林人来说,这意味着饥饿——据估计,超过 20 万柏林居民在战争期间死于饥饿(在整个德国,约有 76 万人)。但对爱因斯坦来说,这些短缺只是一个小小的不便;他的食物通过朋友和亲戚从瑞士和斯瓦本寄来,这些食物包裹给予了他充足的供应。

1915 年的前几个月,爱因斯坦在广义相对论方面仍未取得任何进展。为了调剂脑子,他转向了一个完全不同的问题,一个与引力无关的问题,这是一个实验问题,而不是理论问题。虽然爱因斯坦是典型的理论家,但他偶尔也喜欢弄脏自己的手——摆弄实验仪器,因为他在童年时就对实验仪器产生了兴趣,经常去父亲的机电设备工厂。

在伯尔尼工作的几年里,他试着做了一个实验,以证实永磁体原子中的电流是否存在。自 19 世纪初,科学家就一直怀疑这种电流的存在。当时,法国物理学家安德烈-马里·安培发现,线圈中流动的电流与永磁体产生同样的磁效应。这使他猜想,永磁体也必须有电流在里面流动,而这些假想的电流后来被称为安培电流。

爱因斯坦认为,这些电流可能由在原子内部进行环流轨道运动的电子组成。他通过测量磁化铁片中的"磁量"和"环流运动量",提出了对这一思想的实验检验。如果铁的磁性是电子环流运动的结果,那么磁性的任何变化都必须产生相应的环流运动变化。磁量与环流运动量之比称为旋磁比(gyromagnetic ratio),对于轨道电子产生的磁性,爱因斯坦计算出,以适当的单位,旋磁比应该等于 1。

在其实验中,爱因斯坦将铁棒悬挂在一根未扭曲的细丝上,用磁铁改变了铁的磁性,从而改变了铁原子中电子的环流运动。可是循环运动的总量不能改变(在没有扭转的情况下,总环流运动必须保持不变，即总角动量必须保持不变），因此，铁棒必须通过身体向相反方向的旋转来补偿其内部电子环流运动的变化。这就像猫在自由下落时重新调整身体，以便四足落地。猫将其后腿伸展的末端向一个方向快速旋转，从而使其身体向相反方向旋转。在实验中，爱因斯坦确实发现，每当他改变棒的磁性时，棒就开始转动，给他的想法提供了定性的证实。

在柏林，爱因斯坦想定量重复这个实验。他得到了洛伦兹的女婿约翰斯·德哈斯（Johannes de Haas）的帮助，后者当时暂时在帝国研究所当助手，他们在那里的一个实验室里建立了这个实验。最初，他们在悬吊铁棒上遇到了一些麻烦，因为它"进行了非常冒险的运动"，但是他们用玻璃纤维代替了这根细丝，并对实验进行了各种其他的修改，从而解决了这个问题。2月，爱因斯坦向物理学会报告了他们的实验结果。他声称测得的旋磁比约为1.02，非常接近理论上的期望值1。事实上，爱因斯坦想知道实验结果是否太好，他说："与理论的漂亮一致当然具有偶然性；不过它却是这样的实在，以致任何对理论正确性的怀疑现在都不得不偃旗息鼓了。"30① 爱因斯坦给贝索写了一封信说："真是奇妙的实验哇！可惜你没有亲眼看见。"在提到实验上的困难时，他补充道："一旦人们借实验来对付大自然，她的态度何其阴险。" 31②

但是，故事并没有就此结束。其他实验室的物理学家，则以更多的耐心、更多的关怀重复了爱因斯坦-德哈斯实验。他们发现旋磁比

---

① 《爱因斯坦全集》第八卷上册，115—116页。
② 同上，92页。

不是等于1，而是等于2。爱因斯坦的"奇妙"实验出了什么问题？看来，爱因斯坦犯了一个典型的挑拣错误。他有一个关于旋磁比的理论，说它应该等于1，他选择了数据来匹配其理论。几年后，德哈斯承认，在实验测量中，他们实际上在一次实验中发现了1.02，另一次实验中发现了1.45。这些不一致的结果应该发出警告信号，实验应该被重复，以解决这一差异。但是，爱因斯坦确信"正确"的值必须是1，决定了1.02是"最佳"值，他放弃了其他的值——只有那个"最佳"值才会报告给物理学会。甚至六年后，在多次重复实验排除了合理质疑并确立了该值为2时，爱因斯坦仍然固执己见地坚持认为旋磁比是1。

在1915年秋天，当德国军队对平原中的法国战壕发动徒劳无功的攻击时，爱因斯坦对广义相对论发动了自己的最后一击。他后来向洛伦兹描述他的斗争："……去年秋天，我逐渐认识到，以前提出的引力场方程式是不对的，这使我经历了一段满腹懊恼的时光。"[32][①] 他又致信索末菲："……我经历了一生中最使我激动、最令我紧张的时期，当然也是成果最大的时期。"[33][②] 1915年11月，这场与广义相对论的长期斗争终于取得了成果。在间隔一周与科学院的四次通信中，爱因斯坦提出了一种完全成形的理论。所有这些通信都包含多个错误，除了最后一封通信。所有这些，都或多或少以相同的方式开头："在最近的一次通信中，我曾指出……"[34][③] 但现在，"我发现采用这条道路的必要性。……似乎是出于错误判断"。[35][④] 科学院的院士们如何看待这些

---

① 《爱因斯坦全集》第八卷上册，235页。
② 同上，208页。
③ 《爱因斯坦全集》第六卷，187页。
④ 同上，178页。

每周一次的公报，然后是每周一次的撤回，不得而知。也许他们中的大多数人什么也不想，只是打瞌睡，因为那些论文都是关于张量数学的，只有科学院数学部门的专家才能看懂。

爱因斯坦最好保持沉默，直到完成其理论的所有细节。他应该记得木匠们都知道的一条规则：只有傻瓜才显摆未完成的工作。后来，他差不多承认了，当时他说："不幸我把这场搏斗中的最后几个错误固定在科学院的出版物中了。"[36][①] 但是在11月初，他显然无法抑制他对自己的心爱理论所取得进展的兴奋。在第一封通信中，他滔滔不绝地说："真正掌握它的人均无一不被其魅力所折服，因为它意味着由……奠定的绝对微分学的真正胜利。"[37][②]

爱因斯坦在11月的狂热努力，说明了他对物理学的神秘、直观态度。直觉告诉他，他终于找到了正确答案，但仍然不能完全分辨所有的细节。在三个星期的时间里，他沉浸于忙忙碌碌的工作，直到迷雾渐渐散去，整个理论才在他面前显现出来。他努力工作的出发点是认识到，他第一次尝试广义相对论，即1913年与马塞尔·格罗斯曼合作的那篇"纲要"，几乎是正确的。所缺的是，关于时空几何曲率与导致这个曲率的引力质量分布的正确方程。

起初，爱因斯坦重复了格罗斯曼的大错，采用了把能[量]动[量]张量与里奇张量关联起来的数学上不相容的方程：

里奇张量＝能动张量

---

① 《爱因斯坦全集》第八卷上册，208页。译文有改动。
② 《爱因斯坦全集》第六卷，178页。

第 9 章 "这理论之完美真是无可比拟"

但是，随着在张量分析方面的更多经验，他认识到了这种不相容性，试图通过假设所有引力质量都像电磁能一样行事来进行修补。[38] 他很快就放弃了这个廉价的修补，在四封通信的最后一封中，1915 年 11 月 25 日，他终于找到了正确的方程。

在新方程的左边，他再次包含了里奇张量，可是现在他增加了一个包含曲率不变量的额外项。最后的方程形如：[39]

$$里奇张量 - \frac{1}{2} \times 曲率不变量 = 能动张量$$

这就是爱因斯坦引力场方程。（因为方程左边的里奇张量和右边的能动张量各有十个分量，它实际上是含有十个分量的方程，用复数的形式称它为爱因斯坦方程组可能更准确；有的物理学家使用复数，有的使用单数。……管它呢。）许多年后，这个用简明形式写成的方程式 $R_{\alpha\beta} - \frac{1}{2} R g_{\alpha\beta} = \kappa T_{\alpha\beta}$，被刻在华盛顿特区科学院的爱因斯坦纪念碑上，它也出现在邮票和运动衫上，尽管没有 $E=mc^2$ 出现得那么频繁。

爱因斯坦从那个新的引力场方程中，立即计算出围绕太阳的弯曲时空几何的细节，并由此计算出弯曲几何如何影响行星的运动和光线的传播。他再次计算了三年前在贝索的协助下计算水星的近日点进动，他高兴地发现，这个新理论给出了与现有天文数据完全一致的进动。他给索末菲写信说："……这可是我这辈子所成就的最有价值的发现……我对水星近日点运动的结论是极其满意的。"[40]① 后来他告诉埃

---

① 《爱因斯坦全集》第八卷上册，218—219 页。

伦菲斯特，"我在好几天时间里简直是无法自制地欣喜若狂。"⁴¹①

爱因斯坦又重新计算了光线受太阳所致弯曲，发现结果是他在1911年预言的两倍。他还计算了光线受木星所致弯曲，发现它大约是受太阳所致弯曲的1/100。他的天文学家朋友弗罗因德利希认为这是可观测的，但是他的所有尝试都被证明是失败的，而光线受木星所致弯曲在爱因斯坦的一生中都没有得到证实。

关于爱因斯坦引力场方程，有一个漫长的争论。爱因斯坦在11月25日的科学院会议上首次提出了这个方程。但是在五天前，也就是11月20日，著名的格丁根数学家大卫·希尔伯特已经在格丁根皇家学会的一次会议上提出了这个完全相同的方程，领先爱因斯坦一步。这导致了一场关于优先权（priority）的激烈争论：是爱因斯坦，还是希尔伯特，应该因为发现这个方程而获得荣誉？② 不用说，每个主角都声称这个方程式是自己的，每个人都吹嘘它的美。

在论文的印刷版中，希尔伯特提出用他的方程完成了爱因斯坦只是勾画的理论："在我看来，由此得出的引力微分方程与爱因斯坦后来发表的著作中以宽泛轮廓建立起来的广义相对论是一致的。"⁴² 在给爱因斯坦的信中，希尔伯特有点语无伦次地提到了自己的理论："我认为，根据公理化方法，它在数学上是理想而完美并且绝对令人折服的，甚至到了根本就没有出现含糊的计算因而只依赖其真实性的程度。"⁴³③

爱因斯坦向灿格抱怨希尔伯特试图篡夺（即"吃掉"）他的理论：

---

① 《爱因斯坦全集》第八卷上册，245页。
② 参见王跃："爱因斯坦、希尔伯特与广义相对论"，《科学文化评论》3卷3期，收入《追寻缪斯之梦》，刘钝、曹效业主编，科学出版社，2011年，313—322页。
③ 《爱因斯坦全集》第八卷上册，196页。

第9章 "这理论之完美真是无可比拟"

"这理论之完美真是无可比拟。不过,只有一位同行[希尔伯特]真正理解了它,并试图以巧妙的方式来'吃掉'它……在我自己的经验中,几乎从来没有那一次像这个理论似的,让我有机会更好地体验到世人之可悲以及伴随着出现的人情冷暖。"[44]①

物理学家和科学史学家公认是希尔伯特首先发现了这个方程,几天之后爱因斯坦才独立发现了它。即使是爱因斯坦的朋友、传记作家亚伯拉罕·派斯也以所罗门的智慧(Solomonic wisdom)提出了分享这一功劳的建议,因此"……他和希尔伯特都应该被认为是发现了这个基本方程"。[45]②

爱因斯坦的一些支持者指责希尔伯特剽窃,爱因斯坦的反对者以关切回应,指责**他**剽窃,这场争论变得尖锐起来,有时使用剧烈和过分的语言。[46]不可能通过检查11月20日在格丁根和11月25日在柏林举行的会议的印刷报告,来决定每一位主角都知道些什么和什么时候知道的。希尔伯特论文和爱因斯坦论文的这些最终印刷版本,不一定与那些日子里口头发表的文章相吻合。在科学学会的会议上,演讲者们把经过一些修改的、改进过的演讲稿交给印刷厂,这没有什么不正常的,现在也是如此处理。

为了解决优先权和剽窃问题,我们需要考查导致11月20日会议和11月25日会议的情况。希尔伯特对广义相对论的参与始于1915年6月,当时爱因斯坦访问了格丁根,并在沃尔夫斯托基金会的慷慨资助下,就其引力理论举行了一系列座谈会。他和希尔伯特详细讨论了他的理论中剩下的疑难。这次访问结束后,爱因斯坦对希尔伯特留下

---

① 《爱因斯坦全集》第八卷上册,207页。
② 《上帝难以捉摸:爱因斯坦的科学与生平》,328页。

了非常好的印象:"我在格丁根待了一个星期,认识了他,也对他产生了敬爱之情。我在那里作了6场每次两个小时的讲演,介绍今天已经被搞得一清二楚的引力理论,因为那里的数学家们完全被说服而高兴。"47①

在接下来几个月里,希尔伯特对爱因斯坦的理论做了更多的思考,很快就找到了一个优雅的数学表述。他写信给爱因斯坦,爱因斯坦要了一份希尔伯特的笔记及其计算。爱因斯坦显然是在11月18日之前收到这些笔记的,因为在那一天,他回复希尔伯特说:"您所确立的[方程]系统——依我的看法——与我前几个星期所发现并已提交给科学院的完全一致。"48② 据推测,这个"方程组"包括处于这场争议中心的那个方程。如果爱因斯坦在11月18日前——也就是在11月25日他自己提出这个方程之前——从希尔伯特那里得到过这个方程,那他确实应该被强烈怀疑为剽窃。

爱因斯坦的支持者本着以牙还牙的精神提出了相反的指控。他们推测,希尔伯特寄给爱因斯坦的笔记和他于11月20日的演讲实际上都没有包含这些方程,他后来在阅读爱因斯坦的印刷论文后,将这些方程插入了证明中。他们把这一富有想象力的猜想以1997年在格丁根图书馆发现的一套打印机的打印稿为基础,有希尔伯特手写改动。这些打印稿与最后发表的论文有些差异,爱因斯坦的支持者高兴地宣布:"……希尔伯特论文的第一组打印稿……不包括广义相对论场方程的显式形式。"49 然而,这是虚伪的:那些打印稿不包含该方程的原因是,从那组打印稿中撕掉了半页,正好在方程所在的地方。当然,这

---

① 《爱因斯坦全集》第八卷上册,144页。
② 同上,203页。

充分说明了阴谋论：是爱因斯坦的支持者破坏了隐藏该方程存在的证据，还是希尔伯特的支持者做了肮脏的手脚来隐藏该方程的**缺失**？

事实上，丢失的半页是一个转移视线的话。在那些打印稿中，希尔伯特在这篇论文开头讨论他的作用原理时，以一种隐式、抽象的形式陈述了方程，任何中等能力的数学家都可以由此导出此方程的显式形式。[50] 关于希尔伯特的打印稿不包括那个方程的说法是误导，也是不相干的。

在急于授予或否定优先权的过程中，双方的拥护者都忽略了希尔伯特那些论文（既有作为证据存在的论文，也有最终印刷的论文）中的一个关键细节：希尔伯特方程**看上去像**爱因斯坦的最终方程式，但这只是表象问题。实质上，希尔伯特方程就是爱因斯坦11月初的**前一个**方程。希尔伯特得到了一个看上去像爱因斯坦新方程的方程：

$$里奇张量 - \frac{1}{2} \times 曲率不变量 = 能动张量$$

但在希尔伯特的方案中，曲率不变量是零，故他的方程实际上是：

$$里奇张量 - 0 = 能动张量$$

这正是爱因斯坦在11月初试图使用，后来被抛弃了的方程。因此，希尔伯特给我们看了一场新的马戏表演，但实际上，这匹新小马只不过是爱因斯坦几周前骑到精疲力竭的旧马驹，裹着一件精美的绣花马衣。[51]

因此,爱因斯坦对希尔伯特的回复完全正确,他的方程式"……依我的看法——与我前几个星期所发现并已提交给科学院的完全一致"。当然,希尔伯特的笔记可能激发爱因斯坦更多地思考场方程,并做出必要的最终修正。可是,这并不影响优先权问题:爱因斯坦先得到了最终的方程式,而希尔伯特根本就没有得到——他仍然坚持着爱因斯坦以前的那个方程式。希尔伯特输掉这场比赛的原因,与1969年《星期日泰晤士报》帆船比赛中穆瓦特西耶失败的原因相同。希尔伯特和穆瓦特西耶都领先于这场比赛,但就在终点线前,他们决定突然变道,追逐自己的梦想——希尔伯特被引力和电的统一理论所误导,穆瓦特西耶则被去塔希提的游轮所误导。希尔伯特一心想用电磁场和引力场来解释所有物理学的基础。他本可以是第一个获得完全、最终爱因斯坦方程的人,但他决定尝试一些更大胆的东西,结果失败了。fortuna audentes juvat…(幸运偏爱勇者……)并非总是如此。

这并不是说希尔伯特的工作毫无价值。它用变分法那种优雅而有力的数学语言重新表述了爱因斯坦的理论,并确立了爱因斯坦方程可由极值原理导出:爱因斯坦方程对应于曲率不变量的极值(最小值或最大值),而曲率不变量实质上是黎曼张量所包含的所有曲率的平均值。因此,英国数学家埃德蒙·惠特克后来说:"引力仅仅代表着宇宙不断使自己挺直的努力。"[52] 洛伦兹很快将希尔伯特的方法应用于电磁以外的物质形式,从而以一种优雅方式推导出爱因斯坦的最终方程。不过,直到爱因斯坦发表了最终方程几个月后这才发生,并不影响优先权之争。

爱因斯坦和希尔伯特的出版物中的主张和反诉,在他们之间留下了一些不快。一年后，爱因斯坦在给希尔伯特的一封信中提出了和解建议："在你我之间曾经出现过某种不和谐的状况——其原因我并不想加以分析。我同与此相连的痛苦情绪进行了一番搏斗，并取得了完全的成功。我又回忆起您那种纯洁无瑕的和蔼可亲，请您尽量也给我这种待遇好吗。客观而言，如果两个从这个衰败破落的世界搞出了一点儿东西的真正的男子汉不是彼此给对方带来快乐，那就太遗憾了。"[53]①

显然，希尔伯特接受了这份继续保持友谊的提议，未提出他的优先权要求。据爱因斯坦一位助手说，希尔伯特甚至向爱因斯坦致歉，但这封信似乎丢失了。[54] 也许他认识到，他对引力问题的处理，并没有超出爱因斯坦以前的尝试。不过，也许他并没有那么重视那个引力场方程。对于希尔伯特来说，找到引力场方程是一件微不足道的事情——他几乎立刻就找到了这些方程，因此他认为这算不上是一项成就。

在试图表述一个统一的引力和电磁学理论时，他追求的是更大的"游戏"，这是他于11月25日发表的论文的真正目的，论文的宏大标题是《物理学的基础》。他自认为在创造一个完整的所有物理学的理论，在这个理论中，引力应该解释电磁学，而电磁学反过来又应该解释普通物质，所有粒子都被视为由引力场和电磁场组成的实体。在希尔伯特的论文中，引力场方程只是过客，而希尔伯特则继续追求一个统一所有物理学的理论这一更为雄心勃勃的目标。

然而，希尔伯特的数学技巧与其对物理学的清晰把握并不相称。他试图从引力中得出电磁学，是由于对能动张量的物理作用的误解，而他的宏伟方案是一种错觉。几年来，他一直在发表关于这一主题的

---

① 《爱因斯坦全集》第八卷上册，224页。

论文，这些论文最终都陷入了默默无闻的境地。今天，没有人记得他在广义相对论中的工作，除了他引入了优雅的变分分析法。

希尔伯特称赞爱因斯坦："格丁根街上的每个男孩，都比爱因斯坦更了解四维几何。然而，尽管如此，爱因斯坦还是做了这项工作，而不是那些数学家。"[55] 然而，希尔伯特并不相信物理学家。"实际上，"他说，"物理学对物理学家来说太难了"。[56] 这可能是真的，但是物理学史表明，物理学对数学家来说更加困难。

结局好，一切都好。三年来，爱因斯坦搞出了广义相对论好几个错误版本，每个版本都以极大的热情和天真宣布了对引力几何解释的探索这一问题的答案。最后，他妙手偶得正确的那个。也许他没有完全理解其理论的概念基础和数学复杂性，但当时其他人也没有——直到半个世纪后，广义相对论的一些关键方面才被理解，对该理论各个方面的研究一直持续到今天。可是在 1915 年 11 月，爱因斯坦发现了一颗明珠，他知道这一点，他的同时代人中最有洞察力的人也是如此。

爱因斯坦非常清楚，广义相对论意味着完全推翻牛顿的力学思想。狭义相对论改变了牛顿关于空间和时间的观念，但保持了牛顿的基本力学方案，力是加速度的根本原因。在狭义相对论中，牛顿第二定律没有被抛弃，只是被修正了。但是在广义相对论中，引力加速度的原因不是力，而是时空曲率——质量告诉时空如何弯曲，弯曲时空告诉质量如何运动。在《自述》中，爱因斯坦向牛顿道歉："牛顿啊，请原谅我；你所发现的道路，在你那个时代，是一位具有最高思维能力和创造力的人所能发现的唯一道路。你所创造的概念，甚至今天仍然指导着我们的物理思想，虽然我们现在知道，如果要更加深入地理解各种联系，那就必须用另外一些离直接经验领域较远的概念来代替这些概念。"57①

阿瑟·爱丁顿被广泛称为广义相对论的权威专家，比爱因斯坦本人更了解其中的一些知识。他宣称，"阿尔伯特·爱因斯坦的相对论引发了一场物理科学的思想革命"，且补充说，"爱因斯坦甚至同牛顿一样超越其同时代的人"。58

原子核的发现者欧内斯特·卢瑟福插话说："爱因斯坦的相对论与其有效性相去甚远，不能不被视为一件宏大的艺术作品。"59 这句话说得很好，不过卢瑟福是否确切知道他在说什么，有点令人怀疑。他是一位杰出的实验家，广义相对论的数学却可能超出了他的能力范围。与爱丁顿不同，卢瑟福从未发表过任何与相对论有关的文章，更别提狭义相对论。后来一位德国物理学家告诉卢瑟福说"没有盎格鲁－撒克逊人能理解相对论"，他表示同意，并回答说："不，他们太有理智了。"60

赫尔曼·外尔（Hermann Weyl）将广义相对论描述为"思辨思维力量的最伟大的例子之一"。61 他强调爱因斯坦理论的思辨方面，可谓一语中的。狭义相对论牢牢植根于迈克耳孙—莫雷对光速的实验研究，广义相对论则源于爱因斯坦关于加速度可能相对性的纯粹理论和某种误导的推测。

爱因斯坦关于加速度相对性的概念及其等效原理最终证明镜花水月，这并没有削弱爱因斯坦的成就，在某种程度上反而增强了它。只有伟大的天才（或疯子）才能在这样一个错误的基础上成功构建正确

---

① 《爱因斯坦文集》（增补本）第一卷，16页。

的理论。爱因斯坦的深刻直觉使他能够从有缺陷的观念得出所需要的基石，以完成最伟大的艺术品。这是梦游，但按凯斯特勒的方式梦游是最高级别的。可是，广义相对论的模糊基础在于证明了那些学习相对论的大学生长期的困惑。备受尊敬的英国理论物理学家詹姆斯·金斯（James Jeans）指出，"爱因斯坦的理论可能会以一种令人不快的方式得到接受，因为在某种形而上学——几乎可以说是神秘——的形式上，它的结果被表达出来，"他还强调说，"爱因斯坦著作中更具体的部分，完全独立于覆盖在它上面的形而上学外衣。"[62]

那些早期有关相对论的赞美词，皆被后来的作家们所证实。其中一些最高的赞扬来自在量子理论领域获得诺贝尔奖的三位获奖者：保罗·狄拉克，"……也许是有史以来最伟大的科学发现"；马克斯·玻恩，"广义相对论的基础出现在我面前，当时和现在仍然是人类思考大自然的最伟大的壮举，是哲学渗透、物理直觉和数学技巧最令人惊奇的结合"；列夫·朗道（Lev Landau），"……可能是所有现存物理理论中最优美的"。[63]

但是，美乃是在旁观者的眼里，而爱因斯坦的理论只有对那些理解它的人是美的。对许多局外人来说，这看上去一团糟，是数学形式主义的狂欢。当用里奇张量来写时，第 246、247 页那些方程看起来欺人般简单；可是对于实际的计算，它们必须用度规张量来重写，然后使方程变得更加混乱。例如，即使在相对简单的情况下，只有四个非零分量的度规张量（即通常十个分量中的六个为零的度规张量）也是如此，爱因斯坦方程写了满满三大页，以小而紧凑的形式印出来。[64] 今天，物理学家们经常用计算机程序以度规张量的形式写出爱因斯坦方程，还用计算机程序来解这些方程。

第9章 "这理论之完美真是无可比拟"

爱因斯坦的理论比牛顿的理论更美,也更复杂。一个机智的语言大师不得不在亚历山大·蒲柏(Alexander Pope)赞美牛顿的墓志铭中加上几行:

> 自然和自然法则,藏匿在暗夜之中。
> 上帝说:"要有牛顿。"于是世界一片光明,
> 光明持续不久,魔鬼号叫着:"喝!要有爱因斯坦!"
> 一切又给打回原形。[65]①

1916年5月,爱因斯坦在《物理学杂志》发表了一篇长篇解释性论文,题为《广义相对论基础》。[66]② 这篇论文旨在对他在前一年几篇论文中以零碎形式提出的理论做一个完整、连贯的介绍。它遵循了爱因斯坦-格罗斯曼那篇"纲要"论文的模式,包含单独的物理学部分和数学部分。显然,数学部分基本上是由格罗斯曼提出来的,但是格罗斯曼的名字却未被提及。这篇论文中提到的唯一参考文献是对希尔伯特的一次简短引用,以及对爱因斯坦计算近日点进动的同样简短的参考文献。数学部分是一个完整、简明的张量分析入门,即使在今天也对初学的大学生有帮助。爱因斯坦最初对张量分析有很大的困难,他预计其他物理学家也会遇到同样的麻烦。数学部分是爱因斯坦最好的说明性写作。

物理学部分却并非如此。它开始于一个冗长、混乱的讨论,为什么速度的相对性(它是狭义相对论的核心)应该被推广到一个更广义

---

① 《爱因斯坦语录》(终极版),426页。
② 《爱因斯坦全集》第六卷,232—272页。

的相对论,包括加速度的相对性,以及为什么这个广义相对论应该包含弯曲时空几何。爱因斯坦给出了所有这一切的一长串论证,让人想起西拉诺·德·贝格拉茨(Cyrano de Bergerac)关于登上月球的方法的长长清单。贝格拉茨的清单是愚蠢的,爱因斯坦的则不是;可是爱因斯坦的大部分论证都存在这样那样的错误。

他的第一个论证借鉴了恩斯特·马赫的观点,这位维也纳教授以批判揭示牛顿力学的逻辑基础而闻名,他在几个月前去世。爱因斯坦写了讣告,赞扬马赫对牛顿空间和时间概念缺陷的洞察力,并赞扬马赫"离提出[加速度的]广义相对论已经不远,早在这一切是在几乎半个世纪之前的事情"!⁶⁷① 马赫指责牛顿的理论未能解释当我们受到加速度时,例如,当我们坐在一列突然加速、减速或急转弯的火车上时,所感受到的那种惯性效应。根据牛顿的说法,这种惯性效应与我们相对于"绝对"空间的加速度有关,但马赫对此表示反对,因为空间只是虚无(nothingness),计算我们相对于虚无的加速度是荒谬的;他认为,如果宇宙是空的,惯性效应就会消失。马赫建议,应该计算相对于组成宇宙——行星、恒星、星系、星际气体云团等——所有其他质量的平均分布的加速度,而惯性效应则应该由我们相对于这些遥远质量的加速度而产生。爱因斯坦采纳了马赫的观点,认为如果加速度是相对于质量而不是相对于空间来计算,就需要一个加速度相对性理论,即广义相对性理论。

马赫思想的问题在于,它纯粹是形而上学的——我们不能除去宇

---

① 《爱因斯坦全集》第六卷,229 页。

宙中的质量来检验它是否消除了惯性效应。此外，虽然爱因斯坦用马赫思想来激发广义相对性理论，但其理论实际上并没有表现出明显的惯性依赖于宇宙中的质量分布。根据爱因斯坦自己的等效原理，自由落体箱子中的惯性效应完全独立于周围的任何（近或远）质量。[68]

爱因斯坦的第二个论证依赖于等效原理，根据这个原理，封装在虚空空间加速箱子中的物理学家得到的所有实验结果，都与在某个行星引力场中静止箱子中得到的结果相同。爱因斯坦认为，由于加速度效应和引力效应的这种互换性，箱子里的物理学家无法绝对地识别出加速度，只是相对于某个外部地标而言。"在探求广义相对论（对于速度和加速度）中将导致引力理论，因为只要改变坐标系我们就能够'制造'一个引力场。"[69]①

爱因斯坦应该暂停一下，他 1911 年对光线弯曲的计算乃是基于等效原理，其结果是基于新引力理论的新计算结果的一半大。爱因斯坦明白，造成这一差异的原因是新的计算方法包含了空间扭曲产生的额外偏折，而 1911 年的计算实际上只包括了时间扭曲。可是他没有考虑到，对于等效原理而言，这种差异的含义。对于封装在箱子里的物理学家来说，其含义很清楚：在加速箱中光线的弯曲是在引力场中静止时的弯曲的一半大。这意味着，加速度和引力不可互换——而等效原理失败了！

诚然，从一个小箱子的一侧到另一侧的光线弯曲相当小，实际上无法探测到。但原则上，光线在箱子的两侧之间来回反射是可能的，

---

① 《爱因斯坦全集》第六卷，236 页。

爱因斯坦的错误　　天才的人性弱点

故它累积了可探测到的弯曲量。

更重要的是，对等效原理的批评早在三年前，也就是1913年就已经发表。爱因斯坦的朋友、同事埃伦菲斯特刚刚接替洛伦兹成为莱顿大学的教授，在发现他人理论中的错误方面有着非凡的才能，他发表了一篇简短的论文，提出了一份关于光的传播的等效原理失败的一般性证明。[70] 埃伦菲斯特依赖于这样一个明显事实：在稳定的引力场中，例如行星的引力场中，光线可以通过同一条路径从一个点反复发射到另一个点，也可以沿着同一条路径从第二个点返回到第一个点（也就是说，光信号是可重复的、可逆的）。然后他问了这个问题，在加速箱子里这也成立吗？靠简短而优雅的论证，他证明了在加速箱子中这几乎从未成立，即使我们允许箱子的不同部分具有不同的加速度（只有当原始引力场被人为调成使它成立时才成立）。爱因斯坦选择忽略埃伦菲斯特的结果。

还有其他方法可以推翻等效原理。等效原理的一个结果是，在引力场中自由下落的箱子中的物理学家无法感觉到引力场——据说向下加速度的影响完全抵消了引力的影响。但事实上，物理学家可以通过仔细测量箱子里小质量的运动来感知引力场的存在。[71] 物理学家可能做的一个简单实验是观察几个小质量在箱子里自由飘浮的相对运动。例如，当箱子在地球引力场中自由下落时，物理学家会在箱子底部附近释放一枚硬币，在顶部附近释放另一枚硬币。底部硬币离地球最近，因此它经历了比顶部硬币更大的引力和更大的向下加速度，而自由下落的箱子经历了中等的加速度，略小于底部硬币的加速度，但略大于顶部硬币。最终的结果是，相对于箱子，底部硬币向下加速，而顶部硬币则向上加速。通过观察硬币的这种退行运动，物理学家可以看出她确实处在引力场中——如果她飘浮在空的星际空间中，那两个飘浮的硬币就会保持静止。

两个相邻粒子的相对加速度给出了引力强度的定量测量，这种相对加速度可以被认为在爱因斯坦引力动力学中的作用与电场在麦克斯韦电动力学中的作用相同。用英国物理学家、宇宙学家赫尔曼·邦迪（Hermann Bondi）的话说："因此，任何地方都可以通过这样的事实来测量一种引力的可观测量：尽管不同的粒子在同一地方同样迅速地下落，但如果它们位于不同的地方，其加速度就会不同，即使它们离地球很近。**因此，引力的普适可观测量是相邻粒子的相对加速度……引力场就是相邻粒子的相对加速度。**"[72]

在绕地球运行的人造卫星上（从而在自由落体中），进行了关于这种相对加速度的实验。实验人员没有在卫星上放置硬币，而是在卫星两端安装了灵敏的电子加速度计。他们发现，这些加速度计确实指示了相反方向的加速度，而在星际空间的真正惯性参考系中，它们会显示出零加速度。在这种卫星试验中观察到的额外加速度，约为正常重力加速度的百万分之一，虽然很小，但易于测量（例如，安装在欧洲航天局 GOCE 卫星上的加速度计可探测到比该加速度小 1000 万倍的加速度）。[73]

两枚硬币在箱子里的相对运动被称为潮汐效应（tidal effect），因为地球海洋的潮汐由这种机制引起。地球可以被视为在太阳、月球和其他行星的引力场中自由下落的"箱子"。因为这个自由落体运动，我们没有以任何明显的方式经历这些天体的引力拉曳。（太阳对你身体的拉曳，相当于鸡蛋的重量。这是很小的，但如果不被地球的自由下落所掩盖，它就能被精确天平探测到。）

然而，地球的自由落体并不能完全掩盖太阳和月亮的引力拉曳。离月球最近的地球一侧的一个小质量，相对于离月球最远的地球一侧的一个小质量，朝向月球的自由落体加速度略大一些，而地球的物体则有中等的加速度。如果这些小质量是躺在地上的硬币，它们就不会相对于地球运动，因为地球的引力使它们牢牢靠在地面上。但是，如果小质量是一小块海水，它们就会在正常海平面以上移动和堆积。离月球最近的地球一侧的水具有过大的自由落体加速度，它走在地球前面，向月球上升。而离月球最远的地球一侧的水，自由落体加速度不足；它落后于月球，远离月球上升。这就在地球另一侧产生海水潮汐隆起。当地球自转时，这些凸起相对于月球保持一个固定的方向。因此，潮汐隆起在自转的地球表面传播，当它们被拦截在海岸时，可看到每天会产生两次高潮。

虽然爱因斯坦是个狂热的水手，帆船是他最大的爱好，可他从未意识到，海潮是等效原理的明显反例。当然，在瑞士湖泊和柏林附近的湖泊上航行时，他不会看到任何潮汐。但后来，他在北海、基尔、新泽西的沿海水域和长岛海峡上航行时，确实看到了潮汐。眼睛看到了头脑准备要看到的东西（塞格雷语）——爱因斯坦对等效原理的信念却使他对潮汐视而不见。

这里有一个奇怪的巧合：伽利略、牛顿和爱因斯坦都在潮汐处出了岔子。伽利略发明了错误的潮汐理论；牛顿有正确的理论，但却把潮汐高度的定量计算搞砸了；爱因斯坦没有认识到潮汐破坏了他用作广义相对论基石的等效原理。这三位伟大的物理学家，都患有潮汐功能障碍（tidal dysfunction）。

第9章 "这理论之完美真是无可比拟"

爱因斯坦广义相对论不仅包括牛顿引力理论的潮汐效应,而且包括额外的相对论性潮汐效应。实际上,黎曼曲率张量的各个分量所包含的曲率与各种潮汐效应相对应。我们可以通过潮汐效应的测量,也可以通过测量时空中的长度、面积或体积来检测这些曲率。这些曲率的存在与加速度的相对性和等效原理有着明显的冲突。从本质上说,广义相对论是时空曲率(curvature of spacetime)的理论,因此,它不能容纳等效原理,除非是以近似的方式。

等效原理充其量不过是一种近似,这不仅得到了埃伦菲斯特的承认,而且得到了其他物理学家的认可。于是,海德堡大学的天文学家奥古斯特·科普夫(August Kopff)在1920年提到了它。[74] 两年后,这一原理的缺陷被阿瑟·爱丁顿完全剖析,这位剑桥天文学家还认识到爱因斯坦关于狭义相对论中的恒定光速只是一个规定(stipulation)此种说法中的错误(见第4章)。1922年,爱丁顿出版的广义相对论第一批教科书之一,系统阐述了该理论的数学和概念基础。[75] 这本书对等效原理进行了深刻的批判性评价:

> 从本质上说,这是一种假说,在提供机会的情况下,将由实验加以检验。此外,这被视为一种建议,而不是一个不允许例外的教条。有些现象很可能由一些相对简单的方程来决定,在这些方程中,世界曲率(curvature of the world)的分量不会出现;这些方程对于弯曲区域和平坦区域都一样。等效原理,就适用于这些情况。这是一个合理的建议:[单个]粒子的不受干扰的运动和光的传播都受这种特别简单的规律的支配……但是,还有更复杂的现象由方程支配,其中涉及世界曲率……显然,一定存在区分

平面世界（flat world）和弯曲世界（curved world）的这类现象，否则我们就不知道世界曲率（world-curvature）。对于这些，等效原理被打破了……不可能存在概括实验定律的不可错规则；但等效原理为试验（有时可能会成功，有时会失败）提供了一个建议。

等效原理在广义相对论的最初构建中起到了很大的指导作用，现在我们却达到了新的世界自然观，它变得不那么必要了。[76]

爱丁顿的观点在 1960 年得到 J. L. 辛格（受人尊敬的相对论专家，爱尔兰诗人 J. M. 辛格的弟弟）的赞同。也许是受到他那富有诗意的哥哥的启发，他对物理教科书中鲜见的生硬、色彩丰富的语言中的等效原理发表了自己的看法：

> 我从来没能理解过这个原理……这是否意味着引力场的效应与观察者加速度的效应是无法区分的？如果是这样，那是错误的。在爱因斯坦理论中，要么有引力场，要么没有引力场，取决于黎曼张量为零或不为零。这是绝对的性质；它与任何观察者的世界线①无关……等效原理在广义相对论诞生时扮演了助产士的重要角色，但是，正如爱因斯坦所说，没有闵可夫斯基（时空）的概念，婴儿就不会生出来。我建议现在以适当的荣誉和绝对时空的事实埋葬这位助产士。[77]

同样直截了当但不那么露骨的弗拉基米尔·福克（Vladimir

---

①原文为 word-line，当为 world-line 之误。

Fock),苏联时代的院士兼列宁格勒大学(现再次改名为圣彼得堡大学)的教授。他写道:"'广义相对论'或'相对性广义理论'这一术语不应被允许。这一用法反映了对其理论本身的错误理解。尽管它可能自相矛盾,这一理论的作者爱因斯坦自己在命名其理论时表现出如此缺乏理解。"他接着说:"我们称爱因斯坦空间理论为引力理论,而不是'广义相对论',因为后者的名称是荒谬的。"[78] 福克是在1962年写的这篇文章,当时苏联科学家被要求口头上支持共产政治正确性,故他不得不补充说:"辩证唯物主义的教导帮助我们批判爱因斯坦关于他所创造的理论的观点,并重新思考它。"那通射击很可能为他赢得了列宁奖章——也许还有一套新的公寓。

美国作家在批评爱因斯坦给他的理论起的名称方面有些克制。约翰·惠勒是这一理论最大的教师和倡导者之一,他倾向于称它为**几何动力学**(类比于**电动力学**),以表明这一理论的本质在于它随空间和时间的变化而变化的动态几何学(dynamic geometry)。但是,作为一位彬彬有礼的老派绅士,他没有批评爱因斯坦。

爱因斯坦的另一个论证基于一个奇怪的事实,即旋转木马(merry-go-round)上的长度测量。想象一下,这样的转台旋转得非常快(比实际达到的任何速度都快得多),并且通过沿圆周头尾相连放置足够多的短尺来测量转台的周长。因为那些尺都是高速运动的,所以相对于静止在地面上的尺来说,它们都会收缩,因此要完成旋转转台的圆周比非旋转转台需要更多的尺,也就是说旋转转台的周长看起来比正常长。对于非旋转转台或非旋转圆,其周长为 $2\pi \times$ 半径,而对于旋转转台,其周长大于 $2\pi \times$ 半径。这与普通几何(即欧几里得几何)相矛盾,爱因斯坦认为这意味着旋转转台上的欧几里得几何不成立，也就是说，几何不是平坦空间的几何，而是弯曲空间的几何。①

旋转转台上的尺由于其圆运动而具有向心加速度，爱因斯坦将转台上的弯曲几何归因于这一加速度。然后他认为，如果加速度产生几何曲率，那么引力也应该产生几何曲率，因为等效原理要求加速度和引力产生类似的效应。

从狭义相对论早期开始，物理学文献就讨论了尺在旋转转台上所测得几何的令人费解的特征，这一难题被称为埃伦菲斯特佯谬（Ehrenfest paradox）。许多物理学家，除了爱因斯坦外，都开始相信旋转转台上的几何学确实是弯曲的。然而，这是一种错觉。转台实质上是一个旋转坐标系。在坐标系开始旋转之前，围绕这个坐标系的空间无疑是平坦的，它不能仅仅因为选择旋转坐标系而变得弯曲。空间要么平坦，要么弯曲，这是空间的一个客观属性，并不取决于我们如何选择坐标。

爱因斯坦和同时代人的基本失误，是没有认识到使用加速的尺是测量长度的一种不恰当方法。"好的"长度测量要求所有的尺都在同一个惯性参考系中，且所有的尺都有相同的速度。沿转台圆周放置的尺具有不同的速度（例如，转台两端的两个尺向相反方向运动），将这种不相容的尺测得的长度结合起来是不合法的——这就像苹果与橘子相加，既不得出苹果也不得出橘子，只得出水果沙拉。

爱因斯坦还认为，弯曲空间或弯曲时空中的坐标不能用测量员在

---

① 《爱因斯坦相对论一百年》，安德鲁·罗宾逊编著，张卜天译，湖南科学技术出版社，2005年，75页。

第9章 "这理论之完美真是无可比拟"

平面时空中使用的方法构造,在这样的弯曲时空中,不存在导致一个特别简单的自然规律表述的从优坐标。举个例子,在地球表面,我们可以用纬度、经度或其他坐标来指定(比如说)柏林或旧金山的位置。但是,不管如何选择坐标,我们不会有一种简单方法来计算这些城市之间的"直线"(或航空)距离——毕达哥拉斯定理在地球的曲面上不成立,距离的计算比平面上的计算要复杂得多。任何一个对高中几何有模糊记忆的人,都可以计算出一张平面纸的顶角下方3厘米的点到右边4厘米的点之间的距离,但是,要算出弯曲球面上从纬度到经度的距离则需要额外的数学训练。由于这种复杂的情况,爱因斯坦总结道,在弯曲空间里,"原则上,除了把所有可想象的坐标系都视为同样适合描述自然的坐标系外,没有什么别的东西可供考虑",因此,他提出了这样的要求:"自然界的普遍规律由一些方程来描写,这些方程对所有坐标系都同等适用……"79①

爱因斯坦用这一要求作为判据(criterion)来决定哪些方程在广义相对论中可接受,哪些方程不可接受。但是,德国物理学家埃里希·克莱茨曼(Erich Kretschmann)在几年后指出,爱因斯坦并没有实践他所宣扬的东西。自然规律必须用在所有坐标系中都成立的方程来表达的要求,不过是一种官僚主义的形式,没有任何物理意义。任何自称支配物理现象的方程,在所有坐标系中都必然成立。自然规律与现象(例如,如果你在旧金山按下手机上的一些编号按钮,5秒后柏林就会响起一个电话)和用来描述现象的坐标有关,这并不重要。坐标仅仅是描述现象的一种会计程序,任何自然规律都可以用任何会

---

① 《爱因斯坦全集》第六卷,237页。

计程序来表达，这无关紧要。

爱因斯坦在实践中实际使用的判据更强。他不仅要求用对所有坐标系都适用的方程来表达自然规律，而且要求使用时空的度规张量，以及**仅用**度规张量来使方程适应不同的坐标系。爱因斯坦未能阐明他选择广义相对论方程的判据的确切含义，这引起了很大的混乱，甚至导致人们指责爱因斯坦自己都不理解这一判据。甚至50年后，专家们仍在争论爱因斯坦关于坐标在广义相对论方程中作用的判据的意义。[80]

爱因斯坦一定有一点暗示，他的论证没有一个令人信服。在陈述这些论证后，他承认自己并没有广义相对论的简单逻辑基础，于是他求助于读者的心理学："我并不想在本文中把广义相对论表述成一种含有最少数目的公理的尽可能简单的逻辑体系，我的主要目的是以这种方法来发展这个理论，即使读者感到我们走的这条路线是在心理上最自然的，而且感到作为基础那些假设受到最高程度的经验支持。"[81]①

他接着发展了以引力有待几何解释为基础的理论，故时空的度规张量不仅代表时空几何，而且代表引力场。

1918年10月，就在德国向协约国要求投降前几周，米列娃屈服于爱因斯坦的离婚要求。她以通奸为由在苏黎世提起了离婚诉讼。爱因斯坦在向柏林法院提交的一份宣誓书中乐意承认通奸，四个月后离婚被批准。苏黎世地区法院的离婚令要求爱因斯坦支付其赡养费，并向米列娃全额支付任何可能授予他的诺贝尔奖奖金。离婚令还禁止他

---

① 《爱因斯坦全集》第六卷，238页。译文有改动。

两年内再婚，在瑞士离婚案件中，这一条件通常加给有罪一方。

现在还不清楚是谁想到的这个馊主意：离婚应该由那个尚未获得诺贝尔奖的人来资助。这个主意很可能来自爱因斯坦，不出所料他在金融问题上比象牙塔居民更为狡猾。我们还知道，在薪水、讲课费和客座教授职位等方面，他是一位精明的谈判家。我们也知道，他在荷兰有一个秘密的银行账户，在那里把他的书籍和专利中的版税存起来，同德国的税务人员玩捉迷藏游戏。我们还知道，他于1934年搬到普林斯顿大学时，从高等研究院获得了丰厚的薪水。1946年，他从研究院退休时，拒绝接受传统的（和契约性的）半薪养老金，而是威胁要离开普林斯顿，并公开他对自己受到的待遇有多差的抱怨，要求领取全额退休金。

到1918年，爱因斯坦确信他拿到诺贝尔奖只是时间问题。他每年都会获得多项提名，而且他肯定盘算诺贝尔委员会扮演了布里丹毛驴的角色——他们面前摆着一长串爱因斯坦的成就清单，以至于无法决定从哪里动嘴。当然，与米列娃的交易必须保持沉默；诺贝尔委员会认为爱因斯坦拿预计的奖金做交易是令人不快的，尤其是在离婚谈判的丑闻情况下，有罪一方坚持公然通奸的做法（1911年，诺贝尔委员会差点儿不让玛丽·居里参加在斯德哥尔摩举行的颁奖仪式，因为通奸行为令人反感）。爱因斯坦离婚的双方都有意让这笔交易保持沉默，协议的细节在很多年后才浮出水面。有胆有识的新闻记者本可以从苏黎世地区法院的诉讼记录中挖掘出细节，在那里，离婚令已经（而且现在仍旧）可供公众查阅；但显然无人寻找这一八卦细节。[82]

乍一看，爱因斯坦将他的诺贝尔奖奖金给予米列娃，给人一种高尚慷慨的印象。但实际上，只有50%的慷慨得到了落实。他得到奖金后，给了米列娃一半（分两次，隔几年一次），但他从未给她另一半。根据离婚令的条款，他应该把这笔钱存入一家瑞士银行。相反，他把它转移到了纽约的一家投资公司，瑞士法院鞭长莫及。他以此支付了赡养费，直到他在1929年股市崩盘时赔了老本。从法律上讲，这并没有免除他向米列娃归还这笔钱的义务，但他从未履行义务，他应付的赡养费也成了断断续续的支付。[83]

爱因斯坦在离婚后的前几年里，跟儿子们保持了一些联系，去苏黎世看望他们，或者邀请他们一起去德国度假。但是，当长子汉斯·阿尔伯特对爱因斯坦拒绝交出全部诺贝尔奖奖金强烈反对时，父子关系变得很不稳定。汉斯决定结婚时爱因斯坦试图阻止，但是汉斯固执地选择了自己的配偶，如同当年爱因斯坦选择米列娃一样。1936年埃尔莎在普林斯顿去世后，汉斯和爱因斯坦和好了。

小儿子爱德华（Eduard），昵称"泰特"，十几岁就病怏怏的，青年时就患上了精神分裂症，显然是因为他和一位年长的女人发生了令人不安的恋情。米列娃试图在苏黎世的公寓里照顾他，但他不得不被关在附近的布尔霍兹利精神病院里，先是间歇性的，然后在她病重时成为长期的。米列娃于1948年去世后，泰特被安置在寄养家庭中，然后再次被关，直到1965年去世。

爱因斯坦在1933年前往美国之前，曾去布尔霍兹利短暂看望泰特。在那之后，他断绝了与泰特的所有联系，没有寄出过任何信件；他声称自己受到了"一种压抑的影响，我无法完全分析"。[84]爱因斯坦在遗嘱中留了一些钱给泰特保管，可这笔钱太少，姗姗来迟，那时泰特作为一个"三等"病人被寄养在宿舍里。

第 9 章 "这理论之完美真是无可比拟"

泰特有一种过于敏感和诗意的天性，拥有他父亲的音乐天赋。他狂热地喜欢弹钢琴，特别是肖邦的曲子，却被迫在布尔霍兹利田里干活。在他去世前两年拜访了他的一位瑞士记者这样描写他："他穿着蓝色的工作服和木鞋，因为要在田里干活。他看上去很结实，面色苍白，鼻子很大，酷似他的天才父亲，我很震惊。他最美丽的地方是眼睛，非常大、深邃、明亮的孩童眼睛，他看着我们犹如爱因斯坦从照片上看我们。"泰特温顺地对记者说，他本想弹钢琴，但演奏让其他患者感到不安，他明白这一点。他不喜欢在田里干活，但明白这对他有好处。他想一个人睡，却明白这是不可能的。[85]

米列娃于 1914 年鲁莽离开后，爱因斯坦逐渐向埃尔莎的公寓进发。他先从他和米列娃住的家搬到柏林的威尔斯多夫区，离埃尔莎的公寓只有几个街区。这使他们更方便进行谨慎会面。1917 年秋天，他搬进了位于哈伯兰大街 5 号埃尔莎家附近的一间公寓。这间公寓主要是为了掩人耳目——他实际上开始住在埃尔莎的公寓里。1919 年春天，他放弃了一切伪装，放弃了自己的公寓。

1919 年 2 月，爱因斯坦和米列娃最后离婚时，爱因斯坦已在埃尔莎的公寓里住了很长一段时间。他现在承受着迎娶埃尔莎的巨大压力，压力来自她、她的父母，以及他和她的朋友们。起初，他抵制住了，回答关于他的家庭安排可能对埃尔莎声誉有影响的规劝，可是，像他这样的著名教授对埃尔莎的关注，不会毁掉埃尔莎和她女儿的名声，相反，只会提高她们的声誉："此地附庸风雅已蔚然成风，"他在给灿格的一封信中声称，"通过［我的注意］，这几位女士并不会因为我的缘故而丢面子，反而能有所增光添彩。……假如我任其俘虏，我的生活将会复杂化。"86①

爱因斯坦对埃尔莎最喜欢的，似乎是她的烹饪。德国人说 Die Liebe geht durch den Magen（爱，走胃），德国人确实喜欢食物——他们喜欢食物的坚实，他们热爱食物。在早期的信中，爱因斯坦给 Schwammerl und Gansgrieben（蘑菇和烤鹅脆皮，一种令人厌恶的盘子，由浸泡在凝结鹅脂中的小块碳化鹅皮组成）上打了蜡，埃尔莎为他做饭，邮递到他在苏黎世的办公室。87② 当她寄给他第二个包裹时，他咒骂邮递员洗劫烤鹅脆皮，只留下带有油渍浓味的匣子盖。88③

但是，尽管埃尔莎的厨艺很好，不过到他和她结婚时，他的漫漫目光已游荡到了别处——他勾引了埃尔莎的大女儿伊尔莎（Ilse），一个二十多岁的漂亮小姐，他把她雇来做秘书。这是一个重大的失误，同时伤害了母亲和女儿。起初他坚持，表明他更倾向于娶那个正当芳龄的女儿，而不是年迈的母亲。可是在埃尔莎大哭一场之后，他投降了，宣称自己并不在乎娶母亲还是女儿，他将把决定权留给她们。伊尔莎不想要他，埃尔莎想要……这就解决了问题。他们于1919年6月结婚，违反了瑞士离婚令规定的两年禁令。自从几个月前爱因斯坦放弃了自己的公寓后，他在结婚证上把他在附近寄宿的房子列为他的正式住址。

与埃尔莎的恋情和随后的婚姻对他的一个显著影响是衣着：在柏林的岁月，在她的指导下，他穿得相当得体，与他作为教授和领导者

---

① 《爱因斯坦全集》第八卷上册，207页。
② 《爱因斯坦全集》第五卷，523页。
③ 同上，552页。

的崇高地位相称,在特殊场合,他看起来相当优雅。后来,她在普林斯顿去世后,他又恢复了那种随意、草率的态度,会因为不穿袜子而声名狼藉。

第 10 章 "世界是个疯人院"

爱因斯坦对 1919 年日食期间英国天文学家的光线偏折测量引发的关于他和他的理论的宣传风暴的评论。

1919 年 11 月 6 日,在第一次世界大战停战一周年的前几天,皇家哲学学会和皇家天文学会的正式联席会议在伦敦举行,这个事件将爱因斯坦提升为全球名人。爱因斯坦未受邀参会,但英国物理学家和天文学家中的精英都出席了会议:电子的发现者 J. J. 汤姆生爵士;原子核的发现者欧内斯特·卢瑟福爵士;皇家天文学家弗兰克·戴森爵士(Sir Frank Dyson);杰出的剑桥教授和剑桥天文台台长、后来的阿瑟·爱丁顿爵士。

他们都明白这是一个重大时刻。其紧要程度不亚于推翻牛顿万有引力理论。哲学家阿尔弗雷德·诺斯·怀特海(Alfred North Whitehead)也出席了会议,他描述了这一幕的上演:

> 整个紧张关注的气氛,正是希腊戏剧的气氛:我们是合唱团,正评论着在一件重大事件的发展过程中所揭示的命运的判决。在舞台上有一种戏剧性特质——传统的仪式,在背景中,牛顿的画

像提醒我们,最伟大的科学概括就在现在,在两个多世纪之后,正接受它的第一次修改。个人兴趣也不缺:一次伟大的思想冒险终于平安到岸了……[1]

戴森,作为皇家天文学家,则报告了这两个皇家学会派往非洲和南美洲的两支远征观测队的结果,即观察5月29日的日食和获得太阳附近恒星的照片。他描述了对照相底片中恒星的视位置(apparent positions)的仔细测量,并得出结论:"对这些底片进行仔细研究后,我准备说它们确证了爱因斯坦的预言。得到了一个非常明确的结果,即光线偏折与爱因斯坦引力定律一致。"[2]

天文学家路德威克·西尔伯斯坦(Ludwick Silberstein)敦促同事们在拒斥牛顿时要小心谨慎。"我们应该感谢那位伟人,"他说,"我们应该非常小心地修改或修饰他的引力定律。"[3] 不过,出席这次会议的大多数物理学家和天文学家都准备接受提交给他们的观测证据。作为皇家哲学学会的会长,J. J. 汤姆生宣布会议闭幕,他说:"这是牛顿时代以来与引力理论有关的最重要的结果,应该在与牛顿关系如此密切的学会会议上宣布。"他把爱因斯坦的新理论描述为"人类思想的最高成就之一",但他接着补充说:"我必须承认,还没有人成功地用清晰的语言阐明爱因斯坦的理论到底是什么。"[4]

导致这一戏剧性结果的英国天文远征观测队的计划酝酿了很长一段时间,爱丁顿一直是这一努力的主要鼓动者(和参与者)。爱丁顿很早就皈依了广义相对论,他在确保英国接受这一理论方面发挥了重要作用。牛顿的传记和爱丁顿的传记有一些类似之处。跟牛顿一样,爱丁顿出生在一个乡村小镇。父亲在他出生前就去世了，母亲抚养他长大。在学校里，他是一名杰出的学生，具有非凡的数学天赋，并获得了剑桥三一学院的奖学金。在三一学院的第二年，他在著名的Tripos数学考试中获得了第一名，这是一名研二学生从未达到过的成绩。

爱丁顿在格林尼治天文台担任戴森的助理时，获得了一些实用天文学方面的早期经验。然后他迅速上升到其职业的顶端，回到剑桥作为普拉姆天文学教授和剑桥天文台台长。在那里，他致力于数学和物理学在天文问题上的应用，特别是恒星内部结构的理论。他认识到，阻止恒星在自身重量下压碎的不仅仅是恒星内部气体的压力，还包括被困在恒星内的热辐射的压力，即所谓光压。通过对恒星内部平衡的理论研究，他成为现代天体物理学的奠基人。

据说爱丁顿是傲慢的，果如其言，他确有很多事情值得骄傲。在20世纪30年代，他的傲慢却有点过头了。他卷入了一场与来自印度的杰出天体物理学专业学生苏勃拉曼扬·钱德拉塞卡（Subrahmanyan Chandrasekhar）[①]旷日持久、徒劳无益的争论。钱德拉塞卡后来任芝加哥大学教授，他发现超过太阳质量1.4倍的特大质量星，一旦耗尽其内部燃料和冷却，就无法保持平衡。这样的一颗恒星会被它自己的重量压碎，也就是说，它会坍缩，仿佛一个过度蒸煮的蛋奶酥。爱丁顿固执地拒绝相信这一点，尽管有钱德拉塞卡计算的证据，爱丁顿试图阻止人们接受这一新想法。最终，钱德拉塞卡因其发现而获得（1983年）诺贝尔奖，而爱丁顿却从未获得过诺贝尔奖。

跟牛顿一样，爱丁顿花了最后几年的时间来追求妄想的臆测。对

[①]《孤独的科学之路——钱德拉塞卡传》，卡迈什瓦尔·瓦利著，何妙福、傅承启译，上海科技教育出版社，2006年。

于牛顿来说，这些臆测涉及滑稽的圣经年代学；对于爱丁顿来说，它们涉及对物理常数的命理学推导。他认为精细结构常数（描述电力在原子水平上的强度）可以用纯数学来构造。根据爱丁顿那个古怪的命理学方案，这个常数恰好等于 1/136，宇宙中的质子粒子总数正好是 136×2^{256}。当他指出精细结构常数的实验值接近 1/137，而不是接近 1/136（实际为 1/137.035…），他修改了计算，在分母上加了一个 1，讽刺杂志《笨拙》给他起了"加一爵士"（Sir Adding-one）的头衔[①]。

战争（第一次世界大战）中断了将德国科学期刊（如《物理学杂志》）运往英国的常规航船。尽管如此，爱因斯坦于 1916 年关于广义相对论的论文还是有几份通过迂回路线，经由荷兰和瑞士来到了英国，到 1917 年，英国人就可以接触到爱因斯坦的作品。爱因斯坦于 1916 年关于广义相对论的论文到达剑桥时，爱丁顿立即意识到它的深远意义。其数学专长使他很容易掌握爱因斯坦理论的数学内容，他还对爱因斯坦的概念物理基础形成了敏锐的洞见。如第 9 章所述，爱丁顿比爱因斯坦更清楚地认识到等效原理的真正（和有限的）作用。总的来说，他对这个理论的理解至少和爱因斯坦一样好，也许更好。

在爱丁顿的提醒下，英国天文学家对爱因斯坦关于太阳致光线偏折的新预言非常感兴趣。爱丁顿以牛顿对爱因斯坦的竞赛为幌子，抛出了光线偏折，这引起了英国好赌同事们的注意。牛顿在《光学》中推测，光线可能会受到引力吸引而偏折："各种物体对于光是否有超距作用，而且是否在它们的作用下使光线发生了弯曲？这种作用，当其

---

① 用谐音作文字游戏，调侃爱丁顿爵士（Sir Eddington）。

他情况相同时,是否在距离最小时最强?"[5]① 牛顿并没有试图计算太阳或其他天体对光线的偏折,而爱丁顿通过假定牛顿引力定律适用于光,并假定光在牛顿万有引力影响下的运动,可以通过假定光线的行为如同以光速运动的粒子,来填补这一空白。艾萨克爵士虽然相信光的粒子说,却并没有做过任何这种简单的计算,他肯定在坟墓里翻了个底朝天。显然,爱丁顿不知道在1801年,德国天文学家约翰·佐尔德纳(Johann Soldner)做了一个类似的计算。当时,由于天文观测精度不足以测量如此小的偏折,此种计算并不引人注意,这就需要使用摄影技术。佐尔德纳的计算在20世纪20年代被重新发现,爱因斯坦的反对者随后试图利用它来诋毁广义相对论。[6]②

爱丁顿计算出了光线擦过太阳边缘的偏折为0.9弧秒(在5千米的距离上看,大约相当于拇指的宽度),与爱因斯坦根据等效原理从他第一次天真计算中所预言的完全相同。[7]爱丁顿提请注意光线偏折的"牛顿"值与爱因斯坦新预言的1.8弧秒(牛顿值的2倍)的差异。他认为,对此种偏折的测量将是在牛顿和爱因斯坦之间进行的一项决定性的验证。在向受众发出的呼吁中,他给这个验证取了"称光重"的名字。这一挑战引起了皇家天文学家弗兰克·戴森的注意,他提议组织观测队,在1919年5月29日那次日食期间测量这一偏折。计划派出两支观测队,一支前往非洲西海岸外的普林西比岛,另一支前往巴西东北部的索布拉尔岛。

---

① 《牛顿自然哲学著作选》,H.S. 塞耶编,上海外国自然科学哲学著作编译组译,上海人民出版社,1974年,162页。
② 《上帝难以捉摸:爱因斯坦的科学与生平》,255页。

第 10 章 "世界是个疯人院"

爱丁顿与其说是个观测天文学家，不如说是个理论家，但他之所以被派去观测队，是出于一个次要的原因，更多地与宗教，而不是与天文学相关。爱丁顿是一个虔诚的贵格会教徒，他打算拒服兵役，因为他是良心拒服兵役者（conscientious objector）。1917 年，英国军队需要为血腥的佛兰德斯战场提供新的大炮炮灰，将征兵的最高年龄提高到 35 岁，爱丁顿正好适合入伍。由于国家遭受沉痛的损失，任何良心拒服兵役者都被认为是一种社会耻辱，这种耻辱不仅延伸到家庭，而且延伸到他所有已知的同行。剑桥的学术机构试图通过说服内政部，相信他作为一名科学家的服务比作为一名士兵的服务对战争更有价值，从而拯救了爱丁顿和他们自己，使他们免受宣传的羞耻。爱丁顿接到内政部的延期通知，他做了会签……但是，带着真正的贵格会的顽固态度，他补充了一句附言，宣称他作为良心拒服兵役者，无论如何都会拒服兵役，不管是否延期。

这一挑衅并没有使内政部感到可笑。爱丁顿将被逮捕并被送往英格兰北部那些沉闷的"集中营"之一，在战争期间，他不得不在那里剥土豆皮，而戴森则出面干预，以使他免受宗教愚昧的后果。在高层的影响下，戴森与英国海军部达成了妥协：他们会原谅爱丁顿拒服兵役，条件是他要在 1919 年参加日食远征观测队，为国家服务。

爱丁顿和同事 E. T. 科廷厄姆（E. T. Cottingham）被派去负责非洲观测队。"当问题出现在我们面前时，"爱丁顿后来回忆道，"有三种可能性。可能根本没有偏折，也就是说，光线可能不受引力的影响；可能会出现'半偏折'，这意味着，正如牛顿所建议的那样，光线受到引力的影响，并遵循了简单的牛顿定律；也可能存在一个'完全偏折'，证实爱因斯坦定律，而不是牛顿定律。我记得戴森向我的同伴科廷厄姆解释了这一切,科廷厄姆抓住了一个主要观点,即偏折越大,就越令人兴奋。'如果我们的偏折是原来的两倍,那又意味着什么呢?''那么,'戴森说,'爱丁顿会发疯的,你得一个人回家。'"[8]

两支观测队在日食前一个月左右出发,及时到达目的地,他们完成了所有望远镜和照相机的安装工作。但是,令爱丁顿和同事们沮丧的是,在日食当天,普林西比岛的天气不佳。太阳和月亮被笼罩在云层中,致使很难看到那些恒星,而这些恒星的光线被设想会被太阳偏折。"只有执行已安排好的计划,希望交好运。"爱丁顿写道:"上面有一种奇妙的景象,还有……在太阳表面以上十万英里处有一种奇妙的日珥火焰。我们只意识到不可思议的半光景象和大自然的静谧被观测者的吆喝打破了,节拍器的节拍滴答地划出了 302 秒的全食。"[9]

在普林西比岛获得的照片中,有些根本没有恒星,只有两张底片足以测量星光的偏折。这给出的结果是,星光在太阳边缘掠过 1.61 弧秒,接近爱因斯坦的预言值。这足以使爱丁顿确信,他找到了爱因斯坦理论的证实:"尽管与希望的相比,这些材料非常贫乏,笔者[必须承认他并非完全没有偏见(原文如此)]相信这是令人信服的。"[10]

但是,在索布拉尔拍摄的照片对爱丁顿的评估产生了一些怀疑。在日食当天,巴西的天气很好,那里的两架望远镜都产生了好的底片。其中一架望远镜的底片产生了 1.98 弧秒的偏折,而另一架的偏折约为 0.9 弧秒。因此,一架望远镜的结果比爱因斯坦的预言要大(虽然不太大,考虑到实验的不确定性,也许在可容忍的范围内),而另一架望远镜的结果接近牛顿的预言。

爱丁顿表演了一些有创意的挑选[①]。他认为，第二架在索布拉尔的望远镜上的底片应该被忽略，因为它们上的图像有点模糊，可能是因为在日食之前，用来将星光对准望远镜的反射镜已被巴西炙热的阳光扭曲。这个论证有点令人怀疑——它的模糊性不比普林西比一些底片上的模糊性更糟，也不妨碍图像的测量。而且没有直接证据表明，反射镜问题会减少星光的明显偏折。看来，爱丁顿决定忽略第二架望远镜的数据，如同爱因斯坦-德哈斯决定放弃一套数据——他认为自己知道正确的答案，并根据其理论偏见选择了观测结果。但是，在爱丁顿案例和爱因斯坦-德哈斯案例中有一个关键的区别：他挑选了正确的樱桃（right cherry），而他们挑选了错误的樱桃（wrong cherry）。爱丁顿以某种方式说服了其天文学同事支持他摇摇欲坠的立场，这导致了1919年11月皇家哲学学会会议上那个戏剧性的宣布。

尽管英国天文学家同意爱丁顿对数据的操控（manipulation），但其他天文学家则更加谨慎。坎贝尔于1914年试图测量克里米亚的偏折，但未成功。在1918年6月8日的日食期间，坎贝尔又进行了一次尝试，派助手希伯·柯蒂斯（Heber Curtis）到华盛顿州的一个地点拍照。天公不作美，获得的少数照片质量很差。柯蒂斯觉得，据他所知，光线没有偏折，坎贝尔向皇家学会做了报告。但爱丁顿选择忽略这一点。

柯蒂斯不仅对爱丁顿对1919年日食数据的分析持怀疑态度，而且对后来多次日食的数据也持怀疑态度。"可能会有偏折，"他写道，"但我不认为我会准备好在未来很长一段时间内接受爱因斯坦理论，如果

[①] cherry-picking，字面意思"挑选樱桃"。

可能的话。我是个异类。"后来，他把爱因斯坦的理论描述为"美丽但奇异，睿智但不是物理宇宙的真实代表"。[11]

皇家学会的会议结束时，西尔伯斯坦走近爱丁顿说："爱丁顿教授，你一定是世界上三位懂得广义相对论的人之一。"爱丁顿对此提出异议，西尔伯斯坦提醒道："别谦虚，爱丁顿。"爱丁顿回答说："恰恰相反，我在想第三个人是谁！"[12]

爱丁顿要是认真对待这个问题，可能会提到寥寥数人，他们不仅理解相对论，而且对相对论做出了重大贡献。例如，希尔伯特差一点赢得了寻找广义相对论场方程的竞赛，他输给爱因斯坦的原因不是缺乏理解，而是他试图将引力和电磁学统一起来的狂妄自大。

爱丁顿还可以提到德国天文学家、波茨坦天文台台长卡尔·史瓦西（Karl Schwarzschild）。史瓦西在战争期间自愿在俄罗斯前线服役，在那里，他的数学专长被实际用于计算炮弹的弹道。下班后，他继续研究天文问题，在研究爱因斯坦关于广义相对论的论文时，他求出了关于天球质量（如太阳）周围弯曲时空几何的爱因斯坦方程的**精确解**。

爱因斯坦用**近似解**计算了光线偏折和近日点进动——他甚至没有试图求解精确解，因为他认为其方程的复杂形式会使精确解变得非常困难或不可能。但是，史瓦西是一个比爱因斯坦更好的数学家，在阅读爱因斯坦的论文几天之内就求出了精确解。他把解寄给了爱因斯坦，并发表了这样的评论："您瞧，战争是优待我的——尽管地球上炮火连天，却允许我在您的思维之国里进行这次漫步。"[13]① 爱因斯坦表示惊

---

① 《爱因斯坦全集》第八卷上册，227页。

讶:"我事先真没有料到,对这个问题进行严谨的探讨竟会如此的简单。"[14]① 他提出将史瓦西的计算结果提交给科学院。

在俄国前线服役期间,史瓦西感染了天疱疮,一种罕见的、当时无法治愈的自身免疫性皮肤病。他病倒回德国后不久,于1916年去世。爱因斯坦在给希尔伯特的信中写道:"Schwarzschild之死我也感到震惊。在活着的人们中间,很少有人像他那样与众不同地掌握着运用数学的精湛技巧。"[15]② 虽然史瓦西活着没有享受爱因斯坦理论在预言光线偏折方面取得的胜利,但他并没有被遗忘。今天,在所有相对论教科书中都可以找到史瓦西解(Schwarzschild solution),它在研究中子星、引力坍缩和黑洞方面起着核心作用。

爱丁顿后来承认,他起先从瑞士数理物理学家赫尔曼·外尔和荷兰天文学家威廉·德西特(Wilhelm de Sitter)的著作中学到了相对论。外尔于1917年在苏黎世理工学院讲授了一门关于广义相对论的课程,一年后他出版了第一本关于广义相对论的教科书:《空间—时间—物质》,这本书仍在再版;它比爱因斯坦的任何著作都更全面和详细地介绍了这一理论。在一篇书评中,爱因斯坦本人表示,他对外尔的书钦佩之至:"我一直想再次阅读本书的每个部分,因为每一页都显示出大师极为稳重的手笔,他从最广阔的角度深入到了问题的核心。"[16]③ 爱丁顿承认,他自己的书部分是以外尔的书为基础的(爱丁顿的书最初是作为对外尔书的法文译本的数学补充而出版的)。

---

① 《爱因斯坦全集》第八卷上册,234页。
② 同上,294—295页。
③ 《爱因斯坦全集》第七卷,68页。

德西特对广义相对论的参与，由爱因斯坦在 1917 年写的一篇关于宇宙学的论文引起。这是爱因斯坦第一次尝试将广义相对论方程应用于整个宇宙中恒星的总体分布。虽然在如此恢宏的尺度上应用地球或太阳系物理学定律是一件非常大胆的事情，但爱因斯坦正在追随牛顿的足迹，牛顿曾尝试过某种类似于其万有引力定律的东西。跟 1917 年的爱因斯坦一样，牛顿认为恒星的分布是静态的，即近乎是静态的；也就是说，恒星保持在固定的位置（这就是为什么它们被称为**固定的恒星**），而不是行星（称为**流浪者**）。牛顿认为，如果无限多颗恒星均匀分布在无限体积，那么每颗恒星就会保持平衡："固定的恒星，在天空的所有点上平均分布，用相反的吸引抵消它们的相互拉曳。"[17] 虽然牛顿的断言在直观上显而易见，但从来没有人想提供一个数学证明。[18]

19 世纪末，一些天文学家开始相信牛顿引力定律在应用于恒星的无限分布时给出了模棱两可的结果。[19] 他们认为，为了解决模糊性问题，需要对恒星的无限分布施加一个边界条件，即恒星在宇宙最遥远的部分逐渐变稀的条件。几年后，人们发现这个边界值问题是一种被误导坚持恒星分布保持静态所造成的"障眼法"（red herring）。相反，如果允许恒星向外（或向内）运动，给出整个宇宙的膨胀（或收缩）运动，那么牛顿引力定律就唯一决定了这一运动的减速（或加速），这就不存在什么模糊性了。[20] 但是在 1917 年，人们还不知道宇宙在膨胀，对恒星静态分布的坚持造成了很大的混乱。

在 1917 年那篇宇宙学论文中，爱因斯坦接受并重复了对牛顿定律的混乱批评，并试图用广义相对论方程来解决这个问题。首先，他玩弄了边界条件的障眼法，详细描述了这些令人不满意的尝试，他说：

第 10 章 "世界是个疯人院"

"我将带领读者重走我自己旅行过的路途,这是一条相当崎岖和弯曲的道路。因为否则的话,我认为他们不会对这一行程的终端的结果有太大兴趣。我们将要得到的结论是,我奋斗迄今所得到的引力场方程仍然需要做微小的修正。"[21]①

然后,爱因斯坦决定完全绕过边界条件问题,采用一个封闭的、均匀弯曲的宇宙——无边界宇宙。这样一个宇宙的空间几何(spatial geometry)类似于普通球体的曲面,在这个曲面上,你可以向任何方向行走,而不会到达任何边界——你要是沿着任何方向一直向前走,最终会在完全绕球体行走一周之后回到起点。由于这类宇宙中没有边界,边界条件不起作用,时空几何(spacetime geometry)完全由质量分布和场方程决定。爱因斯坦认为,这是封闭宇宙的一个独特和非常可取的特征。他把它解释为马赫原理(Mach's principle)的一种表达:时空几何——从而在这个几何中运动的粒子的惯性特性——完全由宇宙中的质量分布决定,且这个几何不依赖于其他任何东西。[22]

然而,爱因斯坦发现,根据场方程,封闭、均匀弯曲的宇宙并非保持静态。这种宇宙以逐渐下降的速度膨胀,然后停止,然后以逐渐增加的速度重新坍缩。由于爱因斯坦(和他的同时代人)错误地认为宇宙是静态的,他决定需要修改场方程,以便允许这样一个静态宇宙(static universe)。为此,他在原方程(见247页)的左边再加上一项,用希腊字母 λ 表示所谓宇宙项(cosmological term)。这样,爱因斯坦方程就变成了:

---

① 《爱因斯坦全集》第六卷,415 页。

$$里奇张量 - \frac{1}{2} \times 曲率不变量 + \lambda = 能动张量$$

爱因斯坦对这一复杂情况并不满意，可是无法避免它。他写信给埃伦菲斯特，"我又在引力理论方面犯了罪，这让我险些被抓进疯人院里隔离起来。但愿你们莱顿那里没有疯人院，这样我就可以再去拜访你们而不会遇到什么危险。"[23][①]

那个宇宙项相当小，故其影响不会出现在太阳系内。但它改变了宇宙膨胀的运动，因为它有效产生了整个宇宙的引力排斥（gravitational repulsion），在很大尺度上，它抵消了宇宙中物质的通常引力吸引（gravitational attraction）。爱因斯坦选择宇宙项的数量级等于宇宙的平均质量密度。有了对宇宙项的值这个选择，引力吸引和引力排斥在大尺度上就是平衡的，宇宙是静态的。

然而，爱因斯坦的宇宙学纲领包含了两个错误。德西特立即指出，可以设想一个质量密度为零（或几乎为零）、宇宙项却非零的宇宙，在这样一个空宇宙中，粒子仍然会有惯性。这破坏了爱因斯坦的说法，即惯性是由宇宙的质量分布引起的。空的德西特宇宙不是静态的。它随着速度的增长而膨胀，变得越来越大——而不是保持宇宙处于平衡状态，德西特宇宙中的宇宙项会产生加速膨胀。由于这种膨胀，德西特宇宙被描述为"无物质的运动"，而不是静态的爱因斯坦宇宙，即"无运动的物质"。[24]（现代观点认为，宇宙项代表了一种叫作"暗能量"的神秘物质，均匀分布在整个太空。因此，如今德西特宇宙可被描述

[①]《爱因斯坦全集》第八卷上册，388页。译文有改动。

为无普通物质却有暗能量的运动。)

1917年，还没有明确的证据表明宇宙在膨胀，德西特的宇宙模型被认为是不现实的。但是，即使被认为是一个不现实的、纯粹的数学模型，德西特宇宙也证明了爱因斯坦关于马赫原理的观点是没谱的，广义相对论并没有对惯性的起源作出连贯的解释。在生命接近尾声时，爱因斯坦完全放弃了马赫原理，宣称："事实上，人们根本用不着再谈马赫原理了。"[25]①

爱因斯坦宇宙学纲领中的另一个错误直到1930年才浮出水面，当时爱丁顿发现爱因斯坦静态宇宙有一个灾难性的缺陷：这个宇宙是不稳定的。如果质量密度和宇宙项不匹配，即使是最小的量，那么大尺度的引力吸引和引力排斥将不完全平衡。然后，宇宙要么膨胀要么收缩，这种膨胀或收缩将以不断增长的速度进行，也就是说，宇宙向外爆炸或向内爆炸。宇宙就像一支立在笔尖上的铅笔，即使铅笔最初平衡得很好，它也很快就会向一个或另一个方向倒下。

爱丁顿发现这个错误时，并没有引起太多的注意，因为那时他在白费力气。到了1930年，众所周知宇宙在膨胀，对爱因斯坦的静态宇宙不再有任何兴趣。到那时，德西特的空宇宙也不再令人感兴趣了；它已被抛弃，取而代之的是俄罗斯数学家亚历山大·弗里德曼（Aleksandr Friedmann）和比利时天文学家乔治·勒梅特（Georges Lemaître）所表述的另一种宇宙学模型。后者乃是在耶稣会内长期的天文学研究传统中（甚至今天，梵蒂冈天文台的几乎所有天文学家都是耶稣会士），沿着伽利略时代耶稣会天文学家的足迹的一位耶稣

---

① 《上帝难以捉摸：爱因斯坦的科学与生平》，364页。

会士。

但是，这个不切实际的空宇宙德西特模型在被抛弃之前，在宇宙学上提供了一个重要的作用：它引导宇宙学家发现了真实的、不空的宇宙的膨胀。援引辛格对等效原理的评论，我们可以说德西特模型在发现宇宙膨胀过程中扮演了助产士的角色。这一膨胀的第一条观测线索是在1912年发现的，当时在亚利桑那州弗拉格斯塔夫的洛韦尔天文台，天文学家维斯托·斯里弗（Vesto Slipher）开始测量从旋涡星云到达我们处的光的红移。这种红移类似于声音的多普勒频移——它表示一种退行运动。斯里弗不知道这些星云是星系，类似于银河系，但他确实测量了它们的退行速度，且发现有些星云的退行移动速度高达光速的四分之一。如果将一些粒子分散到德西特宇宙膨胀模型的空旷空间中，这个空间的膨胀会导致粒子之间距离的扩大，即粒子相互退行运动。这种退行被称为"德西特效应"（de Sitter effect），天文学家推测这可能是斯里弗红移测量的解释。

直到20世纪20年代末，天文学家埃德温·哈勃（Edwin Hubble）在加州的威尔逊山天文台才获得了此种膨胀的确凿证据，将星云识别为银河系之外遥远的分离星系，并开发了测量这些星云距离的方法。他确认了星系退行的速度与其距离成正比，这种关系现称为哈勃定律（Habble's law）。

当膨胀的证据在手时，宇宙学家发现了其他更现实的宇宙理论模型。由弗里德曼和勒梅特建立的这些模型，保留了德西特宇宙的膨胀，却避免了那个宇宙不现实的空虚（emptiness）。[26] 从观测角度来看，弗里德曼模型和德西特模型的根本区别是，在前者中，膨胀减速，而在后者中，膨胀加速。弗里德曼宇宙中的减速度，是星系相互引力吸引的直接结果。

因此，第一次激发天文学家思考膨胀宇宙的功劳属于德西特，而不是爱因斯坦。更重要的是，近年来，人们发现宇宙的膨胀在加速——我们生活的宇宙有点像一个空的德西特宇宙，有一个相对较大的宇宙项和相应的大量暗能量，具有引力排斥。

宇宙包含更多的排斥暗能量（占71%），而不是吸引质量（占29%）。虽然爱因斯坦在1917年为相对论性宇宙学提供了理论构件，德西特却将这些构件组装成了一个比爱因斯坦更有成效的模型。

在晚年，爱因斯坦告诉物理学家乔治·伽莫夫，宇宙项是他一生中犯过的"最大失策"。[27] 不过，宇宙项本身确实不是一个失策。今天，我们知道宇宙项（即暗能量），是宇宙的一个基本特征，它需要产生由最近的观测所揭示的加速膨胀。爱因斯坦的错误不在于提出了宇宙项，而在于为这个项选择了错误的数量级——他没有预料到，他如要引入一个宇宙项，需要使它比宇宙的平均质量密度大得多。这个错误，源于他误认为宇宙是静态的。爱因斯坦对这一误解的盲目接受表明，他对宇宙的运作没有特别的洞察力——他只是从其天文学同事那里找到了线索。

爱因斯坦在1919年提出了膨胀宇宙，预计这个膨胀会于十年后发现，这对爱因斯坦来说将是一个惊人的妙招；如果他提出一个**加速膨胀**宇宙，预料到这个加速度将于八十年后发现，那就更加壮观了。但是，爱因斯坦想方设法错失了目标。首先，他插入了一个宇宙项来阻止膨胀；后来，他完全删除了宇宙项，而忽略了加速度。此外，爱因斯坦的第一次尝试在本质上是有缺陷的——他没有注意到其静态宇宙模型的不稳定性。

最近在《今日物理》杂志上讨论爱因斯坦的错误，史蒂文·温伯格（Steven Weinberg）① 解释说："爱因斯坦假定宇宙是静态的，我认为这不能责怪他。除了罕见的例外，理论家必须按照观察者向他们展示的世界来看待这个世界。"[28] 这是事实，对于大多数理论家来说，这将成为一个很好的借口。但是，爱因斯坦往往坚持**不把世界看作呈现给他的世界**。他（非常正确）认为，他有一种超乎寻常的才能，能看到地平线之外的事物，发现意想不到的事物。在他对待宇宙学的过程中，这种非凡的才能因其缺乏深刻的理解而引人注目——他对物理学大多数方面缺乏直觉。

在德国为庆祝"2005年爱因斯坦年"而出版的一系列书籍和博物馆展品中，编辑们试图通过称爱因斯坦为"宇宙工程师"来升华爱因斯坦。[29] 然而，称一位物理学家为工程师，并不是一种恭维。爱因斯坦对宇宙的工程是笨拙的——对"正确公式"的缓慢而毫无启发的探索，并没有对更深层次的含义有任何真正的感觉。他对静态宇宙模型的构建就像一个无能工程师的作品，他根据纸牌屋的原理设计了一种结构，在这种结构中，纸牌不是被绑在一起的，也不是粘在一起的。纸牌屋处于平衡状态，但会在最轻微的挑衅下崩溃，因为此种平衡是不稳定的。在宇宙学上，爱因斯坦没有一个善于发现建筑缺陷的工程师的 Fingerspitzengefühl（第六感），也没有导致他产生狭义相对论和广义相对论的那种神秘洞察力。

---

① 美国理论物理学家，1979年诺贝尔物理学奖得主。著有《终极理论之梦》《仰望苍穹》。

然而，有一个细节使他的直觉引导他朝着正确的方向：他认识到从基本粒子物理学的角度来看，宇宙项需要某种物理解释。宇宙项与基本粒子物理学之间的联系如今仍是物理学中最基本、尚未解决的问题之一，爱因斯坦首先认识到这个问题，并在许多试图解决这个问题的失败尝试中做出了第一次尝试，这值得赞扬。

爱因斯坦在1919年提出的解决方案，很可能受到希尔伯特试图将所有物质解释为纯电磁物质的启发。爱因斯坦推测，也许基本粒子（如电子和质子）除了电荷外什么也不包含，这些电荷由引力聚集在一起。如果没有某种保持平衡的机制，电荷云就会因为电荷的相互排斥，立即向四面八方散开。因此，爱因斯坦提出，吸引引力作用于电荷云的电质能（electric mass-energy），可能将电荷云凝聚在一起。他发现要做到这一点，他需要再一次改变他的场方程，在曲率不变量前面改变系数（见第247页），由1/2改为1/4。这是四年来爱因斯坦在其方程式中做出的第四次改变。他讽刺地评论说，他不断重塑自己的方程式："爱因斯坦是个随随便便的家伙。每一年他都要收回他前一年所写的。"[30][①]

通过对方程式进行一些数学处理，并对物质的能动张量进行相当程度的人工修正，爱因斯坦能够证明他的新方程可以被"按摩"出一个宇宙项。然而，新方程式有一个缺陷：它们不能产生所观察到的电子和质子的性质。爱因斯坦发现，用他的新方程，由正负电荷组成的球形云可以通过自身的引力吸引保持平衡，但如果受到外部扰动的挤

[①]《爱因斯坦全集》第八卷上册，230页。

压或拉伸,球形云将改变其大小并保持平衡。这意味着电子或质子的大小不会保持不变——每当推拉这样的电子或质子时,它们可能会收缩或膨胀,就像一片棉花糖被你黏稠的双手推拉。这不是真正的电子和质子的行为方式,每个真正的电子或质子的大小与其他电子或质子完全相同,无论你对它做什么,其大小都不会改变。

在这篇推测性论文的结尾,爱因斯坦承认,"根据已有的场方程,还是远远不能解决[电荷的]元量子的构成问题。"[31]① 这是一种轻描淡写的说法。爱因斯坦很快就放弃了这一进路及其改造后的场方程;几年后他简短地谈到了它,然后就再也没有回到它。[32]②

今天,将宇宙项与基本粒子的性质联系起来的尝试要复杂得多,涉及量子理论和弦理论。但即使如此,所有的尝试都完全失败——与我们在宇宙中观测到的宇宙项的值相比,计算出的理论值太大,超过一个 googol 的因子,即 1 后面跟 100 个 0。[33] 在计算宇宙项的值方面的严重失败,是对理论物理学家的傲慢的一个沉痛打击——这是物理学中迄今最大的失败。无论谁解决这个问题,都有一个诺贝尔奖在虚位以待。

在皇家天文学会为庆祝 1919 年远征观测队归来而举行的晚宴上,爱丁顿朗读了一首为纪念他的发现而写的诗。诗句的结尾是:

> 哦,把我们的测量由智者来整理吧。
> 至少有一件事是确定的。**光有重量,**

---

① 《爱因斯坦全集》第七卷,126 页。
② 《上帝难以捉摸:爱因斯坦的科学与生平》,363 页。

第 10 章 "世界是个疯人院"

一件事是确定的,其余的都需要争论——

光线,接近太阳时,**不再直行**。[34]①

一位不知名的舞文弄墨者(可能是研究生)写了一段比较新、不那么做作的诗,其中包含了相关的数学细节(最后两行将很快被读懂):

闪烁、闪烁的小星星,

我想知道你在哪里。

1.8 弧秒由我所处的位置看,

因为 dl 等于 1 减去 2GM 除以 r 乘以 dt。[35]

1919 年的日食观测队和爱丁顿某种有倾向的数据分析,对爱因斯坦来说是幸运的突破。随后赴澳大利亚、苏门答腊、西伯利亚等地的日食观测队,产生了不定的结果;有些得出的数字与爱因斯坦的预言完全一致,也有一些却要大得多。所有的日食观测队,都遇到了在偏远地区建立临时观测所那些固有的困难:尴尬的位置,常受恶劣天气的影响,糟糕的生活条件,有时还有不友好的当地人。

直到很久以后,即 1970 年以后,才得到真正良好、可靠的数据。当射电望远镜出现时,就可以精确测量脉冲星发射的无线电波的偏折。这种无线电波的探测不会被太阳的强光所抑制,这意味着不需要等待日食和组织到天涯海角的观测队,就可以进行测量。射电望远镜的结

---

① 《恋爱中的爱因斯坦》,254 页。

果以很高的精度证实了爱因斯坦的预言，甚至可以测量无线电波受木星的偏折。木星产生的偏折比太阳产生的偏折小 100 倍，因为木星的质量较小。

今天，光和无线电波的偏折被用作天文学的一种工具。天文学家可以通过测量这些星系对背景中（甚至更远的星系）的光和无线电波所产生的偏折，来推断出遥远星系的质量。这样的测量证实了星系被巨大的暗物质（dark matter）云团所包围，即不发光物质 [这种与星系相关的暗物质不应与暗能量（dark energy）相混淆，暗能量与星系没有关联，居于星系间的空隙中]。暗物质在光和无线电波的偏折中的引力效应显示了自己，但由于我们看不到这种物质，则无法分辨它是什么——也许是尘埃云，要么是新的奇异粒子，要么是成群的彗星状星体或木星状星体，因为没有附近恒星的照明，它们仍然是看不见的。

当两个星系位于离地球完全相同的视线上，一个星系隐藏在另一个星系的后面（即一个星系被另一个星系所"食"）时，观测到了最显著的偏折例子。然后，前景星系将背景星系的光线弯曲，这就把背景星系的表面图像扭曲成一个环，使其与前景星系构成同心圆。这样的环形图像，被称为爱因斯坦环（Einstein ring）。射电望远镜发现了许多爱因斯坦环的美丽例子。这些环是引力效应下光线偏折的一个壮观证明。[36]

关于英国日食观测结果的第一条消息通过洛伦兹传到爱因斯坦那里，洛伦兹发电报说，初步结果是在 0.9 到 1.8 弧秒。这一宽范围的数字，使得不可能做出广义相对论性预言和牛顿预言之间的客观决定。可是，爱因斯坦乐观地解释了初步结果，并宣称这些数字证实了他的理论，尽管"精度很低"。据报道，他对一位来访的学生说："我一直知道这个理论是正确的。"① 学生问他，但如果测量结果与你的理论相矛盾呢？他得到了一个大大咧咧的回答："那么，我就会为亲爱的主感到遗憾；这个理论无论如何都是正确的。"37

直到1919年10月底，在一次对荷兰的访问中，关于爱丁顿对测量结果的有利解释，爱因斯坦获得了更精确的信息。他写信给普朗克，在某种程度上夸大了爱丁顿结果的准确性："……通过对底板的精确测量，得到了准确的光偏转理论值。感谢命运的怜悯，我能在有生之年见到这个结果。"38② 随着爱因斯坦在舞台上的表演，洛伦兹在阿姆斯特丹皇家学院做了一次演讲，数以千计的学生鼓掌欢呼。

这个消息很快在国际学术界传开了。爱因斯坦在苏黎世理工学院的瑞士前同事给他发了一封贺电，他的朋友灿格写道："所以对您来说，一切都在好转，甚至连光线也已经弯曲了数百万年来讨好您。星光会在近日点弯曲——也许您还会命令他们做做别的跳跃动作。在这种情况下，我倒是可以理解，您宁可写信给亲爱的艾萨克·牛顿也不写给我。"灿格补充说，爱因斯坦在苏黎世的日子里，对光线的弯曲已经有了一种正确的直觉："您来拜访我们的那段时间，您的信念，即坚信光线在太阳周围会发生偏折的理论信念，对我来说是一种强有力的心理体验。您是如此肯定，而这种坚定的信念具有它自己的力量。"39③

当然，1919年以前，爱因斯坦在物理学家中是出了名的。但是，

---

① 《爱因斯坦传》，312页。
② 同上，313页。
③ 《爱因斯坦全集》第九卷，218页。

随着光线弯曲的证实,他在普通民众中突然获得了誉满世界的声誉。这种迅速成名的原因可以归因于几个偶然的巧合因素,其中两个因素是对战争的厌倦和媒体煽情,卢瑟福1933年在三一学院的一次餐后谈话中对此进行了敏锐的描述,爱丁顿和钱德拉塞卡都在场。其中一位用餐者问,为什么爱因斯坦比(原子核发现者)卢瑟福更受到公众的欢迎。卢瑟福兴致勃勃地转向爱丁顿,开始说:"爱因斯坦的名声,是你的功劳。"但后来他继续说:"战争刚刚结束,维多利亚时代和爱德华时代的自满情绪成为泡影。人民感到他们所有的价值观和所有的理想都失去了支撑。现在,他们突然了解到,一位德国科学家的天文预言已被前往巴西和西非的观测队所证实,事实上,这一观测队是在战争期间由英国天文学家准备的。天文学一直吸引着公众的想象力;一项超越世俗冲突的天文发现,拉响了一条反应灵敏的绳索。英国观测队的观测结果被报道在皇家学会的会议上,所有的英国报纸都以这次会议为标题,宣传台风横穿大西洋。从那时起,美国媒体就把爱因斯坦推向了极致。"[40]

美国报纸确实急于让读者们从战争造成的令人沮丧的恐怖和痛苦中得到一些令人振奋的消遣。需要一个新的话题,一个古怪而耸人听闻的话题,如天空中的奇观,非常符合报社编辑们的目的。他们可以对奥斯卡·王尔德(Oscar Wilde)说:"我们都在阴沟里,但是我们中的一些人在盯着星星看。"当然,用1弧秒的弯曲光线惊动世人是有点困难的,这个角度很小,只能用望远镜才能看到(记住:1弧秒是指在距离5千米处看到的拇指的宽度)。报纸编辑们宁愿在金星上发现半人马,在火星上发现美人鱼;但是,在没有更好的情况下,爱因斯坦的故事还不错。

第 10 章 "世界是个疯人院"

报纸纷纷用耸人听闻的标题来渲染报道。在伦敦《泰晤士报》上，关于皇家学会那次会议的报道的标题是"**科学中的革命/宇宙新理论/牛顿思想被推翻**"，类似的标题随后反复出现。[41] 这些革命性的想法被归因为"著名的爱因斯坦教授"，不过报纸没有提到他的名字、友好关系，或者国籍。在大西洋彼岸，这个故事被《纽约时报》摘录，标题是"天空中所有的光线都倾斜了"。[42] 为了启发读者，该报报道说，恒星并不在他们看上去的地方，但没有必要惊慌。它还报道说，全世界只有12位科学家能够理解爱因斯坦的著作——这是一种新闻谣传，它让公众对即将公布的神秘事件留下了深刻的印象，同时也为这位报纸记者令人困惑的写作水平提供了借口，他显然不是那12位智者中的一员。在整个美国，连锁反应开始出现，一家又一家报纸重复了这一谣传。一夜之间，阿尔伯特·爱因斯坦这个名字——以前只有少数几个美国物理学家才知道——变成了一个家喻户晓的字眼。这个故事后来又回到了欧洲，但花了一段时间才在德国形成了新的势头。

英国和美国的报纸记者抵达柏林采访爱因斯坦，爱因斯坦受邀为伦敦《泰晤士报》写一篇特邀文章。在这篇文章中，他详细阐述了坐标在物理学中的作用，这一定让那些期待时空扭曲的骇人听闻的读者感到失望。在这个问题上，他只说了一句神秘兮兮的话："……决定物体在空间中可能配置的定律，并不严格符合欧几里得几何赋予固体的空间定律。'空间的弯曲'这个短语的含义就在于此。"[43]①

他以一个关于他的德国-瑞士-犹太人地位的笑话结束了文章：

---

① 《爱因斯坦全集》第七卷，193页。

"这里还有相对论的另一应用：今天我在德国被称为'德国的学者'，而在英国则被称为'瑞士的犹太人'。如果我命中注定要被说成一个最讨厌的家伙，那么情况就会反过来，对于德国人来说，我将变成'瑞士的犹太人'；而对于英国人来说，我却变成了'德国的学者'！"[44]①这是一个有点不得体和无礼的笑话。英国人把爱因斯坦描述为瑞士人，只不过是为了掩盖德国人在最近的战争中所造成的200多万人伤亡的痛苦记忆。[45]可是，爱因斯坦特别喜欢这个笑话，他在其他场合也用过这个笑话，这个笑话在国际媒体上被广泛转载。

12月，《柏林画报》的封面上展示了一张爱因斯坦的图片，上面写着"世界历史上一个新的杰出人物：阿尔伯特·爱因斯坦，他的研究意味着我们的自然观在发生一场彻底的革命，可与哥白尼、开普勒和牛顿的发现媲美"。[46]在这幅图片中，爱因斯坦的头发整齐地梳着，他看上去非常显赫，完全是普鲁士人。要使这幅图片成为普鲁士容克的完美肖像，所缺少的是单簧管和挂在脖子上的一枚奖章。那枚缺失的奖章在两年后得手，爱因斯坦被选为普鲁士科学和艺术界的骑士（勋章），获得了这枚勋章，这是一枚相当小的奖章，大约有怀表大小，上面有金蓝色的大圆圈，装饰着四顶金冠和一只普鲁士鹰。但是，他从来没有戴过它。当能斯特斥责他在某些正式场合没有这种装饰时，爱因斯坦表示同意，是的，"Toilettenfehler"（礼服上的错误）。

报纸上的文章强调了弯曲空间和四维几何概念的神秘和反直觉性质，而不是试图严肃地表达爱因斯坦的观点。这提供了一股深奥的神

---

① 《爱因斯坦全集》第七卷，193页。

秘气息，给读者们带来了一些愉快的烦恼，而不需要任何真正的精神上的努力。爱因斯坦在一次采访中准确描述了公众的这种反应，他想知道为什么这么多人对其理论表现出如此的兴奋，"他们对此一窍不通"。他说："我相信，正是不理解的奥秘吸引了他们。"[47]查理·卓别林（Charlie Chaplin）在洛杉矶参加了一场爱因斯坦也参加的电影首映式，他对疯狂欢呼的人群发表了评论："他们为我欢呼，是因为他们都了解我；他们为您欢呼，因为没有人理解您。"[48]①爱因斯坦对人群的尖叫感到困惑，于是问卓别林："这是什么意思？"卓别林回答说："没什么意思。"[49]

名人因其是名人而出名，公众因仰慕而为他们喝彩。正如德国幽默杂志《风言风语》评论的那样，公众非常困惑，以至于通常把物理学家爱因斯坦与生理学家施泰纳赫（Steinach）混为一谈。施泰纳赫是维也纳的一位教授，他提倡一种返老还童理论，并通过输精管结扎术来增强性功能，从而获得了一些恶名。该杂志半开玩笑地建议，爱因斯坦-施泰纳赫应该将他们的理论融合到一个统一的"相对论-回春"理论中，通过有偿讲座、全球巡回旅行以及明信片、领带夹和翻领针的销售来进行商业利用。[50]《风言风语》的商业提议具有预见性——今天，爱因斯坦是收入最高的已故名人之一，而耶路撒冷希伯来大学通过出售明信片、海报、爱因斯坦玩偶和其他爱因斯坦随身物品的版权许可，每年获得1800万美元的收入。它还为广告和代言授权爱因斯坦的名字和形象，并在华特·迪士尼公司的噱头上收取高额版税。迪士尼公司在这个品牌下兜售爱因斯坦婴儿™的标签，容易受骗

---

① 《新爱因斯坦语录》下册，305页。

的母亲希望借此将自己的孩子变成天才。

可是，公众的无知（public's ignorance）并没有阻止他们就相对论展开热烈的、有时甚至是充满激情的辩论。爱因斯坦觉得这很有趣："世界是个疯人院。现在，每一位马夫和每个侍者都在争论相对论是否正确。"[51]① 一幅20世纪20年代初的法国卡通画中，一群衣着考究的女士参与了一场动画片的讨论，标题上写着："赞美之歌！这些女士肯定还在谈论她们的时装设计师。——一点也不，她们在谈论爱因斯坦。"[52]

爱因斯坦的名声，甚至影响到诗人和歌唱家不科学的——常常是反科学的——世界。威廉·卡洛斯·威廉斯创作了一首现代主义诗歌，以纪念爱因斯坦1921年春季首次访问美国。这首名为《水仙花的圣弗朗西斯·爱因斯坦》的诗，通篇令人难以理解（至少对物理学家来说，如果不是文人的话）。不过，有几句似乎暗示着长度收缩：

> 爱因斯坦，像格子角的
> 紫罗兰一样高，
> 像一棵开花的
> 珍珠树一样高。[53]

在音乐方面，爱因斯坦在20世纪30年代的著名歌曲《时光流逝》中出现，后来出现在电影《卡萨布兰卡》中。在流行版本中，这首歌最著名的一句是："亲吻就是亲吻……"但是，正如最初所写的那样，歌手们在完整的版本中也哼着"爱因斯坦先生的理论""速度……还有

---

① 《爱因斯坦传》，325页。

比如第四维度的新发明",这"有理由为一些东西忧虑"。[54]①

小报制造的耸人听闻的言论,通常持续时间不超过15分钟。爱因斯坦一生贯穿至今的名人地位持续存在,涉及战后时代公众情绪以外的因素,以及报纸编辑和图书出版商对新闻的商业利用,以求迅速获利。

一个主要的因素是他的个性。他很享受媒体和公众对他的关注,他总是和记者们合作,对他们无精打采的问题表现出极大的耐心和宽容——记者们也因此喜欢他。他总能得到一句朗朗上口的口头禅:"浮夸的词句和言语都使我起鸡皮疙瘩,不管它们是探讨相对论或是别的什么。"(《柏林日报》,1920年)②;"我发现普林斯顿很可爱:像一个没有抽过的烟斗,如此新鲜,如此年轻"(《纽约时报》,1921年)③;"日本现在像一个没有安全阀的大锅炉"(《纽约时报》,1925年)④;"民族主义是一种幼儿疾病。它是人类的麻疹"(《星期六晚邮报》,1929年)⑤;"我不喝酒,所以我一点也不关心"(新闻片,抵达美国,当时禁酒法颁布,1930年)⑥;"没有人理解我,然而每个人都喜欢我,这是为什么"(《纽约时报》,1944年)⑦。[55]

在公共场合,爱因斯坦总是很幽默、友好,平易近人。当即兴讲话被冒犯时,他很快就会设法安抚听众,对其言论进行创造性的重新

---

① 《爱因斯坦语录》(终极版),413页。
② 《新爱因斯坦语录》下册,261页。
③ 《新爱因斯坦语录》上册,52页。
④ 《新爱因斯坦语录》下册,272页。
⑤ 《新爱因斯坦语录》上册,185页。
⑥ 《新爱因斯坦语录》下册,280页。
⑦ 《新爱因斯坦语录》上册,15页。

解读或放大，我们今天称为"忽悠"。爱因斯坦在普林斯顿大学演讲后对一句话的处理很好地证明了爱因斯坦作为一名大话精（spin doctor）专家的才能。他讨论了迈克耳孙-莫雷实验的一些最新结果，该实验表明存在以太风，与相对论相矛盾。他对这个结果不以为然，说"Raffiniert ist der Herrgott, aber boshaft ist Er nicht"，这句话翻译成中文是"上帝是狡猾的，但并无恶意"。[56] 在爱因斯坦的允许下，这句话被刻在普林斯顿大学范氏大楼教授休息室的壁炉架上。（这是当时的数学系；最近，这栋建筑的内部被改建为近东研究系，更名为琼斯大厅。）

这个对上帝相当不敬的评论引起了一些不利的议论，爱因斯坦立即变卦，并解释说，他的真正意思是，"大自然用她性格的宏大而不是狡猾来隐藏她的秘密。"[57] 爱因斯坦说的话与他最初所说的恰好相反，但它平息了批评者的情绪。

这个故事有一个续集。几年后，在普林斯顿，爱因斯坦对他的统一场论缺乏进展感到沮丧时，对助手彼得·伯格曼（Peter Bergmann）和瓦伦丁·巴格曼（Valentin Bargmann）说："我有另一个想法。或许上帝是居心不良的。"[58]① 幸运的是，这句话直到他死后很久才为人所知。纽约的拉比·戈德斯坦（Rabbi Goldstein）曾经给爱因斯坦发了一封电报，要求他宣布自己是否相信上帝，假如他早就知道了那句评论——天哪，天哪！

爱因斯坦有时会抱怨这场席卷他的宣传风暴，宣称"挑选几个人来获得无限的钦佩，赋予他们超凡脱俗的心智和人格力量，这是不公

---

① 《新爱因斯坦语录》下册，233 页。

平的，令人讨厌的"。⁵⁹① 然而，他真的很喜欢这种关注，而且愿意参加宣传活动。在照片中，他被成群结队的记者包围时，看起来很高兴，也很放松。他在画廊里玩，喜欢摆姿势拍照。他爱照相机，照相机也爱他。在那些摆拍照片中，他看上去要么深情款款，要么迷人友好，嘴角和眼睛周围都挂着动人的微笑。公众认为这是一个值得欢迎的改变，而不是大多数学者傲慢而严肃的姿态（他们不知道，在学者身上看到的傲慢，主要是面对镜头和公众时紧张的结果）。蓬乱的长发使他看上去像一个年老的"蓬头彼得"，这是故意引人注目。他绝对明白标志形象的优点。

爱因斯坦的一些朋友和同事对他对公众注意力的宽容大感愤慨，他们警告他，他与记者的合作将被视为卑鄙的自我膨胀。对现代人来说，这样的警告听起来很奇怪——如今，每一位科学家在自己所在大学的公共关系办公室的帮助下，都做好了任何自我膨胀的准备。不过在当时，他的朋友马克斯·玻恩写的一本关于相对论的书中，甚至包括了爱因斯坦的传记信息——恐怖之恐怖—— 一张他的正面照片，也遭到了其他朋友和同事的反对。冯·劳厄虽然是爱因斯坦的朋友和崇拜者，却抱怨他"许多同事会对照片和传记大发雷霆"。因此，照片和传记在以后的版本中被删除了。⁶⁰

爱因斯坦同意与记者亚历山大·莫兹科夫斯基（Alexander Moszkowski）合作写一本完整的传记时，马克斯·玻恩的妻子赫迪·玻恩（Hedi Born）要求他立即撤销对这本书的出版许可，因为"这本书将对所有人（除了您的四五个朋友）宣判您道德的死刑。然

---

① 《爱因斯坦传》，327 页。

后，它会成为指控您**好自吹自擂的最好证据**"。⁶¹ ① 赫迪的信让爱因斯坦心意回转，于是他撤销了出版许可。可这本书还是出版了，这是爱因斯坦众多传记中的第一本。⁶² 该书经出版后，爱因斯坦写信给玻恩（有些令人失望？）"……到目前为止，还没有发生任何地震"。⁶³

导致爱因斯坦暴得大名的最后一个因素是精心策划的宣传和广告宣传活动，首先是他的书籍出版商和其他企业家，然后是战后的德国共和党政府，最后是犹太复国主义组织。爱丁顿立刻意识到了围绕相对论狂热带来的政治影响；他写信给爱因斯坦，"……整个英国都一直在讨论您的理论……这对于英德之间的科学关系来说是最美妙不过的事情了。"⁶⁴ ②

在柏林，魏玛共和国外交部部长瓦尔特·拉特瑙（Walther Rathenau）也得出了同样的结论。爱因斯坦与富有的犹太实业家拉特瑙关系友好，在战争期间，后者曾为帝国政府组织原材料和工业生产，并在皇帝倒台时晋升为外交部部长。为了恢复与德国这个前敌人的正常国际关系，拉特瑙认为爱因斯坦是一种善意使者，他可以充当破冰船，发起一场对话，帮助克服战争带来的仇恨，我们今天称为"乒乓"外交。爱因斯坦在国际科学界有许多熟人，他们渴望邀请他参观和演讲。他反对战争同他的和平活动众所周知，这使他成为一个"好德国人"，为前敌人国家的观众所接受（此外，在紧要关头，他可以说他真的是一个中立的瑞士人）。

拉特瑙对爱因斯坦在1921年的美国之行中受到热烈欢迎表示兴

---

① 《玻恩-爱因斯坦书信集（1916—1955）》，46 页。
② 《爱因斯坦全集》第九卷，269 页。

奋。英国人不太愿意接受一个德国人，但是爱因斯坦从美国回来时，巧妙地用他对牛顿的尊重态度，到牛顿在威斯敏斯特大教堂的墓前献上了花圈，赢得了英国人的支持。

德国与法国的关系比与英国的关系还要糟糕，因为法国坚持要支付严厉的战争赔款。为了在科学和其他方面取得一些改善，拉特瑙因此强烈鼓励爱因斯坦接受朗之万的邀请到巴黎演讲。爱因斯坦的巴黎之行是成功的，虽然不是无条件的成功。爱因斯坦明白，要赢得法国人的心，就必须说法语，即使只是糟糕的法语。在法兰西学院，他用中学水平的瑞士法语向只有站席的听众讲课，朗之万在附近徘徊，充当提词者。报纸上有关爱因斯坦访问的报道是有利的，可他不得不取消了在法国科学院的另一次演讲，当时约有30名院士拒绝与一名德国人同处一室，并威胁说，如果他要来科学院，他们就会起身走出去。

拉特瑙还赞成爱因斯坦打算在1922年年底访问日本的计划。不过，拉特瑙身前没有看到结果。他低估了他对法国的和解、柔顺政策带来的强烈不满，炫耀财富，以及犹太血统，使他在贫困和羞辱的前军官群体中激起暴力怨恨。1922年6月，他被一群胆小的民族主义者和反犹太主义的前军官暗杀。虽然爱因斯坦因此失去了一位有影响力的朋友，外交部却继续支持他的国际旅行，就1925年的南美之旅，他们甚至给了他一本外交护照。

爱因斯坦的几次巡回旅行都是商业或筹款活动，这些活动严重依赖广告和精心策划的公共活动。1921年，他的第一次美国之行是由哈伊姆·魏茨曼（Chaim Weizmann）的国际犹太复国主义组织赞助的，目的是利用美国对名人崇拜的嗜好为耶路撒冷希伯来大学的成立筹集资金。魏茨曼认为，一个犹太名人可以从美国庞大的犹太人口中榨取大量的美元。为纽约市长在到达时迎接爱因斯坦和沿百老汇游行，皆做了安排。随后在纽约、波士顿、芝加哥、克利夫兰和华盛顿举行了一系列公开集会，爱因斯坦在会上演讲，拉小提琴，并鼓动捐款。爱因斯坦说"我不得不把自己炫耀成一头获奖的公牛"[65][①]，但在这次巡游中，他积攒了 75 万美元，相当于今天的 850 万美元。魏茨曼很失望——他本期许得到更多。

爱因斯坦的筹款表演偶尔与严肃的科学讲座交替进行，例如他在普林斯顿大学举办的一系列关于相对论的讲座。这些讲座以一本书的形式以德文出版，英文译本为《相对论的意义》。[66] 这些讲座充其量说明了爱因斯坦的说明性写作，并对狭义相对论和广义相对论做了一个很好的、简明的介绍。然而，这些讲座重复了他早期工作中发现的许多错误，如关于光信号同步意义的错误，$E=mc^2$ 证明的错误，以及等效原理的错误。

爱因斯坦的日本之行是由伯特兰·罗素（Bertrand Russell）[②]——哲学家、数学家和反战活动家，后来被授予（1950 年）诺贝尔文学奖——一个奇怪的推荐引起的，他在前年访问日本时曾向一家日本出版商提出过这样的建议。当被问及接下来可能被邀请到日本演讲的三位最杰出人士的名字时，他只提到了两位：爱因斯坦和列宁（Lenin）。出版商选择了爱因斯坦。这次巡演，乃按照马戏团巡回表演的原则进行。讲座门票以极高的价格售出，数千名认真的听众着迷于此，而爱因斯坦则用令人无法理解的德语讲相对论的奥秘，然后翻译成日语，

---

① 《爱因斯坦传》，357 页。
② 《相对论 ABC》，伯特兰·罗素著，李宁译，译林出版社，2016 年。

第10章 "世界是个疯人院"

这可能同样令人费解。那个日本出版商发现这些讲座非常有利可图，于是说服爱因斯坦多表演几场。一家德国报纸报道说，爱因斯坦的讲座和书籍在日本广受欢迎的原因，尤其是在女性中，是因为日本人用于"相对性"的汉字具有"性关系"的另一种解释。这有点夸张，但它有一点道理——"相对论"三个汉字对"人际关系理论"有另一种解释，这很可能会造成一些错误、过分的期望。

南美之旅是犹太复国主义的另一次筹款活动，但阿根廷、乌拉圭和巴西的德国居民为了自己的目的利用爱因斯坦的名声，为德国制造了有利的宣传。爱因斯坦在任何地方都被称为"el sabio aleman"（德国圣贤），如同在日本一样，德国大使寄往柏林的报告是非常有利的。在日记中，他把与南美政要的会面描述为"高度喜剧"。[67]

毫无疑问，即使没有这些专业管理的宣传推广旅行，爱因斯坦也会大名鼎鼎，但事实是，从此以后，从未有过任何一位科学家受到商业和政治组织的大力宣传。爱因斯坦在公众中的名声，有很大一部分可以归因于这种刻意制造的宣传。宣传产生了更多的宣传，这种连锁反应①升级到了超临界的失控状态。爱因斯坦的一言一行与百姓无关——仅仅是他的出场就引起了集体歇斯底里。因此，爱因斯坦在维也纳一次露面的目击者报告说，观众们"处于一种奇怪的兴奋状态，他们不在乎听懂什么，只是感觉一下子与那奇迹发生的地方靠近了"。[68]②

跟任何可尊崇的名人一样，爱因斯坦在富人和名人的圈子里也是如此。他成为所有柏林精英沙龙的"装饰品"，无论是知识分子、艺术

---

① chain reaction，亦指核物理中的"链式反应"，作者在此一语双关。
② 《上帝难以捉摸：爱因斯坦的科学与生平》，394页。

家、政治家、金融家，还是犹太人或外邦人的圈子。爱因斯坦的亲密熟人包括：外交部部长拉特瑙；著名剧作家、诺贝尔文学奖得主格哈特·豪普特曼（Gerhart Hauptmann）；国家歌剧指挥兼导演埃里希·克莱伯（Erich Kleiber）；印象派画家、艺术学院的院长马克斯·利伯曼（Max Liebermann），他画了爱因斯坦的肖像。（关于此画，爱因斯坦评论说："……这幅画比我更像他，这对他有利。"）[69] 他也经常与哈里·凯斯勒伯爵（Count Harry Kessler）在一起，哈里是一位优雅的美食家、花花公子，其日记给出了许多关于柏林社会的尖锐描述，包括爱因斯坦家的一次晚宴的描述："……在大工业规模上吃得太丰盛了……这对真正可爱的，几乎还孩子一般的夫妇，对此有着某种天真。"[70]

在国际舞台上，他成为大臣（首相、非首相、前首相）、总统、国王和王后、日本首相、教会要人、作家、剧作家、演员、百万富翁、亿万富翁、他访问过的城市眼中的精英，当然还是所有犹太复国主义运动知名领袖的旅伴。

在柏林，在波茨坦天文台建立的一座新的观测塔被命名为爱因斯坦塔。它是由私人捐款建造的，这表明公众对爱因斯坦非常感兴趣，即使在战后经济条件恶劣的年代，也迅速为这个项目筹集了足够的资金。这座塔里有一架特殊的望远镜，用来在白天观测太阳附近的恒星，以便对光线的偏折进行新的测量，但事实证明，这并不成功。

建筑师埃里希·门德尔松（Erich Mendelsohn）以超现代的风格设计了这座塔，明显模仿了安东尼奥·高迪（Antonio Gaudí）的曲线建筑。但是，尽管高迪的作品传达了一种有趣的感觉，并愉快融入了巴塞罗那的城市景观，可是爱因斯坦塔看上去笨拙而不合适，仿佛在波茨坦森林里种下的一只巨靴（有传言说门德尔松打算让人想起一艘U艇的指挥塔）。1922年，爱因斯坦是观测塔开幕典礼上的贵宾，他干巴巴地评论说，这座塔看上去是"有机的"。

1922年，那久拖未决的诺贝尔奖终于颁发给了爱因斯坦。他正要前往日本，诺贝尔物理学奖委员会主席斯万特·阿伦尼乌斯（Svante Arrhenius）的一封信给了他初步暗示，这个奖项正在筹划中。阿伦尼乌斯听说过爱因斯坦的旅行计划，他含蓄地写道："我非常希望12月份您能来斯德哥尔摩，如果您去日本的话，那就肯定无法实现了。"①爱因斯坦明白这条信息字里行间的意思。除非受到诺贝尔奖的诱惑，否则没有人会在12月去斯德哥尔摩。那个月，天寒地冻、风高夜黑，白昼只有短短几个小时，自杀率达到一个季节的高峰。他同样含蓄地解释，他已经签订了日本之行的合同，必须继续履行合约，"希望这只是延迟了那个预期的邀请，而不是取消它……"71②

当获奖的官方公告于12月颁布时，爱因斯坦在大海上，位于香港与上海之间的某个地方。来自瑞典的一份电报，被送到他在柏林的寓所："诺贝尔物理学奖颁发给你。详见信。奥里维留斯。"瑞典科学院颁给爱因斯坦的诺贝尔奖，不是1922年度的，而是1921年度留而未颁、原封不动的诺贝尔奖。

克里斯托弗·奥里维留斯（Christopher Aurivillius），瑞典科学院的秘书，在寄给爱因斯坦的信里包含如下一段有意思的结语：

---

① 《爱因斯坦全集》第十三卷，446页。
② 《爱因斯坦传》，383页。

> 正如我已在电报中告知您的,在昨天举行的会议上,皇家科学院决定把去年的诺贝尔物理学奖颁发给您,这是考虑到您关于理论物理学,尤其是您对光电效应定律的发现,但是没有考虑您的相对论和引力理论的价值,因为这些有待在未来得到确证。[72]①

那个明显排除涵盖相对论的句子,是值得注意的——它意味着,相对论从未获得诺贝尔奖,该奖既不颁给爱因斯坦,也不颁给别人。这是诺贝尔奖中一个意味深长的空白。相对论被公认为 20 世纪最伟大的科学发现——可是爱因斯坦关于相对论的工作却没有获奖,他的追随者,诸如约翰·惠勒(John Wheeler)、史蒂芬·霍金(Stephen Hawking)、罗杰·彭罗斯(Roger Penrose)② 关于相对论的原创、有分量工作也没有获奖。诺贝尔委员会只是在涉及相对论在天体物理学的直接和基本应用时,给相对论捎带一对奖:1983 年诺贝尔物理学奖颁给钱德拉塞卡和威廉·福勒(William Fowler),因其在恒星演化最后阶段的理论研究;1993 年诺贝尔物理学奖颁给拉塞尔·赫尔斯(Russell Hulse)和约瑟夫·泰勒(Joseph Taylor),因他们确证了由脉冲星发射的引力辐射的理论预言。也许,诺贝尔委员会的那些优秀教授,因其极权主义的瑞典-路德会中学教育在其灵魂刻下的某个巴甫洛夫条件反射,对任何种类的 relativitet(使相对化)思想都会战栗不已?

给爱因斯坦的这个奖,是诺贝尔委员会与瑞典科学院内部长期斗

---

① 《上帝难以捉摸:爱因斯坦的科学与生平》,642 页。译文有改动。
② 罗杰·彭罗斯因黑洞理论获 2020 年诺贝尔物理学奖。

争的结果。早在1910年，杰出的德国化学家、原子理论的领头反对者威廉·奥斯特瓦尔德就已经为爱因斯坦提名该奖项。在随后一些年里，爱因斯坦又得到多次提名，1917年后，他每年都获得提名，被维恩、冯·劳厄、洛伦兹、塞曼、普朗克、玻尔、爱丁顿，以及其他物理学的领袖人物，主要因其关于狭义或广义相对论的工作，一次又一次被提名。这些提名往往推荐爱因斯坦和洛伦兹共享一个联合奖，这可能使得诺贝尔委员会左右为难，因为洛伦兹公开反对爱因斯坦关于相对论的观点。也许委员会担心，如果爱因斯坦和洛伦兹在斯德哥尔摩一起出席颁奖典礼，他们会互相指责对方不懂得相对论。

此外，诺贝尔委员会一直对给纯粹的理论著作授奖持偏见态度。这种对理论的偏见乃建立在阿尔弗雷德·诺贝尔的遗嘱中，其中非常明确地指出，该奖项将授予"前一年最重要的发现或发明，将对人类有最大的福祉"。显然，尽管这些概念对物理学基础有革命性影响，但很难认为相对论或能量量子化会对人类有很大的益处。

诺贝尔委员会成员在理解和判断理论成就方面的困难，进一步强化了这种偏见。当然，他们对给自己不懂的理论颁奖感到不舒服，发现要为那些在其能力范围内的简洁实验的花边新闻颁奖要容易得多。从1901年到1955年，对爱因斯坦一生中诺贝尔奖得主名单的研究表明，只有十几个奖项是因为纯粹的理论工作而获得的。理论物理奖的标准，比实验物理学的标准高得多。理论方面的诺贝尔奖得主皆令人难忘，任何物理学家都可以背诵他们的名字；实验方面的诺贝尔奖得主有时显然被遗忘了。

就爱因斯坦相对论而言，诺贝尔委员会还有一些额外的犹豫，因为觉得这个理论还没有得到足够的观测证实——他们害怕因为一个可能被证明是错误的理论而授予这个奖项。可是，在众多提名下，委员会认为支持爱因斯坦的压力正变得不可抗拒。委员会成员、瑞典物理学家卡尔·威廉·奥森（Carl Wilhelm Oseen）提出了解决这一僵局的办法，他提议，作为妥协，诺贝尔奖应该授予爱因斯坦，不是因为相对论，而是因为他发现了光电效应定律。① 诚然，这是一个比相对论小得多的大发现，但在委员会所有成员的能力范围内，这是一件简单的事情——他们欣然批准了这一提议。

委员会还批准了 1922 年诺贝尔物理学奖颁发给玻尔，因其关于原子的结构及其辐射发射的工作。1919 年、1921 年和 1922 年的诺贝尔物理学奖分别授予普朗克、爱因斯坦和玻尔，因为他们对量子理论的贡献符合这些贡献的历史顺序。玻尔向爱因斯坦表示祝贺，并补充说，他认为"……在给予我这个荣誉之前，首先应该承认你的伟大贡献"[73]②，这才是恰当的。

爱因斯坦的诺贝尔奖导致瑞士大使和德国大使在斯德哥尔摩举行了一次有趣的外交双人舞。在爱因斯坦缺席的情况下，他的国家大使应该代表他出席正式的颁奖典礼，从瑞典国王手中获得诺贝尔奖奖章和证书。但是，爱因斯坦到底是德国人还是瑞士人？德国大使接到普鲁士科学院的电报，说爱因斯坦是德国人。瑞士大使认为这很奇怪，因为爱因斯坦持瑞士护照在远东旅行，但他慷慨地向德国大使屈服，让德国人获得奖牌。

---

① 《权谋——诺贝尔科学奖的幕后》，罗伯特·马克·弗里德曼著，杨建军译，上海科技教育出版社，2005 年，169 页。该书第七章为"绝不能让爱因斯坦得诺贝尔奖"。
② 《爱因斯坦传》，385 页。

第10章 "世界是个疯人院"

与此同时，爱因斯坦回到柏林，他要求通过瑞士驻柏林大使馆把奖牌交给他，因为他认为自己是瑞士人。这一外交难题通过妥协得到解决：德国人将奖牌移交给瑞典驻柏林大使，后者将其交给爱因斯坦。

对爱因斯坦公民身份的怀疑仍有待解决。对德国档案中的文件进行长时间的审查后发现，虽然爱因斯坦于1914年来德国时确实表示他打算保持瑞士公民身份，他和当局却都没有采取必要的正式步骤来维护这一法律地位，并阻止他"归化"为德国人。通过1914年接受成为普鲁士科学院的院士，爱因斯坦自动成为普鲁士政府的官员，因此成为德国人。最后，爱因斯坦投降了，他在给普鲁士科学院的一封信中承认，由于德国当局坚定地认为，"我在科学院任职就说明我获得了普鲁士公民权……我不反对这种解释"。[74]①

虽然爱因斯坦偏爱他的瑞士公民身份，却已不再十分重视这一点。在战争期间，他写道："我把个人与国家的关系看作一种事务关系，就像一个人与人寿保险公司的关系那样。"[75]② 对他来说，护照仅仅是一种方便的标志。1923年，他毫无差别地使用瑞士护照和德国护照；因此，在1925年南美之行中，他使用了由外交部提供的方便的德国外交护照。他持有的瑞士护照在1933年被证明颇有帮助，当时他放弃了与德国的所有联系，以瑞士公民身份进入美国。

---

① 《爱因斯坦传》，387页。
② 原著的尾注，注明引自《爱因斯坦全集》第六卷，212页，可是中文译本里没有找到这句话。另见《新爱因斯坦语录》上册，185页。《语录》编者注："在《我对战争的看法》一文中被编辑删去的一段话"。

第 11 章 "上帝掷骰子吗？"

在 1927 年索尔维会议上，对尼尔斯·玻尔提出的问题，爱因斯坦固执地反对量子理论的概率诠释。

有好几年，对相对论的批评一直在酝酿之中，1920 年，公众对爱因斯坦的集中热议使这种批评白热化，引起了公众对爱因斯坦理论的强烈谴责。传记作家和历史学家倾向于认为这些谴责是出于反犹主义的动机，的确，一些阴暗面的人物（普朗克称为"黑暗之人"）试图利用这场科学争端达到自己的目的。然而，在 20 世纪 20 年代初批评爱因斯坦及其理论并被称为"反相对论者"的物理学家认为，他们有充分的科学论据反对相对论。如果这些物理学家有不可告人的动机，那是学术上的嫉妒，而不是反犹主义。这场争论最初是在适当的学术层面进行的，但后来下降到了个人层面，最终产生了反犹主义的色彩。爱因斯坦和他的批评者一样，应该为这种恶性循环负责——他以牙还牙，而且他有时也会先发制人。

1920 年 8 月，有政治野心的工程师保罗·韦兰（Paul Weland）组织了对爱因斯坦理论的公开谴责。韦兰希望通过诋毁爱因斯坦而出名，他得到了一些有政治纲领的人的秘密资助。为此，他租了柏林爱乐音乐厅，并邀请研究所的实验物理学家恩斯特·格尔克（Ernst Gehrcke）发表反对相对论的演讲。格尔克是一位能干的实验家，但他没有作为一名理论家的天赋，对狭义相对论和广义相对论基本概念的理解有些靠不住。以混乱的心态，他设想可以通过显示这两种理论都包含着致命的矛盾来否证它们，在过去十年里，他发表了好几篇关于这方面的论文。

格尔克想象，这种致命的矛盾之一是著名的双生子佯谬（twin paradox），当时常被称为朗之万佯谬，因为朗之万第一次描述了它。这个佯谬涉及一对假想双胞胎，其中一人乘坐快速宇宙飞船从地球飞到附近的恒星，几年后返回。根据狭义相对论的时间延缓效应（time-dilation effect），这种高速旅行意味着旅行双胞胎的生物钟比待在家里的双胞胎的生物钟慢，所以当双胞胎团聚时，旅行双胞胎将比待在家里的双胞胎年轻。当从旅行双生子的角度来研究这种情况时，就会产生佯谬：在那个双生子的参考系中，地球以相反方向高速运动，因此时间延缓效应应该适用于地球上的孪生子，而不是宇宙飞船中的孪生子。

大多数物理学家——但不是格尔克——都明白时间延缓不能以这种简单化方式应用于飞船的参考系，因为那个参考系不是惯性参考系。宇宙飞船到达恒星时，它必须减速并逆转其运动，在这种负的和正的加速度期间，相对论性时间延缓被修正。在1918年写的一篇回应格尔克批评的论文中，爱因斯坦解释了加速度如何通过取消运动地球上双生子的时间延缓来解决这个佯谬。[1]① 虽然爱因斯坦在这篇论文中的解释是清晰细致的，却是在模仿伽利略的对话时以一种有点屈尊的方式

---

① 《爱因斯坦全集》第七卷，104页。

提出的，格尔克对其风格感到不快，对其内容也并不满意。

爱因斯坦本人出席了在爱乐音乐厅举行的公开会议，他的同事能斯特和冯·劳厄也在场。韦兰首先发言，谴责相对论是一种宣传噱头和"科学达达主义"。然后，格尔克对相对论中想象中的矛盾以及近日点进动和光线偏折的理论和观测证据的不足，进行了冗长而认真的分析。他还声称爱因斯坦关于近日点进动的结果早在20多年前就已由物理教师保罗·格贝尔（Paul Gerber）获得，格贝尔发表了一篇关于引力传播速度的模糊计算和奇思妙想。爱因斯坦没有在会上发言，几天后却在一家报纸上发表了回应。爱因斯坦在回答"反相对论公司"时用了一种侮辱性的口吻，做出反犹主义的指控："我非常清楚地知道，这两位演讲者都不值得用我的笔去回答，而且我有充分的理由相信，他们的动机并不是追求真理的愿望。（假如我是一个德国国家主义者，不管有没有卐字饰，而不是一个爱好自由的有国际主义倾向的犹太人，那么……）"[2①]，他还指控格尔克"针对我的人身攻击"[3]。[②] 这对格尔克来说是不公平的，他把其批评限制在纯粹的科学事务上，并且谨慎避免了对爱因斯坦的任何个人评论。

引起爱因斯坦生气和欠考虑的回答的原因是听众中出现了一些乌合之众，他们在他耳边说了些粗俗的反犹主义的话。爱因斯坦非常愤怒，在回答中，他不仅激怒了格尔克，而且批评了另一位相对论批评者菲利普·勒纳，然而，勒纳并没有出席那次会议。几年前，爱因斯坦曾欣赏过勒纳在光电效应方面的实验工作，他们进行了友好的通信。

---

① 《爱因斯坦全集》第七卷，312页。译文有改动。
② 同上，313页。

可是后来，勒纳尖锐地批评了爱因斯坦的等效原理，并确立了自己作为广义相对论的主要反对者。在回答中，爱因斯坦对勒纳发起了一次不恰当的人身攻击，他说："作为一位精通实验物理学的大师，我钦佩勒纳；但是他在理论物理学方面并没有任何建树，而且他反对广义相对论的意见如此肤浅，以致到目前为止我都不认为有必要详细回答它们。"[4]① 勒纳，作为海德堡大学教授和诺贝尔奖获得者，深感受到侮辱，他要求爱因斯坦以公开方式道歉。但是，爱因斯坦拒绝致歉。

爱因斯坦的朋友们对他的鲁莽、过度暴躁感到震惊。埃伦菲斯特斥责他："我的妻子和我绝对不相信你会亲自写下一些词句。"[5]② 爱因斯坦很快就承认他反应过度了，于是写信给玻恩："为了娱乐上帝和人，每个人都必须不时地在愚蠢的祭坛上提供自己的祭品。我用我的文章彻底地完成了这个工作。"[6]③ 尽管爱因斯坦承认了自己的错误，但是第二年爱因斯坦却要重复那个夸大的指控，即所有反对他的理论的人都根植于反犹主义。在纽约的一次采访中，他说："有文化、有知识的人对我的理论都没有任何敌意。甚至那些反对这个理论的物理学家也是受到政治动机的驱使。"他说他指的是反犹情绪，并补充说在柏林的攻击完全是一种反犹活动。[7]④

柏林事件发生一个月后，在法兰克福附近的巴特瑙海姆召开的德国自然科学家大会上，爱因斯坦和勒纳都发表了关于相对论的演讲，一方赞成，一方反对。人们普遍期待爱因斯坦和勒纳会有激烈的对抗。令报社记者失望的是，双方都保持冷静，只讨论技术问题。在同事们

---

① 《爱因斯坦全集》第七卷，312页。
② 《爱因斯坦全集》第十卷，411页。
③ 同上，426页。
④ 《爱因斯坦全集》第七卷，96页。

的敦促下，爱因斯坦终于在柏林报纸上发布了一份简短的公告，表示了"他深深的遗憾，因为在他的文章中所包含的谴责……指向了他十分尊重的勒纳先生"。8①

不过对勒纳来说，这份由爱因斯坦的两位同事而不是由爱因斯坦本人签署的公告为时已晚，他从未原谅爱因斯坦对他的侮辱。两年后，1922年，在莱比锡举行的大会上，勒纳补充介绍了他一篇反对相对论的论文的重印本，他宣称典型的犹太人把客观的讨论转移到个人争吵的领域。9② 这是以牙还牙，是勒纳可悲地滑向恶毒的反犹主义的第一步。后来，他成为"德意志物理学"运动的创始人，该运动试图将种族主义的雅利安倾向强加于物理科学。当希特勒于1933年掌权，爱因斯坦永久离开德国前往美国时，勒纳恶毒地赞扬了"相对论犹太人"的离去，"他的数学上粗制滥造的理论……正在逐渐崩溃"。10

爱因斯坦没有出席莱比锡大会。到1922年，德国的反犹主义抬头。熟人警告他，他在纳粹"死亡名单"上，建议他远离柏林或不要出现在德国的任何地方。鉴于最近外交部部长拉特瑙被谋杀，他认真对待这些警告。一位日本出版商组织的日本巡回讲座的邀请，为他离开德国一段时间提供了一个值得信任的借口，以避免他在那里面临的日益增加的危险。

格尔克和勒纳不仅反对相对论的技术细节和认为存在不自洽之处，而且反对它的物理学风格。他们认为，即使相对论在数学上是正确的，没有任何逻辑矛盾，但它仍然是一种过于深奥的理论，无法解释关键

---

① 《爱因斯坦传》，于尔根·奈佛著，马怀琪等译，中央编译出版社，2018年，366页。
② 同上，373页。

现象背后的物理过程，如长度收缩和时间延缓。他们认为，以太存在是对这些现象进行物理解释的必要条件。格尔克在对爱因斯坦对待相对论电动力学的冷静评价中说："在爱因斯坦的理论中，从根本上来说，它不过是对洛伦兹理论的另一种解释，以太被彻底根除，它仅仅是一个不合理的麻烦制造者，就像某种玄思，对关键的原因没有任何用处；相反，从现有的观测和公式的拼凑，一个一般性规则，即相对性原理，是通过逻辑分析推导出来的。这种方法无疑是最客观的，在逻辑上无懈可击，但它并不依赖于物理直觉，因为原则上它只对事物进行肤浅的考察，而不试图对物理过程有所感悟，并把握其内在本质。"[11]

勒纳在瑙海姆会议上为以太辩护，对德国物理学会无视其论点并宣称反对以太感到非常愤慨。他嘲笑这一声明："在瑙海姆举行的全体会议开幕式上宣布废除以太……没人笑。我不知道，如果宣布废除空气，会怎么样。"[12] 会后，勒纳辞去了物理学会的职务，他在海德堡物理研究所的办公室门口贴了一条警告："所谓德国物理学会会员不得入内。"[13]

勒纳认为物理学应该建立在"健康常识"的基础上，他强烈反对爱因斯坦在相对论中采用抽象的数学方法。爱因斯坦通过指出日常常识可能会产生误导，回应了这一对常识的要求。例如，根据常识，机车工程师可能会说，相对论对于机车相对于景物的匀速平动并不成立，因为"他根本没有去给**景物**，而只是给机车加油润滑，因此，必定是机车的运动才显示了他的劳动成果"。[14]①

---

① 《爱因斯坦全集》第七卷，108 页。

格尔克和勒纳对以太的信念，被许多其他物理学家所认同，其中包括几位备受尊敬的教授和诺贝尔奖获得者。其他反相对论者中，最著名的有：德国的约翰内斯·斯塔克和埃米尔·维歇特（Emil Wiechert），英国的约翰·拉莫尔爵士（Sir John Larmor）和奥利弗·洛奇爵士（Sir Oliver Lodge），瑞士的查尔斯·纪尧姆（Charles Guillaume），法国的保罗·潘勒韦（Paul Painlevé）和埃米尔·皮卡尔（Emile Picard），以及美国的亚伯拉罕·迈克耳孙。除了这些直言不讳的相对论反对者外，我们必须把洛伦兹和庞加莱算作默认反对者——他们从未公开反对相对论，但拒绝同意，这是一个清清楚楚的信息。事实上，洛伦兹从未放弃他对以太的信念，为了适应他，爱因斯坦在莱顿的一次演讲中提出，相对论也许可以被看作一种具有不可观测以太的理论。把这个相对论性以太和洛伦兹以太进行比较，他说："至于洛伦兹以太的力学性质，人们可以带点诙谐地说，洛伦兹给它留下的唯一力学性质就是不动性（immobility）。不妨补充一句，狭义相对论带给以太概念的全部变革，就在于它取消了以太概念的这个最后的力学性质，即不动性。"[15]①

除了不赞同爱因斯坦相对论的科学基础外，格尔克还不赞成他所认为的相对论在报纸、通俗书籍和公开讲座中受到的歪曲和耸人听闻的宣传。他认为相对论就是一个骗局，它被公众接受是集体暗示（mass suggestion）的一个例子。为了证明其观点，他孜孜不倦地从德国和国际来源收集报纸剪报，这些剪报表明公众一片茫然，对相对论

---

① 《爱因斯坦全集》第七卷，281 页。

有着最狂放的误解。在这一点上,他无疑是对的——公众对这一理论完全不了解,格尔克的剪报集也在1924年的一本书中出版[16],为大众心理学(mass psychology)和集体歇斯底里(mass hysteria)的研究提供了很好的素材。但是,格尔克应该认识到,公众的精神病理学与相对论的成立没有什么关系——尽管公众不理解相对论,但相对论的专家们确实理解。

斯塔克和格尔克对围绕相对论的宣传有着相同的看法。1905年,爱因斯坦发表第一篇关于相对论的论文时,斯塔克最初表示赞同,但反对广义相对论在新近的发展中,他被认为是过度抽象和形式主义,对这一理论的宣传感到恼火。他严厉地反对"无耻的宣传",并指责爱因斯坦"把理论拖入市场"。后来,爱因斯坦永久去了美国,斯塔克对爱因斯坦的攻击变成了强烈的反犹主义。在英国《自然》杂志上发表的一篇文章中,他宣称"爱因斯坦的相对论理论构成了……独断精神的一个明显的例子,"他宣布:"我已经……把我的努力指向了犹太人在德国科学中的破坏性影响,因为我认为他们是独断精神的主要倡导者和宣传者。"[17]

格尔克与美国的一群科学家和工程师保持联系,他们建立了一个名为"联邦科学院"的默默无闻的学会,其表面上的目标是与不同科学分支的专业化作斗争,以实现所有科学的全面统一和一致。但是,这项努力的主要参与者有一个别有用心的动机:他们相信自己愚蠢的伪科学理论,想将这些理论纳入其中。"联邦科学院"的领导人是明尼苏达州圣保罗市圣托马斯大学的工程师、建筑师阿维德·雷赫达尔(Arvid Reuterdahl)。他在圣保罗的报纸上的一系列文章中提出了他对相对论的反对意见,标题有"爱因斯坦给科学的巴纳姆(Barnum)① 打上了烙印;明尼苏达人称相对论为'谎言'"。[18]

雷赫达尔的密友之一是美国海军的托马斯·J.J.西伊上校(Captain Thomas J. J. See),加利福尼亚马岛海军天文台的天文学家。作为一名天文导航专家,西伊上校一定对地球表面的弯曲二维球面几何非常熟悉,但是很明显,弯曲的三维或四维空间几何的概念超出了他的能力。他在文章和长信中激烈地指出,空间曲率是黎曼发明的一种欺骗手段,而黎曼的老师卡尔·高斯(Carl Gauss)从来不赞同这一观点,"甚至从来没有提到过**空间曲率**"。因此,西伊上校断言,广义相对论是一个巨大的错误:"事实上,相对论明确并最终被否证——就像渡渡鸟一样死去——再多的努力也不会使它起死回生。"[19]

1921年,格尔克在德国成立了"联邦科学院"的一个分支机构,推动发表驳斥相对论的文章。格尔克显然希望从美国朋友那里获得一些财政支持,因为雷赫达尔暗示亨利·福特(Henry Ford),一个著名的反犹主义者,急于推动对爱因斯坦的攻击(福特旗下的报纸确实攻击爱因斯坦,但目前还不清楚福特在多大程度上亲自参与了这件事)。美国的财政支持没有实现,"联邦科学院"的德国分支在几年内就消失了。美国分部在1930年前后寿终正寝。

大多数反相对论者对光速的反直觉行为以及时间延缓、长度收缩所产生的(表观的)佯谬感到困惑,他们没有试图理清困惑,而是归咎于相对论,并宣布其不合逻辑和大谬不然。

---

①以杂技师巴纳姆命名的心理效应,指人人都易相信笼统的人格描述适合自己。

但是，一些更有能力的物理学家的批评更为微妙。他们承认相对论在逻辑上是一致的，却认为它不能令人满意，因为它没有提供时间延缓、长度收缩的物理解释——它将这些效应视为恒定光速的数学结果，而不是由时钟和量杆的内部动力学产生的机械效应。这就是洛伦兹和庞加莱不赞成爱因斯坦相对论表述的主要原因。

庞加莱对爱因斯坦有所保留。他觉察到爱因斯坦的天才和创造力，但认为他有些轻率和浅薄："爱因斯坦先生是我所知道的最有创造思想的人物之一，尽管他还很年轻，但已经在当代第一流科学家中享有崇高的地位……他不受经典原理的束缚，每当面临一个物理学问题时，他会很快想象到各种可能性……并不是说他的所有期待都能在实验可能的时候经得住检验。相反，因为他在不同方向上摸索，我们应该想到，他所走的路大多数都是死胡同……"[20]①

在1911年召开的第一次索尔维会议上，庞加莱问爱因斯坦："你的推理中使用的是什么力学？"爱因斯坦回答说："没有力学。"[21]这使庞加莱无语。爱因斯坦对庞加莱的反应不满意，他说："庞加莱简直讨厌极了，而且表明他几乎不理解实情，尽管他才思敏捷。"[22]②

在问"是什么力学"这个问题时，庞加莱却比爱因斯坦表现出更多的理解能力，他一针见血地指向爱因斯坦相对论的一个薄弱环节。爱因斯坦的相对论表述通过解释长度收缩、时间延缓来解释这些现象，是为了保持光速不变。这与亚里士多德哲学的目的论解释非常接近，在那里，石头据说是向下坠落的，因为它们**想要**朝地球中心运动。我们是否相信一根运动杆收缩是因为它**想要**保持光速不变？

---

① 《上帝难以捉摸：爱因斯坦的科学与生平》，217—218页。
② 同上，217页。

爱因斯坦的错误　　天才的人性弱点

爱因斯坦的理论未能为其几个基本主张提供物理解释，正是这种失败导致索末菲对"这个不可理解、无法预见的教条主义"和"犹太人的抽象概念特点"提出了一些合理的抱怨。[23]① 如今，物理专业的大学生早年就在相对论课程中被洗脑，所以他们从容不迫地接受相对论的奇怪后果，不问任何问题。这种以熟悉代替理解的做法，让人想起了一个关于著名数学家冯·诺伊曼（John von Neumann）的故事。诺伊曼用权威的声明回答了一个学生关于无法理解群论奥秘的抱怨："在数学中，你不懂没关系，你只要习惯它们就行。"[24]

庞加莱问得很对，是什么力学？爱因斯坦认为这个问题愚钝，这是错误的。爱因斯坦在其他场合宣称，他想了解大自然是如何运作的："我想知道上帝如何创造世界……我想知道他的想法。"[25]② 可是，他似乎从未对上帝关于长度收缩、时间延缓的想法表现出任何兴趣——他很乐意只把这些奉为信念。

洛伦兹和庞加莱更倾向于一种不同的相对论表述，最初是由洛伦兹在 1904 年提出，后来又由庞加莱在 1905 年推广。洛伦兹和庞加莱坚持认为一定有以太存在，他们认为迈克耳孙－莫雷实验和其他探测地球通过以太的运动的实验失败都必须归因于长度收缩和时间延缓，他们建议解释为量杆和时钟的内部动力学所产生的机械物理效应。

洛伦兹指出，如果一个固体，如量杆，被认为是由它们的相互电作用力维持平衡的正负点电荷阵列，那么这个物体的斐兹杰惹－洛伦兹收缩就有一个简单的解释。麦克斯韦方程组表明，当物体运动时，

---

① 《爱因斯坦传》，144 页。
② 《新爱因斯坦语录》，179—180 页。

与电荷阵列有关的电场受到一种收缩，²⁶ 这改变了电荷彼此施加的力。力的改变会使电荷的平衡位置发生变化，因此它们采用新的平衡位置，彼此更接近，从而使物体缩短。²⁷

洛伦兹简单而清晰的解释却有一个致命的缺陷：它假定固体中的电荷处于静态平衡，也就是说，它们相对于彼此静止。到1911年，人们明确认识到原子中的电荷显然不静止——欧内斯特·卢瑟福的实验研究和丹麦物理学家尼尔斯·玻尔的理论研究证实，原子中的电子并非静止，而是高速绕原子核运行。

电子的运动受量子力学定律而不是经典力学定律的控制，原子大小和原子间的分离问题必须用量子理论来重新研究。这使得对长度收缩的分析变得更加困难，因为原子在固体中高速运动的行为受**相对论性**量子力学定律的控制，而这些定律直到1928年才被年轻的英国物理学家保罗·狄拉克发现。²⁸ 因此，洛伦兹和庞加莱没有实际解释长度收缩所需的理论工具。① 爱因斯坦对长度收缩的抽象公理化数学处理是人间游戏，它被广泛接受——但没有被那些并非完全不合理地要求更实际、更直观处理的反相对论者接受。

相对论性量子力学方程最终由狄拉克提出时，洛伦兹由原子物理学计算长度收缩的企图近乎被遗忘了，狄拉克和同时代人都没有想到用相对论性量子力学新方程来解决长度收缩问题。直到1941年，美国物理学家 W. F. G. 斯旺（W. F. G. Swann）在相对论性量子力学的语境下重新研究了洛伦兹的论点，并指出，当运动固体的长度与静止的相似物体的长度进行比较时，长度收缩实际上是通过对固体长度的量子

---

① 《时空投影：第四维在科学和现代艺术中的表达》，托尼·罗宾著，潘可慧、潘涛译，新星出版社，2020年，76页。

理论计算而产生的。²⁹ 斯旺的论点也适用于时间延缓，它们可以用来说明原子或任何一种时钟的内部动力学如何导致时间延缓，即降低运动原子的振动频率或运动时钟的滴答频率。但是，斯旺的论点和洛伦兹的一样，很快就被遗忘了。

1976 年，CERN（欧洲核子中心）的一位杰出的理论物理学家 J. S. 贝尔（J. S. Bell），再次试图提请人们注意洛伦兹处理长度收缩的优点，他详细计算了当原子加速到一些新的高速度时，电子绕核轨道的维数如何被扭曲，从而得到长度收缩。³⁰ 贝尔建议，将长度收缩的这种物理解释纳入相对论的教学中。他的建议被置若罔闻——目前没有一本关于相对论的教科书使用这种方法，甚至很少有人提到长度收缩和时间延缓具有物理解释。³¹

爱因斯坦称他的相对性表述为**原理**，他坚持使用这个术语好几年，在几篇论文的标题中均使用了**相对性原理**。³² 相比之下，洛伦兹称其表述为**理论**，³³ 而这一区别很重要。虽然在日常用法中，**理论**这个词经常表示一种观点或猜想（例如，"我的理论是卡萨诺瓦是一个城堡"），但在物理学中，这个词表示了一种解释。物理学家谈到潮汐**理论**、超导电性**理论**或核裂变**理论**，他们实际上是指对潮汐、超导电性或裂变的**解释**。为了避免公众的混淆，最好在所有物理教材中用"解释"代替"理论"（在其他学科，特别是演化生物学，教材中也要用"解释"代替"理论"）。

所以，洛伦兹把他对相对性的处理描述为一种**理论**时，他的意思是说，他是在提供相对性的一种解释；也就是说，他是根据力学和电动力学，给为什么我们不能在该参考系内用任何实验来检测任何参考

第11章 "上帝掷骰子吗？"

系的运动提供解释。相反，爱因斯坦把他对相对性的处理描述为一种**原理**时，其意思是，他不是在给出解释，而是给出了一种处方；也就是说，他在告诉我们（通过未具体说明的方法）如何使时钟同步，如何使时钟进行时间延缓，如何使量杆进行长度收缩，这样我们就无法检测到任何参考系的运动。

爱因斯坦对相对性的处理与洛伦兹－庞加莱的处理在方法论上的根本区别，需要加以强调：**爱因斯坦的处理是指令性的，而洛伦兹－庞加莱的处理是解释性的**。用医学语言回答，我们可以说迈克耳孙－莫雷实验揭示了以太模型中的一种疾病，爱因斯坦通过下猛药和手术切除以太来治愈这种疾病；洛伦兹－庞加莱只不过解释了这种疾病，表明它是麦克斯韦的电磁场动力学一个尽管令人惊讶但完全健康的结果，所以没有必要根除以太，尽管物理定律共同阻止我们从观察上识别以太及其静止参考系。

爱因斯坦的同时代人，未能理解这一方法论的根本区别。不顾爱因斯坦反对，他们把他的相对性版本的名称从相对性**原理**改为相对性**理论**，且认为爱因斯坦的版本是洛伦兹－庞加莱版本的精化或概括。可想而知，相对性**理论**的名称成了混乱的根源。物理学家和非物理学家都期望爱囚斯坦的"理论"能提供运动相对性的解释，当他们找到一个处方而不是解释时，结果是困惑和沮丧。这种挫折感常常导致人们强烈地反对这一理论，正如在格尔克和爱因斯坦时代的其他反相对论者的著作中所看到的那样。即使在今天，书籍和文章偶尔也会发表，质疑相对论或由此得出的结论。[34]

在德国，相对论被命名为"洛伦兹－爱因斯坦理论"已有12年之久，洛伦兹的名字在第一次世界大战结束后最终被废除时，这并不是因为爱因斯坦应该为狭义相对论的发明得到充分的承认或一致意见，而是因为洛伦兹被爱因斯坦从广义相对论中获得的耀眼声誉推到幕后。正如梅拉所说，爱因斯坦成了相对论的大猫，相对论中的一切都归功于他，不管是对是错。

洛伦兹很幸运，他的名字没有从洛伦兹变换中删除，未被爱因斯坦的名字所取代。庞加莱则没那么幸运。他首先阐述了相对性原理，爱因斯坦在其 1905 年的论文中予以重复，却未予致谢。庞加莱的名字从相对论中消失了，但在专业论著中，洛伦兹变换和平移变换（即坐标原点的位置改变）的组合称为庞加莱变换。

由于未能理解爱因斯坦和洛伦兹-庞加莱各自对待相对论的方法论差异，1953 年，惠特克出版了他的 20 世纪物理学史，将狭义相对论的发明大部分归功于洛伦兹和庞加莱，这引发了一场争论。惠特克将爱因斯坦降格为一个次要角色[①]，他说："爱因斯坦发表了一篇论文，阐述了庞加莱和洛伦兹的相对论，并做了一些放大，引起了广泛关注。"[35]

爱因斯坦及其辩护者恼怒地做出了反应。在写给玻恩的信中，爱因斯坦怒气冲冲地说："如果他居然使别人信服了，那是他们自己的事。我自己肯定对我的工作有满意的地方，但是，要像某个老守财奴保卫他辛勤积攒起来的几个铜板那样，把自己的工作成果看作我自己的'财产'来加以保卫，则我并不认为是明智的。……归根结底，我用不着去读这些东西。"[36][②] 爱因斯坦的朋友、传记作家亚伯拉罕·派

---

① 《玻恩-爱因斯坦书信集（1916—1955）》，228 页。
② 同上，230 页。

斯这样气呼呼地说起惠特克："他对狭义相对论的讨论……表明作者对文献是多么无知，又是多么缺乏物理学的理解力。"[37]①

可是，惠特克的观点不可能轻易被驳回。在他的20世纪物理学史上，他把发现广义相对论完全归功于爱因斯坦，这表明他对爱因斯坦并无偏见。玻恩认识惠特克，尊重他的学问，也参加过庞加莱早期的一些相对论讲座，他承认："庞加莱所用的推理，与爱因斯坦在1905年第一篇论文中提出的推理完全一样……这是否意味着庞加莱在爱因斯坦之前就知道了这一切？这是有可能的。"[38]② 派斯对玻恩的态度和他对惠特克的轻蔑一样；他谈及玻恩时说，"他讲得不是很好。"[39]③

在惠特克关于相对论发明的描述中，真正的缺陷是他缺乏对爱因斯坦的处理和洛伦兹－庞加莱的处理之间深刻区别的认识。问：谁发明了相对论？就像在问，是谁发明了风帆？这个问题提得很糟糕，没有意义——答案取决于什么样的帆。方帆是埃及人发明的，而三角帆（第一个前后帆）则是阿拉伯人或波利尼西亚人发明的。

同理，一种处理相对论的方式是爱因斯坦发明的，另一种方式是洛伦兹－庞加莱发明的。这两种搞相对论的方式导致相同的物理结果，它们殊途同归。今天，物理学家更喜欢按照爱因斯坦方式搞相对论，因为它更简洁、更直接，没有尤法探测到的以太及其绝对静止的从优参考系那个额外的形而上学包袱。此外，泡利在很久以前就指出，洛伦兹－庞加莱方法过于狭隘地集中在电磁学上："洛伦兹和庞加莱把麦克斯韦方程组作为考虑的基础。另外，坚持这样一个基本定理是

---

① 《上帝难以捉摸：爱因斯坦的科学与生平》，214—215页。
② 《我这一代的物理学》，250页。
③ 《上帝难以捉摸：爱因斯坦的科学与生平》，219页。

绝对必要的。……应该从最简单的基本假设中推导出来。成功做到这一点的功劳，要归功于爱因斯坦。"[40]

因此，今天，"相对论"通常被理解为按照爱因斯坦方式的相对论。然而，现代宇宙学确定了一个从优静止参考系——宇宙微波辐射（即大爆炸遗留下来的热辐射）的静止参考系。宇宙微波辐射在宇宙学建议的从优参考系中，按照洛伦兹的方式计算是最方便的。洛伦兹无疑会认为这证实了他对以太的看法。

因此，任何关于哪种方法搞相对论更好的争论，最终都是徒劳的。爱因斯坦的方法大部分时间都更好，洛伦兹－庞加莱的方法有时却更好。两者都是对的——总有办法可以变通。

理论物理学家们正遭受着Knabenphysik（"男孩物理学"）的诅咒。[41]根据这个诅咒，物理学家注定要在30岁之前做出伟大的发现。这个诅咒有一些例外——例如，普朗克在42岁的时候发现了量子化——它却适用于理论物理学的大部分重大发现。这个诅咒不适用于实验物理学，可能是因为实验者通常需要昂贵的设备做出其发现，这很少被年轻人拥有。这也不适用于艺术家，许多艺术家在晚年创作了最杰出的作品。由此，人们可能会得出结论，一些精神退化在艺术上是有利的（凡·高就是这方面的一个极端例子，他在35岁神经错乱之前一直是个相当平庸的画家）。

在普朗克之后对量子物理学的一系列贡献，所有这些都获得了诺贝尔奖，显示了"男孩物理学"的盛行：光量子，阿尔伯特·爱因斯坦26岁；原子轨道量子理论，尼尔斯·玻尔27岁；粒子的波动性质，路易·德布罗意（Louis de Broglie）31岁；量子力学矩阵表述，沃纳·海森伯24岁；量子力学波动方程，埃尔温·薛定谔39岁；不相容原理，沃尔夫冈·泡利25岁；电子相对论性波动方程，保罗·狄拉克22岁。

狄拉克敏锐地意识到他在30岁以后缺乏卓越的贡献——即使是他那本精彩的量子力学教科书也是在他到达那个年龄之前就写出来的。晚年时他说："从早年起，我自己的贡献就不太重要了。"[42] 狄拉克的哀叹被收录在歌德的《浮士德》的戏仿中。1932年春天，一群杰出的年轻物理学家在哥本哈根尼尔斯·玻尔研究所的一次会议上写了这篇戏仿，并进行了表演。扮演狄拉克的演员抱怨道：

> 当然，老年是一种感冒，
> 每一个物理学家都患有！
> 当一个人过了30岁，
> 他就死定了！[43]

虽然一些最引人注目的"男孩物理学"的例子属于20世纪（比如三位最年轻的男孩：海森伯、泡利、狄拉克），但从早期的几个世纪就有了很多的例子。伽利略、牛顿和洛伦兹在30岁以前都有了最伟大的发现，麦克斯韦紧随其后（在33岁时表述了他那著名的方程）。牛顿很清楚青年的优点，说他在24岁时"处于我发明、思考数学与哲学的鼎盛时期"。[44]

爱因斯坦在1909年达到了被诅咒的30岁，可他一生的创造阶段延伸到30岁以后——35岁时产生了广义相对论，他最大的成就。40多岁时，诅咒终于追上了他，在他正声名鼎沸之际。他最后一次伟大的发现是在 1924 年，45 岁，当时他预言在极低温度下气体中会有一种奇怪的凝聚（"玻色 – 爱因斯坦凝聚"）。

也许是由于爱因斯坦的青春活力——行为举止跟年龄不相称——才造成那个诅咒的延迟发威。法国天文学家夏尔·诺德曼（Charles Nordmann）在访问巴黎期间会见了 43 岁的爱因斯坦，他说："……最强烈的印象是，一种令人震惊的年轻，非常浪漫，在某些时刻，让人不由得想起年轻的贝多芬……然后突然放声大笑，仿佛你面前有一个大学生。"[45]

1924 年以后，爱因斯坦的工作量出现了明显的下降，这种下降随着时间的推移变得更加明显，并逐渐将他与物理学的新发展隔离开来。这最终使他陷入了对电磁和引力的虚妄统一理论的执着追求，他希望用此理论来超越广义相对论的胜利。

爱因斯坦科学工作的数量和质量的下降，在一定程度上可以归因于随着年龄增长而失去的热情、坚韧性和创造性。爱因斯坦自己也认识到这一点："伟大的发现是年轻人的事，因此对我来说是一件过去的事情。"[46] 不过，爱因斯坦生活环境的变化也起到了重要的作用。他的名人身份给他的时间带来了沉重的压力，他深深卷入了和平主义和犹太复国主义的事业，以及德国的"犹太问题"。他就这些问题撰写文章并发表演讲，且经常是筹集资金者的主要对象，包括对东欧犹太难民的援助，以色列定居者，尤其是耶路撒冷的希伯来大学。他游历甚广，多次到南美洲、东南亚，并多次到美国进行演讲和筹款旅行。

此外，他身兼德国物理学会秘书和威廉皇帝物理研究所所长等管理职务。这个研究所只是纸面上存在，分配研究基金的组织。后来，

第 11 章 "上帝掷骰子吗?"

爱因斯坦离开德国后,该研究所才拥有了自己的大楼,当时的世界首富、纳粹同情者小约翰·D. 洛克菲勒(John D. Rockefeller Jr.)在 20 世纪 30 年代将一栋大楼慷慨捐赠给了威廉皇帝学会。

爱因斯坦还把更多的时间花在了私人娱乐上:帆船和女人。首先,他在柏林附近的哈维尔河上租了一间夏季小屋和一艘帆船,后来他在基尔的波罗的海上航行,在那里,富有的实业家、陀螺罗经的发明者赫尔曼·安许茨-肯普费(Hermann Anschütz-Kaempfe)把一艘船交给他支配。1929 年,他在柏林郊外波茨坦附近的卡普特小村庄买下了避暑别墅,朋友们送他一艘漂亮的小帆船作为生日礼物。在那里,他会在哈维尔帆船上待很长时间,或与不同的女人在一起,女人不像恶魔那么坏,但不如巴尔扎克(Balzac)所说的"尊贵的女人"那么好。其中几个情妇的名字已经浮出水面——贝蒂(Betty)、托尼(Toni)、玛格丽特(Margarete)、埃斯特拉(Estella)、埃塞尔(Ethel)——有时爱因斯坦给妻子和继女玛戈特(Margot)写信,公开吹嘘自己的征服者。卡普特的女服务员后来接受采访时说,这位教授"很喜爱看漂亮女人,他无法抗拒漂亮女人"。[47]① 在卡普特,爱因斯坦供养一个小小的后宫。②

此外,还有一些其他的娱乐,一些轻浮、无谓的娱乐,与爱因斯坦喜欢摆弄机器有关。他有发明家的本能,这也是他如此投缘地在专利局找到工作的原因。他在伯尔尼的日子里,发明了一种测量电的小机器(Maschinchen),希望将这种机器商业化出售给物理实

---

① 《爱因斯坦传》,439 页。
② 《鲜为人知的爱因斯坦》,丹尼斯·布莱恩著,杨宁宁译,金城出版社,2006 年。

验室。后来，他与匈牙利物理学家利奥·齐拉（Leo Szilard）合作，设计并获得了冰箱的专利，这种冰箱由甲醇蒸发制冷；但是，如同Maschinchen一样，这种装置没有在商业上获得成功。

在第一次世界大战期间，他对修补的渴望导致他试图设计新的飞机机翼，万一成功，就会有重要的军事用途。当爱因斯坦的新机翼安装在一架小型飞机上进行试飞后，这个进入航空工程世界的旅程戛然而止。飞机起飞得很好，但在飞行中却不稳定。正如试飞员描述他的经历："起飞后，我像一只'怀孕的鸭子'悬在空中，在痛苦地向前飞行之后，我把轮子放回坚实的地面，就在跑道尽头的栅栏附近，我非常高兴。"[48]

20世纪20年代，爱因斯坦对军工复合体的参与更浓，当时他参与了德国安许茨－肯普费公司开发的陀螺罗经。由于爱因斯坦在专利方面的背景，他被任命为专利侵权诉讼的专家证人。安许茨对竞争对手斯佩里－兰德的美国公司提起诉讼，后者抄袭了安许茨陀螺罗经的一些特征。打赢官司后，安许茨聘请爱因斯坦担任顾问，不仅付给他一笔丰厚的费用，还向他提供了公司所在地基尔的别墅和帆船的使用权（目前，安许茨公司仍可在基尔找到，但已归雷神公司所有）。

爱因斯坦在设计上做出了一些重要的改进，这不仅为他赚了钱，而且他还从陀螺罗经的销售中获取1%的版税。2万马克的费用以现金方式交付给了他，因为支票支付"只会导致税收问题"。[49]爱因斯坦继续致力于这种陀螺罗经的研制好几年，直到它通过了在德国鱼雷艇上的测试，并投入生产。

安许茨陀螺罗经主要用于海军舰艇和潜艇，其中大量的钢装甲对磁罗盘起到了巨大的破坏作用。它被世界上几乎所有的海军广泛采

第 11 章 "上帝掷骰子吗?"

用——在第二次世界大战中,它是德国、法国、意大利和日本战舰和潜艇的标准装备。只有美国和英国海军拒绝采纳,纯粹是出于沙文主义的原因。由于《凡尔赛条约》禁止在德国制造和销售此类军事物品,安许茨在荷兰成立了一个前线公司,负责销售。爱因斯坦的版税被存入荷兰的一个秘密银行账户,这个账户还秘密存储他在德国之外出版图书的版税以及特邀讲座中挣的演讲费。

埃伦菲斯特为他管理这个账户,在给爱因斯坦的信中,他用一个旨在欺骗德国税务当局的秘密代码报告到账收入。从荷兰和英国收取的费用,将被描述为"我和你在这里得到的关于金离子纯度的结果"。关于收到 6700 荷兰盾(代号为 6.7×10^{-3} 的纯度)的报告,爱因斯坦高兴地回复:"你关于高纯度金离子的消息很好,特别是处在我们目前的研究状况,能得到这么高的纯度是非常值得的。"[50]① 在瑞士,逃税是一项全国性的运动,爱因斯坦可能很熟悉这种逃税手法,而秘密账户(那些在瑞士银行臭名昭著的账号)被广泛用于向黑市隐瞒收入,即瑞士人所谓 Schwanes Geld(黑钱)。

即使在 1933 年爱因斯坦搬到美国之后,版税也定期存入他的账户。1938 年,他的版税突然停止了,他给荷兰的前线公司寄去一封投诉信时,粗略地得知安许茨公司现在在德国公开经营。前线公司已被清算——不再向他支付版税。[51]②

爱因斯坦在第二次世界大战期间继续参与军事项目,当时他被雇用为美国海军军械局的顾问,负责改进鱼雷雷管的项目。事实证明,

---

① 《爱因斯坦传》,343—344 页。
② 同上,424 页。

该项目以不可靠著称。然而，海军对爱因斯坦在这个项目上的表现没什么印象，很快就取消了他的合同。

与军工复合体的断断续续的"调情"，显然与爱因斯坦自第一次世界大战开始以来引人注目地所采取的和平主义立场并不一致。从那时起，他就一直是各种和平和人道主义组织的成员和活动家，为此他受到了许多人的敬佩，特别是没有资格欣赏他的科学贡献的人。因此，西班牙著名大提琴演奏家帕布罗·卡萨尔斯（Pablo Casals）谈到他时说："虽然我从来没有机会认识阿尔伯特·爱因斯坦，但我对他产生了最高的敬意。当然，他是一位伟大的学者，但除此之外，他也是在这么多文明价值观似乎摇摇欲坠的时代，一个人类良知的支柱。我永远感激他对我的祖国被牺牲那种不公正的抗议……"[52]

1930年，公众将爱因斯坦视为世界和平与正义的象征，引发了某种宣福礼。当时，在纽约市河滨大教堂西入口上方的装饰雕刻中，爱因斯坦的雕像被列为哲学家和圣徒的雕像之一。这座巨大的、仿哥特式浸信会教堂由约翰·D.洛克菲勒捐建，也许是为了向圣经语句致敬。"骆驼穿过针的眼，比财主进神的国还容易呢。"① 爱因斯坦在一次纽约之行中视察了这个大教堂，他打趣道："我也许会想到他们会把我变成一个犹太教的圣徒，但我从未想到我会成为一个新教的教徒！"[53]②

爱因斯坦的和平主义同情者要是更加深入探究，会惊讶地发现，他们的圣洁英雄某种程度上也是个机会主义者，岂止从军事项目中谋取利益。爱因斯坦从未解释其行为中的这种矛盾。[54] 他对参与军事计划保持沉默，诸多事实在他去世后仅仅几年就浮出水面，来自安许茨

---

① 《马太福音》第19章第24节。
② 《爱因斯坦：生活和宇宙》，265页。

公司保存的文件和爱因斯坦档案中的信件。爱因斯坦一方面研究大规模杀伤性武器，另一方面又击打和平主义之鼓。在1947年的一次采访中，他用欺人之谈说："对于所有从事基础研究的……真正的科学家而言，在军事方面采取不合作态度应该是一条基本的道德原则。"[55]①

尽管有这些分心，爱因斯坦在整个20世纪20年代和30年代初期继续发表大量的论文。直到1933年他离开德国，他的论文产量才最终下降。尽管爱因斯坦总是发表足够数量的论文，以达到"要么发表，要么发臭"的标准，可其作品缺乏早期的质量。显然缺乏他早期作品那种深刻的原创性特征——仿佛爱因斯坦已经江郎才尽。作为唯一的作者，早期作品完全是他自己写的，但他后来的作品往往是与不同的同事或助手合作写的。

相比他早期对物理学的一长串令人难忘的贡献——光电效应、狭义相对论、布朗运动理论、质能关系、潜热理论、光线偏折、广义相对论、宇宙学——他的后期只有两项令人难忘的贡献：气体的量子统计（包括玻色－爱因斯坦凝聚）和对量子测量理论的批判（爱因斯坦－波多尔斯基－罗森佯谬，即EPR佯谬）。

这两项都不是爱因斯坦独创专有的贡献：第一项是印度物理学家玻色的原创工作，第二项是与波多尔斯基和罗森合作产生的。这些贡献在当时都没有引起太多的注意，其重要性在爱因斯坦去世多年后才显现。引起广泛关注的贡献是他的统一理论（unified theory）。这确实是爱因斯坦独创专有的贡献——被证明是一场彻头彻尾的灾难。

---

① 《新爱因斯坦语录》，158页。

为了求助发表，玻色在 1924 年寄给爱因斯坦的这篇论文中，把黑体辐射中的光子当作气体处理，遵照爱因斯坦 19 年前的第一次尝试。当时，爱因斯坦只是取得了部分成功——他对光子的气体处理是在高频，而不是在低频下奏效的。玻色灵机一动想到了把光子当作绝对不可分辨的东西，一种恰切又非常新颖的想法。这会改变用来发现当光子气处于热平衡时最可能状态的统计论证，玻色不仅能获得高频，而且能获得所有频率的普朗克公式。

爱因斯坦认识到，玻色的统计论证也可能适用于相同的、不可分辨的原子的气体。在玻色的论文发表后不久，他发表了一篇自己的论文，其中他用玻色的统计方法来考察原子的不可分辨性对氢、氦等气体行为的影响。他发现，在低温下，气体的行为与根据玻尔兹曼经典统计理论所预期的行为截然不同。在第二篇论文中，他指出当温度极低时，不成比例的原子会安于能量最低的量子态，故这个态的密度比根据玻尔兹曼理论所预期的要大得多。正如他给埃伦菲斯特写的，"在某一温度以上，分子'凝聚'，而没有吸引力，也就是说，它们在零速度时聚集。理论很漂亮，但是它有多少真实性呢？"[56①]

爱因斯坦认为，氢气、氦气可能是这种效应的实验研究的最佳候选者，这种效应后来被称为玻色–爱因斯坦凝聚。但是直到 1928 年，没有实验证据证明这种凝聚，它"只有纯粹的想象特性而出名"。[57②] 然后，人们发现在绝对零度以上 2.18 度的温度下，液氦发生了奇怪的变化，这意味着玻色–爱因斯坦凝聚。然而，由于涉及氦液体，而不是氦气体，所以情况在过去和现在都相当诡异。

---

① 《上帝难以捉摸：爱因斯坦的科学与生平》，550 页。
② 同上，551 页。

第 11 章 "上帝掷骰子吗?"

直到 1995 年,在非常冷的铷 87 和钠 23 气体的制备过程中,才首次发现真正的玻色 - 爱因斯坦凝聚的清晰、令人信服的例子。因取得这一成就,2001 年的诺贝尔奖授予了美国物理学家康奈尔(E. A. Cornell)、维曼(C. E. Wieman)和克特勒(W. Ketterle)。对爱因斯坦来说,他的预言这一实验确证姗姗来迟。假如这发生在 50 年前,爱因斯坦还活着的时候,他应该分享这个诺贝尔奖。

1909 年,在萨尔茨堡举行的德国自然科学家和医生学会会议上,普朗克对量子理论的未来给出了一个非常有先见之明的愿景:

> 我们可以规定只用于较大时间间隔的[运动的]定律。但对于小时间间隔和大加速度,我们仍然面临着需要用新的假说来填补的空白。或许我们可以被允许,假定振荡的共振子不具有可以连续变化的能量,而代之以其能量是一基元量子的简单的倍数。我相信,通过利用这一理论,人们可以得出令人满意的[黑体]辐射理论。那么,问题就是:人们怎样来形象化这样的东西?这就是说,人们要寻求这样一个共振子的力学模型或电动力学模型。但力学和目前的电动力学没有提供分立的作用量基元,所以我们不能提出一种力学的或电动力学的模型。因而,用力学的方法做到这点似乎是不可能的,而我们将不得不习惯于这一现实……还曾经有过以机械论力学的方式来设想电流,并将电流与水流相比的尝试,但这种尝试也不得不被抛弃,正像人们已经习惯于这种局面一样,人们也将不得不习惯于这样一种共振子。当然,这种理论必须要以比目前为止所做的更为细致的方式来提出,关于这

项工作,也许某个人会比我更加幸运。[58]①

普朗克认为,必须找到新的运动定律来描述小尺度的自然,而他坚持认为物理学家必须习惯于牛顿和麦克斯韦这两种熟悉的经典定律的崩溃,这是对量子理论后来发展的一个准确的预览。(令人悲伤的是,他还正确地猜测,他的运气已经耗尽——新的理论发展将不是由他,而是由其他物理学家来贡献。)

普朗克经常被描述为一位非常保守的物理学家,但是,正如上面的段落所示,他愿意接受改变。相比之下,爱因斯坦则证明了他是一位大保守主义者,进行了无止境的、最终徒劳无益的反对量子力学新定律的斗争。爱因斯坦接受了量子力学早期的两项发展。钦佩丹麦物理学家尼尔斯·玻尔在1913年提出的原子轨道量子化,说玻尔的工作是"思想领域中最高的音乐神韵"(highest musicality in the realm of ideas)。[59]② 他也接受了每一个粒子都有一个缔合量子波,这由法国物理学家路易·德布罗意在1924年提出,尽管德布罗意和爱因斯坦都不理解这种波的意义——德布罗意称它为"假想的缔合波"[60]③,爱因斯坦称为"鬼魅场"(ghostly field)。[61]

但是,爱因斯坦不能接受新的量子理论,因为它意味着他对量子力学粒子的运动(诸如原子中电子的运动)缺乏确切的、决定论的预测。他认为,这违反了因果性(causality)的基本概念,而这正是所有物理学的根基:物理系统的初始信息应该完全决定其未来的发展。

---

① 《爱因斯坦全集》第二卷,509—510页。
② 《爱因斯坦传》,340页。译文有改动。
③ 《上帝难以捉摸:爱因斯坦的科学与生平》,555页。

第11章 "上帝掷骰子吗?"

在一封信中,他向马克斯·玻恩抱怨说:"量子理论在我身上激发了与您十分相似的感情。人们真的应该为它的成就感到羞惭,因为取得这些成就是靠了一条耶稣法则:'一只手必须不知道另一只手在做什么……'"[62]①

爱因斯坦拒绝了玻尔和德布罗意之后量子力学的所有发展。1925年,沃纳·海森伯,玻恩的一位年轻学生,发现了量子力学矩阵表述,爱因斯坦立即驳回了这一观点:"海森伯产下了一个巨大的量子蛋。在格丁根他们相信它,我却不相信。"[63]②

一年后,奥地利物理学家埃尔温·薛定谔发现了量子力学波函数演化的波动方程,爱因斯坦起初很热情。他对埃伦菲斯特描述说,它"不是一个低劣的人造物,而是一个清晰的思想,它在应用上很难抗拒",[64]③ 他给薛定谔本人写信说:"你的思想显示了真正的天才。"[65]④ 但后来他的热情很快蒸发了,当玻恩引入波函数的概率解释时,爱因斯坦更喜欢倾听自己内心的声音,他的直觉:"量子力学固然是令人赞叹的。可是有一个内在的声音告诉我,它还不是那真实的东西。这个理论说了很多,但一点儿也没有真正使我们更加接近'上帝'(old one)的秘密。无论如何,我都深信上帝不是在掷骰子。"[66]⑤

爱因斯坦不能接受,波函数只是确定不同测量结果的概率,并且不可能从初始信息确定地计算一个物理系统的未来发展。他宣称:"如果真是这样,我宁愿做一个修鞋匠,或赌场里的雇员,而不做一位物

---

① 《我这一代的物理学》,263 页。
② 《爱因斯坦传》,404 页。
③ 同上,415 页。
④ 同上。
⑤ 《玻恩-爱因斯坦书信集》,105 页。

理学家。"[67][①]

他拒绝量子力学的基本概率特征，从而阻碍了他参与该理论核心的发展。他唯一的贡献是处理一些问题，这些问题虽然有时很重要，却是次要问题。例如，在 1916 年，爱因斯坦在普朗克定律的推导上做了一个新的尝试，即从光子的发射和吸收过程平衡的一般考虑出发。他发明了所谓 A-B 系数来描述发射率和吸收率。[68][②] 尽管他的新推导只是部分成功，没有得出普朗克定律的完整形式，但在许多年后，A-B 系数在研究激光器的光发射方面被证明有用。

在 1927 年的第五次索尔维会议上，爱因斯坦和玻尔深入讨论了量子力学的基本思想。虽然有尖锐的分歧，但讨论的主旨始终是友好的，充满幽默而不是敌意。爱因斯坦认为概率解释是不够的，他嘲讽地问玻尔，他是否真的相信上帝掷骰子（"... ob der liebe Gott würfelt"）。对此，玻尔恳切地回答说，自古以来，哲学家们就建议谨慎地将日常属性归于上帝。[69]

爱因斯坦认为，可以通过攻击不确定度原理（Uncertainty Principle）来削弱量子力学，他发明了好几个 Gedankenexperiment（思想实验），试图证明他可以克服这个原理对测量精度的限制。每天爱因斯坦都会下楼到大都会酒店的豪华餐厅吃早餐，并宣布他发明了一个与不确定度原理相矛盾的新的、巧妙的 Gedankenexperiment（思想实验）。

泡利和海森伯在场，都不太在意，以其失之肤浅而忽略爱因斯坦

---

① 《爱因斯坦传》，409 页。
② 《爱因斯坦全集》第六卷，295 页。

的论证:"噢,不要紧,是这样的,是这样的。"[70]① 但是,玻尔认真对待这些论证。他是一个深刻、沉思的思想家,慢慢得出结论。他整天都在思考,到了晚上,在晚餐时,他总是指出爱因斯坦的论证中有一个错误。参加这些讨论的埃伦菲斯特用匆忙、不连贯的句子向他的学生报告。"我非常幸运参加了玻尔与爱因斯坦之间的对话。爱因斯坦像一位棋手,经常棋出新招。类似于第二类**永动机**,打算打倒测不准关系……爱因斯坦像一个玩偶盒子里的小人,每天早晨都精神抖擞地蹦出来。噢,这真有趣……他现在对待玻尔的态度就像以前绝对同时性的支持者对待他的态度一样。"[71]②

三年后,在1930年的索尔维会议上,这一讨论发生了戏剧性的转变,当时爱因斯坦构思了一个相当复杂的思想实验,这似乎击败了能量-时间不确定度关系。爱因斯坦考虑一个装有光或其他辐射的封闭容器,附有一个闹钟,闹钟在容器的壁上瞬间打开一个小窗,并在精确的预先设定的时刻释放一定数量的光。爱因斯坦建议用天平测量光释放前后容器的质量,并利用质能关系 $E=mc^2$ 计算所释放的精确能量。

这个例子困扰着玻尔。他对如何处理这个难题感到不知所措。"整个晚上,玻尔沮丧极了,他从一个人走到另外一个人,试图说服大家这是不可能的,如果爱因斯坦是对的,物理学就完了;但他讲不出什么反驳的理由。我永远不会忘记这两个对手离开俱乐部时的情景:爱因斯坦大模大样,带着讥讽的微笑,安详地走着;玻尔疾步赶上去,样子十分激动。"[72]③

---

① 《上帝难以捉摸:爱因斯坦的科学与生平》,567页。
② 《爱因斯坦传》,418—419页。
③ 《上帝难以捉摸:爱因斯坦的科学与生平》,569—670页。

可是到了第二天早晨，玻尔经过辗转反侧的思考，终于找到了答案。他指出，爱因斯坦没有考虑到广义相对论的时间延缓效应。当容器放置在天平上时，天平托盘必须可以自由上下移动，因此，在托盘、容器和附加闹钟的垂直位置上会有（小的）不确定度。于是，根据广义相对论的时间延缓效应，时钟将在其速率中获得不确定度，在其记录的时间中获得不确定度。玻尔指出，这种时间不确定度以时间 - 能量不确定度所要求的方式与能量不确定度关系相关联。

我们不知道爱因斯坦对这种反驳他的论证的反应是什么。他一定意识到了这种情况的讽刺性——玻尔用爱因斯坦自己的广义相对论打败了他。我们可以猜到，爱因斯坦以他一贯良好的幽默感，或许一句妙语，而承认了这一点。但是这次失败给他留下了永久的印象，他再也没有尝试过挑战不确定度原理。然而，爱因斯坦继续反对量子力学，"上帝不掷骰子"成了他的战斗口号。[①]

[①]《上帝掷骰子吗》，伊恩·斯图尔特著，潘涛译，上海交通大学出版社，2016年。

第12章 "希望破灭的墓地"

爱因斯坦在1938年写给朋友的一封信中,描述了他最近几次试图建立电和引力统一理论的徒劳尝试的失败。

爱因斯坦职业生涯中最宏大的错误,是他关于电和引力的好几个统一理论。将近三十年,从1926年到1955年去世,这些都是他研究的重点。统一理论是一个巨大的错觉——它们引出越来越多深奥的数学论文,但统一理论从来没有对物理学产生任何持久的兴趣。玻恩描述了爱因斯坦在最后几年工作中的弱点:"……如今他试图用纯粹的思考而非任何经验事实。他相信能用理性的力量猜测到上帝创造世界所依据的法则。"[1]①

受上帝启发而又没有事实支持的猜测,也许适合神学和神权,但不适合物理学。毫无疑问,爱因斯坦对统一理论的几次尝试都是垃圾,这是爱因斯坦科学生涯中最大的悲剧,他所有的亲密同事都清楚这一点,但出于对这位伟大老人的同情和尊敬,只有少数人能够坦言相告。1979年,物理学家李·斯莫林(Lee Smolin)来到普林斯顿高等研究

---

① 《我这一代的物理学》,267页。

院（爱因斯坦晚年在此度过），他渴望与爱因斯坦"活着的遗产"取得联系，还请爱因斯坦在该研究院健在的同事弗里曼·戴森（Freeman Dyson）告诉他爱因斯坦到底是什么样的人。他得到了一个发人深省的答案：

> 戴森解释说，他也是［在1947年］来到这个研究院，希望认识爱因斯坦。于是，他去找爱因斯坦的秘书海伦·杜卡斯（Helen Dukas）预约。在约见的前一天，他开始担心没有什么特别的事情可以和这位伟人讨论，所以他从杜卡斯那里得到了爱因斯坦最近的论文副本。它们都是关于爱因斯坦为构建统一场论所做的努力。那天晚上，戴森读了一遍，觉得它们都是垃圾。
>
> 第二天早上，他意识到，虽然不能面对爱因斯坦，告诉他的工作是垃圾，但也不能不告诉他。所以他爽约了，他告诉我，在爱因斯坦去世之前的八年里，他一直在躲着他。[2]

爱因斯坦发表这些垃圾（junk），是可悲的。爱因斯坦在发表他的失败，在承认他的理论并不完备，可他一次又一次哄骗自己，相信自己离成功只有咫尺之遥。任何一个读他论文的物理学家都可以从粗略检查中看出，麦克斯韦方程组在这些论文中明显没有，且不可能从爱因斯坦数学框架中产生。但是，爱因斯坦对他崇高的数学创作的明显缺陷视而不见，他通常要花几年的时间才能认识到，统一理论的最新版本必须被扔到他桌子旁边那个大废纸篓里。[3]

罗伯特·奥本海默是制造第一颗原子弹的研究团队的负责人，他在战前访问了该研究院，后来成了研究院的院长。他说："爱因斯坦完全是个疯子（cuckoo）。"[4]① 在发表在联合国教科文组织的《科学与综合》的一篇文章中，他强调了爱因斯坦与其统一理论徒劳无益的斗争所固有的悲剧性："在爱因斯坦一生的最后 25 年，他的传统在某种意义上辜负了他。那是他在普林斯顿度过的岁月，这虽然是一种悲伤的来源，但也不应被掩盖。他有权做那种失败。"[5]

说起"疯子"，奥本海默可能在这方面是个专家。20 世纪 20 年代，他在剑桥读研究生时，试图用一个携带有毒化学物质的苹果毒死他的物理导师。剑桥的导师们对待这起事件的态度非常宽大，只是将奥本海默置于精神病医师的监督之下。[6] 也许爱德华·特勒在著名的 1953 年原子能委员会的听证会做证时正在考虑这一事件，他当时做证反对奥本海默获得安全许可。他说："我觉得我想看到这个国家的切身利益掌握在我更了解的人手中，也因此我会更信任。"[7]

电与引力统一的梦想可以回溯到 19 世纪中叶，伯恩哈德·黎曼推测，以太的力学特性可能是电效应和引力效应的原因。[8] 希尔伯特在 1915 年做出了第一次认真（而不成功）的统一尝试，在此过程中，他发现（或重新发现）了爱因斯坦方程（见第 9 章）。

下一次尝试在 1918 年由瑞士数学家赫尔曼·外尔做出，他提议修改爱因斯坦的广义相对论，包括量杆长度的奇怪变化，以及时钟从一个地方运到另一个地方时的速率变化。外尔认为，当量杆或时钟通过电场或磁场传送时，长度或速率会发生永久性的变化。这意味着电场和磁场会影响用量杆和时钟进行的时空中的几何测量，因此，测量到

---

① 《爱因斯坦：生活和宇宙》，366 页。引文有改动。——编者注

的时空曲率不仅取决于引力场，而且取决于电场和磁场。所有这些场参与测量到的时空曲率中，意味着电磁和引力的几何统一。

爱因斯坦起先对外尔的理论很热心，给他写信说："现在您甚至还有了孩子——从 $g_{\mu\nu}$ [度规张量] 构造出了麦克斯韦方程组，这是我绝对不能要求的啊"[9]①，但他很快意识到外尔的建议中有一个致命的缺陷：原子可以被看作小小时钟，而根据外尔的理论，如果两个相同的原子在过去某个时候经历过不同的电场和磁场，它们应该以不同的频率振动，即振动速率应取决于每个原子的单个电磁历史。爱因斯坦指出，这与经验相反——我们在实验室里检查任何给定化学元素的原子时，发现它们以完全相同的速率振动，尽管这些原子的单个磁历史可能截然不同。[10]② 外尔的理论成了一个美丽理论被丑陋现实干掉的教科书般的例子。（然而，外尔在研究他的理论时提出的一些观点后来在不同的背景下被利用，它们在今天的相对论性量子理论中发挥了重要作用。）

1921 年，德国数学家特奥多尔·卡卢察（Theodor Kaluza）设想了一种新的统一理论形式，此后不久，瑞典物理学家奥斯卡·克莱因（与数学家费利克斯·克莱因没有关系）对其进行了改进。卡卢察通过在时空中增加一个额外的维度实现了其统一——他使用了具有四个空间维和一个时间维的五维时空，以及这五个维度对应的度规张量。引力场和电场（更准确地说是电磁势）是五个维度规张量的不同分量。于是，爱因斯坦方程（见第 247 页）具有额外的第五维分量，这些额

---

① 《爱因斯坦全集》第八卷下册，79 页。
② 同上，138 页。

外的分量就是麦克斯韦方程。

因此，这种统一理论再现了爱因斯坦引力理论和麦克斯韦电磁学理论的所有特征。只有一个捕获物：我们观察到的物理空间有三个空间维度和一个时间维度，而不是卡卢察和克莱因假设的**四个**空间维度和一个时间维度。不知何故，那个第五维度，如果它存在，仍然隐藏在我们的视野之外。为了解释第五维度的这种表现缺失，卡卢察提出，第五维度被卷曲成一个小圆圈，因此向第五方向运动的粒子只是绕着这个圆圈运行，就像一只脖子被短皮带拴着的狗，从未设法逃脱。如果这个圆圈很小，也许是千亿亿亿分之一厘米，我们根本不会注意到这个运动，在我们看来，这个粒子在三维空间里是静止的。

但是，卡卢察-克莱因统一（Kaluza-Klein unification）很巧妙，在数学上也很优雅，可这完全是一种形式统一，就像有时在中世纪出于王朝统治需要青春期前儿童的那种预定婚姻。这些婚姻仍未实现，不产生后代，同样，卡卢察-克莱因统一也不产生后代，也就是说，它没有产生新的物理学，没有新的结果，也没有新的预言。卡卢察-克莱因统一只不过是把麦克斯韦方程和爱因斯坦方程放在一个五维数学框架中的数学技巧，但它并没有以一种真正的、物理上有意义的方式将这些方程联系起来。卡卢察-克莱因表述是优雅的，但它太肤浅了。相对于狭义相对论中时空的统一，即需要对牛顿的空间和时间进行大量的修改，并产生新的有意义的物理学，麦克斯韦方程和爱因斯坦方程的卡卢察-克莱因统一却不痛不痒地完成，而没有对这些方程进行任何修改。因此，这不过是一次不育的数学练习——没有痛苦就没有收获。

泡利宣称，"（它）绝不是电磁场与引力场的'统一'"。[11] 一开始，爱因斯坦似乎喜欢这个想法，写信给卡卢察说："我从来没有想到能够通过五维柱状世界实现［统一理论］，这对于我来说是全新的观念。现在我很喜欢您的想法。"[12]① 但后来他的性格变得变化多端，有时他说赞成这个理论，有时他反对这个理论。

卡卢察 - 克莱因统一只有一个有意义的物理结果。1926 年，克莱因[13]② 指出，电荷的量子化可以看作第五维中圆周运动量子化的直接结果。要获得电荷的观测值，第五维的周长必须是千亿亿亿分之一厘米（10^{-30} 厘米）。许多年来，这一直是电荷量子化的唯一解释。后来，人们发现，磁单极子的存在需要电荷的量子化，如今我们知道如何从所谓强相互作用、弱相互作用和电磁相互作用（引力除外！）的统一规范理论中导出这种量子化。

1922 年，爱丁顿试图利用时空曲率定义中的二分法对统一进行不同的尝试。有多种方法来检测空间或时空的曲率。例如，可以测量三角形的内角之和、圆的面积，如果这些测量的结果与预期的平面空间［180 度，π × 半径平方］不同，我们就知道空间是弯曲的。所有这些方法都取决于画一条直线，如三角形的边或圆的半径。这样做有两种不同的方法：可以通过构造两点间最短距离的路径（即构造"最直"的路径）来画直线。泥瓦匠或园丁在两点之间拉紧绳子时使用第一种方法，绘图员则使用第二种方法，他交替将两条短尺一条接一条地向前滑动延伸。第一种方法依靠距离测量，第二种方法依靠平行传输，这实质上是一种纯粹的定向过程。

---

① 《爱因斯坦全集》第九卷，40 页。译文有改动。
② 《上帝难以捉摸：爱因斯坦的科学与生平》，422 页。

第 12 章 "希望破灭的墓地"

在平坦空间中,这两种方法显然得出相同的结果。但在弯曲空间中,这两种方法的一致性并不那么明显。事实证明,在黎曼几何中,就像爱因斯坦在广义相对论中所用的那样,两种方法确实给出了同样的结果。这就是爱丁顿认为有机会的地方:他决定构造一种比黎曼几何更一般的几何,在这种几何中,两种方法是**不一致的**,即最短路径与最直路径不重合的几何学。为了将电磁学和引力统一起来,爱丁顿将引力项和电磁项都插入到支配平行传输的方程中,即所谓联通方程。

到此为止还好,但随后爱丁顿不得不想办法将度规张量和距离测量纳入他的方案,因为物理学家不仅想知道"最直的"线是什么样子,还想知道它们的长度是多少。不幸的是,爱丁顿对如何做到这一点并没有最基本的想法。经过一番摸索之后,他终于或多或少随机地采用了度规张量的方程,但这缺乏任何物理动机,且在数学上是不相容的。[14] 外尔在谈到爱丁顿的理论时说,这"不适合讨论"。[15]①

爱因斯坦自己对统一理论的执着追求始于 1926 年。他构建这样一种理论的目标是雄心勃勃的。他不仅想把电磁场和引力场结合起来变成一个新的引力电磁超场(gravitoelectromagnetic hyperfield)来统一电磁和引力,而且希望新的场方程能够解释带电粒子和不带电粒子的结构,这些粒子被设想作为场方程的解出现。此外,在其脑海中,他抱着一种模糊的希望,也许新的场方程可以为量子力学的量子化条件提供某种解释。

在对统一理论纲领的批判性评价中,奥本海默质疑爱因斯坦的判

---

① 《上帝难以捉摸:爱因斯坦的科学与生平》,436 页。

断，但钦佩他的坚韧不拔：

> 他还执行了一项雄心勃勃的纲领，将对电和引力的理解结合起来，从而解释他认为是自然界中粒子离散的表象——假象。我当时觉得很清楚，而且今天相信明显地清楚，这个理论起作用的东西太少，遗漏了物理学家所知道的太多东西，但在爱因斯坦的学生时代却不太为人所知。因此，它看起来像一个无可救药受限的和历史上相当偶然地规定条件的进路。虽然爱因斯坦因为决心看穿他的纲领而博得了每个人的喜爱或更正确的爱，但他与物理学职业失去了更多的联系，因为有些事情在他一生中学到太晚了，以至于他自己也不关心这些事情。[16]

总之，爱因斯坦的纲领既过于雄心勃勃，又不够雄心勃勃。它过于雄心勃勃，电磁和引力的统一被证明太困难了——爱因斯坦的每一次尝试都以失败告终。它不够雄心勃勃，即使爱因斯坦成功了，它也是一个空洞的姿态——到1926年，物理学家们知道，除了电磁力和引力之外，至少还有一种力，即原子核内起作用的核力，任何有价值的统一都必须包括这种新的力。此外，物理学家们知道，任何解释粒子结构的尝试都必须以量子理论为基础，而不是爱因斯坦坚持使用的经典物理学。因此，爱因斯坦的整个纲领是劳而无功的。这个纲领可能在十年前有某种意义，但到1926年，它从一开始就过时了。

爱因斯坦对统一理论的所有尝试都以爱丁顿设想的某种几何思想为基础，其中最短路径与最直路径不重合，最短路径和最直路径之间

第 12 章 "希望破灭的墓地"

的区别与电磁场相关联。[17] 爱因斯坦在其新理论中,用一个新的十六分量张量取代了广义相对论的十分量度规张量。这个扩大的张量的十个分量描述了时空弯曲几何中长度和距离的测量,另外六个分量据说描述了电场和磁场。

1925 年,爱因斯坦大张旗鼓地宣布了他的第一个统一理论:"经过这两年不断的探索,现在我相信,我已经发现了真正的答案。"[18]① 但是,这篇论文以如此夸张的姿态宣布了一条死胡同——爱因斯坦无法从计算中提炼出麦克斯韦方程组(或对其进行修正)。此后不久,在致埃伦菲斯特的信中,他提出了一些疑问:"今年夏天,我写了篇很诱人的关于引力-电的文章……但是现在我怀疑它是不是对的。"[19]② 之后,他几乎立即承认:"我去年夏天的工作没有结果。"[20]③

1928 年,他因心血管疾病而躺在床上时,想出了另一个版本的统一理论。他又欣喜若狂地说:"在我患病时获得的平静中,我下了一个非常奇妙的蛋……从中孵化出的小鸟能否生存和长寿,只能由上帝决定。我感到非常幸运自己得了这次病。"[21]④ 他那创新的想法是,平行传输不仅可以用来建造一条"最直"的直线(在纵向上沿直线运输),而且可以用来从另一条"最直"线生成一条"最直"线(远离第一条线,从横向滑动)。这对于平面空间中的直线显然成立,在平坦空间,我们可以将一条直线滑到一边或另一边,以生成平行直线;但在弯曲空间中,这不成立,除非这个弯曲空间具有一些相当特殊的性质。[22]

爱因斯坦称这种创新为远距平行性(teleparallelism)。对于"最

---

① 《上帝难以捉摸:爱因斯坦的科学与生平》,437 页。
② 同上,438 页。
③ 同上。
④ 《爱因斯坦传》,428 页。

直"线，一个具有远距平行的时空不存在曲率——平行线与其他平行线之间存在横向滑动关系，如同平面时空中的平行线。爱因斯坦认为，此种空间的曲率只在最短线的构造过程中才能显示出来。再一次，电磁场与"最直"线和最短线之间的差异有关。

这一理论引起了轰动，至少在公众和大众媒体的眼中如此。载有爱因斯坦论文的一千份普鲁士科学院的干巴巴杂志立即销售一空，不得不另外加印几千份。爱丁顿给爱因斯坦写了一封信："我们伦敦的一家大百货公司塞尔福里奇（Selfridges），把您的论文（6页的论文，一页一页贴出来）展示在橱窗里，让过路人都能从头到尾地读一遍。一大群人正围着看呢。"[23]①

在美国，《纽约时报》早就预见到爱因斯坦的出版物，标题为《面临伟大发现的爱因斯坦讨厌干扰》，以及"爱因斯坦不谈新的工作；不会'数还未下出来的蛋'"。[24]② 爱因斯坦的论文发表时，报纸连篇累牍地说："这部以一年半页的速度写成的作品，其篇幅实在令人惊讶，我们看到，他的相对论的原始表达只占了3页。"[25]③《纽约先驱论坛报》靠刊登爱因斯坦论文的译文，包括所有那些令人费解的数学公式，来挑战《纽约时报》。《纽约先驱论坛报》预先安排了爱因斯坦的论文，通过电传从柏林传到纽约，使用了一种特殊的代码来传递数学公式（令人惊讶的是，他们的公式居然是正确的）。

爱因斯坦在《纽约时报》周日版上对其新理论做了冗长的解释，称其为相对论发展的第三阶段，并声称他的"新论文产生了引力和电

---

① 《上帝难以捉摸：爱因斯坦的科学与生平》，440页。
② 同上。
③ 同上。

磁的统一场定律","……现在我们知道,在围绕原子核的椭圆轨道上运动的电子的力和让行星绕太阳旋转的力是一样的",26 从而推动了报纸的炒作。

但是,这个新理论竟然是又一个令人沮丧的失败。爱因斯坦列出了一组毫无意义的方程式——对气喘吁吁地阅读张贴在塞尔福里奇百货公司橱窗里那 6 页纸的伦敦人来说毫无意义,对爱因斯坦的同事们来说也毫无意义。泡利指出,新的方程不会得出太阳使光线弯曲或水星近日点的进动,他预测一年之内,爱因斯坦就会放弃这一新理论。泡利果然一语中的,除了他的时间估计——爱因斯坦花了三年时间才认识到远距平行性是又一条死胡同。爱因斯坦本可以说出自己的努力,正如他对爱丁顿的努力所说的:"无情的大自然高高地站在上面笑着,它赐予我们的是渴望多于智慧。"27① 在写给泡利的信中,他终于承认,"不管怎么说,你这个家伙是对的"。28②

泡利嘲笑爱因斯坦的一系列统一理论的产生,说爱因斯坦,"他不绝如缕的发明能力,他在追求目标过程中的顽强精力,在最近的几年里每年都用这样的理论来祝福我们"。平均来说,它在心理上是有意义的:目前的理论通常被其作者认为是一段时间内的"决定性的解决办法"。泡利在对法国国王去世和下一位国王即位时所讲的传统话语的解释中,每一种新的统一理论都可能受到惊叹号欢迎,"爱因斯坦新场论死了。爱因斯坦新场论万岁"! 29

泡利对爱因斯坦那些夹生的统一理论的讽刺性评论在物理学界众

---

① 《上帝难以捉摸:爱因斯坦的科学与生平》,436 页。
② 同上,441 页。

所周知，泡利的嘲讽被巧妙地包含在于1932年春天的物理会议期间在哥本哈根的尼尔斯·玻尔研究所表演的歌德的《浮士德》的一些诗句中。在这部短剧中，爱因斯坦被描绘成柏林国王（歌德原著中对图勒国王的模仿），他那些夹生的统一理论被描绘成"半裸"跳蚤的侵扰，这些跳蚤是国王的宠物，享受着国王的保护。泡利（埃伦菲斯特有时因为他的刻薄机智而称他为上帝的鞭子）被描绘成靡菲斯特，在那首饮酒歌曲中唱道：

> 半裸的跳蚤来自
> 柏林的喜悦和自尊心，
> 他们的名字是
> "场理论——统一的"。

> 现在，物理学家们，请注意
> 观察这个清醒的测试……
> 当新的跳蚤被产生时，
> 请确保它们的衣服都穿得很好！[30]

这部短剧的作者和演员都选择保持匿名，他们称自己为理论物理研究所的特遣队。但众所周知，大部分短剧都是由物理学家马克斯·德尔布吕克（Max Delbrück）写的。

埃伦菲斯特被描绘成浮士德——该剧的标题人物。德尔布吕克之所以做出这一选择，也许是因为感觉到埃伦菲斯特像"浮士德"一样，其学术贡献的价值受到了自我怀疑和感觉不足的困扰。爱因斯坦说，他有"一种几乎病态的缺乏自信"。³¹① 在短剧结尾,浮士德-埃伦菲斯特在接受一个媒体摄影师的关注时死了,而靡菲斯特-泡利则在葬礼上致辞:

> 没有任何快乐是足够的;没有运气能安抚他,
> 他追求的变体从未使他感到高兴。
> 那个可怜的人紧紧抓住那些想要躲开他的人。
> 一切都结束了。他的知识对他有什么帮助?³²

其中有许多痛苦,因为仅仅一年后,埃伦菲斯特确实死于他自己之手。埃伦菲斯特的小儿子瓦西尔吉(Vassilji)患有唐氏综合征,几年前爱因斯坦曾建议埃伦菲斯特把这个男孩遗弃在一个机构里,因为"不应该为无望的事情而牺牲有价值的人,即使在这种情况下也不应该"。³³ 但是,与爱因斯坦相反——爱因斯坦在抛弃他的儿子泰特时遵循了这一建议——埃伦菲斯特不能释怀,仍然为儿子的处境感到非常痛苦。1933年9月,他买了一把左轮手枪,从阿姆斯特丹的一家机构里接出了那个被关的男孩,把他带到附近的一个公园,朝他的头部开了一枪。然后,埃伦菲斯特也开枪自杀了。

爱因斯坦在柏林作为物理学之王的地位于1932年戛然而止。当年早些时候,在帕萨迪纳逗留期间,有影响力的美国教育家亚伯拉罕·弗莱克斯纳(Abraham Flexner)同爱因斯坦有所接触,他在洛克

---

① 《爱因斯坦:生活和宇宙》,303页。

菲勒基金会的资助下，对美国的医学院校进行了影响深远的改革。弗莱克斯纳当时正在创建一个新的研究院，就是将在普林斯顿建立一个高等研究院，由弗莱克斯纳担任第一任院长。他从私人捐助者那里为该研究院募集了一大笔捐款，其中主要来自班伯格百货公司的拥有者路易·班伯格（Louis Bamberger）与其妹妹卡罗琳·班伯格·富尔德（Caroline Bamberger Fuld），他们是在1929年股市大崩盘之前，幸运地卖掉了自己的公司。

弗莱克斯纳想要将爱因斯坦作为研究院的战利品（trophy）。在爱因斯坦擅长的薪水谈判中，他同意从1933年开始，每年来普林斯顿待5个月，薪水为免税1万美元（约合现在的16万美元），外加他和妻子的旅费。

爱因斯坦回到柏林时对这一安排保持沉默，普鲁士科学院的同事们对报纸开始报道这个新成立的研究院的这些安排感到非常惊讶。爱因斯坦告诉他们不要担心，宣称他不会放弃德国，认为柏林是他的永久居住地。他还表示愿意将自己在科学院的薪水削减一半，以补偿计划中的旷日持久地离开柏林，这是他在其他场合提出的提议，当时他已离开柏林在外国旅行或讲学。

1932年12月，爱因斯坦和妻子以及秘书离开德国，开始另一次美国之旅，首先去帕萨迪纳，然后去芝加哥和纽约。他打算几个月后再回来，但纳粹党的崛起使他改变了主意，他再也没有踏入德国。埃尔莎后来声称，在他们最后一次在卡普特的暑期别墅逗留期间，爱因斯坦有了一种预感，对她说："再好好看一眼吧，你将再也看不到它了。"[34]①可这个故事与爱因斯坦几周前买了一片靠近避暑别墅的空地的事实并不一致,这清楚地表明他希望能回来。

1933年1月30日,阿道夫·希特勒成为德国总理,几周后柏林的国会大厦被烧,很可能是被纳粹党的秘密特工烧毁。这导致了宪法和公民权利的暂停执行,"为了保护人民和国家"。纳粹利用这一紧急状态将德意志共和国变成一个专制的法西斯国家,镇压所有其他政党,解散工会,取消新闻自由,暗杀或把政权的"敌人"(反对党成员、记者和知识分子)关在集中营。几个月后,老态龙钟、步履蹒跚的兴登堡总统去世后,在全民公决中,90%的选民给予了他们狂热的支持,希特勒竟然成了元首、总理和总司令。

希特勒掌权时,爱因斯坦在帕萨迪纳写信给他的一位卡普特情人:"鉴于希特勒的原因,我不能再踏上德国的土地。"[35]②他在向新闻界发表的一份被广为宣传的声明中宣布:"我将生活在一个在法律面前所有公民自由、宽容和平等的国家……目前的德国没有这些条件。"[36]③爱因斯坦没有从纽约返回德国,而是在比利时下船,在那里他租了一个在海岸上的小别墅住了几个月。他交出了德国护照,放弃了德国公民身份。他还辞去了普鲁士科学院、德国物理学会和他所属的许多其他德国科学团体的职务。

纳粹没收了他在德国银行的账户,他在卡普特的避暑别墅,以及他心爱的帆船。爱因斯坦试图让瑞士外交部介入,理由是他持有瑞士护照,因此他和他的财产有权得到瑞士的保护。他承认,在媒体上,

---

① 《爱因斯坦传》,465页。
② 同上,467页。
③ 同上。

他被广泛描述为一名德国科学家,但他声称自己从未使用过这一叫法,他"不应被等同于在瑞士被称为'纸面瑞士人'的这种人"。为了支持他的论点——他是一个真正的瑞士人,他奇怪地列举了事实,他有一个离婚的妻子住在瑞士。[37] 也许这位离异的妻子给瑞士外交部留下了深刻的印象——他们同意在柏林进行一些谨慎的调查,尽管作为瑞士和德国的双重公民,爱因斯坦在技术上只有在德国**以外**才有权得到瑞士的保护。埃尔莎还试图让比利时外交部支持瑞士的努力,向比利时官员提到爱因斯坦与女王很熟。但所有这些都没有给纳粹留下丝毫印象,爱因斯坦该被没收的财产仍被没收。

幸运的是,德国的银行账户只占爱因斯坦资产的一小部分。多年来,他一直在荷兰和美国的秘密账户中存入大量的图书版税,故其德国银行账户的损失对他并不是什么大问题。他写信给普朗克说,他不需要经济援助,"因为我很小心,并采取了预防措施"。他写信给同时移居英国的玻恩:"在德国,我被提升为邪恶的野兽。他们拿走了我所有的钱。但我安慰自己,那些钱很快就会花掉。"[38]①

纳粹曾打算对爱因斯坦进行羞辱性的调查,理由是他涉嫌参与反对德国的战争暴行的宣传,他们称他是 Greuelhetze(煽动暴行的人),还计划将爱因斯坦从科学院开除,作为从德国大学消灭犹太人计划的一部分。他们对爱因斯坦的辞职使这些计划流产感到愤怒。他们试图报复,向媒体发布声明,称"因为这个原因[反德宣传],科学院没有必要为爱因斯坦的辞职而感到遗憾"。[39]②

---

① 《玻恩-爱因斯坦书信集》,133 页。
② 《爱因斯坦传》,470 页。

第12章 "希望破灭的墓地"

在科学院的全体会议上，冯·劳厄提议抵制纳粹的声明，但这一提议得到了院士们沉默以对。爱因斯坦给科学院寄去一封信，否认对Greuelhetze的指控时，科学院回答说，事实上，他没有参加反德宣传，但他对反德宣传保持沉默，因此表示默认。只有普朗克后来在科学院的官方记录中加入了对爱因斯坦的赞美宣言："爱因斯坦教授不仅是位杰出的物理学家，爱因斯坦教授还是这样的一位物理学家：在我们科学院发表的这些文章，使本世纪的物理进一步深化和发展，其意义只能用开普勒和牛顿的成就来衡量。"[40]①

爱因斯坦对缺乏来自科学院的同事们的支持感到失望（尽管在他以先发制人的辞职拒绝了他们之后，他很难期望他们会支持他）。带着一丝酸葡萄心理，他在给哈伯的一封信中写道："他们不必对我感到失望，因为我对他们从来没有尊敬和同情——除了一些纯粹的性格（普朗克60%高贵，劳厄100%）。"[41]② 这对普朗克来说显然不公平，因为普朗克有高贵的品性。正如丽丝·迈特纳后来在她关于普朗克的人物素描中所言，"他有一种不寻常的纯洁性格和内在正直，这对应于他的外表的单纯和不肯装模作样……我一次又一次敬羡地看到他从来不躲闪做些可能对他自己有利或有害的事情。当他觉察某件事是对的时，他就去做它，而从不考虑他自己的个人利害"。[42]③

普朗克强烈的责任感使他与希特勒和纳粹发生冲突，最终导致他的小儿子埃尔温（Erwin）和仅存的孩子惨遭司法杀害（大儿子在凡尔登阵亡，两个双胞胎女儿先后死于分娩并发症）。1933年，纳粹颁布

---

① 《爱因斯坦传》，471页。译文有改动。
② 同上，473页。译文有改动。
③ 《丽丝·迈特纳：物理学中的一生》，48页。

了"提高公职人员素质"的法令，导致数百名犹太人失去学术职位，普朗克决定在与希特勒的私人会见中为这些犹太人说情，在会见中，他不得不以威廉皇帝研究院院长的身份亮相。他试图说服希特勒，这些犹太人对德国科学做出了重要贡献，他把重点放在哈伯的案例上，认为没有哈伯的固氮工艺，德国在几个月内就会输掉第一次世界大战。希特勒大喊大叫，这是他惯用的（也是相当故意的）戏剧技巧，因为他放弃了那些他无法获胜的论点。普朗克描述说，希特勒"……用力拍打膝盖，说得越来越快，激起了怒火，最后我只能沉默，离开"。[43]

1944年，纳粹以叛国罪判处普朗克的小儿子死刑，当时纳粹并没有忘记与元首发生的这场冲突，仅仅是因为普朗克的儿子认识7月20日暗杀希特勒的一些谋反者。普朗克请求宽恕他的儿子，但其请求被置之不理。1945年1月，在德国投降前三个月，儿子被绞死在柏林中北部臭名昭著的普勒岑塞监狱（现在是90名谋反者在那里被处决的纪念馆）。[44]处决是秘密进行的，几天后普朗克终于被告知，他一言不发。他走到钢琴前，一连几个小时弹他儿子最喜欢的旋律。"我的痛苦无法用言语表达……"他后来给一个朋友写信说道。[45][①]

1933年10月，爱因斯坦在妻子埃尔莎、秘书海伦·杜卡斯和数学助理瓦尔特·迈尔（Walther Mayer）陪同下前往美国。[②]从此爱因斯坦再也没有回过欧洲。他在高等研究院的半年任期，变成了一次全职的、永久的任命。爱因斯坦于1933年抵达普林斯顿时，研究院仍在

[①]《普朗克传：身份危机与道德困境》，布兰登·R. 布朗著，尹晓冬、张烁译，新星出版社，2021年，212页。
[②]《谁得到了爱因斯坦的办公室》，埃德·里吉斯著，张大川译，上海科技教育出版社，2011年。

建设中，他被临时分配到范氏大楼的办公室，当时是普林斯顿大学的数学系。他搬进办公室时，要求办公室配备一张桌子、一把椅子和一个"大废纸篓……这样我就可以扔掉我的所有的错误"。[46]

那时的普林斯顿是一个小的大学城，以其大学和神学院而闻名。普林斯顿大学直到最近才开始在物理和数学方面获得声誉。在20世纪初，普林斯顿大学更像是一所沉闷的学院，而不是一所大学，它也没有像今天那样以学术卓越而享有很高的声誉。这所学校被认为是南方花花公子的学校，他们觉得在其课程中赚的钱超过体面的分数C。作家、1917级学生F. 斯科特·菲茨杰拉德（F. Scott Fitzgerald）形容普林斯顿是"美国最快乐的乡村俱乐部"。他对普林斯顿大学的智识环境没有什么好感，却对学生们的服装成就给予了很大的赞扬："这些人——耶鲁和普林斯顿的本科生——比美国任何一个大学生都更干净、更健康、更漂亮、穿得更好、更富有、更有吸引力。"[47]

耶鲁大学和普林斯顿大学的物理学家和数学家们被要求为衣着光鲜的学生讲授长时间的高中物理和数学课程，可是研究资源却很少。在耶鲁，物理学家威拉德·吉布斯因其热力学研究获得了全世界的认可，但由于其研究被认为是与教学的工作无关，他被拒发薪水。在普林斯顿，后来获得（1928年）诺贝尔奖的英国物理学家欧文·理查森（Owen Richardson）在1906年来履新时，被带到了地下室："我记得当我第一次被介绍到我将要建立一个研究实验室的地方时，我非常震惊。这是一种黑暗的地下室，墙上有个洞通风，显然原来是偶然的，居住着一群令人印象深刻的蛤蟆，它们喜欢在一个角落里使用游泳池。"[48]

普林斯顿大学提升为一所领先的高等教育机构，其根源在于伍德罗·威尔逊（Woodrow Wilson）在1902—1910年担任大学校长期间发起的改革，之后他成为美国总统。威尔逊大幅扩大了文理学院的规模，提高了学术水平，并给了他的朋友、数学教授、后来的科学系主任亨利·范恩（Henry Fine）一个自由机会来招募一流的数学家和科学家。威尔逊离开后，范恩逐渐聚集了一群年轻的明星，本科生带着一丝惶恐的心情看待被称为"范氏研究人员"的他们——他们的成就很快提高了普林斯顿在科学界的学术地位。

1928年，范恩在普林斯顿大街一场不幸的自行车事故中去世，但其数学和科学研究项目得以幸存并扩大。20世纪30年代，普林斯顿得益于洛克菲勒夫妇的慷慨，他们希望改善美国的高等教育，并利用洛克菲勒基金会将大量资金用于支持科学学生和教员的项目。起初，该基金会为继续在欧洲接受研究生教育的美国学生提供了资助——康普顿、奥本海默和惠勒都是在洛克菲勒的资助下进入欧洲各大学的。该基金会随后却决定将最优秀、最聪明的欧洲数学家和科学家引进到美国选定的大学，并提供高薪的研究教授职位，这将是更好的选择。这些欧洲"进口品"包括匈牙利人约翰·冯·诺伊曼和尤金·维格纳（Eugene Wigner），他们于1930年抵达普林斯顿。

冯·诺伊曼的名字让人想起一件动人的逸事，它是运动相对性的有趣例证。冯·诺伊曼是一个出了名的糟糕司机，经常发生事故，有一天，他在普林斯顿附近的一条路上开车时，让车子偏到一边，撞到了一棵树上。在事故报告中，他描述了汽车参考系中的事件："我正沿着这条路前进。右边的树木以60英里的时速整齐地从我身边经过。突然，其中一棵树在我的道路上跳了出来。砰！"[49]

高等研究院模仿洛克菲勒基金会的政策，以更高的薪水吸引欧洲科学家和数学家,并承诺完全独立和不受所有教学职责的约束。此外,到1933年,研究院能够利用由纳粹主义风暴所引发的从欧洲流向美国的流亡者。除了爱因斯坦,研究院还从德国引进了赫尔曼·外尔,从奥地利引进了库尔特·哥德尔(Kurt Gödel)。[①] 所有那些新来的欧洲人都会讲德语,而漫步在范氏大楼里的学生一定以为他们来到了这所大学的德语系。

爱因斯坦在美世街买下了一套舒适的房子,位于该镇的南端,距大学和研究院都很近。在那里,他和妻子、秘书和继女玛戈特住在一起,玛戈特在爱因斯坦离开之后不久就离开了德国。在法国驻柏林大使馆的帮助下,玛戈特从柏林公寓安排了爱因斯坦的手稿和大部分家具的包装和托运,除了一些毯子和纳粹暴徒盗走的小饰品。这些家具——大部分是埃尔莎家族生产的笨重的比德迈尔家具——一直待在美世街的房子里,后来被捐赠给了普林斯顿历史学会,其中一些现在正在展出。理论来来去去,比德迈尔却是永远的。

在普林斯顿,爱因斯坦很快就安之若素。每天他都会走到研究院,时间被用在办公室里,在计算上或者和助手们花一个上午讨论。然后,他会回家吃午饭,在家里度过一天的剩余时光,在那里他进行私人研究。偶尔他会在校园南面的小卡内基湖上航行。

埃尔莎在来到普林斯顿三年之后的1936年去世。埃尔莎去世后不久,爱因斯坦的妹妹玛雅和他住在一起(她于1951年在普林斯顿去世)。埃尔莎的去世,导致爱因斯坦和大儿子汉斯·阿尔伯特达成了和

[①] 《谁得到了爱因斯坦的办公室》,52页。《逻辑人生——哥德尔传》,约翰·卡斯蒂等著,刘晓力、叶闯译,上海科技教育出版社,2002年。

解。1937 年，汉斯来美国访问了几个月，他喜欢美国，后来移民到美国，最后成为加州大学伯克利分校的工程学教授。

1940 年，爱因斯坦成为美国公民，其秘书海伦·杜卡斯和继女玛戈特也成为美国公民。在负责程序的联邦法官的热切合作下，宣誓仪式变成了媒体马戏场，包括电台采访。然而，并不是所有政府部门都对爱因斯坦成为美国公民感到高兴。联邦调查局在邪恶、古怪的 J. 埃德加·胡佛（J. Edgar Hoover）——据一些线人（sources）称，他习惯于为自己的超官方目的男扮女装而在华盛顿酒吧闲逛——的领导下，积累了关于爱因斯坦教授的厚厚档案。爱因斯坦起先因和平主义活动而受到怀疑，联邦调查局倾向于将其与反美和可能的美国共产党活动混为一谈：如果你不喜欢战争，你到底是什么样的美国人？美国共党分子？

爱因斯坦的"机密"档案最终发展到超过 1400 页，里面充斥着不相关的、常常是错误的信息、疯狂的谣言、联邦调查局特工从他家垃圾中筛选出来的零碎，还有许多来自反犹线人的指控。[①] 但是，由于他们所有的费力调查和造谣滋事，启斯东（Keystone）警察联邦调查局特工错过了爱因斯坦一生中可能真正值得关注的一个插曲。1941 年，爱因斯坦与俄罗斯雕塑家谢尔盖·科嫩科夫（Sergei Konenkov）的妻子玛格丽塔·科嫩科娃（Margarita Konenkova）过从甚密，科嫩科夫在高等研究院展出了一幅令人印象深刻的爱因斯坦半身雕像。科嫩科娃是一个真正的间谍和为苏联情报机构工作的"蜜罐"（honey pot），她被赋予引诱爱因斯坦的任务，希望获取一些有关美国军事项目的信

---

① 《爱因斯坦档案——美国联邦调查局对世界最知名科学家的秘密监控》，弗雷德·杰罗姆著，席玉萍译，广西师范大学出版社，2011 年。

息。她轻而易举就成功引诱了爱因斯坦，但发现他没有任何信息可以给她。爱因斯坦给她的信是在半个世纪后出版的，这表明他们的恋情一直持续到二战结束她回到莫斯科之时。

爱因斯坦衰落时期对物理学的最后一个难忘的贡献，是于1935年发表的关于爱因斯坦 – 波多尔斯基 – 罗森（简称EPR）佯谬的论文，在这篇论文中，他试图对量子力学波函数传统的概率解释提出疑问。这篇论文是与鲍里斯·波多尔斯基和内森·罗森合作的结果，这两人都是爱因斯坦在高等研究院的同事。EPR佯谬处理了一个难题，这个难题涉及两个被远距分离却处于相关的量子态的粒子的测量。今天，这种关联被称为量子纠缠（quantum entanglement），牛津大学数学家、物理学家罗杰·彭罗斯称为quanglement（量子纠缠）。

爱因斯坦 – 波多尔斯基 – 罗森（EPR）设想，质量相等的两个粒子，最初处于一个精确已知的粒子际分离和精确已知的总动量的量子状态。例如，粒子之间的分离可能正好是100米，而总动量，也就是这两个粒子动量之和，可能正好是四个动量单位。这与不确定度原理没有冲突，因为粒子动量之和的精确值（零不确定度）要求粒子位置之和具有大的不确定度，但它不对粒子分离的不确定度（即位置之间的差异）施加任何条件。

给出这样的一对粒子，EPR设想它们通过一些小尺寸的探测器精确地测量第一个粒子的位置。因为已知第二个粒子在100米之外，所以测量第一个粒子的精确位置可以让他们推断出第二个粒子的精确位置。EPR设想于是指出，由于探测器很小，且只在第一个粒子附近工作，故它不会干扰第二个粒子，因此这第二个粒子在进行测量*之前*就有了这个推导的位置。因此，EPR声称，即使在进行任何测量之前，第二个位置的精确值（尽管未知）必须已经存在。

接下来，EPR设想，与其测量位置不如测量第一个粒子的动量。由于已知总动量，对第一个粒子动量的测量使他们可以推断出第二个粒子的动量；而且，他们再次指出，由于这种测量丝毫不干扰第二个粒子，所以第二个粒子第二个动量的精确值必须在进行测量之前就已经存在。

因此，第二个粒子的位置和动量在测量之前都必须有精确的值，这与量子力学相矛盾，量子力学要求任何粒子的位置和动量永远不能同时精确地定义。从这个自相矛盾的结果看，EPR得出的结论是，量子力学是不完备的——它给出了对不那么精确的粒子的描述。在EPR看来，粒子的量子力学描述必须辅之以一些额外的"隐变量"（hidden variables），这些隐变量决定了粒子的位置和动量（其存在性由他们的论证所指明）的精确值。

EPR的论证，取决于粒子属性的真实性和在粒子上进行测量的局部特性。即使我们不测量第二个粒子，第二个粒子的位置和动量本身也被假设是存在的；而对第一个粒子进行的测量，被假设不会对第二个粒子产生干扰作用。玻尔和其他量子力学的捍卫者否认了这两个假设，从而对EPR佯谬提出了疑问。他们认为，粒子本身没有属性，而只是处在对于一个测量过程的关系之中；他们断言，当对一对纠缠粒子中的一个进行测量时，这会影响到另一个粒子，即使它离测量的地点很远。

当EPR论文发表时，它吸引了一些媒体的注意，爱因斯坦当时的大多数出版物也是如此。因此，《纽约时报》宣布"爱因斯坦攻击量子理论"[50]。所以，在论文的标题页上，爱因斯坦的名字排在波多尔斯基、罗森的名字前面；但这仅仅反映了在美国的物理学出版物中按字母的顺序排列名字——它并不表示谁做了大部分的工作。历史记录表明，爱因斯坦自己在写这篇论文时的作用微乎其微：论文的主要思想来源于罗森①，论文是由波多尔斯基撰写的。（爱因斯坦抱怨说，"结果没有我当初预想得好。"②）[51]

EPR论文对量子力学有着深远的贡献，关于EPR佯谬和量子纠缠的争论至今仍在物理学家之间，亦在哲学家之间进行。这导致了最近一些关于隐变量、量子纠缠和"远程传态"（teleportation）的实验，这是量子魔法的一种形式，根据这些实验，在一个位置上的测量会在另一个超出了第一个位置的信号所能及的遥远位置产生量子力学状态的变化。

除了EPR论文之外，爱因斯坦在普林斯顿那些年的研究也没有给物理学带来任何有价值和持久的贡献。他是高等研究院的战利品，但正如奥本海默说的，他更像是一座纪念碑，而不是一座灯塔③。他在高等研究院的工作是二流的，他发表的许多论文要么无关紧要，要么错误，或者两者兼而有之，但他很少关注对他工作的批评，当有人提出批评时，他有时会生气。

因此，当美国顶尖的物理学杂志《物理评论》的编辑将爱因斯坦

---

① 《上帝难以捉摸：爱因斯坦的科学与生平》，631页。
② 《爱因斯坦：生活和宇宙》，323页。
③ 同上，366页。

的一份手稿寄给一位匿名审稿人时，爱因斯坦傲慢地拒绝处理那名审稿人提出的各种评论和批评。他怒气冲冲地回答编辑说，他提交了手稿供**发表**，并没有授权在印刷前将手稿展示给专家。他还说："我认为没有理由对匿名专家的评论——无论如何都是错误的——发表评论。基于这一事件，我更愿意在别处发表这篇论文。"[52] 此后，爱因斯坦再也没有把任何手稿寄给《物理评论》——他更喜欢那些有可能向爱因斯坦的名字鞠躬的期刊，而不想受多管闲事的审稿人的干扰。

但是，这个故事的续集显示，错误的不是审稿人，而是爱因斯坦。这篇有争议的论文的标题是"引力波存在吗？"爱因斯坦认为，他的论文证明了引力波不存在。他把这篇论文提交给了另一家杂志，在那里它立即被接受了。但是，后来他在研究院的一些同事指出了错误，而爱因斯坦则回心转意。他大刀阔斧地修改了论文，得出了相反的结论：引力波**确实**存在，这正是审稿人在爱因斯坦如此傲慢驳回了的报告中所指出的。最后，他以新的标题"论引力波"发表了这篇经修订的论文。与此同时，他承诺在普林斯顿做一次关于引力波**不**存在的讲座，正如他在最初的稿件中所声称的那样。他在讲座前一天发现了这个稿件中的错误，当时他还没有找到相反结论的证据。于是他讲了他的错误，最后说："如果你问我是否存在引力波，我必须回答我不知道，但这是一个非常有意义的问题。"[53]

在他不相干的论文中，有一系列与彼得·伯格曼和其他助手一起发表的关于引力场中粒子运动的烦琐计算。在广义相对论的标准表述中，粒子沿着测地线移动，即在曲线几何中沿着最短长度运动。爱因斯坦想把粒子看作时空几何中的结（knots），即"奇点"，也就是说，作为引力场的集中，如果是的话，那么粒子的运动仅仅代表一个扰动在引

第 12 章 "希望破灭的墓地"

力场中的传播。一个很好的类比是烟圈在空气中的运动,它仅仅是扰动在空气中的传播,而不是某种与空气不同的外来物体的运动。

由于引力场的爱因斯坦方程完全决定了引力场各个方面的演变,它们也应该决定结的运动(就像烟圈类比中,空气的流体力学方程决定烟圈的运动)。凭借艰苦的计算,爱因斯坦和伯格曼发现几何中的结的运动确实与测地运动一致。

尽管这些计算是给人留下深刻印象的绝技,但它们对数学的意义大于对物理学的意义。如果粒子在几何上被视为小小的结,那么实际上有必要将量子力学应用于这些结的行为,而纯粹的经典计算,如爱因斯坦和伯格曼所做的,只是一个漂亮的、纯粹假设的数学练习。

爱因斯坦在这些年里处理的另一个问题,是一个关于史瓦氏解的长期谜团。早在 1917 年,卡尔·史瓦西就建立了爱因斯坦关于环绕球质量的引力场方程的第一个精确解,人们注意到这个解在小半径处有奇点,即一个数学缺陷。度规张量在小半径上不正常,称为史瓦氏半径(Schwarzschild radius),其中度规张量的大小向无穷大方向增长。例如,如果该质量等于太阳的质量,那么度规张量的大小在半径 3 千米处(太阳的史瓦氏半径)就会增加到无穷大。

起初,这个问题被认为是一个无关紧要的怪事而被忽视。太阳的半径远大于 3 千米,由于史瓦氏解仅对太阳外的空虚空间有效,在 3 千米处的解的奇点仅仅是一个物理上不相关的数学伪迹。然而,后来人们认识到,太阳这样的恒星老化时,它最终会缩小,甚至可能会坍塌到小于 3 千米的大小。如果是这样,史瓦氏半径和史瓦氏奇点(Schwarzschild singularity)将具有真实的意义;它们将暴露在视野中,在太阳收缩表面上方的一定距离上盘旋。

为了解决这个讨厌的问题，爱因斯坦试图证明恒星永远不会缩小到小于其史瓦氏半径的大小。在 1939 年发表的一篇论文中，他将恒星视为一群粒子（即原子群），并假定这些粒子围绕着一个共同中心处于圆轨道上。他假设圆轨道有不同的倾角（不同的平面），因此粒子群是球形的。用这个简单的模型，如果粒子群的总质量等于太阳的质量，他发现圆轨道的长度不能小于史瓦氏半径的 1.5 倍，即 4.5 千米。因此，爱因斯坦得出结论，这颗恒星将永远比史瓦氏半径大，他声称已经"对这些'史瓦氏奇点'为什么不存在于物理实在之中进行了清晰说明"。[54]①

奥本海默与其学生哈特兰·斯奈德（Hartland Snyder）很快证明爱因斯坦错了。他们未考虑锁定在圆轨道上的粒子，而是依赖一个更现实的模型，该模型由中子组成的球形团组成，如一个巨大的原子核，它的坍缩被中子之间的排斥核力所抵制。对于核力的大小的现实值，他们发现，如果构型的质量大于太阳质量的 3/4，核力就无法抵挡向内的引力。球形团不可避免地在自身的重量下坍缩——它不会停留在史瓦氏半径的 1.5 倍处，而是永远在持续收缩。

奥本海默和斯奈德发现，这种引力坍缩有一个奇怪的特征，那就是坍缩的速度越来越慢，但从未停止。这种奇怪的行为和坍缩质量（collapsing mass）的最终命运直到 20 世纪 60 年代才被完全了解，当时对史瓦氏几何的仔细分析表明，史瓦氏奇点根本不是奇点——它只是由于对坐标的错误选择而产生的伪迹。[55] 已坍缩质量（collapsed

---

① 《爱因斯坦：生活和宇宙》，181 页。

mass）形成了一个强烈弯曲的时空区。在史瓦氏半径处，该时空区被"单向膜"（one-way membrane）所包围，这阻止了任何东西——甚至光——从其内部逃逸。

约翰·惠勒给出了这样一个已坍缩质量，隐藏在它自己的单向膜内，名为"黑洞"（black hole）。对黑洞的理论研究，以及后来对在超新星内爆中形成这类黑洞的坍缩恒星的观测研究，成为广义相对论中最热门、最令人兴奋的话题。① 爱因斯坦没有机会了解这些令人震惊的发展——他死得早了几年。

爱因斯坦于1946年正式退休，尽管他被允许无限期保留在那里的职位。他的退休引起了一场财务冲突，这是他的商标之一。按照合同安排，研究院给予爱因斯坦一半薪水的退休金。然而，爱因斯坦要求付给他相当于全额工资的退休金。研究院起初拒绝了这一厚颜无耻的要求，但后来当爱因斯坦威胁要离开普林斯顿，公开抱怨他受到的待遇有多差时，研究院就屈服了："我威胁说如果把我退休，我就离开普林斯顿，由于我很有名，他们不想这样做。"[56]② 因此，他的退休只是名义上的——他保留了他的办公室和薪水，甚至还有助手。

在一生的最后十年里，爱因斯坦再次回到他对统一理论第一次失败的尝试中，试图在几个方面修改这个尝试。在给一位朋友的信中，他承认："我的大多数后代都在希望破灭的墓地里。"[57] 可是现在他试图复活其中一个被埋葬的后代。

多年前，爱因斯坦吃苦耐劳的数学助理瓦尔特·迈尔就忍无可忍

---

① 《引力与时空》，H.C.瓦尼安、R.鲁菲尼著，向守平、冯珑珑译，科学出版社，2007年。
② 《爱因斯坦传》，509页。

了，他不想再跟爱因斯坦对统一理论的顽固、徒劳的尝试联系在一起。助手像走马灯似的换着，大多数助手都对爱因斯坦的统一理论工作感到厌恶。例如，彼得·伯格曼（后来成为著名的广义相对论专家），在爱因斯坦身边待了五年，但他避免卷入爱因斯坦统一理论的泥潭；约翰·克梅尼（John Kemeny）只坚持了一年，要求不再被任命，不再处理爱因斯坦的混乱方程式。最后，在其一生的最后五年里，爱因斯坦得到了布鲁里亚·考夫曼（Bruria Kaufman）的帮助。考夫曼作为一名女数学家，在那些日子里是少有的（后来她在以色列做了一名成功的数学教授）。

爱因斯坦在其早期著作《相对论的意义》的1949年版的附录中列入了统一理论的最后场方程，《纽约时报》立即在头版上重印了这些方程，标题是"新爱因斯坦理论带来征服宇宙的钥匙"。这是一厢情愿的想法，但《纽约时报》和爱因斯坦一样顽固，1952年同一本书出版时，《纽约时报》又以"爱因斯坦统一宇宙定律的新理论"的标题迎接它。[58][①]

爱因斯坦的"宇宙万能钥匙"的问题在于，它实际上不是一把钥匙，而是一个关于钥匙的梦。爱因斯坦再次未能从其统一理论中得出麦克斯韦方程组。[59]此外，亦没有将电荷纳入其理论。他提出，我们所认为的电荷仅仅是场线上的某种结。但是，由于他从未求出他所建立的复杂场方程的任何精确解，还不清楚他完成了什么样的电磁和引力的统一。[60]他写信给一位朋友说："统一场论的研究已经不再进行了。它在数学上过于困难，我无法证明它。"他试图将责任归咎于他的同事

[①]《上帝难以捉摸：爱因斯坦的科学与生平》，445页。

第12章 "希望破灭的墓地"

们,并补充道:"这种情况还将持续很多年,主要是因为物理学家们不理解逻辑和哲学论证。"[61]①

爱因斯坦自己也承认,大自然可能会也可能不会遵从他的这些方程;然而,在对这个问题的最后一句话中,他尽可能地说:"在我看来,这里所陈述的理论是可能的相对论性场论中逻辑上最为简单的。但是,这并不意味着自然不会遵循一个更为复杂的场论。"[62]② 这是一个平淡而悲哀的音符,结束了一个辉煌的职业生涯。

在最后几年里,爱因斯坦至少隐约意识到了研究院同事们对他的真实看法。1949年,他在致玻恩的信中写道:"我被普遍认为是一种僵化的人物,因为年迈而又瞎又聋。"[63]③ 在工作中,他一直是一个孤独的人,同事们对他那些垃圾统一理论和对量子力学的顽固反对的轻蔑,激发了他天生的孤立倾向。

他避免与任何可能批评或质疑他的想法的人接触,特别是他避免了任何关于量子力学的讨论。就像他自己说的,"我大概像一只鸵鸟,为了不面对讨厌的量子,总把头埋在相对论的沙堆里"。[64]④ 玻尔于1948年访问普林斯顿高等研究院时,爱因斯坦拒绝与他会面。在这次访问中一个喜剧般的插曲里,爱因斯坦偷偷溜进一间办公室,玻尔正在办公室跟派斯讨论,爱因斯坦突然发现自己与玻尔面对面,但他说只是想从架子上的一个锡罐里借些烟草。[65]⑤

---

① 《爱因斯坦:生活和宇宙》,369页。
② 《相对论的意义》,爱因斯坦著,郝建纲等译,上海科技教育出版社,2001年,146页。
③ 《玻恩-爱因斯坦书信集》,211页。
④ 《爱因斯坦:生活和宇宙》,388页。
⑤ 同上,370页。

玻尔的助手利昂·罗森菲尔德（Leon Rosenfeld），在这次访问中记录了他对爱因斯坦的印象：

> 爱因斯坦瘦得不成样子，接连几天他都把自己锁在书房里，只跟两个助手交谈，他们的名字非常奇特，叫伯格曼和巴格曼。在这四个月内，只有一次爱因斯坦宣布作个报告，是关于他费尽心思要建立的统一场论。……在这四个月里，只在一次下午的接待时，玻尔和爱因斯坦见过面，但是他们的谈话内容只是一些平庸的事。爱因斯坦明显地暗示自己在避免与玻尔谈话。玻尔对此很不高兴。[66]①

爱因斯坦于1955年4月去世，享年76岁，死于主动脉腹支动脉瘤破裂。九年前，他做了探查性手术，在手术期间，外科医生试图加强主动脉。爱因斯坦病情恶化时，他拒绝了任何进一步的手术。

他的秘书海伦·杜卡斯报告说，他平静地面对自己的结局，就像一个物理上的必然事件。作为一个物理学家，爱因斯坦清楚地认识到，他的主动脉逐渐膨胀，最终是致命的，这确实是一个物理上的必然事件——他可能比自己的医生更清楚理解这一事件。动脉瘤的膨胀是一个简单的物理过程，由两个著名的流体动力学定律支配：连续性方程和伯努利方程（Bernoulli equation）。当主动脉的薄弱部分由于内部血压而膨胀时，连续性方程指示扩张部位的血流速度减小。然后，伯努

---

① 《爱因斯坦传》，493页。"他们是属于同一时代的人，此时玻尔仍处在世界级研究的中心。因此只有避开玻尔，爱因斯坦才能保持他的尊严。"《爱因斯坦也犯错》，戴维·博达尼斯著，李军刚等译，外语教学与研究出版社，2020年。

利方程指示局部血压的增加。这会导致主动脉进一步扩张,从而导致血流速度进一步降低,压力进一步增大等。在没有手术干预的情况下,这个逐步过程无情地升级……直到扩张中的主动脉崩溃。

他在普林斯顿医院去世的前一天,感觉好多了,花了几个小时对这个最新版本的统一理论进行了几页的计算。他的儿子汉斯·阿尔伯特在场,爱因斯坦开玩笑说:"要是我有更多的数学就好了。"[67]夜里,他在睡梦中死去。

他留下了遗体要火化的指示,骨灰撒落在一个不公开的地方,这样他最后的安息地就不会成为旅游胜地。就这样做了,除此之外,对爱因斯坦尸体进行尸检的病理学家取出他的大脑并保存下来,切片,并令人毛骨悚然地用两罐甲醛腌制。病理学家偶尔会把脑切片送给不同的研究人员,最后在1998年把剩下的切片还给了普林斯顿医院。①

爱因斯坦死后,海伦·杜卡斯牢牢把控着爱因斯坦的文稿。高等研究院的弗里曼·戴森同杜卡斯很熟识,他谈到她时说:"爱因斯坦在世时,她像老虎一样,极力挡住那些试图侵犯爱因斯坦隐私的人;在他去世以后,她还像老虎一样,极力保护他更为私密的文件的隐私权。……在海伦文静的外表后面,我们偶尔可以感觉到她隐隐的紧张心情。她有时会模糊地、不指名道姓地抱怨一些人,他们正在使她的生活变得不幸。"[68]②

她对保护私密文件隐私的兴趣,可能不是完全无私的。爱因斯坦

---

① 《一路投奔奇迹:爱因斯坦的生命和他的宇宙》,爱丽丝·克拉普莱斯等著,邱俊译,国际文化出版公司,2007年。《谁动了爱因斯坦的大脑》,布赖恩·伯勒尔著,吴冰青、吴东译,上海科技教育出版社,2009年。
② 《新爱因斯坦语录》,1—2页。

的长子汉斯·阿尔伯特认为,她就是他父亲的情妇之一。[69][①] 爱因斯坦的一些崇拜者认为这一指控是荒谬的,但汉斯·阿尔伯特与爱因斯坦、海伦住在默瑟街的房子里已有好几个月,他有机会知情。

此外,爱因斯坦的最后遗嘱表明,海伦不仅仅是一个忠诚的秘书。爱因斯坦去世时的流动资产约为6.5万美元(经通货膨胀因素调整后,这相当于49万美元现值)。他留给儿子汉斯·阿尔伯特1万美元,留给儿子爱德华1.5万美元(供他留在苏黎世精神病院),留下2万美元给继女玛戈特(玛戈特还得到了房子,房子归在她名下),还有2万美元,外加"我所有的个人服装和个人用品,除了小提琴"给海伦。此外,遗嘱使海伦、玛戈特控制了从他的版税中获得收入的信托。虽然这一信托最终将使希伯来大学受益,但遗嘱明确指出,信托安排的"首要目标"不是希伯来大学,而是"……为我的上述秘书海伦·杜卡斯提供更多的照顾、舒适和福利"。

在遗嘱中的所有遗赠中,版税收入迄今为止最有价值。爱因斯坦有权从他的书、名字和形象的使用中获得非常可观的版税。这些版税的控制权、所有权在杜卡斯死后由耶路撒冷的希伯来大学继承时,版税的获利就上升到了数百万美元——如今,希伯来大学的年获利约为1800万美元(在每一张明信片、玩偶或其他爱因斯坦小玩意儿上,你都会发现希伯来大学或它在比弗利山庄的代理机构的版权标签)。

海伦·杜卡斯连同奥托·内森(Otto Nathan)也被授予了对爱因斯坦论文的控制权,这些文稿最终注定要进入希伯来大学。海伦花了25年的时间整理爱因斯坦的文稿,她被强烈怀疑删除和销毁了对爱因

---

① 《爱因斯坦:生活和宇宙》,371页。

第 12 章 "希望破灭的墓地"

斯坦（和她?）名声不利的物品。

1981年，也就是她去世前几个月，她终于安排在相当神秘的情况下将这些文件转移到以色列。弗里曼·戴森碰巧目睹了迁移行动：

> 在圣诞节前后的一个晚上，当时研究院绝大多数成员都去度假了，这时有一次突然的转移。那是一个漆黑的雨夜。一辆大卡车停在研究院前面，一队全副武装的以色列士兵担任警卫。我碰巧经过那里，于是就等着看发生了什么事情。我是唯一的目击者，但我毫不怀疑海伦也在场，或许正在研究院顶楼透过窗户监视着整个行动。很快地，许多大木箱被一个接一个地从顶楼由电梯运下来，通过打开的前门被运出大楼，装到大卡车上。最后士兵们也跳上车，卡车在黑夜中开走。第二天，档案到达了它在耶路撒冷的最后的安息地。[70][①]

---

① 《新爱因斯坦语录》，2页。

回　顾

爱因斯坦在科学工作中犯了这么多错误，那些错误很难跟踪。除了关于布朗运动的论文外，他在1905年奇迹年所写的每一篇论文都有错误。在他后期撰写的几十篇论文中，也出现了错误。海伦·杜卡斯在爱因斯坦死后收集的爱因斯坦科学论文的清单中大约有180篇原创文章[1]，其中约40篇包含错误（将关于统一理论的几篇论文中的每一篇都算一个错）。这是个糟糕的计分卡。

尽管有这些错误，但是爱因斯坦无疑是20世纪最伟大的物理学家，他是有史以来第二伟大的物理学家，仅次于牛顿。（在2007年进行的一项民意调查中，皇家学会的科学家被问到，谁对科学做出了更重要的贡献，是牛顿还是爱因斯坦？他们对牛顿的支持率是86%，爱因斯坦是14%。）

爱因斯坦的错误并没有影响他的地位，因为这些错误并没有阻止他做出突破性的发现。他可能对一些细节感到困惑和误解，但他清楚地掌握了更大的局面。我们可以说他是一位拙劣的战术家，但却是一位卓越的战略家，所以他可能在小规模战斗中犯了一些错误，尽管如此，他还是赢得了每一场战争——除了量子力学和统一理论的战争，他在这两场战争中损失惨重。

事实上，爱因斯坦的许多错误，都是令人惊讶的成果——它们在引导爱因斯坦走向他的革命性理论方面起到了开创性的作用。正如詹姆斯·乔伊斯所说："天才不会犯错。他的错误是随心所欲的，是发现的入口。"[2] 虽然爱因斯坦所犯的错误要么是自愿的，要么是任性的，但他的意志是在潜意识水平上，而不是在某种理性的意识水平。他在灵感迸发的时刻不知不觉地犯了错误，同时依靠的是直觉而不是逻辑思维。

阿瑟·凯斯特勒在大胆而精辟的著作《梦游者》中，将科学领域的伟大发现者——诸如哥白尼、开普勒、伽利略、牛顿和爱因斯坦——描述为精神梦游者。他们在心智领域中徘徊，朝着目标前进，却没有意识到自己在做什么。他们凭直觉和灵感，在内在指南针的指引下，走上一条真正的道路。他们会犯错误，但不会被这些错误绊倒，他们会围着这些错误跳舞，时常用这些错误作为垫脚石和捷径来达到目标。这些梦游者在漫游中所遵循的不可预知的、不稳定的道路违背了逻辑，往往看起来完全无法理解，最终却导致了一个完全合理的、合乎逻辑的结果。

凯斯特勒认为开普勒是个梦游高手。在导致他走向行星运动定律的漫长计算中，开普勒在复制数据方面犯了错误，在算术上犯了错误，在他对沿轨道运动的速度变化所采用的假设中也犯了错误；然而，最后，所有这些错误相互抵消——如同他自己说的那样"奇迹般地"——给了他正确的最终结果。开普勒喜欢内省，后来他分析了自己的错误，并详细描述了他如何"无意识地"修复了自己的错误。他评论道："使人通向知识的道路和知识本身一样奇妙。"[3]

爱因斯坦的错误　　天才的人性弱点

在爱因斯坦的错误中，最有成效的是他提出狭义相对论和广义相对论时的两个错误。他对时钟同步的误解，促使他引入关于恒定光速的臆测，这给了他洛伦兹变换、长度收缩、时间延缓和丰富的其他新成果的捷径。他错误的（或至少是有缺陷的）等效原理，使他发现了广义相对论。正如辛格所说，他需要作为"助产士"的等效原理来产生这样的洞察力，即在存在引力的情况下，时空是弯曲的。如果没有这样一个助产士，他可能永远不会想到这样一件离谱的事。

同样，爱因斯坦在推导 $E=mc^2$ 中的错误，使他有可能为这个方程式负责。他对这个方程的第一次推导虽有缺陷，却使物理学家相信质能关系应该普遍有效。1905 年，爱因斯坦不具有正确推导这个公式所需的数学张量方法，可是由他发起的理论研究后来导致冯·劳厄和克莱因得出了正确的推导。

爱因斯坦在犯富有成果的错误方面的非凡才能，植根于他的精神习惯和个性——他的斯瓦本人的沉思习惯，他对解决问题的深刻直觉、灵感和神秘的进路，以及他独立、叛逆和固执的性格。

爱因斯坦本人给我们提供了他错误的精神病理学的线索。在接受心理学家马克斯·韦特海默（Max Wertheimer）的采访时，他说："我很少用语词思考。一个想法产生了，然后我才会试图用语词来表达它。"[4]① 在《自述》中，他说："对我来说，毫无疑问，我们的思维不用使用符号（词）绝大部分也都能进行，而且在很大程度上是无意识地进行的。"[5]② 我们用言语思考时，不得不进行逻辑和数学上的思考——我们与自己争论，甚至常常自言自语，"大声思考"。但是，我们在思

---

① 《新爱因斯坦语录》，19 页。
② 《爱因斯坦文集》（增补本）第一卷，4 页。

想和形象中思考时,我们在"无意识地"思考时,逻辑及其三段论就被抛之脑后,而心智就进入了灵感和直觉的非理性领域。

灵感为想象力打开了更广泛的可能性,但也增加了出错的风险。在灵感领域收集到的想法需要被隔离,这样它们就可以被严格地检查和清除任何错误的侵扰。但是,天才们很容易迷恋上一个"无可比拟美妙"的想法。他们很容易接受它,而不对它进行适当的检疫和检查——他们没有注意到这个可爱的想法是寄生着错误的。

凯斯特勒得出结论,天才们的共同点是"一方面是怀疑主义(scepticism),对传统思想、公理和教条的态度,对任何被视为理所当然的事物的态度,往往被带到打破偶像的地步;另一方面是开放心态(open-mindedness),近乎天真轻信似乎为他们的本能摸索提供了一些有希望的新概念。"[6] 在天才(以及政治领袖和革命家)中,这种天真轻信(naïve credulity)常常导致盲目接受令人震惊的——甚至是彻头彻尾的愚蠢——错误。因此,凯斯特勒解释说,在开普勒的案例中,仿佛"他有意识的批判能力被创造性冲动麻痹了"。[7]

天才一旦陷入了诱人的错误,错误就会变成一个固定观念(idée fixe)。然后,他对错误视而不见,如果这种盲目性(blindness)再加上固执(stubbornness),他就会对批评充耳不闻,他将永远坚持自己的错误,就像德国谚语所说的那样,"Dickkopj, Dumkopf"(顽固的头脑,愚蠢的头脑)。

我们在伽利略和牛顿关于潮汐的错误中发现了这种迷恋和盲目性,最重要的是,我们发现了爱因斯坦在狭义相对论和广义相对论中的好几个错误,如他对时钟同步的误解,对质能关系推导的错误尝试,以及那有缺陷的等效原理。他把这些想法看作"问题的关键","快乐而迷人","我一生中最幸运的想法",并深深地爱上了它们。他变得对诸多批评置若罔闻,这表现在他完全不在乎爱丁顿对时钟同步的批评,爱丁顿和埃伦菲斯特对等效原理的批评,以及普朗克、劳厄和克莱因对他关于质能关系工作的批评。[8]

爱因斯坦对错误的偏执,表现在《狭义与广义相对论浅说》一书(这引发了克劳赫斯特的疯狂)中,在他1905年的论文发表将近50年后,他仍然坚持他对同步的误解。[9]爱因斯坦对错误的偏执,还表现在他在质能关系的推导中反复犯的错误,在做出第一次错误证明三四十年后,他在最后两个"初等"证明中又重复了实质上同样的错误:在没有理由的情况下再次假定,系统的能量是类粒子的。

爱因斯坦清楚,非理性过程在科学发现中起着重要作用。他在《自述》中写道:"发明不是逻辑思维的产物,尽管最终的结果总是联系着一个逻辑结构。"[10]① 但是,爱因斯坦并没有开普勒的自我批评倾向,也缺乏开普勒解剖自己错误的冲动。爱因斯坦认为,通过把他的最终产品与逻辑结构紧密关联,他把其发明清除了所有的错误,忽略了那些在其理论诞生中作为助产士的错误。正如辛格后来所建议的,在完成了理论之后,爱因斯坦应该给这些助产士一个光荣的"葬礼"。但是,爱因斯坦不能释怀。他溺爱那些助产士——对他们比对他的妻子们更忠诚。

爱因斯坦的固执虽使他坚持自己的错误,可它有时被证明是有益的。这给了他坚持不懈追求狭义相对论和广义相对论所需要的毅力,

---

① 《上帝难以捉摸:爱因斯坦的科学与生平》,166页。

每一次追求都持续了长达 8 年之久,没有被失望和挫折所吓倒。他把自己在这些追求中的成功,归功于固执己见:"我所拥有的只是一头骡子的固执;不,还不完全是这样,我也有一个鼻子。"① 但是,同样顽固的毅力后来在他那徒劳、执着地追求统一理论的过程中,在他一生最后 30 年里,为他服务得很糟糕。

爱因斯坦相比同行从其错误中获得了多大的优势?通常为 10 年到 20 年。例如,如果爱因斯坦没有引入错误的等效原理,并通过这条扭曲的路径来接近广义相对论,那么其他物理学家通过一条起源于相对论性量子力学的路径,在 20 年后才会发现广义相对论。

1928 年,狄拉克表述了电子的相对论性量子理论,20 世纪 30 年代,他和其他量子理论家开始为所有其他粒子表述相对论性量子理论。电子有自旋,也就是说,它们有一个本征自转,近似于飞盘绕其轴的自旋,但是量子化了。大多数其他基本粒子也有自旋,与电子自旋大小相同或更大。例如,电子自旋的大小是 1/2(以适当的单位),质子自旋的大小也是 1/2,光子自旋的大小是 1。理论家的结论是,描述不同自旋和不同质量的粒子需要截然不同的量子力学方程。

他们表述自旋大小为 2 和质量为零的粒子的方程时,惊奇地发现,这些方程与爱因斯坦关于引力场的方程大体一致。他们为了确保所有形式的能量具有引力,修改了这些方程,发现结果与爱因斯坦方程完全一致。[11] 因此,如果爱因斯坦在 1915 年没有发现他的引力场方程,那么量子理论家肯定会在 20 余年后的 20 世纪 30 年代中期发现它们。

---

① "上帝给了我骡子般的顽强意志和相当敏锐的嗅觉。"《新爱因斯坦语录》,21 页。

爱因斯坦的错误　　天才的人性弱点

爱因斯坦的其他伟大发现也是如此。在没有爱因斯坦的情况下，所有这些发现都将会晚些时候被完成——主要是通过一条完全不同的路径——而今天的物理学还是现在的样子。

爱因斯坦对同时代人 10 年到 20 年的领先似乎并不多，但我们必须记住，在他的 6 本具有开创性的著作中，他一次又一次取得了这一领先地位。这就是他成为 20 世纪卓越物理学家的原因。

我们可以从爱因斯坦的错误中吸取什么教训？不多。梦游术和从富有成效的错误中提炼出伟大的（甚至小的）发现的艺术，是一种无法学习的天赋——你要么有，要么没有，而我们大多数人都没有。没有什么了不起的东西，可以从爱因斯坦那些**毫无成果**的错误中学到。它们是完全世俗的，粗心大意，有时在逻辑和数学上愚蠢的失误，我们大家都犯过，并希望我们不犯这类错误。知道爱因斯坦也犯同样的错误，可以给大家一些安慰——而不是因这样的错误而责备自己，只是提醒自己你有一个好伙伴——不过仅此而已。

然而，也许我们可以从爱因斯坦对统一理论的顽固和徒劳的探索中吸取教训，他花了 30 年的时间，而对狭义和广义相对论的成功探索只花了 8 年时间。也许这对今天的弦理论家们来说是一个警世故事。

弦理论起先是在 20 世纪 70 年代被提出的，当时物理学家南部阳一郎（Yoichiro Nambu）、霍尔格·尼尔森（Holger Nielsen）和伦纳德·萨斯坎德（Leonard Susskind）（分别在芝加哥大学、尼尔斯·玻尔研究所和斯坦福大学）提出了一个可爱的建议：终极的亚原子实体——在从原子到电子和原子核，到质子和中子，到夸克和胶子的向下延伸的底层——不是点状粒子，而是在十维时空中振动的微小弦。

多年来，许许多多理论家怀着强烈的热情研究了这个弦模型，希望从支配弦动力学的方程中能够推导和解释夸克和胶子以及所有基本粒子和力的性质。他们把这个疯狂的宏伟纲领称为"万物至理"（Theory of Everything，简称 TOE）。

但是，在 20 世纪 90 年代——经过 20 年的艰辛工作和无数论文、研讨会和会议——弦理论家们不得不承认，他们的"万物至理"就是一种无所不包的理论。对弦的研究不仅给出了一种理论，而且给出了五种不同类型的理论，每种理论中都有数以百万计的可能解的弦方程，每一种弦方程都代表着一个不同的可能物理世界。弦理论家们对如何在所有这些可能性中做出选择感到不知所措——他们面临着一个众所周知的问题，那就是在（非常大的）干草堆中找到一根针，而且他们的头上都是干草。为了摆脱这种干草，顶尖的弦理论家爱德华·威滕（Edward Witten）提出了一种弦理论的统一（unification of string theories），因此这五种理论都可以被视为单一总体理论的不同方面，即 M 理论［威滕解释说，在这里，"M 代表魔法（magic）、神秘（mystery）或膜（membrane），根据品味"］。[12] 在这个新理论中，基本实体不是弦，而是膜，就像小小的手帕。膜的动力学要比弦的动力学复杂得多，弦理论家热切地希望这种复杂的现象能摆脱干草堆中的干草（就像"老大哥"可能说的那样，"复杂就是简单"）。这一激进的提议为失败的"万物至理"注入了新鲜的活力。今天，弦理论家（现在被摇身一变为膜理论家）又在努力工作，对膜模型的研究充满了浓厚的热情。

对弦／膜理论的探索与爱因斯坦对其统一理论的顽固和徒劳的追

爱因斯坦的错误　　天才的人性弱点

求①，有着惊人的相似之处。经过 30 年的劳动，统一理论和弦/膜理论仍然和"雪人"一样难以捉摸。玻恩指责爱因斯坦，因为"他试图用纯粹的思考而非任何经验事实。他相信能用理性的力量猜测到上帝创造世界所依据的法则。"弦/膜理论家的错误如出一辙。带着极大的傲慢，他们自以为可以依靠美和简单性（beauty and simplicity）的含混标准来猜测"万物至理"。到目前为止，他们统统失败了。也许弦理论家需要从爱因斯坦的经验中吸取教训，向我们所称的八年法则（eight-year rule）屈服：在孕育 8 年之后，有可能产生一个美妙理论，但在 30 年的不成功分娩之后，活产的希望微乎其微。

在 1915 年写给洛伦兹的信中，爱因斯坦总结了他对理论家所犯错误的看法：[13]

> 理论家误入歧途有两类情况：
> 一、魔鬼借一个错误的假说牵着他的鼻子到处乱跑。
> 　　（为此他值得同情）
> 二、他的论点有误，马虎而潦草。
> 　　（为此他应该挨揍）②

爱因斯坦经常犯第一类错误，有时又犯第二类错误（他关于时钟同步和等效原理的观点属于第一类；对质能关系的错误证明和在寻求

---

① "爱因斯坦对我们的成功也无动于衷。……他从来没参加过我们的研讨会，从没问起过我们的工作。直到他生命的终结，他始终忠于他的统一场论。"《反叛的科学家》，费里曼·戴森著，肖明波、杨光松译，浙江大学出版社，2013 年，236 页。
② 《爱因斯坦全集》第八卷上册，88 页。

广义相对论方面的一系列错误属于第二类；统一理论兼而有之）。所以，有时他应该得到同情，有时他应该挨揍，有时他应该既得到同情又挨揍。[14]

然而，最重要的是，爱因斯坦不知不觉利用自己的错误的惊人技巧值得我们钦佩。凭借直觉和对物理世界深刻的神秘洞察力，他完成了梦游的奇迹，一次又一次从失败的夹缝中夺取胜利。

在为爱因斯坦举行的正式宴会上的演讲，萧伯纳把他与历史上伟大的征服者相比，并称他为宇宙的缔造者："拿破仑和他那种类型的伟人，他们是帝国的缔造者，但也有一种超越这种秩序的人。他们不是帝国的缔造者，而是宇宙的缔造者。他们缔造这些宇宙时，他们的双手不会沾满地球上任何一个人的鲜血……托勒密缔造了一个持续1400年的宇宙。牛顿也缔造了一个持续300年的宇宙。爱因斯坦缔造了一个宇宙，我不知道它会持续多久。"[15]① 迄今，爱因斯坦的宇宙持续了100年，还在计数之中。

在美国国家科学院的花园里，在华盛顿特区的国家购物中心，你可以找到爱因斯坦纪念雕像。展览于1979年举行，展出了艺术家罗伯特·伯克斯（Robert Berks）创作的一座具有纪念意义的爱因斯坦青铜雕塑。乍一看，这个雕塑似乎全错了。头部太大，与身体不成比例。它给人的印象是，雕塑代表了一个巨大的儿童，身体的笨拙姿势和邋遢的衣服强化了这一印象。然而，在这个明显笨拙、不成比例的雕塑中，伯克斯抓住了爱因斯坦的精髓。因为，天才和儿童有很多共同点。

---

① 《新爱因斯坦语录》，297页。

爱因斯坦的错误　　天才的人性弱点

那个天才——就像一个儿童——既有一种叛逆、质疑的态度,也有一种从新的角度看待事物以获得意想不到洞见的不可思议的能力。正如波德莱尔(Baudelaire)所说:

> 天才不过是有意的重获的童年,这童年为了表达自己,现在已获得了刚强有力的器官以及使它得以整理……种种经验的分析头脑。[16][①]

当然,儿童的确会犯错误。

---

① 《现代生活的画家》,夏尔·波德莱尔著,郭宏安译,上海译文出版社,2012年,12页。译文有改动。

注 释

CPE[①] 指《阿尔伯特·爱因斯坦全集》(普林斯顿大学出版社,普林斯顿,新泽西州,1987—2006 年出版;十卷由不同的主编编辑,后续诸卷待出版)。以下方括号 [ ] 表示为具有数学专门知识的读者提供的信息。

序章 "我要退出这场比赛"

1. Einstein, *Relativity, The Special and the General Theory*, p. 27.
2. Tomalin and Hall, *The Strange Last Voyage of Donald Crowhurst*, p. 206.
3. Tomalin and Hall, op. cit., pp. 239 et seq.《星期日泰晤士报》记者托马林和霍尔调查了克劳赫斯特疯狂的可能原因,排除了药物、酒精、维生素缺乏或发霉的茶等化学因素。他们得出结论,原因可能是压力,"孤独,敌对的环境,说谎的压力"(同上,第 234 页)。我认为爱因斯坦的那部书是触发因素的论点,建立在时间巧合上——克劳赫斯特开始尝试分析和模仿爱因斯坦时,开始写一些非理性的胡言乱语。
4. Nichols, *A Voyage for Madmen*, p. 237.
5. Koestler, *The Sleepwalkers*, p. 335.

第 1 章 "伯尔尼的快乐时光"

1. Einstein, in Schilpp, *Albert Einstein, Philosopher-Scientist*, vol. I, p. 14.
2. Neffe, *Einstein*, p. 411.
3. Calaprice, *The New Quotable Einstein*, p. 199.

---

① CPE,系 THE COLLECTED PAPERS OF ALBERT EINSTEIN 的简称。

4. Ibid., p. 202.
5. Ibid., p. 194.
6. Fölsing, *Albert Einstein, Eine Biographie*, p. 791.
7. Calaprice, op. cit., p. 226.
8. Litz and MacGowan, *The Collected Poems of William Carlos Williams*, p. 130.
9. French, *Einstein, A Centenary Volume*, p. 31.
10. French, op. cit., p. 31.
11. Fölsing, op. cit., p. 698.
12. Ibid.
13. Einstein, op. cit., p. 8.
14. Ibid., p. 14.
15. Ibid., pp. 2, 4.
16. Ibid., p. 16.
17. Schwarzenbach, *Das Verschm hte Genie*, p. 17.
18. Fölsing, op. cit., p. 87.
19. Ibid., p. 65.
20. Overbye, *Einstein in Love*, p. 43.
21. 讲德语的教授习惯上彼此称呼对方为"先生",但学生们被要求使用"教授先生"。
22. Schwarzenbach, op. cit., p. 49.
23. CPE1, p. 332.
24. CPE1, p. 285.
25. Rosenkranz, *Albert Einstein, privat und ganz persönlich*, p. 49.
26. Schwarzenbach, op. cit., p. 77.
27. Rosenkranz, op. cit, p. 55.
28. Michelmore, *Einstein: Profile of the Man*, p. 139.
29. 奇怪的是,这篇论文居然成为爱因斯坦所有著作中被引用最多的一篇,也许因为它是争议最少的,并立即为物理学家和化学家共同体所接受。
30. Overbye, op. cit., p. 158.
31. Fölsing,.op. cit., p. 282.
32. Pais, *"Subtle is the Lord..."*, p. 115.
33. 最近,更精确的迈克耳孙-莫雷实验不使用干涉测量,相反,使用两臂中驻波频率的比较。
34. Pais, op. cit., pp. 116, 117.
35. Everitt, F., *Physics World* 19, 32 (2006).
36. 时间延缓的量取决于相对于地球旋转的行进方向。给出的数字假定向东行驶。
37. Audoin and Guinot, *The Measurement of Time*, p. 94.
38. Pais, op. cit., p. 123.

39. Fölsing, op. cit., p. 232.

40. Ibid., p. 233.

41. Ibid., p. 310

第 2 章 "可它仍在动"

1. Rowland, *Galileo's Mistake*, p. 253.

2. Santillana, *The Crime of Galileo*, p. 306 et seq.

3. Ibid., p. 312.

4. Galilei, *Dialogue Concerning the Two Chief World Systems*, p. xxvii.

5. Castiglione, *The Book of the Courtier*, p. 105.

6. Viviani, quoted by Drake, *Galileo at Work*, p. 19.

7. Galilei, *Two New Sciences*, p. 66. 伽利略没有给出他的火枪子弹的重量单位。有些翻译用"磅"代替"盎司"。前者或许更有道理。

8. Koestler, *The Sleepwalkers*, p. 368.

9. Ibid., p. 467.

10. 你可以很容易从远视的家庭成员那里借来两副眼镜（带凸透镜），最好是一副强眼镜和一副弱眼镜。把较弱的镜头放在望远镜的前面，把较强的镜头放在望远镜后面。眼镜从 13 世纪就开始使用了。令人费解的是，望远镜的发明花了 300 年的时间。

11. Santillana, op. cit., p. 99.

12. A. M. Clerke, *Encyclopaedia Britannica*, 11th ed., vol. 11, p. 407.

13. Santillana, op. cit., p. 119.

14. Ibid., p. 121.

15. Koestler, op. cit., p. 464.

16. Ibid., p. 471.

17. Ranke, *History of the Popes*, vol. II, p. 371.

18. Galilei, *Dialogue Concerning the Two World Systems*, p. 538.

19. Ibid., p. 260.

20. Galilei, *Dialogue on the Great World Systems*, p. 199. 这是 1661 年索鲁斯伯里的译文，德雷克对这段话的翻译是错误的。

21. Galilei, *Dialogue Concerning the Two Chief World Systems*, p. 220.

22. Ibid., p. 132.

23. 地球的匀速平移运动对海洋行为影响的不稳定性，也可以用一小块水上的相关力来理解。这些力是地球、月球和压力的引力。这些力和水对它们的反应，根本不依赖于地球的平移运动。

24. 威尼斯的潮汐比英吉利海峡的潮汐小，但它们是地中海最大的潮汐之一。威尼斯市拥有一个完整的潮汐信息网站 (www2.comune.venezia.it/maree)。

25. Galilei, op. cit., p. 536.

26. Ibid., p. 538.
27. Santillana, op. cit., p. 190. 强调是引者添加的。"虚假"的说法和对"几个论点"的引用表明,乌尔班可能不仅仅是对神学家的观点进行了质疑。
28. Koestler, op. cit., p. 483.
29. Santillana, op. cit., pp. 192, 193.
30. Ibid., p. 195.
31. Ibid., pp. 255, 256.
32. 本教令是乌尔班作为宗教裁判所红衣主教会领袖的身份颁布的。从技术上讲,该教令代表了乌尔班和红衣主教的共同观点。但大部分的乌尔班的红衣主教都是他的手下,随时准备听从他的命令;正如威尼斯大使所说,"红衣主教们认为他们唯一的想法是,以一种能让教皇满意的方式说话。"(Ranke, op. cit., vol. III, p. 341)毫无疑问,教令代表了教皇的意愿。
33. 事实上,该委员会没有取得什么进展,部分原因是其领导人不卖力,部分原因是——尽管一再提出要求——它没有获准查阅宗教裁判所的档案。见 G. V. Coyne, S. J. 的综述, 载于 McMullin, *The Church and Galileo*。
34. Ratzinger, *A Turning Point for Europe? The Church in the Modern World-Assessment and Forecast*, p. 98.
35. Santillana, op. cit., p. 305.
36. Weissmann, *Galileo's Gout*, p. 20.
37. 右手食指和拇指,以及他的脊椎骨也被切除。手指和拇指的骨头丢失了,但是脊椎骨被保存在帕多瓦大学。

第3章 "如果我看得更远……"

1. W. J. Broad, *Science* 213, 1341 (1981).
2. More, *Isaac Newton: A Biography*, p. 387.
3. Klawans, *Newton's Madness*, p. 38.
4. H. M. Taylor, *Encyclopaedia Brittanica*, 11 th ed., vol. XIX, p. 589.
5. Ibid.
6. Ackroyd, *Isaac Newton*, p. 62.
7. Westfall, *Never at Rest*, p. 534.
8. Ibid.
9. Gribbin, *The Scientists*, p. 164.
10. Westfall, op. cit., p. 596.
11. White, *Isaac Newton*, p. 351.
12. Ibid., p. 268.
13. Westfall, op. cit., p. 143.

14. Gleick, *Isaac Newton*, p. 2.
15. Westfall, op. cit., p. 468.
16. White, op. cit., p. 217.
17. Newton, *Principia*, p. xvii.
18. R. Westfall, *Science* 179, 751 (1973);亦见 Westfall, op. cit., p. 732 et seq。
19. 德勒姆的声速值与现代值 1130 英尺/秒非常接近,牛顿的声速理论值与实验值差异的实际原因在于牛顿没有考虑到一种微妙的影响:在声波中,不仅要考虑空气振动的密度和压强,还要考虑温度[牛顿假定,振动是绝热的,而不是等温的]。这增强了空气的有效弹性,提高了声速,拉普拉斯承认了这一点,拉普拉斯修正了牛顿的计算,但宣称(也许是虚情假意)牛顿的行事方式"是他最杰出的天才举措之一"(Newton, *Mathematical Principles of Natural Philosophy*, vol. 2, Appendix by F. Cajori, p. 662)。
20. Westfall, op. cit., p. 735.
21. 其中的前两个,以及声速的计算,详见 R. Westfall, *Science* 179,751 (1973),亦见 Westfall, op. cit., p. 735 et seq。
22. 实际上,欧拉将牛顿第二定律写为 $2ma=F$,因为他认为,通过质量在标准重力影响下的距离来测量时间(特别是短的时间间隔)会更准确。在改变这种新的时间测量方法时,他重新调整了时间坐标,在牛顿定律中引入因子 2。
23. Newton, *Mathematical Principles of Natural Philosophy*, vol. I, pp. 20, 21.
24. De Haas-Lorentz, *H. A. Lorentz, Impressions of His Life and Work*, p. 102.
25. Ibid., p. 8.
26. Ibid., p. 89.
27. Ibid., p. 124.
28. Fösing, *Albert Einstein, Eine Biographie*, p. 327.
29. CPE5, p. 301.
30. Lorentz, *The Theory of Electrons*, p. 230 and Note 72*.
31. Pais, *"Subtle is the Lord..."*, p. 134.
32. Born, *Physics in My Generation*, p. 104.
33. 有关此争议的讨论,见 R. Cerf, *Am. J. Phys.* 74, 818 (2006)。
34. Calaprice, *The New Quotable Einstein*, p. 228.

第 4 章 "头脑里的风暴终于风平浪静"

1. CPE1, p. 282.
2. Levenson, *Einstein in Berlin*, p. 23.
3. Einstein, in Schilpp, *Albert Einstein, Philosopher-Scientist*, vol. I, p. 52.
4. Brian, *Einstein, A Life*, p. 61.

5. Fölsing, *Albert Einstein, Eine Biographie*, p. 179.
6. Ibid.
7. Einstein, *Relativity, The Special and the General Theory*, p. v.
8. Galison, *Einstein's Clocks, Poincaré's Maps*, p. 291.
9. 这一说法包含在许多爱因斯坦文集中，但似乎没有任何书面证据。
10. Dick, *Sky and Ocean Joined, The U.S. Naval Observatory*, p. 473.
11. Einstein, op. cit., p. 27.
12. Fölsing, op. cit., p. 228.
13. Hermann, *Max Planck*, p. 92.
14. Born, *The Born-Einstein Letters*, p. 156. 亦见 Born, *Experiment and Theory in Physics*, p. 1。
15. Born, *The Born-Einstein Letters*, pp. 149, 156. "犹太物理学"这个标签是纳粹捏造的，有诽谤的意图，人们可能会想到，玻恩和爱因斯坦会对此做出反应；可是，他们不反对这个标签，并在他们的信中欣然采纳了这一标签。
16. www.lorentz.leidenuniv.nl/history/Einsteins_poem/Spinozas_EthikJpg, accessed December 2, 2007.
17. Sommerfeld, *Electrodynamics*, p. 212.
18. 索末菲假设麦克斯韦方程在所有惯性参考系中都成立，并由此推导出光的恒定速度 (Sommerfeld, *Electrodynamics*, Section 27)。但是，这是一个可质疑的方法，因为麦克斯韦方程可能并不精确成立。
19. Eddington, *The Mathematical Theory of Relativity*, p. 29.
20. 见 Aharoni, *The Special Theory of Relativity*, p. 2; 以及 Bohm, *The Special Theory of Relativity*, p. 32。
21. 由于历史一个奇怪的转折，新的多普勒频移实验是大约三个世纪前第一次测定光速的直接后代。1676 年，与牛顿同时代的丹麦天文学家奥拉夫·罗默 (Olaf Römer) 无意中利用多普勒频移来测量光速。对木星卫星的天文观测表明，当地球向木星移动时，观测到的卫星自转周期似乎略短一些，而在 6 个月后，当地球偏离木星时，则略长一些。罗默正确地把这理解为光从卫星到地球的行进时间的变化；当地球向木星移动时，卫星从木星的阴影中发出的光需要比上次卫星自转时发出的光更少的时间来拦截地球，而当地球离开木星时，它需要更多的时间。本质上，这是多普勒频移，尽管在多普勒前两个世纪的罗默并没有称之为多普勒频移。从测量的明显加长和自转周期的缩短来看，罗默推断，光需要 22 分钟才能遍历地球轨道的直径；用公制单位表示，这给出了 230,000 千米每秒的光速 (小了大约 23%，但却是令人印象深刻的成就)。这是光速的第一次定量测量，它给出了最早的证据表明光不会瞬间传播。

　　罗默的方法需要测量地球的速度，一些科学家认为，这仅仅改变了速度测量的负担和其他地方的时钟同步，而不需要使用它。但是，地球在已知尺寸的圆形轨道

（或更精确地说，椭圆轨道）中，并且为此，只要假定（如爱因斯坦那样）牛顿力学可应用于低速运动，就可以仅通过用单个（假设的）静止时钟定时轨道周期来测量速度。[关于牛顿力学与同步的关系，参见 H. C. Ohanian, *Am. J. Phys.* 73, 4 (2005)。]

20世纪60年代和后来的所有新的多普勒频移实验都吸收了罗默的基本思想，尽管新的实验是实验室实验，在地球上的实验室安装了光源和接收器，而不是罗默的安排，木星的卫星上有一个光源，地球上有一个接收器。实验者对光速的绝对值并不感兴趣，而只是对不同方向的单程光速进行比较。

22. 更准确地说，所需的延迟是半个恒星日，即23小时56分钟的一半。
23. Fölsing, op. cit., p. 688.
24. Ibid., p. 783.
25. 见 Jackson, *Classical Electrodynamics*, p. 507, 以及 Rindler, *Essential Relativity*, p. 7。
26. Sommerfeld, *Electrodynamics*, Section 27.
27. [如果光子的质量很小，但不是零，那么光速取决于光子能量，光速可能比 c 小得多，如果光的频率很低的话。第二个假设则只适用于非常高频率的光。]
28. 工程师必须在比赛中包括长度收缩和时间延缓。
29. Pais, *"Subtle is the Lord ... "*, p. 173.
30. 修正的迈克耳孙-莫雷实验，臂长不相等，被称为肯尼迪-桑代克实验。罗伯逊将迈克耳孙-莫雷实验、肯尼迪-桑代克实验和时间延缓实验的结果结合起来，推导出洛伦兹变换方程，从而将相对论置于完全经验的基础上。[H. P. Robertson, *Rev. Mod. Phys.* 21, 378 (1949), 后来的出版物列于 D. W. MacArthur, *Phys. Rev. A* 33,1 (1986)。]
31. 迈克耳孙-莫雷实验的最新版本，将驻波的频率与干涉仪的两臂中的驻波的频率相比较，而不是比较光的传播时间。这些最新版本的实验在液氦温度下运行，以消除热干扰，它们达到比迈克耳孙和莫雷所获得的更精确约1000倍的精度。见 Ohanian, *Classical Electrodynamics*, p. 176.
32. Einstein, in Lorentz et aI., *The Principle of Relativity*, p. 63.

第5章 "无生命的小小悬浮物体的运动"

1. F. H. Neville, *Enciclapaedia Britannica*, 11 th ed., vol. 2, p. 874.
2. Weaver, *The World of Physics*, vol. I, p. 634.
3. [玻尔兹曼常量与阿伏伽德罗常量的乘积，就是气体常量 $kN=R$。]
4. Lenard, *Über Relativitätsprinzip, Äther, und Gravitation*, p. 29.
5. Fölsing, *Albert Einstein, Eine Biographie*, p. 148.
6. Mason, *A History of the Sciences*, p. 501.
7. J. Bernstein, *Am. J. Phys.* 74, 863 (2006).
8. Ibid.
9. Cercignani, *Ludwig Boltzmann, The Man Who Trusted Atoms*, p. 36.

10. CPE2, p. 171.
11. Fölsing, op. cit., p. 93.
12. CPE1, p. 278.
13. Ibid., p. 284.
14. Ibid., p. 289.
15. Fölsing, op. cit., p. 97.
16. Ibid.
17. CPE1, p. 212 .. 18.
18. Fölsing, op. cit., p. 98.
19. Ibid.
20. CPE2, p. 44.
21. Ibid., p. 96n.
22. Ibid.
23. Ibid., p. 175.
24. 爱因斯坦不知道,这种测定分子大小的方法以前曾被考虑过,但由于有太多的不确定因素而被拒绝;见 CPE2, p. 178n。
25. [在计算接近尾声时,他认识到大量糖分子存在"重正化"流速。对此种重正化,今天的理论物理学家们都很熟悉,但它们在当时还是一种新鲜事。爱因斯坦可能由于计算中的一个错误而得出这一见解,这给出了一个错误的结果,即只有一个糖分子时,黏度就会下降;当有许多糖分子时,重正化可以保证黏度的增加。]
26. Seelig, *Albert Einstein, A Documentary Biography*, p. 107.
27. 爱因斯坦的助手和合作者名单,载于 Pais, "*Subtle is the Lord ...*" 的附录。
28. CPE2, p. 180.
29. Ibid., p. 181.
30. Ibid., p. 348n.
31. Ibid., p. 176.
32. [在关于布朗运动的一篇后来论文中 (CPE2, p. 498),爱因斯坦承认,对于斯托克斯定律来说,与水分子相比,运动物体一定是大的,但他没有评论这对他处理糖分子的影响。]
33. CPE2, p.176n.
34. Pais, op. cit., p. 90.
35. CPE2, p. 235.
36. Ibid., p. 218.
37. Cercignani, p. 209.
38. Pais, op. cit., p. 95.

第6章 "什么是光量子？"

1. Hermann, *Max Planck*, p. 9.
2. Einstein, in Schilpp, *Albert Einstein, Philosopher-Scientist*, vol. I, p. 19.
3. 这个名字是埃伦菲斯特发明的。紫外灾难通常被认为意味着总辐射量是无限的，因为增加的强度延伸到越来越高的频率。但是在实践中，黑体腔的可能频率不会扩展到无穷大，因为在 X 射线频率处，腔壁变得透明，热平衡无法实现。因此，紫外灾难不会延伸到无限频率，这并不意味着辐射总量是无限的 (这将是一个荒谬的结果)。
4. 用德语："Sein unvergleichliches thermodynamisches Feingefühl."
5. Planck, *Physikalische Abhandlungen und Vorträge*, vol. III, p. 125.
6. Ibid.
7. M. J. Klein. *Physics Today,* November 1966.
8. Hermann. *Max Planck*. p. 29.
9. CPE5. p. 602.
10. Hermann, op. cit., p. 35.
11. Einstein, op. cit., p. 44.
12. Jammer, *The Conceptual Foundations of Quantum Mechanics,* p. 54.
13. CPE5. p. 31.
14. CPE2. p.151.
15. Newton, *Opticks*, Book III, Part I, Query 29.
16. Fölsing, *Albert Einstein, Eine Biographie*, p. 165.
17. CPE1, p. 59.
18. CPE2, p. 165.
19. CPE5, p. 37.
20. Schönbeck, *Albert Einstein und Philipp Lenard*, p. 9.
21. Pais, *"Subtle is the Lord ... "*, p. 383.
22. Pais, op. cit., p. 384.
23. CPE5, p. 527.
24. Dürrenmatt, *Albert Einstein*, p. 35.
25. [爱因斯坦在其论文中用一句话否定了这个问题。在就其计算采纳了维恩定律之后，他补充道，"要记住，我们的结果只在一定范围内适用"（CPE2，p. 157）。如果我们按字面解释，爱因斯坦就是说高频辐射是由量子组成的，但是低频辐射 (瑞利辐射定律适用的地方) 是由波组成的。他从来没有解决过这种不相容的问题。]
26. 这个错误最终由 M. Nauenberg 发现；见载于 *Physics Today*, October 2005, p. 17 的通信。
27. K. Wali, *Physics Today*, October 2006. p. 46.
28. Wali, op. cit.

29. Pais, op. cit., p. 399.
30. Jammer, op. cit., p. 59.
31. Bethe, in Cook, *Faces of Science*, p. 32.

第7章 "这个论证很有趣，也很诱人"

1. Lorentz, in Lorentz et al., *The Principle of Relativity*, pp. 23, 24, and Whittaker, *A History of the Theories of Aether and Electricity*, vol. II, p. 51.
2. 对几十本相对论教科书的考察表明，只有少数人给出了冯·劳厄对 $E=mc^2$ 的证明，其中很少有人提到冯·劳厄的名字。
3. CPE5, p. 31.
4. Ibid., p. 33.
5. 在相对论的早期，不知道单个粒子的动能和动量公式是否也适用于扩展体或粒子系统。在低速情况下，这显然正确，牛顿物理学是有效的，但不清楚在高相对论性速度下，它是否也成立。因此，埃伦菲斯特和其他人推测高速非球形物体的动量和动能可能取决于相对于其运动方向的方向。为了推导出 $E=mc^2$ 的结果，爱因斯坦首先需要证明，扩展体的能量动量的数学形式与该物体中的粒子的数学形式完全相同，在所有速度下，粒子的整体平移运动和粒子的个体运动都是一样的。可是在他1905年的论文中，爱因斯坦没有解决这个问题，他只是把这一问题视为理所当然。在随后的几篇论文中，他做出了同样的无根据的假设。[详见 H. C. Ohanian, arXiv:0805.1400(physics.hist-ph)。]
6. M. Planck, *Ann. d. Physik* 26, 1 (1908); 见 p. 29 的脚注。
7. Michelmore, *Einstein, Profile of the Man*, p. 46. 基于对爱因斯坦的儿子汉斯·阿尔伯特的访谈。
8. Einstein, *Out of My Later Years*, p. 52.
9. Pais, *"Subtle is the Lord..."*, p. 149.
10. Miller, *Albert Einstein's Special Theory of Relativity*, p. 254.
11. Pais, op. cit., p. 150.
12. CPE2, p. 379.
13. CPE5, p. 50.
14. Hermann, *Max Planck*, p. 128.
15. 在其一系列论文中，爱因斯坦并没有解释他的动机，只是说最后两个导数 [*Bulletin Am. Math. Soc.* 41, 223 (1935) 和 *Technion Journal* 5, 16 (1946)，亦发表于 Einstein, *Out of My Later Years*, p. 112] 具有避免相对论的"正式机制"的优点 (然而，相对论是通过后门进入的，因为这些论文依赖光脉冲所携带的动量，这是一种相对论性效应)。
16. CPE2, p. 417; 后来，他证明了压力对质量的贡献，CPE2, p. 469。

17. *The New York Times*, December 29, 1934.
18. CPE2, p. 472 以及 p. 494 的修正。
19. M. Planck, *Ann. d. Physik* 26, 1 (1908).
20. CPE5, p. 99.
21. Hermann, *Einstein*, p. 147.
22. Ibid., p. 152.
23. Fölsing, *Albert Einstein, Eine Biographie*, p. 340.
24. CPES, p. 17.《爱因斯坦全集》的编辑天真地认为爱因斯坦的信中的 Onkels 字面上是"叔叔"的意思，他们迂腐地列出了他在柏林的两个叔叔的名字。可是在德语中，这个词经常被用来指年长的、慈爱的朋友，可以翻译成"长者"，它可能是指哈伯、能斯特和普朗克。
25. Overbye, *Einstein in Love*, p. 146.
26. Ibid.
27. Fölsing. op. cit., p. 353.
28. Whittaker, *A History of the Theories of Aether and Electricity,* vol. II, p. 64 et seq.
29. Fölsing, op. cit., p. 283.
30. CPE5, p. 445.
31. Einstein, *Einstein's 1912 Manuscript on the Special Theory of Relativity*, pp. 112-166 (亦发表于 CPE4, pp. 65-101); 在这份手稿的前几页中，他草草重复了 $E = mc^2$ 的第一个错误。
32. Ibid., p. 158.
33. CPE4, p. 569 和 CPE4, p. 575. 这两篇论文讨论的是广义相对论中的能量和动量，但它们只是顺便处理了能量—质量关系。
34. [也就是说，能量动量是四维矢量。]
35. Einstein, op. cit., p. 158.
36. Lombroso, *The Man of Genius*, p. 25.
37. 对于能量不断变化的扩展系统，例如，被外力推动的分子，$E=mc^2$ 不成立 (除非在近似意义上，如果环境允许我们把系统看作点粒子)。事实上，这种系统没有明确界定的质量。[技术上：当能量和动量皆与时间有关时，我们可以在任何给定的时刻在每个惯性参考系中定义能量和动量，但是这些能量动量在洛伦兹变换下并不形成四维矢量，且没有可视为质量的不变的"长度"。]
38. CPE8B, p. 917.
39. H. Ives, *Journal Opt. Soc. Am.* 42, 540 (1952). 作为一种替代爱因斯坦的所谓错误证明，艾夫斯提供了爱因斯坦论证的变体。该变体包含与爱因斯坦的原始论证相同的错误：它默认假定系统的动能与粒子的动能相同，对此没有提供任何证明。
40. Whittaker, op. cit., vol. II, pp. 51, 52.
41. Pais, op. cit., p. 168.

42. Mehra, *Einstein, Hilbert, and the Theory of Gravitation*, p. 86, 致维格纳（Eugene Wigner）函。梅赫拉在广义相对论方程的发现中使用了这一解释，但它也适用于此。
43. Cohen and Cohen, *A Dictionary of Modern Quotations*, p. 68.
44. French, *Einstein, A Centenary Volume*, p. 48.
45. Wheeler and Ford, *Geons, Black Holes & Quantum Foam*, p. 42. 直到战争后期，德国人才试图建造石墨反应堆；见 Richelson, *Spying on the Bomb*, p. 58.
46. Segrè, *From X-rays to Quarks*, p. 58.
47. Joliet-Curie, in Weaver, *The World of Physics*, vol. III, p. 71.
48. Segrè, op. cit., p. 205.
49. 这有好几个版本，用词略有不同。所引用的版本，是在阿尔贡国家实验室网站 www.anl.gov. 上提供的。
50. Segrè, op. cit., p. 58.
51. Hoffman, *Otto Hahn: Achievement and Responsibility*, p. 17.
52. Sime, *Lise Meitner*, pp. 234, 235. 我对这些信件的看法与赛姆的相反——她把这封信解释为，哈恩直到收到迈特纳的答复后，才意识到他发现钡的重要性。这显然与时间表相矛盾，因为在收到迈特纳的答复前两天，哈恩再次写道："我们不能压制我们的结果，即使它们在物理上是荒谬的。"那时，他已经将一篇关于钡发现的论文邮寄给了 Naturwissenschaften。事实上，信件清楚地表明，迈特纳在哈恩让她考虑之前并没有考虑裂变，也许如果迈特纳留在柏林，她会在哈恩之前考虑裂变——但这纯粹是猜测。在哈恩获得诺贝尔奖后写的一封信中，迈特纳本人承认，她不是裂变的发现者："哈恩肯定完全配得诺贝尔化学奖。并非这是毫无疑问的。但我相信，弗里什和我对铀裂变过程的澄清做了一些并非不重要的贡献——它是如何产生的，如何产生了如此多的能量，而这与哈恩相距甚远……"① (强调为引者所加；Sime, op. cit., p. 327。)
53. Ibid., p. 236.
54. Ibid.
55. 费米在其《核物理学》一书对裂变的讨论中清楚地把握了这一区别。他在开始讨论裂变时说："解释裂变的最有用的模型是液滴模型……这个模型允许计算核子滴在球形的椭球变形时势能的变化……"(Fermi, *Nuclear Physics*, p. 164)[更广泛地说，能量是在拉格朗日量和哈密顿量中出现的，其他的都是从动力学方程中得到的。]
56. Sime, op. cit., p. 244.
57. Segré, op. cit., p. 208.
58. *The New York Times*, January 31, 1939.
59. 在他对引力理论的讨论中，只是间接提及对惯性质量起作用的能量；见 Einstein, in Schilpp, *Albert Einstein, Philosopher-Scientist*, vol. I, p. 65。

---

① 《丽丝·迈特纳：物理学中的一生》，441 页。

第8章 "我头脑中突然涌出一个念头"

1.CPE5, p. 152.
2.CPE5, p. 84.
3.Hermann, *Einstein*, p. 149.
4.Fölsing, *Einstein, Eine Biographie*, p. 274.
5.Ibid., p. 285.
6.Ibid., p. 289.
7.Ibid., p. 453.
8.Ibid., p. 299.
9.CPE3, p. 316 et seq.
10.Fölsing, op. cit., p. 298.
11.A. Harris, *Physics Today*, November 2005, p. 12.
12.Fölsing, op. cit., p. 286.
13.Ibid., p. 285.
14.Ibid., p. 286.
15.H. Medicus, *Isis* 85, 456 (1994).
16.Fölsing, op. cit., p. 301.
17.CPE5, p. 227.
18.Fölsing, op. cit., p. 304.
19.Ibid., p. 309.
20.Ibid., p. 316.
21.CPE5, p. 274n.
22.Fölsing, op. cit., p. 319.
23.Ibid., p. 324.
24.CPE5, p. 349.
25.J. Bernstein, *Am. J. Phys.* 74, 870 (2006). 我对肖邦的解释与伯恩斯坦的有些不同，来自 *N'ayons pas peur des mots: Dictionaire du Francais Argotique et Populaire* (Larousse, Paris, 1988)。翻译成普通法语，此双关语变成 La bonne affaire de La polanaise（这一点儿也不像个聪明人）。
26.CPE5, p. 345.
27.CPE5, p. 544. 关于我翻译 Häringseele 的解释，见本书前言。
28.Fölsing, op. cit., p. 343.
29.Fölsing, op. cit., p. 344.
30.Verne, *From the Earth to the Moon*, p. 285.
31.CPE4, pp. 492, 493.

32. [对于这个同步问题最好的解决方案可能是什么,见 Rindler, *Essential Relativity*, Section 2.16。]
33. 在加速参考系中,如加速列车,时钟的往返慢传输改变了它的同步,就像在重力场中双程慢传输的情况一样。这意味着,在这种情况下谈论时钟的远程同步是无意义的。在实践中,在地球的加速旋转坐标系中,计量学家利用一个辅助的非旋转参考系来同步时钟;见 Audoin and Guinot, *The Measurement of Time*。
34. Pais, "*Subtle is the Lord ...* ", p. 180. 如同对爱因斯坦 1905 年的论文中的错误,派斯对这篇论文中的错误并不清楚。
35. CPE3, p. 486.
36. Ibid., pp. 491-493.
37. Ibid., pp. 493, 494.
38. [要用这些方法定量计算总光线偏折,我们必须设想一系列平行电梯,每个电梯的加速度等于与射线方向成直角的引力加速度的分量。]
39. Fölsing, op. cit., p. 320.
40. Wheeler, *A Journey into Gravity and Spacetime*, pp. 11, 12.
41. CPE4, p. 162. [Cognoscenti 会承认这一说法是假的。正确的条件(在爱因斯坦的论文中)是,时空路径具有极值固有时(extremum proper time),而不是最小长度。但是,向数学上外行的人解释这一点是无望的,而且"最短长度"仅就极值固有时才是容易理解的传真。]
42. Pais, op. cit., pp. 211, 212.
43. Ibid., p. 210.
44. Ibid., p. 211.
45. Ibid., p. 212.
46. Einstein, *Relativity, The Special and the General Theory*, p. 63.
47. Synge, *Relativity, The General Theory*, p. ix.
48. CPE4, pp. 304, 324.
49. 这个论证,后来由列维-奇维塔(Levi-Civita)在他的著作《绝对微积分》的附录中加以完善和改进。
50. 格罗斯曼似乎对十年前发表的重要的比安奇恒等式一无所知。
51. [通过把极值条件强加在 ds 的积分上,他得到了运动方程(即"测地线"方程,虽然爱因斯坦并没有这样称呼它)。 Pais, op. cit., p. 220, 声称爱因斯坦没有找到测地线方程。事实上,他写了,但他没有用传统的形式,即用克里斯多菲符号。]
52. CPE4, p. 252n. [爱因斯坦为什么这么认为,仍是个谜。的确,如果度规张量中唯一的空间依赖分量是 g_{00}(引力场是静态的),则测地线方程 $du^\mu/d\tau + T^\mu_{\alpha\beta}u^\alpha u^\beta = 0$ 第二项中的速度依赖性大部分消失了,但在固有时 τ 中仍然存在剩余速度依赖性,故径向速度不同的粒子仍然(显然)有不同的加速度,而爱因斯坦试图通过坚持只有 g_{00} 是空间依赖的从而解决这一问题的想法是胡扯。实际上,在测地线方程中,第二项所贡献的速度依赖性是由于速度矢量的平行位移而产生的幻觉，而不是由于在给定点两个不同速度粒子之间加速度的真正差异所造成的错觉。在局部测地线坐标中，对于 $T^{\mu}_{\alpha\beta}=0$，加速度的等式立即变得明显，而不管度规张量的哪个分量是空间依赖的。]

53. CPE4, p. 337. [格罗斯曼提出的场方程 $R^{\mu\nu}=$ 常数 $\times T^{\mu\nu}$ 与该论文第一部分中爱因斯坦推导的守恒条件 $T^{\mu\nu}_{,\nu}=0$ 不一致。利用所提出的场方程，守恒条件表示 $R^{\mu\nu}_{,\nu}=0$，故比安基恒等式表示 $R_{,\nu}=0$，而场方程的轨迹需要 $T_{,\nu}=0$；此微分方程的积分得到 $T=0$，这显然对于任意给定的能量动量张量不成立。避免这一障碍的唯一方法，是施加条件 $T=0$（这对电场和磁场有效，表明所有物质都由此类场组成）或采用场方程 $R^{\mu\nu}-1/2g^{\mu\nu}R=$ 常数 $\times T^{\mu\nu}$，正如爱因斯坦在三年后终于认识到的。]

54. Hermann, op. cit., p. 216. [爱因斯坦早期试图寻找广义相对论场方程时的错误，已被以下文献详细分析： J. Norton in Kox and Eisenstaedt, eds., *The Universe of General Relativity*, pp. 67-102。]

55. Levenson, *Einstein in Berlin*（《爱因斯坦在柏林》）说，这是一朵红玫瑰，而不是白色手帕；显然，他把爱因斯坦和玫瑰骑士搞混了。

56. CPE5, p, 569.

57. De Botton, in Cahill, *The Best American Travel Writing 2006*, p. 76.

58. CPE5, p. 574.

59. Hermann, *Max Planck*, p. 128.

60. CPE8, p. 17.

61. Fölsing, op, cit., p, 374.

62. CPE5, p. 457.

63. CPE5, pp. 570, 571.

64. CPE10, p. 23.

第 9 章 "这理论之完美真是无可比拟"

1. Fölsing, *Albert Einstein, Eine Biographie*, p. 380.
2. CPE5, p. 505.
3. CPE6, p. 20.
4. Ibid., p. 23.
5. Pais, "*Subtle is the Lord...*", p. 242.
6. Ibid., p. 239.
7. CPE5, p. 4IB.
8. Fölsing, op. cit., p. 355.
9. CPE5, p. 547.
10. Ibid., p. 563.

11. Thorne, *Black Holes & Time Warps*, p. 117.
12. Hermann, *Einstein*, p. 207.
13. CPE5, p. 558.
14. Ibid., p. 560.
15. Ibid., p. 573.
16. Ibid., p. 574.
17. Ibid., p. 534.
18. Ibid., pp. 545, 546.
19. CPE10, p. 23.
20. CPE8A, p. 45n.
21. CPE8B, p. 974.
22. CPE8A, p. 44.
23. Ibid., p. 45.
24. Ibid., p. 47.
25. Ibid., p. 50.
26. Ibid., p. 51.
27. *Kladderadatsch*, November 12, 1911.
28. Fölsing, op. cit, p. 364.
29. CPE10, p. 25.
30. CPE8A, p. 116.
31. CPE8A, p. 91.
32. Ibid., p. 233.
33. Ibid., p. 206.
34. CPE6, p. 226.
35. Ibid., p. 215.
36. CPE8A, p. 207.
37. CPE6, p. 216.
38. 更准确地说，所有的引力物质都有一个零迹的能量动量张量。
39. [在适当的数学表示法中，方程为 $R_\mu^\nu - 1/2\, \delta_\mu^\nu R = T_\mu^\nu$。既然试图向外行解释为什么单位张量需要作为第二项中的一个因子列入方程式左边，那是徒劳的，我忽略了它，并向黎曼和里奇道歉。]
40. CPE8A, p. 217.
41. Ibid., p. 244.
42. D. Hilbert, *Nachrichten von der Königlichen Gesellschaft der Wissenschaften zu Göttingen*, November 20, 1915, p. 405.
43. CPE8A, p. 195.
44. Ibid., p. 205.

45. Pais, op. cit., p. 260.
46. Bjerknes, *Anticipations of Einstein*, p. 22, 包括好几种选择词语，例如，"肮脏的梅毒妓女"和"乱伦通奸者"。
47. CPE8A, p. 145.
48. Ibid., p. 201.
49. L. Corry, J. Renn, and J. Stachel, *Science* 278, 1270 (1997).
50. T. Sauer, *Archive for History of Exact Sciences* 53, 529 (1999).
51. [希尔伯特理论假定物质完全以电磁场的形式存在；对于这类物质，能量动量张量的迹为零，黎曼标量也是。这意味着，在希尔伯特方程 $R^{\mu\nu}-1/2g^{\mu\nu}R=$ 常数 $\times T^{\mu\nu}$ 中，R 项退出，然后引力场方程降为 $R^{\mu\nu}=$ 常数 $\times T^{\mu\nu}$，这正是爱因斯坦在 11 月初提出的（后来被拒）。为了获得新的东西，希尔伯特必须引入能量动量张量为非零迹的物质。然而，他痴迷于电与引力的统一，其目标是将所有其他形式的物质都解释为电磁场和引力场。因此，他对引力的处理只不过是用变分演算的语言对爱因斯坦那篇早期论文一次优雅的复述。希尔伯特可以很容易把他的变分计算应用到电磁场以外其他物质的形式上，从而得到完整的爱因斯坦方程，**但他没有**。]
52. Seelig, *Albert Einstein, A Documentary Biography*, p. 165.
53. CPE8A, p. 222.
54. H. A. Medicus, *Am. J Phys.* 52, 206 (1984), 描述了爱因斯坦和希尔伯特之间的争论，并提到了这个道歉。
55. Mehra, *Einstein, Hilbert, and the Theory of Gravitation*, p. 25.
56. Yourgrau and Mandelstam, *Variational Principles in Dynamics and Quantum Theory*, p.93. [希尔伯特认为能量动量张量守恒定律可以代替麦克斯韦方程。从数学上讲，这在一定程度上是正确的——从能量动量张量服从的四个微分守恒方程中计算出四维矢势的时间演化是可能的（虽然有些棘手）。然而，从物理上讲，这是没有意义的，因为如果不知道能量动量张量的显式形式，这种显式形式由场方程决定，且仅由场方程决定，那么这就无法实现。因此，希尔伯特的方案没有任何结果，除非场方程已知——若场方程已知，则这个方案没有意义。

将电磁学视为引力的一个方面的尝试，以另一种形式由 G. Y. Rainich (1925) 以及由 J. A. Wheeler and C. Misner (1957) 复活，他们的分析证实希尔伯特的尝试是不完备的。从引力场方程中提取电磁方程确实是可能的，但要做到这一点，需要对黎曼曲率张量补充几个方程，因为并不是每一个可想象的几何都可以归因于电磁场存在。

Corry et al., op. cit. 还断言，希尔伯特方程不是协变式（艾萨克森在最近一本传记中不加批判地重复了这一谬传）。事实是，希尔伯特变分方程是协变式，但他（正确地）用额外的、非协变的坐标条件来补充它们，直到使解唯一，正如任何试图构造爱因斯坦方程解的人都知道的。事实上，爱因斯坦在《物理学杂志》发表的论文甚至没有陈述场方程的协变形式，而是根据非协变坐标条件直接进入非协变形式。爱因斯坦和希尔伯特采用了一种非常特殊的坐标选择来简化方程，确实能够用这种方式简化这个方程，但是今天，相对论者不愿损害这种简化。他们更喜欢调整坐标，使之最适合于物理系统，因为这样可以更容易解释方程解的含义。坐标只是一种会计方法，而会计方法的选择只是一个方便问题。]

57. Einstein, in Schilpp, *Albert Einstein, Philosopher-Scientist*, vol. I, p. 31.
58. Eddington, *Space, Time and Gravitation*, p. v.
59. S. Chandrasekhar, *Am. J. Phys.* 47, 212 (1079).
60. Eisenstaedt, *The Curious History of Relativity*, p. 218; quoted from J. Crelinsten, "The Reception of General Relativity among American Astronomers: 1910-1930," dissertation, University of Montreal, 1981.
61. Weyl, *Space-Time-Matter*, p. 227.
62. J. Crelinsten, *Historical Studies in the Physical Sciences* 14, 1 (1984).
63. Chandrasekhar, op. cit.
64. Tolman, *Relativity, Thermodynamics, and Cosmology*, pp. 254-257.
65. Clark, *Einstein, The Life and Times*, p. 336.
66. 爱因斯坦对于他的理论用这个标题"Allgemeine Relativitätstheorie"，这通常被误译为相对性广义理论（General Theory of Relativity），但"广义"是相对性，而不是理论。爱丁顿是少数没有犯这个错误的英国作家之一，他把此标题正确翻译为"广义相对论"（General Relativity Theory）。
67. CPE6, p. 280.
68. [例如，我们可以预期我们观察到的惯性效应与银河系中心质量集中的方向相关，但爱因斯坦的理论和观测都没有显示出任何这样的方向依赖性。据我们所知，惯性是各向同性的。此外，爱因斯坦方程的解要求给定质量周围空间的边界条件，其局部惯性性质在很大程度上是由这些边界条件，而不是通过爱因斯坦方程本身条件决定的。]
69. CPE6, p. 288.
70. Ehrenfest, *Collected Scientific Papers*, p. 328.
71. H. C. Ohanian, *Am. J. Phys.* 45, 903 (1977). 这篇文章考查了几种检测自由下落的参考系中的潮汐效应的方法。
72. French, *Einstein, A Centenary Volume*, p. 115.
73. www.esa.int/esapub/br/br209.pdf, accessed December 7, 2007.
74. Kopff, *Die Einsteinsche Relativitätstheorie*.
75. 第一本教科书《空间-时间-物质》是由外尔写的，于1918年出版。外尔当时是苏黎世理工学院教授，后来又是普林斯顿大学教授。外尔比爱因斯坦更清楚地表达了马赫概念的含义，但他不加批判地接受了爱因斯坦的等效原理。
76. Eddington, *The Mathematical Theory of Relativity*, pp. 40, 41.
77. Synge, *Relativity, The General Theory*, p. ix.

78.Fock, *The Theory of Space, Time, and Gravitation*, p. 8.

79.CPE6, p. 291.

80.[对于行家：爱因斯坦公开声明的要求仅仅涉及方程的**协变性**，但他实际上隐含的要求是**不变性**。这种区别是由 J. Anderson 在《相对论物理学原理》(*Principles of Relativity Physics*) 作出的，但不幸的是，在相对论教科书中，这种区别仍然经常被忽略。实质上，不变性要求方程是协变式，并且这种协变性可以通过将度规张量（及其导数）适当插入方程中而不插入任何其他"辅助"量来实现。]

81.CPE6, p. 292.

82. 苏黎世地方法院的旧文件，如爱因斯坦的离婚文件，现在存放在苏黎世市郊的伊尔谢尔大学校园里。

83. 爱因斯坦令人敬畏、尽职尽责的秘书海伦·杜卡斯 (Helen Dukas) 在他去世后守卫着所有爱因斯坦的文稿，她对亚伯拉罕·派斯 (Abraham Pais) 说："1923 年，整个 12,1572 克朗确实被传递给了她 (米列娃)。"派斯天真地接受了这一说法。(Pais, "*Subtle is the Lord*…", p. 503) 但是，杜卡斯要么是为了保护她已故雇主的名誉而公然撒谎，要么是把这笔钱从德国转移出来与转移到米列娃身上混淆了。爱因斯坦处理这笔钱的细节，披露于 Schwarzenbach, *Das Verschmähte Genie*, pp. 161, 162。

84.Fölsing, op. cit., p. 819.

85.Schwarzenbach, op. cit., p. 188. Quoted from the weekly *Wir Brückenbauer*, November 19, 1965.

86.CPE8A, p. 205.

87.CPE5, p. 565.

88.Ibid., p. 597.

第 10 章 "世界是个疯人院"

1.S. Chandrasekhar, *Am. J. Phys.* 47, 212 (1979). Also quoted in the *Life of Arthur Stanley Eddington*.

2.Pais, "*Subtle is the Lord...*", p. 305.

3.Ibid., p. 305.

4.Chandrasekhar, op. cit.

5.Newton, *Opticks*, Query 1.

6.Pais, op. cit., p. 200.

7. 在爱丁顿的计算中，不管"光粒子"是通过牛顿力学还是通过狭义相对论力学（具有与能量成正比的引力）来处理的，都没有什么区别。

8.Chandrasekhar, op. cit.

9.Eddington, *Space, Time and Gravitation*, p. 115.

10. Ibid., p. 116.
11. J. Crelinsten, *Historical Studies in the Physical Sciences* 14, 1 (1984).
12. Chandrasekhar, op. cit.
13. CPE8A, p. 225.
14. Ibid., p. 231.
15. Ibid., p. 293.
16. CPE7, p. 79.
17. Harrison, *Cosmology*, p. 280. 亦见 Misner, Thorne, and Wheeler, *Gravitation*, p. 756, 其中给出了宇宙学的概述。
18. 这种说法，实际上是错误的。牛顿所描述的那种恒星的静态分布不是处于平衡状态，它会向内坍缩。静态分布仅仅对应于宇宙最大膨胀的瞬间，此刻宇宙已经停止膨胀，即将重新坍缩。
19. Pauli, *Theory of Relativity*, p. 180.
20. [这是由 E. A. Milne and W. H. McCrea 于 1934 年显示的；见 Bondi, *Cosmology*, Chapter IX, and Misner, Thorne, and Wheeler, op. cit, p. 759。]
21. CPE6, p. 543.
22. [爱因斯坦在这一点上错了。在任何具有均匀曲率的宇宙中，质量分布完全决定了几何。边界条件在这些宇宙中都不起作用，因为时空度量是由均匀性和各向同性条件 (根据罗伯逊-沃克构造) 确定在尺度因子内的，而这个尺度因子完全由场方程决定。如果马赫原理意味着质量分布完全决定了几何 (这是有争议的)，那么所有这些宇宙都满足马赫原理。]
23. CPE8A, p. 386.
24. Harrison, op. cit., p. 209.
25. Pais, op. cit., p. 288.
26. 为了回应弗里德曼的结果，爱因斯坦编造了一个证明，似乎表明弗里德曼是错的 [*Zeitschr. für Physik*, 11, 326 (1922)]。弗里德曼指出了这个证明中的计算误差，爱因斯坦承认了这一点 [ibid., 16, 228 (1923)]，但他坚持弗里德曼的结果缺乏物理意义。
27. Gamow, *My World Line*, p. 150.
28. S. Weinberg, *Physics Today*, November 2005, p. 31.
29. Renn, *Albert Einstein, Ingenieur des Universums*.
30. CPE8A, p. 228.
31. CPE7, p. 138.
32. Pais, op. cit., p. 287.
33. 实际上，这个因子是 10^{120}。
34. Overbye, *Einstein in Love*, p. 357.
35. 来源不明。
36. 恒星致环形成最初由 O.Chwolson 在 1924 年发表的一篇论文中提出，后来又在爱因斯坦的一篇论文中提出。但是，这项早期的工作只考虑了由恒星作为偏转器而不是星系的环形成。对于作为偏转器的恒星，环太小，无法被观测到，尽管当一颗恒星靠近另一颗恒星时，我们可以在图像强度上看到一个光点。

37. Fölsing, op. cit., p. 496.

38. Ibid., p. 497.

39. CPE9, p. 213.

40. Chandrasekhar, op. cit.

41. *The Times*, November 7, 1919.

42. *The New York Times*, November 9, 1919.

43. CPE7, p. 214.

44. Ibid.

45. 800,000 人死亡，1,700,000 人受伤。

46. *Illustrirte Zeitung*, December 14, 1919.

47. Levenson, *Einstein in Berlin*, p. 228.

48. Calaprice, *The New Quotable Einstein*, p. 301.

49. Pais, *Einstein Lived Here*, p. 185.

50. *Kladderadatsch*, December 3, 1922.

51. Fölsing, op. cit. p. 513.

52. *L'echo de Paris*, April 8, 1922.

53. *Contact*, Spring 1921.

54. www.reelclassics.com/Movies/Casablanca/astimegoesby-lyrics.htm, accessed March 16, 2008.

55. 大多来自 Calaprice, op. cit.。

56. Pais, op cit., p. vi. 请参见本书前言，解释我在爱因斯坦的德语原译中对 raffinert 的翻译。德语这个词是毫不恭维的，我们甚至还有一个爱因斯坦亲身的例子，他理解这个词是贬损的。在给埃尔莎的一封信中，他把米列娃描述为"raffineit und verlone"。试图将此翻译为"微妙而蒙骗的"并未细察，而"诡计多端"则比较准确。

57. Pais, op cit., p. vi.

58. Calaprice, op. cit., p. 229.

59. Fölsing, op. cit, p. 516.

60. Levenson, op. cit., p. 222.

61. Born, *The Born-Einstein Letters*, p. 38.

62. 可能有人质疑，爱因斯坦对这个出版禁令是认真的。他故意不用法律手段执行禁令，且与 Moszkowski 保持了良好的关系，继续把他当作朋友对待。

63. Levenson, op. cit., p. 223.

64. CPE9, pp. 262, 263.

65. Fölsing, op. cit., p. 577.

66. 1921年的普林斯顿讲座，构成这本书的前4章。这本书的以后版本，包括关于膨胀宇宙的额外章节和关于统一理论的尝试的额外一章。
67. Hermann, op. cit., p. 309.
68. Pais, op cit., p. 310.
69. Fölsing, op. cit, p. 622.
70. Ibid., p. 480.
71. Ibid., p. 611.
72. Pais, op cit., p. 503.
73. Fölsing, op. cit., p. 614.
74. Ibid., p. 616.
75. CPE6, p. 212.

第11章 "上帝掷骰子吗？"

1. CPE7, p. 115.
2. Ibid., p. 345.
3. Ibid., p. 347.
4. Ibid., p. 345.
5. CPE10, p. 404.
6. Ibid., p. 419.
7. CPE7, p. 112.
8. Neffe, *Einstein, Eine Biographie*, p. 298.
9. Fölsing, *Albert Einstein, Eine Biographie*, p. 599.
10. Schönbeck, *Albert Einstein und Philipp Lenard*, p. 1.
11. Gehrcke, *Kritik der Relativitätstheorie*, p. 10.
12. Schönbeck, op. cit., p. 31.
13. Ibid., p. 33.
14. CPE7, p. 119. [这实际上是一个相当微妙的例子。熟悉物理学的读者可能会发现，分析发动机产生的机械能如何用于保持机车参考系中景物的匀速运动很有意思。]
15. CPE7, p. 312.
16. Gehrcke, *Massensuggestion der Relativitätstheorie*.
17. A. Kleinert, in Renn, ed., *Albert Einstein--Ingenieur des Universums, Hundert Autoren für Einstein*, p. 226.
18. M. Wazeck, www.bpb.de/publikationen/IQ60EE.html. accessed December 7, 2007.
19. Letter in *Scientific American*, February 1925.
20. Pais, "*Subtle is the Lord...* ", p. 171.
21. Galison, *Einstein's Clocks, Poincaré's Maps*, p. 297.

22.Pais, op. cit., p. 170.
23.Fölsing, op. cit., p. 229.
24.Zukav, *The Dancing Wu Li Masters*, p. 226.
25.Calaprice, *The New Quotable Einstein*, p. 194.
26.[从李纳-维谢尔势（Liénard-Wiechert potentials）看，运动电荷的电场收缩显而易见，这在 19 世纪 90 年代末就已为人所知。）
27.洛伦兹也可以通过考虑一个周期动力系统（例如，围绕另一个点电荷运行的点电荷）来解释时间延缓。他有必要的理论工具——他得到了纵向、横向相对论性质量的正确表达式，即他知道相对论性运动方程。可是，他并没有考虑这个问题。
28.[在"旧"玻尔-索末菲量子理论中，有可能研究电子轨道纵向维数的收缩（尽管据我所知，这从未被尝试过）。它的用处是有限的，因为由此外推到刚性杆的收缩是有疑问的；需要对刚性杆进行全面的量子处理。]
29.W.F.G. Swann, *Rev. Mod. Phys*. 13, 197 (1941). [技术上：以给定速度运动的固体物体的基态长度，比静止时类似物体的长度要短于预期的长度收缩因子。]
30.J. S. Bell, *Progress in Scientific Culture* 1, No.2, summer 1976；重印于 Bell, *Speakable and Unspeakable in Quantum Mechanics*。[贝尔用经典力学（即直接数值积分）进行了计算。与其进行这样的数值计算，不如更容易诉诸扰动理论的一般结果，按照扰动理论，慢扰动（低加速度）使状态的浸渐不变量（即量子数）保持不变。因此，比较静止和运动中相同轨道态的长度就足够了（如斯旺所提议的）。]
31.许多教科书都把所谓光钟（light clock）作为时间延缓的一个或多或少的动态解释的例子。它由固定距离的两面镜子组成，在这两面镜子之间，光脉冲来回地"滴答"作响。但这是一个不完备的例子，因为如果光钟是纵向的（而不是横向的），那么它的操作涉及镜子之间距离的长度收缩，而在这个例子中，这仍然无法解释。此外，这是一个非常有限的特例；它不能解释为什么原子的频率或机械时钟的频率会受到时间延缓影响。

　　因为物理学文献中并不容易得到时间延缓的物理解释，所以相对论普及者们有时会设法构建自己一知半解的解释，往往是用错误的论证。例如，在"普及"图书《爱因斯坦的宇宙》（加来道雄著）中，作者想象一名警官，他使用非常快速的警车追踪光脉冲，所以在街道的参考系中，警官正在加速，就在光脉冲的后面，几乎与光脉冲一起"并驾齐驱"行进。 在警车的参考系中，光脉冲仍在以精确光速远离警官加速。为了解释相对论性时间延缓，作者接着说，"调和这两幅图景的唯一方法，是让警官的大脑慢下来……"（第 64 页）。但这显然是错误的，因为对于一辆行驶在**相反**方向、远离光脉冲的警车来说，它不会"调和这些图景"。[事实上，在平行于参考系运动方向的速度的相对论加法律中，时间延缓因子不起直接作用（它抵消了长度收缩因子），而恒定光速完全来自同步的相对性。]

　　2005 年为纪念"爱因斯坦年 2005"而在柏林举行"爱因斯坦——宇宙工程师"展览的组织者，也犯了同样的错误。在这个展览中循环播放的电影将恒定光速归因于时间延缓，就像加来道雄的书中所说的那样。这个错误在 PBS 的"新星"节目《爱因斯坦的伟大思想》中被复制，于 2005 年 10 月播出。

数学家布朗诺夫斯基犯了一个不同的错误，他著有电视系列片《人类的上升》，由英国广播公司在 1973 年制作 (后来作为一本同名图书出版)。布朗诺夫斯基试图解释时间延缓的原因，他说，当旅行者离开固定的时钟，比如教堂塔上的钟，从钟表面到达他眼睛的光信号需要越来越多的时间（以分钟计）来追赶，因为他们必须走更长更远的距离；因此，如果旅行者回头看，等待光信号到达其眼睛，他就会看到分针从钟面上的一个刻度线到下一个刻度线的时间超过 1 分钟，这意味着时钟的时间似乎延缓了。布朗诺夫斯基确实正确地说，分针似乎需要超过 1 分钟才能从一个刻度线到下一个刻度线向前移动，不过这并不是一种时间延缓效应，而仅仅是**多普勒频移**(如果布朗诺夫斯基考虑过向时钟跑去的另一个旅行者，其论证会让他得出这样的结论：时钟的时间缩短了，这会让他知道自己的错误)。

32. 1907 年的 3 篇论文，题目中皆使用 Relaviltätsprinzip（相对性原理）。
33. 洛伦兹在他第一本关于菲兹杰惹-洛伦兹收缩的书 Versuch einer Theorie der elektrischen und optischen Erscheinungen in bewegten Körpern (1895) 中使用了这个术语。
34. 最近的例子，是 Milvich, *The Fall of Einstein's Relativity* (2003) 和 Sachs, *Relativity in Our Time: From Physics to Human Relations* (1994); 亦见 M. Sachs, *Physics Today* 24, 23 (1971)。
35. Whittaker, *History of the Theories of Aether and Electricity*, vol. II, p. 40.
36. Born, *The Born-Einstein Letters*, p. 199.
37. Pais, op. cit., p. 168。
38. M. Born, *Helv. Phys. Acta, Suppl.* IV, 244 (1956).
39. Pais, op. cit., p. 172.
40. Pauli, *Theory of Relativity*, p. 5.
41. Segré, *Faust in Copenhagen*, p. 72.
42. Ibid., p. 262.
43. Ibid., p. 73.
44. Westfall, *Never at Rest*, p. 143.
45. Fölsing, op. cit., p. 623.
46. Bodanis, $E = mc^2$, p. 218.
47. Fölsing, op. cit., p. 700.
48. Ibid., p. 448.
49. Lohmeier and Schell, *Einstein, Anschütz, und der Kieler Kreiselkompass*, p. 118, letter from Anschutz to Einstein.
50. Fölsing, pp. 557, 558.
51. Ibid., p. 678.

52. French, *Einstein, A Centenary Volume*, p. 43.
53. Isaacson, *Einstein*, p. 370.
54. 爱因斯坦的一些辩护者声称"也许他需要钱",或者我们应该允许爱因斯坦接受沃尔特·惠特曼(Walt Whitman)的大言不惭回应:"我自相矛盾吗?很好,那我就自相矛盾。"可是,这不能原谅爱因斯坦。无论是对现金的需求,还是对现金的贪婪,抑或仅仅是一种对修补匠的爱好,爱因斯坦对军工复合体的调情都让人们对他的和平主义信念产生了严重的疑问。
55. Calaprice, op. cit., p. 170.
56. Pais, op. cit., p. 432.
57. Ibid., p. 433.
58. CPE2, p. 585.
59. Fölsing, op. cit., p. 551.
60. Pais, op. cit., p. 436.
61. Fölsing, op. cit., p. 664.
62. Born, Lecture, *Helv. Phys. Acta, Suppl.* IV, 244 (1956).
63. Fölsing, op. cit., p. 644.
64. Ibid., p. 661.
65. Ibid.
66. Born, *The Barn-Einstein Letters*, p. 91.
67. Ibid., p. 82.
68. CPE6, p. 364 and also *Physik. Z* 18, 121 (1918).
69. Bohr, in Schilpp, *Albert Einstein, Philosopher-Scientist*, vol. I, p. 218.
70. Pais, op. cit., p. 445.
71. Fölsing, op. cit., p. 670.
72. Pais, op. cit, pp. 446, 447.

第 12 章 "希望破灭的墓地"

1. M. Born, *Helv. Phys. Acta, Suppl.* IV, 244 (1956).
2. Smolin, *The Trouble with Physics*, p. 49.
3. [爱因斯坦试图用来代替麦克斯韦方程的方程,有两个明显缺点:它们是三阶微分方程(而麦克斯韦方程是一阶方程),新方程不允许电荷,即它们是无源方程。]
4. Isaacson, *Einstein*, p. 509.
5. French, *Einstein, A Centenary Volume*, p. 46.
6. Bird and Sherwin, *American Prometheus: The Triumph and Tragedy of J. Robert Oppenheimer*, p.46.
7. Stern, *The Oppenheimer Case*, p. 338.

8. Whittaker, *A History of the Theories of Aether and Electricity*, vol. I, p. 240.
9. CPE8B, p. 670.
10. Ibid., p.727.
11. Pauli, *Theory of Relativity*, p. 230.
12. CPE9, pp. 38, 39.
13. Pais, "*Subtle is the Lord …*", p. 332.
14. Eddington, *The Mathematical Theory of Relativity*, p. 219. [爱丁顿提出了度规张量与张量 R'$_{\mu\nu}$ 成正比，张量 R'$_{\mu\nu}$ 是由克里斯多菲符号和四势导数有关的各种项所增强的里奇张量的组合。可是，这缺乏物理动机，并且以这种方式构造的度规张量通常没有右旋称。]
15. Pais, op. cit., p. 343.
16. French, op. cit., p. 47.
17. [在爱丁顿的平行传输中，两个无穷小的平行传输向量形成一个封闭的平行四边形（但其所有的边都有不同的长度！）。在爱因斯坦的平行传输中（带有不对称的克里斯多菲符号），这两个传输向量并不形成一个封闭的平行四边形。在黎曼情形下，诸向量形成一个封闭的平行四边形，各边的长度成对相等。]
18. Pais, op. cit., p. 343.
19. Ibid., p. 344.
20. Ibid.
21. Fölsing, *Albert Einstein, Eine Biographie*, p.684.
22. 法国数学家埃利·卡坦（Elie Cartan）后来报告说，他早在 1922 年就发现了这个几何，把它告诉了爱因斯坦。Fölsing, op. cit., p. 907n。
23. Pais, op. cit., p. 346.
24. Ibid.
25. Ibid.
26. *The New York Times*, February 3, 1929.
27. Pais, op. cit., p. 343.
28. Ibid., p. 347.
29. Fölsing, op. cit., p. 732.
30. Gamow, *Thirty Years That Shook Physics*, p. 193.
31. Isaacson, op. cit., p. 421.
32. Gamow, op. cit., p. 210.
33. Fölsing, op. cit., p. 758.
34. Ibid., p. 739.
35. Ibid., p. 743.
36. Ibid.
37. Schwarzenbach, *Das Verschmähte Genie*, p. 143.

38. Ibid., p. 154.
39. Fölsing, op. cit., p. 747.
40. Ibid., p. 749.
41. Ibid., p. 752.
42. Sime, *Lise Meitner*, p. 37.
43. Hermann, *Max Planck*, p. 86.
44. Friedrich, *Blood & Iron*, p. 397.
45. Hermann, op. cit., p. 113.
46. Brian, *Einstein, A Life*, p. 251.
47. Turnbull, *The Letters of F. Scott Fitzgerald*, Letter, June 3,1920, to John Grier Hibben.
48. http://etcweb.princeton.edu/CampusWWW/Companion/physics_department.html, accessed March 24, 2008.
49. www.ias.edu/spfeatures/john_von_neumann/von-neumann-s-legacy, accessed December 15, 2007.
50. *The New York Times*, May 4, 1935.
51. Pais, op. cit., p. 494; Isaacson, op. cit., p. 450.
52. D. Kennefick, *Physics Today*, September 2005, p. 43.
53. Ibid.
54. Isaacson, op. cit., p. 251.
55. 这已经在20世纪20年代由爱丁顿建立，但被遗忘，然后在20世纪60年代被数学家马丁·克鲁斯卡尔（Martin Kruskal）重新发现。
56. Fölsing, op. cit., p. 822.
57. E. Tretkoff, *APS News*, December 2005, p. 2.
58. Pais, op. cit., p. 350.
59. [在他的统一理论中描述电磁场的一些方程是三阶微分方程，而麦克斯韦方程都是一阶微分方程（见 M. A. Tonnelat, *Einstein's Unified Field Theory*, pp. 37, 71）。爱因斯坦为什么想象这些三阶方程是电磁场的正确描述，或者为什么有些人应该认真对待这些垃圾，这是一个真正的谜团。]
60. 几年后，约翰·惠勒向我们展示了时空几何的扭曲可以如何模拟电荷。他想象一个虫洞，里面有电场线，从虫洞的一边进入，从另一边出来。一个不能看到这些视界内场线发生了什么的外部观察者，将认为虫洞的一端是正电荷，另一端是负电荷。但是，爱因斯坦不可能想到这幅图景，因为黑洞和虫洞在他的时代是未知的。后来的研究表明，爱因斯坦统一理论中的电动力学部分不仅不完备，而且引力部分与等效原理相冲突。[当库索诺格鲁（Kursonoglu）在1949年得到电荷周围的电场和引力场的精确解时，结果发现——根据这个解——电能与其他能量没有相同的引力相互作用。这可以从电荷对度规张量的 g_{00} 分量的贡献中看出。在广义相对论中，它是 e^2/r^2，正如电场中能量密度所期望的那样；但在统一理论中，它是 e^4/r^4。参见

Tonnelat, *Einstein's Unified Field Theory*。]

61.Isaacson, op. cit., p. 514.

62.Einstein, *The Meaning of Relativity*, p. 163.

63.Born, *The Bum-Einstein Letters*, p. 182.

64.Isaacson, op. cit., p. 538.

65.Ibid., p. 515.

66.Fölsing, op. cit., p. 792.

67.Michelmore, *Einstein, A Life*, p. 261.

68.Dyson, in Calaprice, *The New Quotable Einstein*, p. ix.

69.Isaacson, op. cit., p. 517.

70.Dyson, in Calaprice, op. cit., p. x.

回顾

1. 不包括书籍，不包括评论、译文、再版，或早期工作更正的文稿。

2.Joyce, *Ulysses*, p. 188.

3.Koestler, *The Sleepwalkers*, p. 332.

4.Calaprice, *The New Quotable Einstein*, p. 18.

5.Einstein, in Schilpp, *Albert Einstein: Philosopher-Scientist*, vol. I, p. 8.

6.Koestler, op. cit., p. 519.

7.Ibid., p. 325.

8. 在他的全集中没有任何迹象表明，他对这些批评有任何回应。

9. 爱因斯坦于1952年出版了《狭义与广义相对论浅说》的最终修订版。

10.Pais, "*Subtle is the Lord . . .*", p. 131.

11. 有关爱因斯坦方程这一方法的详细情况，可在 H. C. Ohanian and R. Ruffini, *Gravitation and Spacetime*, 3.2节和7.2节找到。

12.Woit, *Not Even Wrong*, p. 155.

13.CPE8A, p. 88.

14. 我不同意 J. 诺顿的观点，即寻求广义相对论的错误主要在第一类。(J. Norton，载于 Howard and Stachel, eds., *Einstein and the History of General Relativity*, p. 151.) 爱因斯坦的失误，乃是由于他对时空中数学结构的意义理解不够，而不是因为他的物理假说中的错误。希尔伯特在寻求场方程方面与爱因斯坦竞争的能力，使这一点非常清楚。

15.Crawford, *The Annual of Bernard Shaw Studies*, vol. 15, pp. 233, 234.

16.Baudelaire, *Oeuvres complètes*, p. 552.

参考文献

Ackroyd, P. *Isaac Newton*. London: Vintage Books, 2007.
Aczel, A. D. *God's Equation*. New York: Delta, 1999.
Aharoni, J. *The Special Theory of Relativity*. New York: Dover, 1985.
Anderson, J. L. *Principles of Relativity Physics*. New York: Academic Press, 1967.
H. Arzeliès. *Rayonnement et dynamique du corpuscule chargé fortement acceléré*. Paris: Gauthiers-Villars, 1966.
Audoin, C., and B. Guinot. *The Measurement of Time*. Cambridge, UK: Cambridge University Press, 2001.
Baudelaire, C. *Oeuvres complètes*. Edited by M. A. Ruff. Paris: Editions du Seuil, 1968.
Bell, J. S. *Speakable and Unspeakable in Quantum Mechanics*. Cambridge, UK: Cambridge University Press, 1987.
Bergmann, P. *The Riddle of Gravitation*. New York: Scribner's, 1968.
Biagioli, M. *Galileo, Courtier*. Chicago: University of Chicago Press, 1993.
Bird, K., and M. J. Sherwin. *American Prometheus: The Triumph and Tragedy of J. Robert Oppenheimer*. New York: Knopf, 2005.
Bjerknes, C. J. *Albert Einstein, the Incorrigible Plagiarist*. Downer's Grove, IL: XTX Inc., 2002.
———. *Anticipations of Einstein*. Downer's Grove, IL: XTX Inc., 2003.
Bodanis, D. $E = mc^2$, *A Biography of the World's Most Famous Equation*. New York: Berkeley, 2000.
Bohm, D. *The Special Theory of Relativity*. London: Rutledge, 1996.
Bondi, H. *Cosmology*. Cambridge, UK: Cambridge University Press, 1961.
Boorstin, D. J. *The Discoverers*. New York: Random House, 1983.
Born, M. *The Born-Einstein Letters*. New York: Walker and Co., 1971.

———. *Einstein's Theory of Relativity*. New York: Dover, 1962.

———. *Experiment and Theory in Physics*. Cambridge, UK: Cambridge University Press, Cambridge, 1943.

———. *Physics in My Generation*. New York: Springer Verlag, 1969.

Brachner, A., G. Hartl, and C. Sichau. *Abenteuer der Erkenntnis, Albert Einstein und die Physik des 20. Jahrhunderts*. Munich: Deutsches Museum, 2005.

Brian, D. *Einstein, A Life*. Hoboken, NJ: Wiley, 1996.

Bronowski, J. *The Ascent of Man*. Boston: Little, Brown, and Co., 1973.

Brougham, H. P., and E. J. Routh. *Analytical View of Sir Isaac Newton's Principia.* New York: Johnson Reprint Corp., 1972.

Cahill, T. *The Best American Travel Writing 2006*. New York: Houghton Mifflin, 2006.

Calaprice, A. *The New Quotable Einstein*. Princeton: Princeton University Press, 2005.

Campbell, L., and W. Garnett. *The Life of James Clerk Maxwell*. New York: Johnson Reprint Corp., 1969.

Castiglione, B. *The Book of the Courtier*. New York: Anchor Books, 1959.

Cercignani, C. *Ludwig Boltzmann, The Man Who Trusted Atoms*. Oxford: Oxford University Press, 1998.

Clark, R. W. *Einstein, The Life and Times*. New York: Avon Books, 1972.

Cohen, I. B. *The Birth of a New Physics*. New York: W. W. Norton & Co., 1985.

Cohen, I. B., and G. E. Smith, eds. *The Cambridge Companion to Newton*. Cambridge, UK: Cambridge University Press, 2002.

Cohen, J. M., and M. J. Cohen, *A Dictionary of Modern Quotations*. Hammondsworth, England: Penguin Books, 1971.

Cook, M. *Faces of Science*. New York: W. W. Norton & Co., 2005.

Crawford, F. D., ed. *The Annual of Bernard Shaw Studies*. University Park, PA: Pennsylvania State University Press, 1995.

De Haas-Lorentz, G. L. *H. A. Lorentz, Impressions of His Life and Work*. Amsterdam: North-Holland, 1957.

Dick, S. J. *Sky and Ocean Joined, The U.S. Naval Observatory*. Cambridge, UK: Cambridge University Press, 2003.

Drake, S. *Galileo at Work*. Chicago: University of Chicago Press, 1978.

Dukas, H., and B. Hoffmann. *Albert Einstein, The Human Side*. Princeton: Princeton University Press, 1979.

Dürrenmatt, F. *Albert Einstein*. Zurich: Diogenes Verlag, 1979.

———. *Die Physiker*. Zurich: P. Schifferli, 1962.

Dyson, F. *The Scientist as Rebel*. New York: New York Review of Books, 2006.

Eddington, A. *The Mathematical Theory of Relativity*. Cambridge, UK: Cambridge University Press, 1963.

———. *Space, Time, and Gravitation*. Cambridge: Cambridge University Press, 1968.

Ehrenfest, P. *Collected Scientific Papers*. Amsterdam: North-Holland, 1959.

Einstein, A. *Einstein's 1912 Manuscript on the Special Theory of Relativity*. New York: George Braziller, 1996.

———. *The Meaning of Relativity*. Princeton: Princeton University Press, 1955.

———. *Out of My Later Years*. Lanham, MD: Littlefield, Adams & Co., 1967.

———. *Relativity, The Special and the General Theory*. New York: Three Rivers Press, 1961.

Einstein, A., and L. Infeld. *The Evolution of Physics*. New York: Simon and Schuster, 1938.

Eisenstaedt, J. *The Curious History of Relativity*. Princeton: Princeton University Press, 2006.

Everitt, C.W.F. *James Clerk Maxwell*. New York: Scribner's, 1974.

Fahie, J. J. *Galileo, His Life and Work*. London: John Murray, 1903.

Fantoli, A. *Galileo, for Copernicanism and for the Church*, 2nd ed. Vatican City: Vatican Observatory Publications, 1996.

Feldhay, R. *Galileo and the Church: Political Inquisition or Critical Dialogue?* Cambridge, UK: Cambridge University Press, 1995.

Fermi, L. *Atoms in the Family*. Chicago: University of Chicago Press, 1954.

Festa, E. *Galileo, La lotta per la scienza*. Roma-Bari: Editori Laterza, 2007.

Feuer, L. S. *Einstein and the Generations of Science*. New York: Basic Books, 1974.

Feynman, R., R. B. Leighton, and M. Sands. *The Feynman Lectures in Physics*. Reading, MA: Addison-Wesley, 1963.

Finocchiaro, M. A. *The Galileo Affair*. Berkeley: University of California Press, 1989.

Fock, V. *The Theory of Space, Time, and Gravitation*. New York: Pergamon Press, 1964.

Fölsing, A. *Albert Einstein, Eine Biographie*. Frankfurt: Suhrkamp, 1993.

French, A. P. *Einstein, A Centenary Volume*. Cambridge, MA: Harvard University Press, 1979.

Friedrich, O. *Blood & Iron*. New York: Harper Perennial, 1996.

Fritsch, H. *An Equation that Changed the World*. Chicago: University of Chicago Press, 1994.

Galilei, G. *Dialogue Concerning the Two Chief World Systems*. Translated by S. Drake.

New York: Modern Library, 2001.

———. *Dialogue on the Great World Systems*. Translated by T. Salusbury, edited by G. de Santillana. Chicago: University of Chicago Press, 1953.

———. *Two New Sciences*. Translated by S. Drake. Madison, WI: University of Wisconsin Press, 1974.

Galison, P. *Einstein's Clocks, Poincaré's Maps*. New York: W. W. Norton & Co., 2003.

Gamow, G. *My World Line; an informal biography*. New York: Viking, 1970.

———. *Thirty Years That Shook Physics*. Garden City, NY: Anchor Books, 1966.

Gehrcke, E. *Kritik der Relativitätstheorie*. Berlin: H. Meusser, 1924.

———. *Massensuggestion der Relativitätstheorie*. Berlin: H. Meusser, 1924.

Gleick, J. *Isaac Newton*. New York: Vintage Books, 2004.

Greene, B. *The Elegant Universe*. New York: W. W. Norton & Co., 1999.

———. *The Fabric of the Cosmos*. New York: Vintage Books, 2004.

Gribbin, J. *The Fellowship*. Woodstock: Overlook Press, 2005.

———. *The Scientists*. New York: Random House, 2004.

Guicciardini, N. *Reading the Principia*. Cambridge, UK: Cambridge University Press, 1999.

Harman, P. M., and E. E. Shapiro, eds. *The Investigation of Difficult Things*. Cambridge, UK: Cambridge University Press, 1992.

Harrison, E. R. *Cosmology*. Cambridge, UK: Cambridge University Press, 1981.

Heisenberg, W. *Physics and Beyond, Encounters and Conversations*. New York: Harper & Row, 1971.

———. *Physics and Philosophy*. New York: Harper & Row, 1962.

Hentschel, A. M., and G. Grasshoff. *Albert Einstein, "Jene glücklichen Berner Jahre,"* Bern: Stämpfli Verlag, 2005.

Herivel, J. *The Background to Newton's Principia*. Oxford: Clarendon Press, 1965.

Hermann, A. *Einstein*. Hamburg: Piper Verlag, 2004.

———. *Max Planck*. Hamburg: Rowohlt, 1973.

Hershman, D. J., and J. Lieb. *The Key to Genius*. Amherst, NY: Prometheus Books, 1988.

———. *Manic Depression and Creativity*. Amherst, NY: Prometheus Books, 1998.

Highfield, P., and P. Carter. *The Private Lives of Albert Einstein*. New York: St. Martin's Press, 1993.

Hoffman, K. *Otto Hahn: Achievement and Responsibility*. New York: Springer-Verlag, 2001.

Hoffmann, B. *Albert Einstein, Creator and Rebel*. New York: Viking, 1972.

Horgan, J. *The End of Science*. New York: Broadway Books, 1997.

Howard, D., and J. Stachel, eds. *Einstein and the History of General Relativity*. Boston: Birkhäuser, 1989.

Isaacson, W. *Einstein: His Life and Universe*. New York: Simon and Schuster, 2007.

Jackson, J. D. *Classical Electrodynamics,* 2nd ed. New York: Wiley, 1975.

Jammer, M. *Concepts of Mass in Classical and Modern Physics*. Mineola, NY: Dover Publications, 1997.

———. *The Conceptual Foundations of Quantum Mechanics*. New York: McGraw-Hill, 1966.

Jost, R. *Das Märchen vom Elfenbeinernen Turm*. Berlin: Springer-Verlag, 1995.

Joyce, J. *Ulysses*. New York: Random House, 1946.

Kaku, M. *Einstein's Cosmos*. New York: W. W. Norton & Co., 2004.

Klawans, H. *Newton's Madness*. New York: Harper & Row, 1990.

Koestler, A. *The Sleepwalkers*. New York: Grosset and Dunlap, 1963.

———. *The Watershed*. Garden City, NY: Anchor Books, 1960.

Kopff, A. *Die Einsteinsche Relativitätstheorie*. Leipzig: Gressner & Schramm, 1920.

Kox, A. J., and J. Eisenstaedt, eds. *The Universe of General Relativity*. Boston: Birkäuser, 2005.

Kuhn, T. S. *The Copernican Revolution*. New York: Vintage, 1957.

Lenard, P. *Über Relativitätsprinzip, Äther, und Gravitation*. Leipzig: Hirzel, 1921.

Levenson, T. *Einstein in Berlin*. New York: Bantam Books, 2003.

Levi-Civita, T. *The Absolute Differential Calculus*. New York: Dover Publications, 1977.

Litz, A. W., and C. MacGowan. *The Collected Poems of William Carlos Williams*. New York: New Directions Publishing, 1991.

Livingston, D. M. *The Master of Light*. New York: Scribner's, 1973.

Lohmeier, D., and B. Schell, eds. *Einstein, Anschütz und der Kieler Kreiselkompass*. Kiel: Raytheon Marine, 2005.

Lombroso, C. *The Man of Genius,* 2nd ed. New York: Scribner's, 1905.

Lorentz, H. A. *The Theory of Electrons*. New York: Dover Publications, 1952.

Lorentz, H. A., A. Einstein, H. Minkowski, and H. Weyl. *The Principle of Relativity*. New York: Methuen, 1923.

Machamer, P., ed. *The Cambridge Companion to Galileo*. Cambridge, UK: Cambridge University Press, 1998.

McMullin, E., ed. *The Church and Galileo*. Notre Dame, IN: University of Notre Dame

Press, 2003.

Mason, S. F. *A History of the Sciences*. New York: Collier Books, 1962.

Mehra, J. *Einstein, Hilbert, and the Theory of Gravitation*. Dordrecht: Reidel, 1974.

Michelmore, P. *Einstein, Profile of the Man*. New York: Dodd, Mead, 1962.

Miller, A. I. *Albert Einstein's Special Theory of Relativity*. Reading, MA: Addison-Wesley, 1981.

———. *Einstein, Picasso*. New York: Basic Books, 2001.

Milvich, B. *The Fall of Einstein's Relativity*. Basalt, CO: Basalt Printing and Publishing, 2003.

Misner, C. W., K. S. Thorne, and J. A. Wheeler. *Gravitation*. San Francisco: Freeman, 1973.

Monk, R. *Bertrand Russell, The Ghost of Madness*. New York: Free Press, 2001.

More, L. T. *Isaac Newton, A Biography*. New York: Scribner's, 1934.

Neffe, J. *Einstein, Eine Biographie*. Hamburg: Rowohlt, 2005.

Newton, I. *Mathematical Principles of Natural Philosophy and His System of the World*. Translated by A. Motte (revised by F. Cajori). Berkeley: University of California Press, 1962.

———. *Opticks*. New York: Dover Publications, 1952.

———. *The Principia*. Translated by I. B. Cohen and A. Whitman. Berkeley: University of California Press, 1999.

Nichols, P. *A Voyage for Madmen*. New York: Harper Collins, 2001.

Norton, J. D. *The Historical Foundations of Einstein's General Theory of Relativity*, Dissertation, University of New South Wales, 1981.

Ohanian, H. C. *Classical Electrodynamics*. Hingham, MA: Infinity Science Press, 2007.

Ohanian, H. C., and R. Ruffini. *Gravitation and Spacetime*. New York: W. W. Norton & Co., 1994.

Oppenheimer, J. R. *The Flying Trapeze: Three Crises for Physicists*. New York: Harper & Row, 1969.

Overbye, D. *Einstein in Love*. New York: Viking Penguin, 2000.

Pais, A. *Einstein Lived Here*. Oxford: Clarendon Press, 1994.

———. *Niels Bohr's Times*. Oxford: Clarendon Press, 1991.

———. *"Subtle is the Lord…"*. Oxford: Clarendon Press, 1982.

Pauli, W. *Theory of Relativity*. London: Pergamon Press, 1958.

Poincaré, H. *Science and Hypothesis*. New York: Dover Publications, 1952.

———. *Science and Method*. New York: Dover Publications.

Ranke, L. von. *History of the Popes*. New York: Colonial Press, 1901.
Ratzinger, J., Cardinal. *A Turning Point for Europe? The Church in the Modern World—Assessment and Forecast*. San Francisco: Ignatius Press, 1994.
Reichenbach, H. *The Philosophy of Space and Time*. New York: Dover Publications, 1957.
Redondi, P. *Galileo Heretic*. Princeton: Princeton University Press, 1987.
Renn, J., ed. *Albert Einstein—Ingenieur des Universums, Einstein's Leben und Werk im Kontext*. Weinheim: Wiley-VCH Verlag, 2005.
———. *Albert Einstein—Ingenieur des Universums, Hundert Autoren für Einstein*. Weinheim: Wiley-VCH Verlag, 2005.
Richelson, J. T. *Spying on the Bomb*. New York: W. W. Norton & Co., 2006.
Rigden, J. S. *Einstein 1905, The Standard of Greatness*. Cambridge, MA: Harvard University Press, 2005.
Rindler, W. *Essential Relativity*, 2nd ed. New York: Springer-Verlag, 1977.
Robinson, A., ed. *Einstein, A Hundred Years of Relativity*. New York: Abrams, 2005.
Rosenkranz, Z. *Albert Einstein, privat und ganz persönlich*. Bern: Historisches Museum, 2004.
Rowland, W. *Galileo's Mistake*. New York: Arcade Publishing, 2003.
Ryden, B. *Introduction to Cosmology*. San Francisco: Addison-Wesley, 2003.
Sachs, M. *Einstein vs. Bohr*. La Salle, IL: Open Court, 1988.
———. *Relativity in our Time: From Physics to Human Relations*. London: Taylor and Francis, 1994.
Santillana, G. de. *The Crime of Galileo*. Chicago: University of Chicago Press, 1955.
Seelig, C. *Einstein, A Documentary Biography*. London: Staples Press, 1956.
Segrè, E. *From X-rays to Quarks*. San Francisco: W. H. Freeman and Co., 1980.
Segré, G. *Faust in Copenhagen*. New York: Viking, 2007.
Seife, C. *Alpha and Omega*. New York: Penguin Book, 2003.
Schilpp, P. A. *Albert Einstein: Philosopher-Scientist*. New York: Harper & Row, 1959.
Schönbeck, C. *Albert Einstein und Philipp Lenard*. Berlin: Springer-Verlag, 2000.
Schwarzenbach, A. *Das Verschmähte Genie*. Munich: Deutsche Verlagsanstalt, 2005.
Schwinger, J. *Einstein's Legacy*. New York: Dover Publications, 1986.
Sime, R. L. *Lise Meitner*. Berkeley: University of California Press, 1996.
Simonton, D. K. *Origins of Genius*. New York: Oxford University Press, 1999.
Simonyi, K. *Kulturgeschichte der Physik*. Budapest: Akadémiai Kiadó, 1990.
Smart, J. J. C., ed. *Problems of Space and Time*. New York: Macmillan, 1964.

Smolin, L. *The Trouble with Physics*. New York: Houghton Mifflin, 2006.
Sobel, D. *Galileo's Daughter*. New York: Walker and Co., 1999.
———. *Longitude*. New York: Walker and Co., 1995.
Sobel, D., and W. J. Andrewes. *The Illustrated Longitude*. New York: Walker and Co., 1998.
Sommerfeld, A. *Electrodynamics*. New York: Academic Press, 1964.
Stern, P. M. *The Oppenheimer Case*. New York: Harper & Row, 1969.
Storr, A. *Churchill's Black Dog, Kafka's Mice, and Other Phenomena of the Human Mind*. New York: Grove Press, 1988.
Sulloway, F. J. *Born to Rebel*. New York: Pantheon Books, 1996.
Synge, J. L. *Relativity, The General Theory*. Amsterdam: North-Holland Publishing, 1971.
———. *Talking About Relativity*. Amsterdam: North-Holland Publishing, 1970.
Tauber, G., ed. *Albert Einstein's Theory of General Relativity*. New York: Crown Publishers, 1979.
Thorne, K. S. *Black Holes & Time Warps*. New York: W. W. Norton & Co., 1994.
Tolman, R. *Relativity, Thermodynamics, and Cosmology*. Oxford: Clarendon Press, 1934.
Tomalin, N., and R. Hall. *The Strange Last Voyage of Donald Crowhurst*. New York: Stein and Day, 1970.
Tonnelat, M. A. *Einstein's Unified Field Theory*. New York: Gordon and Breach, 1966.
Tuchman, B. *The Guns of August*. New York: Dell Publishing, 1962.
Turnbull, A., ed. *The Letters of F. Scott Fitzgerald*. New York: Scribner's, 1963.
Valentin, A. *The Drama of Albert Einstein*. Garden City, NY: Doubleday, 1954.
Verne, J. *From the Earth to the Moon*. New York: Dover Publications, 1960.
Waller, J. *Einstein's Luck*. Oxford: Oxford University Press, 2002.
Weart, S. R., and M. Phillips, eds. *History of Physics*. New York: American Institute of Physics, 1985.
Weaver, J. H. *The World of Physics*. New York: Simon and Schuster, 1987.
Weinberg, S. *Facing Up, Science and Its Cultural Adversaries*. Cambridge, MA: Harvard University Press, 2001.
Weissmann, G. *Galileo's Gout*. New York: Bellevue Literary Press, 2007.
Westfall, R. S. *Never at Rest*. Cambridge, UK: Cambridge University Press, 1980.
Weyl, H. *Space-Time-Matter*. New York: Dover Publications, 1952.
Wheeler, J. A. *A Journey into Gravity and Spacetime*. New York: Scientific American

Library, 1990.

Wheeler, J. A., and K. Ford. *Geons, Black Holes & Quantum Foam*. New York: W. W. Norton & Co., 1998.

White, M. *Isaac Newton, the Last Sorcerer*. Reading, MA: Perseus Books, 1997.

White, M., and J. Gribbin, *Einstein, A Life in Science*. New York: Dutton, 1994.

Whittaker, E. T. *A History of the Theories of Aether and Electricity*. New York: Harper & Brothers, 1960.

Wickert, J. *Albert Einstein*. Reinbek bei Hamburg: Rowohlt Verlag, 1972.

Woit, P. *Not Even Wrong*. New York: Basic Books, 2006.

Woolf, H., ed. *Some Strangeness in the Proportion*. Reading, MA: Addison-Wesley, 1980.

Yourgrau, W., and S. Mandelstam. *Variational Principles in Dynamics and Quantum Theory*, 3rd ed. Philadelphia: Saunders Co., 1968.

Zukav, G. *The Dancing Wu Li Masters*. New York: Morrow and Co., 1979.

Copyright © 2008 by Hans C.Ohanian
First published as Einstein's mistakes: the human failings of genius by W.W.Norton Company, Inc.
Simplifed Chinese edition copyright: 2022 New Star Press Co., Ltd.
All rights reserved.

图书在版编目（CIP）数据

爱因斯坦的错误：天才的人性弱点/（美）汉斯·C.欧翰年著；潘涛译；范岱年校. ——北京：新星出版社，2022.5
ISBN 978-7-5133-4713-6
Ⅰ.①爱… Ⅱ.①汉… ②潘… ③范… Ⅲ.①爱因斯坦(Einstein, Albert 1879-1955)-人物研究 Ⅳ.① K837.126.11
中国版本图书馆 CIP 数据核字（2022）第 023249 号

新未来

爱因斯坦的错误：天才的人性弱点

[美] 汉斯·C.欧翰年 著；潘涛 译；范岱年 校

责任编辑：杨 猛
监 制：黄 艳
责任校对：刘 义
责任印制：李珊珊
封面设计：冷暖儿 unclezoo

出版发行：新星出版社
出 版 人：马汝军
社 址：北京市西城区车公庄大街丙3号楼　100044
网 址：www.newstarpress.com
电 话：010-88310888
传 真：010-65270449
法律顾问：北京市岳成律师事务所

读者服务：010-88310811　service@newstarpress.com
邮购地址：北京市西城区车公庄大街丙3号楼　100044

印 刷：北京天恒嘉业印刷有限公司
开 本：710mm×1000mm　1/16
印 张：28.25
字 数：339千字
版 次：2022年5月第一版　2022年5月第一次印刷
书 号：ISBN 978-7-5133-4713-6
定 价：69.00元

版权专有，侵权必究；如有质量问题，请与印刷厂联系调换。